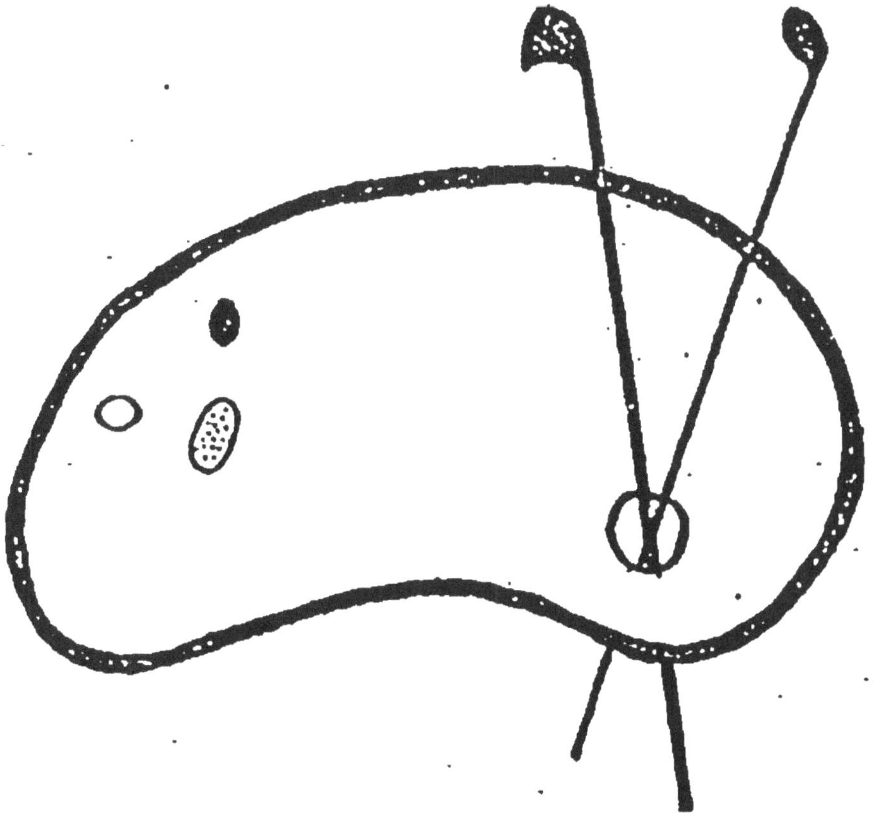

DEBUT D'UNE SERIE DE DOCUMENTS
EN COULEUR

Couverture inférieure manquante

BIBLIOTHÈQUE SOCIOLOGIQUE INTERNATIONALE
Publiée sous la direction de M. RENÉ WORMS
Secrétaire-Général de l'Institut International de Sociologie.

XVII

DES

RELIGIONS COMPARÉES

AU POINT DE VUE SOCIOLOGIQUE

PAR

RAOUL de la GRASSERIE
Lauréat de l'Institut de France
Correspondant du Ministère de l'Instruction Publique
Associé de l'Institut International de Sociologie
Membre de la Société des Gens de Lettres
de l'Académie de Législation de Toulouse, de la Société de Législation comparée
Docteur en droit, Juge au Tribunal de Rennes
Officier de l'Instruction Publique

PARIS
V. GIARD & E. BRIÈRE
LIBRAIRES-ÉDITEURS
16, Rue Soufflot, 16

1899

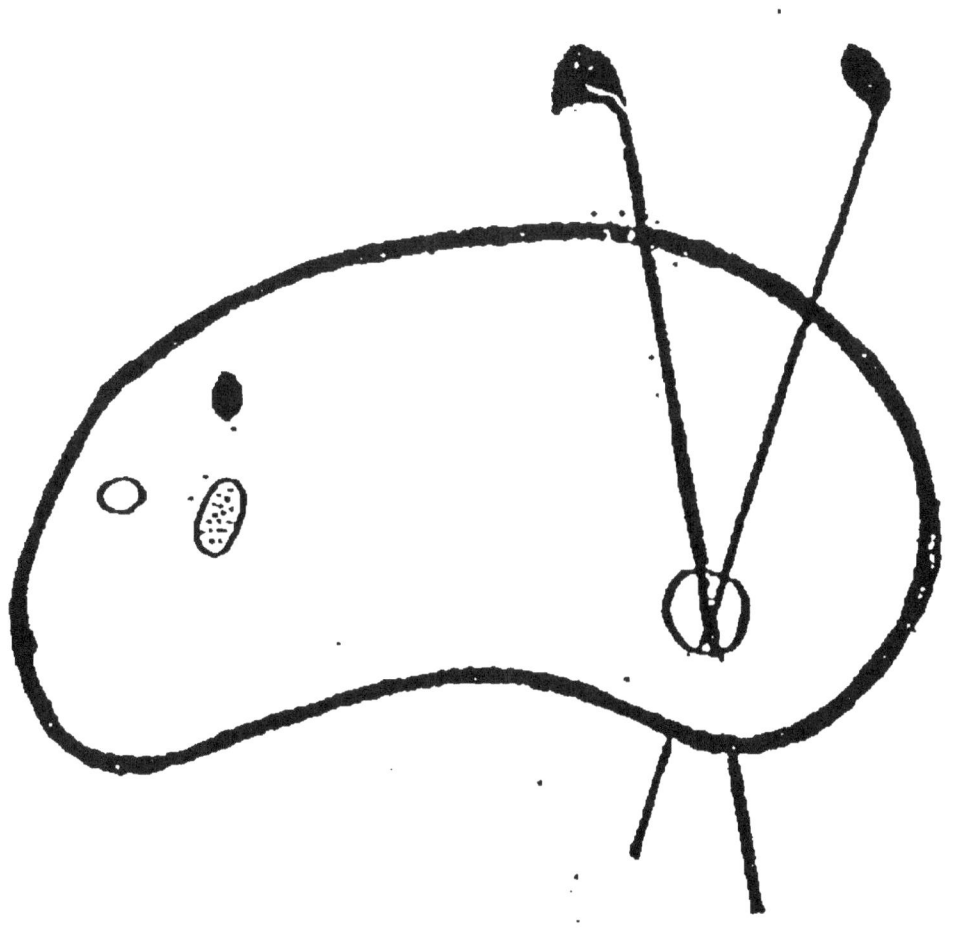

FIN D'UNE SERIE DE DOCUMENTS
EN COULEUR

DES

RELIGIONS COMPARÉES

AU POINT DE VUE SOCIOLOGIQUE

BIBLIOTHÈQUE SOCIOLOGIQUE INTERNATIONALE
Publiée sous la direction de M. RENÉ WORMS
Secrétaire-Général de l'Institut International de Sociologie.

XVII

DES
RELIGIONS COMPARÉES

AU POINT DE VUE SOCIOLOGIQUE

PAR

RAOUL de la GRASSERIE
Lauréat de l'Institut de France
Correspondant du Ministère de l'Instruction Publique
Associé de l'Institut International de Sociologie
Membre de la Société des Gens de Lettres
de l'Académie de Législation de Toulouse, de la Société de Législation comparée
Docteur en droit, Juge au Tribunal de Rennes
Officier de l'Instruction Publique

PARIS
V. GIARD & E. BRIÈRE
LIBRAIRES-ÉDITEURS
16, Rue Soufflot, 16

1899

PRÉFACE

La science des religions n'est pas une science nouvelle, quoiqu'elle ne soit que contemporaine, elle a été déjà illustrée par de nombreux et savants ouvrages que nous aurons l'occasion de citer et qui fournissent, au moins dans les traits essentiels, la constatation des principes et des pratiques de beaucoup des cultes existants ; elle ne s'est point bornée à l'indication des doctrines et des faits les plus intéressants, mais s'est élevée jusqu'à leur comparaison ; cependant elle n'a guère dépassé ce degré, déjà scientifique, ne s'est point avancée jusqu'à la généralisation et l'induction pour aboutir à de véritables lois, et n'a point essayé dans ce but de construire une véritable synthèse ; si quelquefois elle l'a tenté, elle l'a fait hâtivement avant que les faits à colliger préalablement fussent suffisamment connus, et cette science qui a un grand avenir est encore à mi-chemin de son développement scientifique. On n'a même pas décidé si c'était une science proprement dite et dans quelle acception elle pouvait l'être.

D'un autre côté, les religions n'ont pas été considérées au point de vue spécialement sociologique, mais seulement en qualité de produit spontané de l'esprit humain, c'est-à-dire psychologiquement, ou si parfois leur constitution a semblé sociologique, c'est qu'on a vu dans la société religieuse une société humaine *sui generis*, traversant la société ordinaire, mais composée des mêmes éléments individuels et n'étant qu'un aspect nouveau de celle-ci, que la société ordinaire dans sa fonction religieuse. Dans ces conditions, le point de vue social devenait tout secondaire. Par là même toutes les questions agitées ou résolues pour la société humaine, par exemple, celle de la théorie organique, se trouvaient agitées ou résolues dans le même sens pour elle, sans qu'un élément vraiment nouveau fut introduit dans le débat.

Enfin la place exacte de la science des religions dans la sériation des sciences n'était pas envisagée. On la considérait, d'ailleurs, non comme autonome, mais comme une des divisions soit de la psychologie, soit de la sociologie, ou plus exactement, comme une des sciences psychiques ou des sciences sociales, ou des deux à la fois, car sa place véritable flottait entre ces domaines.

Nous avons pensé faire œuvre utile en essayant ici de dépasser le degré scientifique auquel les religions ont ainsi coutume d'être considérées, et cela sous plusieurs rapports.

D'abord il s'agit de définir, aussi exactement que possible, la religion, de résoudre la question de savoir si son étude constitue une science véritable, et de quelle manière, et dans le cas de l'affirmative, de la sérier sur l'échelle des sciences, soit comme science principale indépendante, soit comme partie intégrante d'une autre. Il s'agit là sans doute de mesures d'ordre, mais d'un ordre essentiel, sans lequel on ne peut pénétrer profondément dans la nature d'un sujet et l'on est condamné à ne voir que la surface.

Puis, entrant dans le sujet même, il importe que, prenant cette science au point supérieur où on l'a laissée, celui de la comparaison partielle, ou s'élève à la comparaison totale de toutes les religions actuellement connues, civilisées ou non civilisées, vivantes ou mortes, proches et familières ou éloignées, puis, que de la comparaison on passe à la généralisation et qu'au moyen d'inductions vérifiées par leur nombre on parvienne à formuler des lois générales présidant à leur formation et à leur évolution et expliquant même ce qu'elles peuvent contenir de singulier et d'exceptionnel.

Ce n'est pas tout, et c'est surtout ici que notre tâche plus particulière commence ; les religions comparées peuvent l'être à différents points de vue ; elles l'ont été, par exemple, au point de vue psychologique, mais fort peu au point de vue sociologique, c'est à celui-ci seulement que nous voulons les étudier.

Au premier abord, cet aspect semble très restreint et les religions paraissent presque entièrement étrangères à ce concept ; sans doute, elles ont, quant à leur personnel croyant et pratiquant, leurs racines dans les sociétés humaines avec lesquelles elles demeurent en perpétuel contact, et dont elles empruntent les membres. Mais c'est là une circonstance tout externe. Que la religion, par exemple, influe puissamment sur le gouvernement des hommes, qu'elle ait avec les autorités sociales politiques des accords ou des conflits, qu'elle ait fait l'éducation de la puissance laïque, nul ne le conteste, et cette fonction a une importance historique considérable, mais ce n'est qu'un accident, une affaire de milieu, qu'il est intéressant d'étudier, mais seulement à un titre secondaire.

Si, au contraire, on considère la religion comme formant une société elle-même, l'étude de son organisation sociale présentera un intérêt plus grand et plus élevé. On prendra pour point de départ la société ordinaire et on recherchera en quoi celle religieuse en diffère. Il y aura, en effet, des particularités très curieuses à relever ; le fidèle diffère du citoyen, quoique les deux se réunissent souvent dans la même personne ; de même, le sacerdoce dirigeant n'a pas tous les mêmes caractères que la classe politique dirigeante ; les sanctions ne sont pas de même nature, mais le fond est cependant identique ; il s'agit toujours de sociétés humaines, l'une de droit commun, l'autre *sui generis*, avec des buts distincts, mais ayant la même constitution essentielle. D'ailleurs, cette sociologie spéciale n'est pas une science autonome, mais une branche de la sociologie générale.

Il existe une troisième manière de considérer la religion au point de vue social. On sait que la sociologie n'envisage pas la société seulement dans son ensemble, encore moins au point de vue uniquement juridique, mais successivement sous le rapport de l'économie politique, de la législation, de la morale, du langage, de la littérature et enfin de la religion. Elle considère alors cette dernière comme phénomène d'abord de l'esprit humain, puis de la société humaine. Celle-ci fonctionne religieusement, comme elle fonctionne politiquement ou économiquement. Ce point de vue n'a rien d'inexact, et nous devrons nous y placer dans le présent livre comme à ceux qui précèdent.

Ils suffiraient pour justifier l'entreprise d'une étude spéciale qui serait alors celle d'une partie déterminée de la sociologie, dans laquelle la socialité de la religion serait observée des trois manières suivantes : 1° examen des rapports entre les sociétés religieuses ou Eglises avec la société civile ; 2° examen de la constitution de la société humaine religieuse traversant les autres ; 3° observation de la religion comme de l'un des phénomènes sociaux.

Malgré l'intérêt que présente cette triple étude, nous ne l'aurions pas entreprise, parce que sa portée sociologique est bornée et extérieure, si nous n'avions eu à y joindre une autre plus essentielle, plus vaste et où le caractère sociologique joue un rôle principal.

La société religieuse est *externe* ou *interne*. Celle *externe* est celle que nous apercevons et qui se compose exclusivement d'hommes, elle siège parmi eux et constitue les différentes Eglises. Mais il en existe une autre, *interne* cette fois, dont le domaine est beaucoup plus vaste ; il comprend non seulement les hommes vivants, mais avec eux les morts, les saints, les demi-dieux, les dieux, les esprits et même les êtres inférieurs en tant qu'on peut être tenu d'obligations envers eux ; tous ces êtres qui composent l'univers, sont réunis par un lien qui s'appelle la *religion* et forment une véritable *société cosmique*, une *suprà société*, coordonnée, adaptée, subordonnée qui, comme la société ordinaire, aboutit à un *sensorium* et à une centralisation suprême. C'est la science de cette société nouvelle, société *transcendentale* à laquelle nous donnons le mot de *cosmo-société*, qui constitue la *cosmo-sociologie*, laquelle fait le principal objet du présent livre. Ce n'est plus une branche de la sociologie ordinaire, ainsi que nous l'établirons, mais une science autonome et supérieure. Elle domine la sociologie, comme celle-ci, la psychologie et la biologie. Du reste, il y a entre elles toutes une symétrie intime et on y retrouve les mêmes principes et les mêmes types d'organisation.

Tel est exactement le sujet de notre travail, très vaste, mais en même temps restreint par l'aspect choisi. Nous examinons l'ensemble des religions aux divers points de vue purement sociologiques que nous venons d'indiquer et principalement au dernier. C'est en cela surtout qu'il se distingue nettement des travaux publiés sur la science des religions.

Dans cette étude toute scientifique nous chercherons à conserver la plus grande impartialité. Il va de soi que nous n'avons à nous demander ni si telle religion est supérieure à telle autre, ni laquelle est la vraie, ni s'il en existe une dont la vérité objective soit démontrée ; ce serait sortir de notre plan et le faire dévier. Nous avons d'ailleurs pour toutes les religions, faisant abstraction des erreurs grossières ou des pratiques cruelles qui les ont souvent souillées, un sincère respect, sachant qu'elles ont été en principe les bienfaitrices et les éducatrices du genre humain. Cependant nous ne méconnaissons pas non plus qu'elles sont d'inégale valeur, et si nous relevons quelquefois la ressemblance des institutions des plus élevées et des plus inférieures d'entre elles, cela n'implique nullement que nous voulions par là les égaliser et rabaisser les meilleures ; c'est la nécessité d'un travail comparatif de faire ressortir fidèlement les ressemblances et les différences, et d'ailleurs l'étincelle divine peut jaillir partout de l'esprit humain.

Nous voulons répondre au reproche qui pourra nous être fait de traiter souvent comme objectives, et implicitement comme réelles, des constructions religieuses que beaucoup considèrent comme n'étant jamais que subjectives et, par exemple, de supposer par la définition même de la religion un lien entre des êtres visibles et des êtres invisibles dont l'existence, par conséquent, n'est qu'hypothétique. Comment aurions-nous pu agir autrement, à moins que nous ne traitions des religions dans le but de les nier ou de les combattre ? Nous prenons les doctrines religieuses, telles qu'elles existent ; leur analogie et leur comparaison, leur synthèse possible sont à ce prix ; c'est au lecteur à lire comme réalité objective ou simplement subjective ce que nous exposons, suivant l'angle de sa pensée. D'ailleurs, ce qui serait subjectif n'en existerait pas moins subjectivement. D'autre part, la réalité objective peut exister dans l'ensemble des religions, quoiqu'elle soit absente de la construction totale et indivisible de l'une ou de plusieurs d'entre elles. Enfin, prendre parti sur cette objectivité pour la nier ou la reconnaître partiellement ou totalement serait non seulement sortir de notre sujet, mais le détruire. Qu'il suffise de constater que l'existence de la société religieuse interne, ne fut-elle que subjective, n'en serait pas moins intéressante à décrire au point de vue scientifique, comme production de l'esprit humain. Que Dieu ait créé ou procréé l'homme, ou que l'homme ait créé Dieu, comme quelques-uns le prétendent, il n'en existe pas moins soit dans le ciel, soit dans l'esprit, et quel que soit ce lieu, son étude s'impose. D'ailleurs, ceux qui le nient d'une manière absolue, à la fois comme être personnel ou comme impersonnel et immanent au monde sont en petit nombre ; ils pourront ne retenir notre étude sociologique de la religion que comme celle d'un des phénomènes de l'esprit humain, ou plutôt encore de la société humaine, car la religion est sociale par excellence.

Deux disciplines étudient, chacune à son tour et suivant ses procédés propres, le lien cosmique entre tous les êtres, ce sont : la *religion* et la *philosophie*. Il importe de rechercher quelle est leur part respective dans cette étude, quels sont leurs moyens particuliers d'investigation, et si l'une peut remplacer l'autre soit provisoirement, soit définitivement. La philosophie, quoiqu'elle invoque la raison, n'est pas, à cause de sa méthode le plus souvent déductive, beaucoup plus scientifique, dans le sens technique du mot, que la religion elle-même, mais voici que la science se lève à son tour et prétend, avec ses inductions exactes et puissantes, résoudre les grands problèmes qui tourmentent l'esprit et le cœur de l'humanité. Nous essaierons de distribuer entre chacune le domaine à explorer du connaissable et de l'inconnaissable.

Nous examinerons successivement : 1° le groupe des sciences cosmo-sociologiques ; 2° la place de la religion parmi ces sciences ; 3° ses objets ; 4° les personnes entre lesquelles existe le lien cosmique ; 5° la constitution de la société religieuse interne et la théorie organique ; 6° celle des sociétés interdivine et intradivine ; 7° celle des sociétés divines contraires et leurs conflits dualistiques ; 8° celle de la société religieuse externe ; 9° celle des sociétés religieuses externes plus étroites ; 10° les rapports entre les différentes sociétés religieuses ; 11° ceux entre les sociétés religieuses et la société civile ; 12° la classification des religions ; 13° l'avenir des religions. Nous nous cantonnerons rigoureusement, sauf en matière indivisible, dans la partie sociologique, ou plus exactement, cosmo-sociologique des religions, laissant en dehors le côté purement psychologique.

Rennes, le 1ᵉʳ novembre 1898.

RAOUL DE LA GRASSERIE.

CHAPITRE PREMIER

DES SCIENCES COSMOSOCIOLOGIQUES

La connaissance des religions est-elle une science ? La religion, telle religion donnée, est-elle une science elle-même ? Enfin, la connaissance des sociétés religieuses est-elle une branche d'une science autre, celle des sociétés, ou sociologie ? Telles sont les trois questions préliminaires qui se posent au seuil même de notre étude. Elles sont absolument distinctes, et méritent chacune une observation particulière. Dans le cas de l'affirmative, c'est-à-dire si la religion elle-même est bien une science, quelle place tient-elle dans la sériation de celles-ci ? En quoi en diffère-t-elle par sa méthode et ses moyens de connaissance ? Est-elle purement subjective, ou objective aussi ? Quel est son objet exact ? Enfin, quelle doit être sa définition ? Ne mériterait-elle pas un nom spécial qui contiendrait cette définition même, ce qui, à la fois, exprimerait son caractère social, et son caractère *suprà social* ? Il y a là de graves questions, entièrement nouvelles, parce que la religion et la science, même comparatives, n'ont été envisagées jusqu'à présent que d'une manière, d'abord empirique, puis critique, mais sans s'élever à une synthèse complète et à une vue tout à fait d'ensemble.

Le premier point est celui de savoir si la science des religions, car ce titre de science lui a déjà été donné, en est réellement une, ou si ce n'est qu'une simple connaissance, ce que d'aucuns appellent improprement un art. Lorsqu'on expose les doctrines d'une religion donnée ou qu'on les apprend, ce ne sont que des faits de plus qu'on enregistre, et chacun sait que la connaissance de faits épars ou qui ne sont réunis que par le milieu commun du temps ou de l'espace ne peut constituer une science véritable ; ce titre n'est dû qu'à l'induction ou à la déduction de lois générales dirigeant et expliquant ces faits eux-mêmes. C'est ainsi que le titre de science est dénié à l'histoire, soit particulière à tel temps ou à tel pays, soit même générale, parce qu'elle ne relate que des faits dans leur séquence temporale ou dans leur concomitance locale, sans aucun lien de causalité. Il en est de même du droit, c'est-à-dire de la législation actuelle positive d'un peuple ; cette connaissance est fort utile, elle indique comment se conduire et guider les autres et comment décider un litige existant, mais elle n'est nullement une science et on est fort embarrassé pour la classer ; c'est un art ou science appliquée, ce qui n'est pas tout à fait exact, mais, en tout cas, ce n'est pas une science pure. Au contraire, la sociologie acquiert d'emblée ce titre, n'observant les faits particuliers que dans le but immédiat de les coordonner, de les subordonner entre eux et d'en découvrir les causes, d'en rechercher les lois, elle est aussi scientifique, au moins dans son but, que la physique, que la chimie ou que les mathématiques, ce type des sciences véritables. Au contraire, telle des religions semble bien n'être, comme l'histoire, comme la géographie, qu'une simple connaissance portant sur une catégorie spéciale de faits, les faits religieux, les doctrines religieuses. Ces doctrines, d'ailleurs, ne sont-elles pas capricieuses, impossibles à ramener à des types centraux, et les croyances de l'homme, qui, même dans certains systèmes, ne correspondent pas à une réalité objective, ne sont-elles pas fortuites et changeantes, comme l'état de l'atmosphère, lequel ne donne lieu, comme on sait, qu'à une science assez instable, qui n'est pas même une science dans le sens rigoureux du mot : la météorologie ? Si la connaissance d'une religion est une science, elle semble donc ne pouvoir l'être qu'à un titre inférieur, comme pourrait l'être l'histoire.

Ce n'est qu'une apparence. La connaissance des religions est une simple *connaissance*, ou devient une *science* suivant *son degré*. Pour le bien comprendre, il faut expliquer qu'il en est ainsi de *toute autre science*. Prenons pour exemple la linguistique. J'étudie telle langue avec le but de la comprendre, de l'écrire et de la parler. Il n'y a point là une science dans le sens technique du mot. Ce n'est même pas de la linguistique, c'est tout au plus de la philologie. J'analyse des mots qui sont des faits particuliers, des idées cristallisées, et je ne fais pas autre chose. Il pourra en résulter un effet artistique, si je m'assimile la manière de penser et le style des écrivains, il n'y a pas là d'élément scientifique. Mais j'apprends un certain nombre, même considérable, de langues, et je m'initie dans chacune à leur littérature, seulement je n'établis aucun lien entre elles. Point de science non plus dans une telle opération mentale; c'est du polyglottisme; le nombre des faits enregistrés est plus grand, mais c'est tout. Je joins à l'étude des langues actuelles celle des langues anciennes, ainsi que l'on fait dans l'instruction classique, où l'on enseigne le latin et le grec. J'aurai enrichi mon esprit au point de vue littéraire et amassé un plus grand nombre de mots, mais c'est tout; point là non plus d'œuvre scientifique. Est-ce à dire que la connaissance des langues reste toujours un art? C'est ce qu'on a pu croire longtemps avant l'avènement contemporain de la linguistique. Mais depuis il en est tout autrement. Lorsqu'on a pu connaître un nombre de langues suffisant, l'idée est venue de les comparer entre elles, surtout depuis qu'on a découvert entre la plupart de celles de l'Europe un lien par la révélation du sanscrit, tellement que l'on pensa d'abord que ce dernier était le générateur commun des autres. C'était une erreur, mais la parenté étroite est restée. A partir de ce moment ont surgi l'intérêt et la possibilité de la comparaison, comparaison dans le temps, en suivant l'évolution d'un mot ou d'une forme grammaticale, par exemple, du latin au français, à travers toutes les modifications successives, comparaison dans l'espace, en considérant la même racine sur des points parallèles de l'évolution de langues apparentées. Et lorsqu'il s'agit de langues n'ayant entre elles aucun lien de parenté directe ou collatérale, et, par conséquent, ne pouvant se comparer étymologiquement, la comparaison se fait encore, au point de vue psychique, à celui de la syntaxe, et aussi au point de vue phonétique. La grammaire comparée était née, et cette fois on tenait bien une science nouvelle.

Cependant, était-ce bien une science, dans le sens absolument rigoureux et technique? Comparer est le propre d'un esprit curieux, et c'est un stade bien supérieur à celui d'apprendre, quoiqu'il suppose préliminairement celui-ci. Cette curiosité, d'ailleurs, n'est pas vaine, et lorsque, par exemple, elle suit un mot d'étape en étape, notant ses moindres transformations et leurs dates, elle marque l'évolution, et l'on est bien près de saisir la cause, au moins, la cause prochaine, de chacune de ces transformations. Mais si l'on s'arrête en si beau chemin, la science n'est pas éclose, elle n'est qu'en préparation. On se trouve à un stade moyen entre la connaissance empirique et la science proprement dite. C'est le second stade.

Bientôt on va parvenir au troisième, même malgré soi. Les yeux entrouverts vont s'ouvrir tout à fait. Quand on aura bien noté chaque séquence dans le temps d'un mot ou d'une forme grammaticale donnée, sans aucun intermédiaire omis, quand on aura relevé aussi la même séquence d'un autre mot placé dans les mêmes conditions, la comparaison s'imposera d'elle-même, et l'on aura vite obtenu la connaissance de la cause prochaine, c'est-à-dire de la cause de la transformation dernière, puis de celle immédiatement supérieure et des autres ensuite en remontant. De ces causes particulières, on passera à une cause commune ou générale ; cette cause générale n'est autre chose qu'une loi naturelle. On aura, à côté de la *séquence dans le temps* et de celle *dans l'espace*, la séquence *dans la causalité*, laquelle constitue seule la science véritable qui est la découverte ou la connaissance de ces lois. Cette science porte le nom de linguistique.

La connaissance — science de la philologie — linguistique s'élève donc à trois degrés successifs : 1° La philologie ou connaissance empirique des faits des langues, lesquels ne sont pas, du reste, seulement les mots, mais aussi les sons, les formes et l'expression adéquate des idées par le langage ; 2° la grammaire comparée qui a pour objectif l'observation de la séquence dans le temps ou de la concomitance dans l'espace de ces mêmes faits, la notation des ressemblances, des différences et des transformations ; 3° la linguistique, qui consiste dans la découverte des lois naturelles de tel langage et aussi du langage en général. Au premier degré, il y a simple *connaissance*, il n'y a pas de science du tout ; au second, on s'élève de la connaissance à la *science ;* au troisième, on est parvenu à la *science proprement dite*.

Il semble juste alors de distinguer entre la philologie et la linguistique, d'en faire deux choses distinctes et de dire que la philologie n'est pas une science, tandis que la linguistique en est une. Ce ne serait cependant pas exact, car *on diviserait ainsi l'indivisible*. La réalité est que la philologie, la grammaire comparée, la linguistique ne forment qu'un seul tout, comme un édifice unique. Dans les soubassements et les fondations, il n'y a qu'une connaissance empirique, qu'un amas de faits linguistiques, c'est-à-dire un amas de sons, de mots et de formes ; au dessus, on parvient déjà à la lumière par la comparaison. Puis, dans les étages supérieurs et comme couronnement de l'édifice, apparaît sous le zénith la science elle-même. Mais, de bas en haut, il n'y a qu'une *science unique*.

Il en est de même de toutes les autres connaissances qui deviennent sciences lorsqu'elles dépassent un certain degré. L'histoire, par exemple, semble bien une simple connaissance, de même que la géographie historique qui a son développement dans l'espace. Il serait cependant injuste de la mettre à part et de déclarer que ce n'est qu'une connaissance et qu'elle n'a pas produit du tout de science. En effet, elle est elle-même pure constatation, celle non pas des faits humains, comme on serait tenté de le croire, car alors elle devient la biographie, mais des faits sociaux de toute direction. Ces faits isolés ne sont que de la poussière, un chaos, le résultat apparent du pur hasard. Quoi de plus antiscientifique ? Mais bientôt naît l'idée de leur comparaison. On note attentivement leur séquence dans le temps, leur séquence dans l'espace, les transformations et leurs moments. C'est l'histoire comparée, c'est la philosophie de l'histoire. On ne s'arrête pas à ce stade ; de cette comparaison résulte la découverte des causes proches qui relient un fait à l'autre, puis des causes éloignées qui relient toute une série de faits et aussi de celles qui expliquent les différences dans l'espace. On découvre enfin les lois qui régissent telle société, puis en comparant les diverses sociétés et leurs lois, celles qui sont communes à toutes les sociétés en général ; c'est la *sociologie*, une véritable science cette fois.

Nous pourrions parcourir tous les groupes de connaissance et de sciences et arriver à la même conclusion ; la science n'est, au début, qu'une connaissance, puis elle s'élève à l'état de connaissance-science ou simple comparaison des faits, pour devenir enfin elle-même et pénétrer dans la causalité et la découverte des lois naturelles.

Il en est de même de la science des religions à son tour. Au degré inférieur et empirique, c'est une simple connaissance. On étudie les dogmes, la morale, les cérémonies de cette religion ; on peut même observer ceux de plusieurs, apparentées ou non apparentées. Dans tous les cas, il n'y a que simple amas dans la mémoire des faits religieux, et si l'on restait à ce point, l'intérêt serait minime. Mais on ne s'y arrête que le temps nécessaire pour donner une base solide à ce qui va suivre. Bientôt on note avec soin le développement de telle ou telle religion, les points successifs de ce développement dans le temps, et aussi dans l'espace, les ressemblances et les dissemblances ; c'est la *séquence* dans le temps et dans l'espace ; c'est la connaissance ou la science, car il y a là transition entre les deux, des religions comparées. Bientôt cette comparaison amène à découvrir les causes proches, puis les causes éloignées, enfin les causes générales des transformations, c'est-à-dire les lois. Cette fois le caractère scientifique est indéniable.

Donc, la science des religions est une science au même titre que les autres ; au degré inférieur, ce n'est qu'une simple connaissance ; cette connaissance prend un caractère scientifique, lorsqu'il s'agit de l'étude comparative ; elle est science tout à fait lorsqu'il s'agit de chercher ou d'apprendre les lois communes qui président à la formation ou au développement des religions.

Ce qui fait l'objet de cette science, c'est d'abord la religion comme phénomène de l'esprit humain, c'est-à-dire au point de vue subjectif. On ne s'occupe point de savoir si telle religion est vraie ou fausse, c'est-à-dire si elle traduit bien les rapports entre l'homme et la divinité, ou non ; ce serait le point de vue objectif de la réalité objective. Cette science existe aussi, nous allons la rencontrer tout à l'heure, mais elle est tout autre.

La science des religions serait donc une branche de la psychologie. Celle-ci étudie non seulement la structure de l'esprit humain, de l'âme humaine (le mot *esprit* est plus approprié, parce qu'il laisse intacte la question de l'existence indépendante de l'instrument psychique), mais aussi ses diverses manifestations, ses phénomènes. Or, l'un des plus importants, c'est la série des phénomènes religieux. Ces phénomènes, d'ailleurs, s'étudient en soi, et indépendamment de la réalité du but envisagé.

Mais elle serait aussi une branche de la sociologie. En effet, la société religieuse entre coreligionnaires n'est qu'une société humaine particulière. Les hommes se groupent de diverses manières, d'abord d'une façon générale, politique, pour leur gouvernement extérieur et intérieur, c'est la Société en général, la grande Société, faisant l'objet de la sociologie ; mais ils se groupent aussi autrement, forment des sociétés particulières, d'abord au point de vue économique et professionnel, de manière à constituer des corporations, plus ou moins étendues, c'est-à-dire embrassant soit un corps de métier, soit tous les métiers ayant un but analogue, puis, au point de vue des opinions, en différents partis, puis, à celui local, suivant les diverses régions ; enfin, au point de vue des opinions religieuses et du culte en commun. La sociologie embrasse l'étude de ces diverses sociétés, ne se bornant pas à celle générale, elle se divise alors en différents rameaux. La sociologie religieuse est celle qui examine la constitution des diverses sociétés religieuses ; elle étudie, par exemple, le catholicisme, le protestantisme, l'islamisme à ce point de vue, pas encore, il faut bien se garder de confondre, en tant que la société religieuse peut influer sur la société civile, ou celle-ci sur la première, ce qui forme un chapitre à part, mais en tant que la société religieuse, à l'instar de la société ordinaire, forme un véritable être organique ayant ses lois de composition, d'action, de réaction, et en définitive, de vitalité.

Il en résulte que l'étude subjective des religions peut être tour à tour psychologique et sociologique, on y observe alors le système religieux en général ou tel système religieux en particulier, comme un phénomène, tantôt purement psychologique, c'est-à-dire produit par l'esprit isolé d'un homme dans son instinct, tantôt, en outre, comme sociologique, c'est-à-dire né d'un besoin social et créant une communauté, matérielle ou intellectuelle, entre les coreligionnaires.

Ce n'est même qu'au point de vue purement *subjectif* que la science des religions peut exister. S'agit-il de se demander si une religion est vraie ou fausse, ou si, dans certains systèmes plus larges, elle s'approche plus ou moins de la vérité cette recherche, même avec la découverte des lois, en la supposant possible, n'est plus la science des religions, c'est, ce qui est bien différent, la science de la religion elle-même, soit que l'on cherche à établir la vérité d'une religion donnée, soit qu'on accepte cette vérité sans preuve et qu'on y conforme son esprit. Qu'est-ce au juste que la science de la religion, autre que la science des religions, sinon la même science à l'objectif? Mais alors elle en diffère profondément. Au lieu d'être une branche de la psychologie et de la sociologie, elle devient elle-même une science autonome parfaitement distincte. Nous verrons bientôt si ce titre de science lui appartient directement dans ce cas, car elle ne se base ni sur le raisonnement ni sur l'observation, comme les autres sciences, mais sur un moyen d'investigation différent et même contraire, cependant elle n'est point isolée comme science objective, et fait partie d'un groupe dans lequel les moyens ordinaires de la science peuvent se rencontrer.

Les *connaissances religieuses* sont donc de deux sortes; elles se divisent en *subjectives* et *objectives*. Celles subjectives ont pour objet les croyances religieuses et leur mise en œuvre, indépendamment de leur valeur intrinsèque, considérées comme de simples phénomènes subjectifs; d'ailleurs, ces phénomènes sont psychiques ou sociologiques. Les premières observent la religion dans l'esprit de celui qui la pense; les secondes l'observent dans la société humaine, formant elle-même une société à part. Celles objectives ont le même objet que la religion elle-même, c'est-à-dire, non les croyances, mais ce que l'on croit, c'est-à-dire les relations entre les êtres auxquels la religion s'applique, humains et ultra-humains (*relligio*). En définitive, il y a deux sciences des religions bien distinctes : celle subjective et celle objective; c'est la première qui a fait le plus souvent l'objet des travaux de ceux qui se sont occupés de l'étude des religions comparées; elle n'exige point d'ailleurs qu'on prenne parti dans aucune querelle, elle les constate seulement et les classe ; elle recherche ce qu'il y a de commun entre toutes les religions et ce que chacune a de particulier ; elle en poursuit les lois comme celles de tous les autres phénomènes de l'esprit ou de la société, elle les explique souvent, et se tient, sans les affirmer ou les nier, en dehors de l'idée de révélation ou de surnaturel ; il y a là un terrain sur lequel l'homme le plus religieux et l'athée peuvent se rencontrer, car, dès qu'il ne s'agit plus de réalité objective, mais seulement de réalité subjective, les avis sont souvent communs et l'on ne peut que rivaliser en psychologie. La seconde de ces sciences, la religion au point de vue objectif, donne lieu, au contraire, aux plus ardentes controverses. Pour le matérialiste même, celui qui ne croit qu'au hasard, la science objective de la nature, la théologie, même la théodicée, n'existent point. Ce sont des sciences imaginaires, comme l'astrologie. Sans doute, les lois de l'existence du monde, son origine, sa fin, peuvent être recherchées et il y a bien une vraie science objective dans ce but, la philosophie ; mais la religion doit être écartée. Ces deux opinions sont inconciliables.

Du reste, la science objective de la religion, qui renferme la théologie, mais s'étend au delà, n'est pas, non plus que les autres, une science proprement dite à tous ses degrés, elle ne le devient qu'à ceux supérieurs. Elle commence par être une simple connaissance, une constatation. Par exemple, il s'agit de rechercher l'origine du monde, ce qui est essentiellement de son domaine, elle constatera d'abord et apprendra ce qu'en disent les livres saints, complétés par la tradition, dans telle ou telle religion. Puis elle comparera les données fournies ainsi par les religions diverses, ou par la même religion à différentes époques ou en différents lieux. Enfin, elle fera subir son examen critique à ces diverses décisions et choisira entre elles ; elle en déduira les lois du monde spirituel. Si elle ne va pas jusqu'à admettre la fusion des différentes religions, elle recevra bien celle des opinions des docteurs de la même religion sur un point quelconque. Elle dira, par exemple, en se posant au point de vue chrétien, si c'est en sept jours ou en sept périodes que Dieu a créé le monde.

On peut donner à cette double science des religions, au lieu des noms de subjective et d'objective, ceux de science *externe* et de science *interne*, qui rendent bien la même idée. La *science subjective est externe*, c'est la *science de la science*, non celle de *l'objet de la science*, ce qui est bien différent ; la *science objective est interne*, en ce sens qu'elle s'applique directement aux objets à connaître. Du reste, la science externe ou subjective étudie aussi bien le phénomène psychologique que le phénomène sociologique de la religion.

Mais quel est l'objet exact de la science objective de la religion ? C'est ici que toute notre attention est nécessaire pour le saisir, d'autant plus que la définition que nous allons en donner n'a jamais été proposée, et qu'elle fait entièrement rentrer la religion dans le cadre sociologique que nous nous sommes tracé. En effet, la science externe ou objective de la religion ne la considère que partiellement au point de vue sociologique, souvent elle ne l'envisage que psychologiquement. Au contraire, sa science interne est toujours sociologique, elle est même suprà-sociologique ; c'est de ce paradoxe apparent qu'il faut établir la vérité.

Pour le faire, on doit en même temps classer la religion dans la série des sciences ; car cette sériation seule peut faire comprendre sa portée et son essence. Ce sera une disgression, puisqu'il nous faudra parcourir en quelques mots toute la chaîne, mais elle sera très courte et elle est indispensable.

Les *sciences pures* se classifient, non dans un sens et sous une idée unique, la simplicité contraire est une des fautes commises par beaucoup de classificateurs, mais dans plusieurs sens, suivant leurs objets eux-mêmes. Ces objets sont *concrets* ou *abstraits*, ou enfin *concrets-abstraits*, d'où la division principale, aujourd'hui à peu près reçue par tous. Les *objets concrets* sont la *matière*, soit terrestre, soit sidérale, dans ses atomes ou dans son conglomérat amorphe ; les objets *abstraits* sont les lois générales et idéales qui régissent la composition du monde ; les objets *abstraits-concrets* sont les forces, toutes venant du mouvement ou y aboutissant, qui composent ou décomposent les atomes matériels en observant les lois générales. Le grand ressort de tous les êtres étant le *mouvement*, on peut diviser l'objet des sciences en *moteur* (lois générales), *mouvement* direct transformé en chaleur, en lumière, en électricité ; enfin, *mobile*, c'est-à-dire l'être mis en mouvement. D'où les sciences des lois, les mathématiques, celles du mouvement, physique, chimie et mécanique, celles de la matière elle-même, soit brute, soit organisée de plus en plus sous l'influence du mouvement, astronomie descriptive, minéralogie, botanique, zoologie. Mais il nous faut intégrer la seconde série : le mouvement ne se traduit pas seulement en chaleur, en lumière, en électricité, en mouvement mécanique, il se convertit aussi en la vie, la pensée, la force sociale. Ce sont des modifications de plus en plus élevées du mouvement primitif. De sorte qu'on peut établir le schéma suivant :

1° *Objets des sciences abstraites* : Les nombres, les relations quantitatives, les relations qualitatives ou causales.

Sciences abstraites : Les mathématiques, la logique ;

2° *Objets des sciences concrètes* : La matière atomique, la matière condensée et la matière organisée.

Sciences concrètes : L'astronomie descriptive, la géologie, la botanique, la zoologie, l'anthropologie ;

3° *Objets des sciences abstraites-concrètes* : Le mouvement et toutes ses transformations en force mécanique, lumière, chaleur, électricité, vie, pensée, force sociale.

Sciences concrètes-abstraites : La mécanique, la physique, la chimie, la biologie, la psychologie, la sociologie.

Ces divisions ne sont point parallèles, mais elles s'enchevêtrent les unes dans les autres et se multiplient ainsi : par exemple, les mathématiques s'appliquent à la physique, à la mesure de l'espace, à la mécanique. D'autre part, il y a une biologie de la botanique, comme il y en a une de la zoologie, une de l'anthropologie ; il y a de même une psychologie animale et même une végétale, aussi bien qu'une psychologie anthropologique ; enfin, il existe une sociologie zoologique et même botanique, aussi bien qu'une sociologie humaine.

Nous ne retenons en ce moment que la biologie, la psychologie et la sociologie appliquées à l'homme, c'est-à-dire à l'anthropologie ; ce sont les sciences de la vie, de la pensée et de la force sociale avec cette application. Elles succèdent à la mécanique appliquée à l'humanité. D'où cette gradation : mouvement, vie, pensée, société. Comment se fait-elle ? Suivant nous, par un mouvement produisant des organismes de plus en plus subtils, en même temps que plus compréhensifs, tandis qu'il devient, au contraire, lui-même de moins en moins général. Ainsi la mécanique a pour objet le mouvement le plus général, mais il ne s'applique à la fois qu'à un seul corps plus ou moins vaste ; la physique a pour objet un mouvement moins général, car il opère moins à travers le milieu intersidéral que la mécanique, il s'adresse à différents corps qu'il éloigne ou qu'il attire ; la chimie rapproche tellement les atomes non organiques qu'il en opère une combinaison et il en résulte un véritable individu, quoique inanimé ; la biologie réunit les molécules ainsi formées, les coordonne et les subordonne entre elles et aboutit à un être total, très composé ; la psychologie fait sortir de ces parties composantes, un composé nouveau qui peut être composant à son tour, un être unique par la pensée qui le résume, les molécules composantes ayant perdu toute autonomie ; la sociologie, enfin, étudie différents hommes réunis dans un conglomérat nouveau, lequel, à son tour, a conscience de lui-même, pense et veut, indépendamment de ses membres.

Ainsi, les formations sous l'empire du mouvement sont de plus en plus compréhensives. Les dernières appuient leur existence sur les premières. L'unité vaste d'une société ne pourrait exister sans l'unité préalable des esprits humains qui la composent ; l'unité de l'esprit humain, à son tour, ne pourrait exister sans l'unité biologique préalable de chacune des molécules et des membres du corps; l'unité de la molécule de l'homme et des autres animaux est le résultat de la vie ; la vie même, si elle n'était pas le dernier mot des actions chimiques ne pourrait cependant surgir sans la préexistence de celles-ci ; la molécule chimique se forme sous l'empire des actions et des réactions physiques, et les actions physiques ne peuvent avoir lieu que par l'effet du mouvement mécanique.

Il s'agit donc dans cette gradation de formations d'unités organiques de plus en plus compréhensives. Comte était dans l'erreur quand il faisait de la psychologie une subdivision de la biologie, et par conséquent, de l'esprit, un des aspects de la vie, quoiqu'il y ait autant de différence entre la pensée et la vie, qu'il peut y en avoir entre la vie et l'action chimique, ou entre l'action chimique et l'action physique. Il était préoccupé des questions de lutte entre le spiritualisme et le matérialisme, et craignait de reconnaître à l'âme humaine une existence substantielle, en lui assignant une place très nette. D'ailleurs, suivant son école, la pensée était fonction du cerveau, et le cerveau étant un organe zoologique, elle rentrait par là même dans la physiologie, laquelle n'est qu'une des parties de la biologie. Il n'eut pas commis cette erreur s'il eût compris l'essence de la psychologie qui n'est point, comme le déclarait la philosophie classique, la science de l'âme, mais bien, en réalité, la science de la synthèse de la personne humaine ou animale dans son résumé et son sommet, la pensée. C'est cette pensée plus ou moins dégagée qui fait toute l'unité zoologique définitive et qui clot la hiérarchie de la personne. La psychologie n'est pas indirectement l'étude de la pensée, comme fonction suprême, c'est, à proprement parler, celle de l'unité de l'être organique, tandis que la biologie est celle de la cellule, de l'unité des molécules composant cette cellule, et des diverses compositions des cellules, puis des membres, jusqu'à l'aboutissement psychologique.

A son tour, la Société est l'aboutissement, soit de quelques hommes réunis, soit de nations entières, soit de l'humanité. Cette unité est bien plus parfaite si l'on admet la théorie organique, mais elle l'est dans tous les cas. D'ailleurs, la vérité de cette théorie a pour elle l'analogie de l'unité psychologique. De même que l'esprit humain est la dernière résultante de la vie de tous les membres, et qu'à son tour, cette unité formée a une existence distincte de celle de ces membres, de même la société composée d'individus a aussi une existence distincte de ceux qui la composent, et n'en est point la simple addition.

Les sciences ainsi classées et leur sériation établie, quelle est la place de la religion ? Pour celle externe et subjective, point de difficulté ; comme étude des phénomènes religieux de l'esprit humain, c'est une branche de la psychologie ; comme étude des phénomènes religieux des sociétés humaines, c'est une branche de la sociologie ; plus exactement, c'est à la fois une science psychologique et une science sociale. En effet, dans les sciences sociologiques, par exemple, il faut distinguer celles sociales qui sont des sciences particulières relatives à la société, l'économie politique est de ce nombre, de même, le droit, et au-dessus la synthèse de toutes ces sciences, la *sociologie générale*. Hé bien ! la science externe des religions est une science sociale ; se réunissant avec l'économie politique, le droit, etc..., elle conflue dans la sociologie qui l'absorbe définitivement comme un grand fleuve, ses affluents, ou comme la mer tous les fleuves. Elle est aussi une classe particulière psychologique, lorsqu'on l'étudie dans le for intérieur de chaque homme.

Mais quelle est la place de la science *interne* et *objective* qui porte le nom de *religion* ? On ne lui en a pas encore fait une, d'abord par la raison qu'on ne la considérait point comme une science, nous réfuterons plus loin cette idée fausse, puis, parce que la science externe et subjective apparaissait seule, et qu'on la classait comme elle vient de l'être. Pour opérer ce classement, il faut rechercher quel est l'objet de la connaissance interne de la religion.

Suivant l'étymologie, le mot *religion* signifie *lien*, c'est déjà une indication précieuse. Un lien suppose plusieurs êtres en relation, et cette relation conduit à une sociologie. Sans doute, par ailleurs, il s'en forme un étroit entre les coreligionnaires, et dans la grande Société politique, il en est d'autres religieuses, plus petites, quelquefois plus grandes, car elles peuvent devenir internationales. Mais ce lien est celui de la religion externe, il n'est qu'une partie d'une chaîne dont un bout reste inconnu et qui s'étend à d'autres êtres que l'homme. Ce n'est pas dans ce sens d'une sociologie terrestre que la religion est un lien et par conséquent une société, et sa connaissance, une sociologie. Tandis que la Société réunit une partie des hommes ou tous les hommes vivants, mais ne peut aller au delà, la religion est une société bien autrement étendue. Il est vrai que celle ordinaire a fait souvent des efforts pour dépasser sa sphère, mais elle n'y a réussi que très imparfaitement ; c'est ce qui est advenu dans toutes les religions d'Etat ou officielles, n'ayant pour ainsi dire pas de dogmes, ni de morale, mais seulement des rites très simples (Rome et la Chine) ; il y a même eu dans ce sens, chez nous, des tentatives très éphémères, comme le culte officiel de l'Être Suprême. Chez les Romains les dieux lares et les Mânes des Ancêtres vivaient en commun avec les membres de la famille, et l'on peut lire dans l'habile et intéressante synthèse faite par Fustel de Coulanges, comment la société romaine dut longtemps sa force à ce hardi prolongement. Cette évocation des morts pour les joindre aux vivants pour la société civile, est très curieuse, la Société s'agrandit ainsi, la famille se resserre, mais elle sort aussi de son domaine et doit bientôt y rentrer.

En effet, c'est la religion seule qui peut opérer d'abord cette annexion des morts aux vivants, de manière à augmenter d'une manière innombrable ces derniers. Mais auparavant, elle réunit un très grand nombre de vivants. Tandis que les sociétés civiles sont nombreuses et que, par conséquent, le nombre des membres de chacune d'elles est restreint, la société religieuse comprend souvent l'aire de plusieurs sociétés civiles. Elle tend à se propager de plus en plus et à tout envahir. Nous verrons que si beaucoup d'entre elles restent nationales, quelques-unes deviennent de plus en plus internationales et élèvent des prétentions à l'universalité. Mais ceci ne concerne que la religion externe, branche de la sociologie.

La religion interne est une société établie entre les hommes d'une part, et les êtres inférieurs et supérieurs d'autre part, d'esprit à esprit, mais elle crée et resserre le lien, principalement vis-à-vis des êtres supérieurs ; ces êtres sont surtout les dieux ou le dieu unique lequel forme la synthèse du monde, c'est donc vers lui que tend la religion. *C'est essentiellement la société entre Dieu et l'homme*, Dieu étant considéré soit comme le maître, soit comme le résumé de la nature, selon les systèmes. Mais ce n'est pas avec Dieu ou les dieux seuls que ce lien est établi ; il l'est aussi avec les esprits intermédiaires entre l'homme et Dieu, lorsqu'on suppose qu'il en existe, les anges, les démons, les esprits dans l'animisme ; il l'est encore avec les êtres inférieurs, les animaux, les plantes, tellement que dans l'ascétisme il est défendu de donner la mort à l'un d'eux ou de le blesser. Cette société s'étend aux hommes morts qu'on suppose survivre par leur esprit, car on ne s'associe pas avec le néant. Enfin elle englobe les hommes vivants déjà compris dans la société civile, mais elle le fait plus largement et autrement. Aux époques où celle-ci rejette impitoyablement de son sein tous les étrangers considérés comme des ennemis, ou les esclaves ou les femmes, la société religieuse les admet, elle ne répudie aucun homme, du moins lorsqu'elle a passé du nationalisme étroit à l'internationalisme, mais elle accomplit cette transition beaucoup plus tôt que la société civile. La religion admet aussi dans sa société idéale les hommes vivants, d'une manière autre que la société civile ; tandis que celle-ci fonde le lien sur l'égoïsme bien entendu, c'est-à-dire sur l'intérêt et la justice, la religion le fonde sur le pur altruisme, le sacrifice et le don gratuit, la grâce et la charité. Il n'existe pas d'être que la religion ne laisse entrer dans sa chaîne au regard de l'homme. Mais ce qui domine surtout, c'est la divinité ; chaque homme contracte avec elle une véritable société, un pacte instinctif tacite ou exprès (le testament, l'alliance) ; il l'invoque à chaque instant, lui fait des dons, la loue, cherche à se confondre avec elle par une association de plus en plus intime. Comme toute société, cette *hypersociété* se maintient par des sanctions lorsqu'il y a refus d'observer la hiérarchie de subordination ou de coordination ; ces sanctions sont bien distinctes de celles prononcées par les sociétés humaines, elles viennent les doubler.

Le processus par lequel cette société s'est établie est bien remarquable. D'abord quant aux vivants, elle ne coïncide pas, du moins à partir d'un certain moment, avec la société civile ou humaine, puisque l'aire d'une de ces sociétés se trouve plus ou moins étendue que celle de l'autre. Puis elle s'adjoint les morts qu'elle traite comme s'ils étaient vivants et venaient encore s'asseoir à la table de famille, elle leur fait des sacrifices, les évoque, entretient devant eux le feu sacré, la famille se compose au même titre des morts et des vivants ; voilà déjà une extension qui formerait à elle seule une société supérieure. Mais l'animisme a peuplé l'espace d'un nombre d'esprits infiniment plus grand. Chaque animal, chaque arbre, chaque pierre, chaque astre possède son âme, et cette âme, comme fait celle de l'homme lorsqu'il meurt ou qu'il dort, peut se séparer de son corps, errer dans l'espace ou se fixer dans un corps nouveau. Tous ces esprits qui ne sont pas des esprits humains, mais ceux des objets de la nature vont se mêler aux premiers et former avec eux une vaste société d'âmes. On ne les voit pas d'ordinaire, mais on peut les évo quer et ils viennent, on peut même par la magie les forcer à venir. Du reste, ils s'emparent quelquefois d'un corps humain ou animal par la possession. Voilà un lien, une société, entre tous les esprits, tous invisibles, les uns doués, les autres dénués d'un corps. Mais le lien s'étend toujours. Une parenté, au moins apparente, existe entre l'homme et les animaux ; certains peuples croient que les âmes humaines transmigrent après la mort dans le corps de ceux-ci pour revenir dans celui des hommes par une descente et une ascension régulières. Ils croient aussi descendre des animaux. Dès lors la société entre les hommes et les animaux se trouve formée. D'ailleurs, dans la société civile il existait déjà entre eux une société de collaboration et de soutien. De l'animal le lien religieux s'étend à la plante et à tous les êtres de la nature. La société ultrà humaine est définitivement close, lorsqu'elle a compris en elle les dieux eux-mêmes ou le dieu suprême.

Maintenant, il est facile de suivre la gradation ; l'esprit est la synthèse de toutes les molécules du corps vivant, du corps humain en particulier, la société est la synthèse de tous les esprits animés individuels, et enfin la religion est celle de tous les êtres et leur résumé dans la divinité qui forme l'âme du monde. Cette dernière expression n'entraîne d'ailleurs aucune affirmation panthéistique, mais elle est nécessaire pour nous bien faire comprendre. *Tandis que la société est la réunion des esprits humains, la religion est celle de tous les êtres.* C'est un degré de compréhension de plus.

De même à la psychologie qui est la science de la synthèse de l'individu humain se superpose la sociologie qui est celle de la synthèse des divers individus ou d'un grand nombre d'entre eux et à la sociologie se superpose la religion qui est la synthèse des divers êtres existants et leur résumé dans la divinité unique.

Seulement le mot de *religion*, quoiqu'il signifie le *lien*, masque cette situation ; celui de théologie ou de théodicée la rendrait mieux puisqu'il fait apparaître la divinité au sommet, mais il écarte l'étude du lien. Il y a là, en réalité, une *sociologie à la deuxième puissance*, de même que la sociologie était déjà la *psychologie à une puissance supérieure*. Nous pensons que la définition exacte serait contenue dans le mot nouveau de *cosmosociologie*. C'est la sociologie du monde et le mot d'*hypersociologie* serait suffisant, mais n'exprimerait pas toute l'étendue de la religion.

Ainsi *la religion est bien une science objective ; c'est la science de la société entre tous les êtres du monde ;* tandis que sa science externe était une branche de la sociologie ordinaire, sa science interne n'y est plus contenue et la dépasse, au contraire, beaucoup ; bien plus, c'est elle qui contient la sociologie, comme une chose compréhensive comprend celle qui l'est moins et qui en dépend, comme la sociologie contient la psychologie. En qualité de plus compréhensive, elle domine ; qu'est-ce que le droit, science sociale vis-à-vis de la morale, science religieuse ou devenue religieuse? Qu'est-ce que les lois les plus générales de la société vis-à-vis des lois du monde ? Qu'est-ce le gouvernement d'un pays vis-à-vis du gouvernement de la divinité? Qu'est-ce que toutes les sanctions de récompense ou de punition de cette vie vis-à-vis de celles d'outre-tombe ? Qu'est-ce qu'une société des vivants, vis-à-vis de celle qui serait composée même seulement des vivants et des morts ? Qu'est-ce que l'homme vis-à-vis de Dieu, personnel ou impersonnel, existant ou seulement supposé ?

La cosmosociologie est donc au sommet des sciences. Est-ce une science cependant, en ce sens qu'elle puisse parvenir à la découverte de la société cosmique, par des moyens scientifiques? C'est une question à laquelle nous répondrons dans le chapitre suivant. Mais en supposant pour le moment que c'en soit une, c'est certainement celle qui est supérieure à toutes les autres ; son rang de sériation suffirait seul à l'indiquer.

La sériation est définitivement la suivante dans l'ordre des forces :

Mécanique, physique, chimie, biologie, psychologie, sociologie, cosmosociologie représentée surtout par la *religion* (nous verrons tout à l'heure quelles autres sciences concourent avec elle à compléter la cosmosociologie).

Toutes ces sciences de la série concrète-abstraite, ou série des forces, s'appliquent d'ailleurs successivement à chacune de celles concrètes. Ainsi, de même qu'il y a la psychologie de l'homme, celle de l'animal, celle du végétal, de même il y a la sociologie anthropologique, celle zoologique et enfin, nous le démontrerons, la cosmosociologie anthropologique, celle zoologique, etc.

La religion, une des sciences qui forment le groupe de la cosmosociologie, est une sociologie *sui generis*, mais ce n'est point dans sa partie interne une des branches de la sociologie ordinaire. C'est une sociologie supérieure, dont la sociologie proprement dite n'est qu'une réduction. Elle constitue une science située à une distance considérable d'élévation au-dessus des autres. Ce qu'elle connaît ou prétend connaître est inconnaissable pour celles-ci ; ce que les autres réglementent dans leur partie pratique avec beaucoup de peine et un succès restreint, elle peut le déclarer d'un seul mot. Elle provoque un enthousiasme, aussi une haine, qu'aucune autre discipline ne saurait inspirer. Elle prétend connaître l'inconnaissable, surtout les grands problèmes de l'origine et de la fin. Sans doute, on peut soutenir qu'elle ne les connaît que subjectivement et que cette connaissance est vaine, mais elle affirme qu'elle parvient à une connaissance objective, et si elle ne le fait pas, il existe à côté d'elle, dans le même groupe, une autre science qui peut le faire et qui lui est apparentée. Enfin elle établit la synthèse générale, tandis que les autres sciences qui dépassent la constatation et la comparaison ne donnent que des connaissances partielles. C'est la sociologie du monde entier et, par conséquent, la psychologie de la tête du monde, de la divinité, soit personnelle, soit immanente.

C'est à ce titre que nous l'observons dans le présent livre

au point de vue sociologique. Nous n'entendons pas par là examiner seulement l'influence de la religion sur les sociétés humaines et de celles-ci sur elle, ni même la constitution des sociétés religieuses, ce qui, pourtant, rentre aussi dans notre plan, mais nous voulons surtout étudier une sociologie transcendante, l'*hypersociologie*, la *cosmosociologie* et observer une société suprême, la *société cosmique*, celle existant entre tous les êtres dans leur différenciation de fonctions, leur coordination et leur subordination aboutissant à l'*âme du monde*, de même que la sociologie aboutit à la pensée ethnique et la psychologie à la pensée humaine. C'est cette place exacte qui n'avait pas encore été faite à la religion dans la sériation des sciences que nous avons voulu mettre en lumière, parce que sa définition même en résulte.

Mais la religion est-elle une science ? Cette dignité ne lui est-elle pas retirée par suite du défaut de preuves scientifiques ? Et si ce n'est pas une science, elle n'a pas le droit d'être classée comme telle ! Tel est le point essentiel que nous allons examiner.

CHAPITRE II

DE LA PLACE DE LA RELIGION PARMI LES SCIENCES COSMOSOCIOLOGIQUES

L'étude de la société cosmique constitue la *cosmosociologie*. On y étudie le lien qui existe non plus entre les différents hommes, mais entre tous les êtres. Mais comment faire cette étude et trouver ce lien, lorsque beaucoup de ces êtres sont invisibles, lorsque surtout le principal, celui qui forme la divinité, la *tête du monde* est tel ? Comment connaître l'inconnaissable, autrement que par supposition ; or la supposition n'est pas la science ?

La science de la cosmosociologie qui se heurte aux problèmes les plus difficiles, surtout ceux de l'origine et de la fin, ne renferme pas seulement la religion, mais tout un groupe de sciences qui ont le même but, la découverte de tous les êtres qui existent, de leur origine, de leurs fins, de leurs relations ; leurs moyens et procédés diffèrent d'ailleurs essentiellement. Ces sciences sont au nombre de trois : 1° la *religion* ; 2° la *philosophie* dans plusieurs de ses branches, surtout l'ontologie et le théodicée, même dans sa psychologie ; 3° enfin la *science* à son état *ultrà synthétique* ; ces termes ont besoin d'explication.

Tout d'abord la *religion* recherche les liens entre les êtres, mais sa tâche est plus étendue, elle y conforme la conduite et cherche les moyens de les resserrer par une communication incessante entre ces êtres, tandis que la philosophie ne remplit pas la dernière tâche, puisqu'elle ne se pratique pas, les deux premières seules le font. La science ultrà synthétique à son tour exerce son investigation théorique sur le même sujet, mais ne s'occupe ni de resserrer les liens constatés, ni de conformer la conduite aux rapports découverts. Il y a donc dans le but lui-même des divergences qui sont à noter. Le seul commun à toutes ces sciences c'est la découverte de tous les êtres du monde, visibles ou invisibles, personnels ou immanents, et du lien entre eux.

Mais c'est surtout dans les moyens d'investigation que la différence s'accuse plus nettement. Tandis que la religion repose sur la foi, la croyance, la philosophie s'appuie sur la raison, principalement sur le raisonnement déductif ; quant à la science synthétique, bien différente de la philosophie, comme nous le verrons, elle a pour base l'observation et l'induction.

D'autre part, la religion s'adresse non directement à l'intelligence de l'homme, mais au sentiment, à l'instinct et aussi mais indirectement, à la volonté, tandis que les deux autres directement à l'intelligence.

Ce n'est pas tout : la religion est la recherche *concrète* du lien cosmique, tandis que la philosophie en est la recherche *abstraite*. Même souvent c'est de la religion que la philosophie abstrait.

Telles sont les différences essentielles qu'il fallait énoncer avant de passer à la description de chacune de ces sciences.

La première en ordre de date, soit dans le développement de l'homme individuel, soit dans celui de la société humaine, c'est la religion. Les peuples dans leur enfance ne connaissent ni philosophie, ni science qui puisse essayer de les éclairer sur l'origine du monde, sa constitution, ses destinées, mais comme leur esprit se préoccupe instinctivement de ces questions, ils trouvent un aide immédiat dans la religion. Aussi, si la philosophie est dominante à l'origine des sciences et les englobe d'abord toutes dans sa synthèse prématurée ; de même, avant que la philosophie prenne naissance, il faut qu'elle se détache de la religion qui est la matrice première de la pensée humaine. En ce sens toutes les connaissances ont une origine religieuse ; les représentants de la religion en restent longtemps seuls détenteurs et de même que le pouvoir politique est d'abord théocratique, de même la *science* humaine fut d'abord *théologique* et *mythique* ; les livres sacrés contiennent tout en germe. D'ailleurs elle répond seule, avant la formation de l'intelligence critique, aux facultés de l'homme les premières développées, la sensibilité et la volonté ; elle présente le monde de manière à le rendre perceptible d'une façon concrète pour des esprits où l'abstraction n'aurait pas de prise, elle est tout à fait appropriée à son but.

Est-ce à dire qu'elle ne réponde plus à rien lorsque cet état primordial se modifie et que l'intelligence humaine grandit jusqu'au point de comprendre l'abstrait et d'exiger le raisonnement ? Nullement ; car l'exercice de l'intelligence n'abolit pas celui de la sensibilité et cette dernière n'est pas moins nécessaire que la première ; bien plus, c'est dans la sensibilité que l'intelligence doit se retremper de temps en temps, sous peine de perdre pied, de trop abstraire, et de quitter même parfois le sens commun. Le langage humain fait bien sentir cette vérité. Les mots ont d'abord un sens concret et matériel ; par exemple, *animus* signifie le *souffle* ; peu à peu il prend le sens d'*esprit*, de *pensée* ; il en est de même de *virtus* qui de la *force matérielle* passe à la *force morale*, de *stare* qui en latin signifie : *être debout*, et dans les langues romanes *exister* ; mais il se fait transitoirement une confusion, le même mot est pris à la fois au propre et au figuré, puis le sens figuré subsiste seul, tellement qu'il n'y a plus de mot pour exprimer l'idée propre ; le mot latin *caput* est devenu *chef, chapitre*, et le mot français *chef* en dérive ; l'idée *tête* n'a plus d'expression, il faut recourir au latin *testa* par un emploi presque ridicule. Il en est de même en ce qui concerne la religion et la philosophie. Celle-ci idéalise, abstrait la première, mais tellement que la

3

vérité qui s'en dégage, même démontrée, devient insensible, indifférente à l'esprit ; elle ne le satisfait point complètement; il faut qu'il retourne à une cosmosociologie plus matérielle, plus vivante, qu'il trouve dans la religion. Cela peut paraître singulier au premier abord que la religion soit quelque chose de matériel, de sensible, tandis qu'elle est réputée être quelque chose d'abstrait, d'intellectuel. Sans doute, elle l'est vis-à-vis des besoins économiques de la vie ou des sciences d'utilité physique, mais elle est matérielle et tangible vis-à-vis des entités de pure déduction de la philosophie classique ou de celles inductives de la science! Les sanctions sont d'ailleurs, en fin de compte, matérielles en ce qui concerne la morale, et comme nous le verrons tout à l'heure, ses moyens d'investigations parlent aux sens. Aussi répond-elle à un besoin durable, autre que celui auquel satisfont la philosophie et la science. Cependant, à mesure que l'intelligence croît, l'instinct qui est une des formes de la sensation décroît, on peut même ajouter que la volonté s'affaiblit, n'ayant plus, au lieu d'un ressort matériel, qu'un lien subtil ; par là même, le domaine de la religion diminue et celui de la philosophie d'abord, puis celui de la science, s'accroissent, sans cependant envahir jamais entièrement celui de la religion qui dans une certaine mesure est irréductible.

Ce qui distingue surtout la religion de la philosophie et de la science, ce sont ses moyens de preuve. Pour l'athée, elle est une science sans réalité objective, puisqu'il ne reconnaît pas le lien définitif du monde, ni aucune divinité, soit personnelle, soit immanente, en formant la tête ; mais même pour le philosophe théiste ou panthéiste, la religion n'est pas une science objective, en ce sens qu'elle ne possède pas de moyens de preuve, et que la raison seule peut en fournir une. S'il en était ainsi, il faudrait retirer à la religion cette qualité de science que nous lui avons accordée, mais il en est autrement. Pour le démontrer, une attention extrême est nécessaire, parce qu'il est indispensable de combattre sur ce point quelques préjugés.

Il faut considérer la religion, au point de vue subjectif et au point de vue objectif successivement.

Au point de vue subjectif, elle se base uniquement sur la foi, ce qui n'est certainement pas une base scientifique. Je crois tel dogme, parce que des personnes autorisées ou que je considère comme telles m'ont ordonné d'y croire. C'est là jurer sur la parole du maître, comme faisaient certains philosophes. Des auteurs théologiens ont bien mis ce caractère en évidence, en parlant, comme de la foi par excellence, de celle qui est aveugle ; c'est le *sicut cadaver* transporté de la sphère de l'action dans celle de la pensée. Le dogme catholique repose sur cette idée, en tant qu'il résulte de décisions de l'Église, et pourtant nous verrons tout à l'heure qu'une autre idée s'y mêle. Alors la croyance est plutôt la volonté de croire, et l'on peut observer qu'un grand nombre de fidèles sont dans cette situation psychologique remarquable d'avoir une croyance faite de volonté et d'obéissance, beaucoup plus que de foi proprement dite. Quoi qu'il en soit, ce côté de la religion ne peut renfermer de science, si ce n'est la science externe qui l'étudie comme un phénomène de l'esprit humain, mais nullement celle interne, la science du monde total, puisque ses investigations ne peuvent apporter aucune certitude.

Cependant, même alors, si la religion n'est pas une science proprement dite, elle est, même à son degré inférieur, la simple connaissance, puisqu'elle prétendrait vainement être du domaine de l'intelligence, une *subscience*, de même que l'instinct est une *subconscience* ou une *inconscience*, suivant les degrés. C'est celle que l'instinct peut produire. La preuve que, quoique se trouvant à la hauteur de ce dernier seulement, elle n'est pas toujours fausse, c'est que ses découvertes coïncident souvent avec celles de la science proprement dite, ce qui est un critère. Elle peut donc par son tâtonnement trouver la vérité, sinon celle complète, au moins, une vérité relative et assimilable. Elle plonge au-dessous de l'étage inférieur de la science, qui, comme nous l'avons vu, est la constatation des faits, et en forme la substruction au-dessous du sol ; elle n'est donc pas tout à fait étrangère à la science, pas plus que la perception par les sens n'est étrangère à la raison.

Au point de vue objectif, la religion est une véritable science, quoiqu'elle n'emploie pas l'instrument ordinaire de celle-ci : le raisonnement déductif ou inductif. Cet instrument n'est pas, en effet, le seul moyen de preuve. Dans le mécanisme social, lorsqu'il s'agit de juger un procès, par exemple, ce n'est point seulement par le raisonnement qu'on opère, on reçoit des témoignages, ils forment même le principal mode de preuve ; ce n'est qu'ensuite et sur les matériaux par lui fournis que l'intelligence agit à son tour. Il en est de même des sciences historiques : l'histoire n'est qu'un long témoignage des faits sociaux produits. Eh bien ! il en est de même encore dans la religion, si l'on admet, comme les personnes religieuses, la possibilité et la réalité de la révélation. Il y a des religions qui restent au subjectif, personne n'y a jamais rien révélé, on s'y est fait seulement soit de soi-même, soit sur l'exemple des autres, une croyance ; là point de preuves, sans doute ; mais il y en a d'autres du côté de l'objectif, c'est-à-dire que le dieu qui seul peut apprendre la constitution du monde, son origine, sa fin, s'est décidé à nous parler. Il l'a fait d'une manière irrécusable, sur le *Sinaï*, par exemple, environné de son évidence ; il a tout raconté ou il en a dévoilé une partie suffisante Depuis ce jour, pourquoi chercher par la raison ce à quoi la raison peut ou ne pourra jamais parvenir? La vérité est trouvée. Sans doute, nous n'étions pas au pied du mont Sinaï, et nous n'avons pas de nos yeux vu; mais d'autres virent clairement, ils étaient dignes de foi, ils ne pouvaient se tromper et ils ont raconté de génération en génération. Ce raisonnement est impeccable, en supposant la réalité de l'événement premier. Il ne s'agit plus de foi, c'est-à-dire d'une croyance sans preuve, mais seulement d'une croyance sur une preuve autre que celle du raisonnement, sur une preuve testimoniale, ce qui est bien différent. Cette preuve testimoniale, *sui generis*, c'est la révélation. L'homme était impuissant à découvrir le mystère du monde, Dieu le lui a dit. Qui peut être plus sûr et plus véridique qu'un Dieu ! Cette fois, la croyance n'est plus subjective, imaginaire. C'est la seconde sorte de religion, la *religion révélée*.

Il y a, en effet, deux sortes de religions : celles *non révélées*, celles *révélées*. Ce qui est curieux, c'est qu'elles répondent à deux états de développement de l'esprit humain. Les plus anciennes, celles de peuples non civilisées, sont des religions non révélées. L'homme cherche seul ; la divinité ne lui vient pas encore en aide, ne lui répond pas. Aussi que d'efforts et que d'incertitudes, que d'erreurs successives dans cette religion unilatérale ! Il faut évoquer les esprits, les provoquer de toutes manières, et on ne peut s'adresser qu'aux esprits inférieurs, les autres restent inaccessibles. Plus tard, la religion devient bilatérale ; la divinité appelée répond ; elle advient même sans qu'on l'appelle, se révèle, édicte des lois, découvre le commencement et la fin ! Dès lors la foi possède le point objectif et solide qui lui manquait. Elle ne repose plus sur des hypothèses, mais sur une réalité, sur la parole de la divinité elle-même ; sans doute, elle n'a pas vu le mystère, mais elle l'a entendu, elle le sait ; qu'importe comment ! C'est historiquement le second stade des religions et il était temps de passer du premier à celui-ci. L'esprit se fatigue de croire, toujours de lui-même, sans preuve aucune, autre que celle de son instinct ; il va ne plus croire. C'est alors que la révélation intervient, elle ressuscite la foi, souvent modifiée, mais de nouveau vivace. La divinité longtemps sollicitée est apparue enfin. Il est vrai que cette révélation est peut-être déjà ancienne et qu'on en est séparé par plusieurs générations, mais de temps en temps se produit une série de demi-révélations, consistant en des miracles. La divinité prouve sa présence nouvelle, sans se montrer cette fois, mais en faisant sortir sa puissance, sa toute puissance. Le miracle est la révélation continuée, la preuve objective et testimoniale renouvelée. La société de l'homme avec Dieu s'affirme et se perpétue. L'homme même peut consulter la divinité en provoquant ses oracles. Les religions non révélées périssent lorsque la raison grandit ; celles révélées subsistent, parce qu'elles ont pour les soutenir une force aussi grande que la raison.

On peut objecter que tout cela est subjectif, que la preuve n'existe que dans l'imagination du croyant, que les religions révélées ne sont que soi-disant révélées. Mais chaque croyant affirme le contraire, et entre lui et le non-croyant qui nie une révélation, le débat est ouvert, chacun n'apporte que son affirmation; subjectivement au moins, telle religion est tenue pour révélée ; objectivement, elle l'est peut-être, car il n'y a aucune impossibilité à ce qu'une divinité, si elle existe, se révèle à un homme, lui dicte sa volonté et lui apprenne le secret du monde.

Seulement il n'y a pas de preuve évidente qu'il en ait été ainsi, et tant que cette preuve ne sera pas fournie, une religion n'aura pas la certitude scientifique, c'est ce qui la distingue essentiellement de la science elle-même et ce qui fait qu'elle n'est qu'une science provisoire qui a besoin de la consolidation soit de la philosophie agissant par preuve rationnelle déductive, soit de la science proprement dite agissant par preuve rationnelle inductive. En effet, on peut admettre que le témoignage de la révélation ait été transmis fidèlement d'âge en âge sans grossissement, ce qui n'est pas toujours certain, on peut admettre même que ceux auxquels la révélation aurait été faite aient attesté de bonne foi cette révélation, mais ils peuvent facilement s'être trompés, c'est là le point faible des religions, car elles ont rarement une supercherie à leur origine. Mais, en supposant l'erreur des premiers témoins, la religion objective dans laquelle la divinité fait, pour ainsi dire, sa partie, s'écroule et il ne reste plus que la religion unilatérale, subjective, née de l'instinct de certaines vérités et qui n'est une science qu'à l'état instinctif.

Quoi qu'il en soit, cette distinction entre la religion non révélée et subjective et celle révélée et objective reste essentielle. Presque toutes les religions de peuples qui entrent dans la voie de la civilisation sont révélées; au contraire, celles des peuples non civilisés n'ont pas de révélation C'est ainsi qu'il faut comprendre parmi les religions révélées les grandes religions monothéistes : le judaïsme, le mahométisme et indirectement le christianisme. La première repose sur la révélation faite maintes fois aux patriarches et enfin à Moïse. A partir de ce moment, il n'y a plus de révélation proprement dite, car le prophétisme tient à un autre ordre d'idées. L'islamisme renferme aussi des révélations initiales faites au prophète et transmises par lui à ses disciples. Le christianisme renferme moins de révélations, il ne présente même que des révélations indirectes par la voie des miracles. Cette religion, à l'origine, toute de morale, et sans dogmes nouveaux, greffée sur le judaïsme, ne pouvait guère avoir de révélation nouvelle; mais les miracles sont une révélation en ce sens qu'ils fournissent la preuve de ce que celui qui les fait affirme en même temps. Ainsi, lorsque la foi chrétienne fut prêchée aux peuples païens ou barbares, ce furent les miracles qui étaient ses plus puissants moyens de propagation et, aujourd'hui encore, lorsqu'elle s'affaiblit, ce sont des miracles nouveaux, ceux anciens étant trop éloignés, qui la restaurent. Cependant l'élément de la révélation manque à certaines religions avancées, par exemple, au bouddhisme, même la révélation indirecte résultant du miracle, quoique le merveilleux n'en soit pas exclu ; le bouddhisme n'est pas une religion révélée, malgré l'origine presque divine du Bouddha, ses dogmes sont le fruit de ses méditations. Il en est de même des diverses religions chinoises ; les livres sacrés n'y ont pas la prétention d'être des livres inspirés ou contenant une révélation. On pourrait qualifier les religions non révélées de regions humaines. En suivant les évolutions historiques, voici quel serait le *processus :* d'abord des religions purement subjectives et unilatérales, la divinité appelée ne répond pas ou elle le fait individuellement et sporadiquement par la sorcellerie, mais sans édicter aucun dogme ; puis, la civilisation augmentant, la religion devient bilatérale, la divinité ferme le courant, elle se révèle ou est réputée se révéler directement à un homme qu'elle inspire ; et pour prouver que cette révélation a eu lieu, cet homme fait des miracles dont le souvenir se transmet de génération en génération ou qui sont de temps en temps renouvelés ; puis, la révélation directe est supprimée et les miracles restent seuls à l'appui de la morale qui fait l'objet de la nouvelle prédication ; enfin, même cette révélation indirecte disparaît, et le fondateur d'une religion prêche et convainc par sa sainteté seule et l'autorité de sa raison, c'est ce qui eut lieu dans le bouddhisme. Le protestantisme, en ce qu'il a innové, ne s'appuie non plus sur aucune révélation nouvelle. C'est ainsi que les extrêmes se touchent et que, comme nous l'avons démontré ailleurs, l'évolution affecte une forme spiraloïde, semblant revenir à son point de départ.

Voilà dans quelle mesure et de quelle manière la religion est une science véritable, celle non des lois sociales existant entre les hommes, celles-ci sont matière à la sociologie, mais des rapports entre tous les êtres cosmiques, l'homme compris. Elle n'est pas d'ailleurs la seule science constituant la cosmo-sociologie, elle concourt, comme nous allons le voir, avec la philosophie et la science synthétique, mais elle y apporte sa contribution propre. C'est une philosophie instinctive et concrète, même si on ne lui accorde qu'une existence purement subjective ; elle est, en outre, la recherche et la découverte de la vérité par une autre voie, celle de la révélation par la divinité et le témoignage, si on lui accorde de plus une existence objective. Sans doute, elle n'est une science complète et autonome que dans le second cas, mais même dans le premier, elle constitue déjà une science incomplète et instinctive.

La *seconde science* de la cosmosociologie est la *philosophie*, et tout de suite, il semble qu'il y ait entre les deux un antagonisme nécessaire. Le but est le même, mais les moyens d'investigation sont contraires; la philosophie fait appel à la raison et à la raison seule. Mais il faut d'abord bien définir ce mot de philosophie, définition difficile, parce que le mot est très vague et la chose très compréhensive. La philosophie a d'abord contenu toutes les sciences, puis s'en est dégarnie peu à peu, mais que lui en est-il au juste resté? Dans son état actuel, elle comprend la psychologie, la théodicée, la morale, la logique, l'ontologie, mais, récemment, la psychologie, la morale, la logique, ont pris une existence autonome et la théodicée seule semble lui demeurer ; son opposition à la religion ou théologie n'en ressortirait que mieux. D'autre part, on entend par philosophie, la généralisation et la synthétisation de chaque science ; c'est dans ce sens qu'il est question de la philosophie de l'histoire, de la philosophie du droit. Il importe de se débrouiller dans cette confusion.

Tout d'abord certaines sciences à la fois font et ne font pas partie de la philosophie, la psychologie, par exemple. L'observation de l'esprit humain, ou plus exactement de l'esprit, de sa structure, de ses phénomènes, de ses actes, forme une science spéciale : la psychologie proprement dite. Mais la question de la survivance de l'âme au corps est une dépendance de l'eschatologie qui forme une branche de la philosophie. Il en est de même de la morale; quoiqu'autonome, elle a dans la philosophie ses dernières racines; la logique seule en est tout à fait indépendante.

D'autre côté, la philosophie, dans son domaine propre et conservé, est la généralisation et la synthèse de chacune des sciences; il y a la philosophie de chacune d'elles, celle du droit, celle de l'histoire, celle même de la religion, mais, en réalité, elle doit être dépossédée de ce domaine ou tout au moins il faudrait alors lui trouver un nom approprié. Nous avons indiqué au chapitre précédent que chaque science contient trois couches : celle inférieure de simple constatation, celle moyenne de comparaison et celle supérieure de généralisation, de synthèse et de recherche des lois. Hé bien ! la couche de généralisation contient la philosophie particulière de chaque science. Mais au-dessus de cette généralisation, il y en a une supérieure, *synthèse de synthèse*, c'est celle commune à toutes les sciences. Cette généralisation suprême est bien la *philosophie*.

Mais alors elle se confond avec la science des origines, de la fin du monde, de sa constitution intime, de sa cause, en un mot, de la théodicée et de l'ontologie, même de la psychologie, en ce qui concerne l'origine et les destinées de l'esprit humain.

En réunissant ces deux définitions qui se rejoignent en effet, la philosophie est donc la synthèse commune de toutes les sciences, aboutissant à celle de la constitution du monde, de ses origines, de sa doctrine, de sa causalité. Elle a, en définitive, le même but que la religion, et n'en diffère que par sa méthode.

Sa méthode est, en effet, très différente ; elle se sert comme instrument de la raison seule et du raisonnement déductif. De là, un antagonisme véritable entre elle et la religion, elle déclare la méthode religieuse non opérante. Aussi, à mesure que la philosophie se développe, la religion décroît. La première semble même exclure la seconde. Si l'on peut découvrir les mystères du monde par la raison, c'est-à-dire par un moyen sûr, pourquoi employer un instrument incertain, de pur instinct ? La réunion ou l'union des deux semble même impossible autant qu'inutile. Aussi les religions ont-elles trouvé, en général, dans la philosophie, leur plus grande ennemie et celle-ci n'a guère plus épargné les unes que les autres. Nous verrons cependant que quelques-uns des systèmes philosophiques sont nés de la religion et s'appuient sur elle.

Il semble que, avec la certitude d'un instrument tel que la

raison, les philosophies auraient dû être aussi peu nombreuses que les religions sont variées, et même qu'il aurait dû n'y avoir, au moins, par chaque nation, qu'une seule philosophie. Il n'en est rien. Les systèmes philosophiques sont très nombreux ; c'est leur point faible, et il démontre ou que l'intelligence humaine est débile ou que la philosophie s'applique à un domaine où l'intelligence seule ne saurait prévaloir. On a parlé récemment de la banqueroute de la science ; on aurait pu citer à plus juste titre celle de la philosophie. En effet, cette dernière a prouvé son impuissance. C'est que l'argument qu'elle emploie, le raisonnement déductif, est peu probant, en réalité. Il suffit de citer à ce sujet sa théorie de l'immortalité de l'âme. Un corps simple, dit-elle, ne peut périr ; or, l'âme est un corps simple, donc... le syllogisme est en règle. Que prouve-t-il ? Absolument rien. Avant que l'âme soit un corps simple, il faut qu'elle existe, que ce soit un être et non une fonction. Nous le voulons bien, mais il fallait d'abord l'établir. On part donc d'un principe hypothétique. Si la pensée est une fonction du cerveau, le syllogisme croule par la base. Il en est de même de la preuve de l'existence d'un dieu personnel par l'argument des causes finales. On sait combien l'existence de ces causes, dites causes téléologiques, est vivement contestée et nous en avons fait la recherche dans une monographie spéciale. Les exagérations leur ont fait beaucoup de tort ; on soutenait que tout, dans le monde, avait été fait pour l'homme, être minuscule, ignorant sa place et sa grandeur relative dans l'univers ; on a découvert depuis que pour leur attribuer le seul but de le chauffer et de l'éclairer, la lumière des astres était trop éloignée, trop volumineuse et trop intense. A partir de ce moment on n'a plus vu que des causes efficientes et mécaniques et, dès lors, toute la théodicée, aussi sensible que la théologie, en a été ébranlée. Quand bien même, du reste, dans le syllogisme philosophique, les deux prémisses seraient certaines, la conclusion ne laisserait dans l'esprit qu'un résultat abstrait, sans aucune sensation du vrai, car on peut faire miroiter devant lui les arguments de cette sorte, comme des chiffres, sans qu'il en soit touché, et qu'il acquière une intime conviction. Personne n'a pu puiser dans la philosophie une croyance vive, ou, s'il en est autrement, c'est qu'elle a fait réapparaître un fond religieux oblitéré. C'est ce qui explique la multiplicité des philosophies et leurs vaines tentatives. C'est aussi qu'elles ont la prétention de connaître l'inconnaissable pour elles, de trouver le mot du mystère. Ce mot, s'il peut être dit, le sera par la science synthétisée, ayant pour base des observations et des inductions successives, il ne peut l'être par la philosophie proprement dite de pure construction intellectuelle, par la philosophie classique qui n'aboutit qu'à des truismes dont elle rend seulement le concept plus solennel et plus difficile. Sa méthode n'est pas, en réalité, beaucoup plus scientifique que celle de la religion. Elle n'a joui d'une grande faveur que par contradiction. Dans le siècle où l'on voulut secouer le joug de la foi, il fallut invoquer le secours de la raison et on opposa la lumière naturelle et directe à l'obscure tradition et aux révélations lointaines et contestées, mais on ne s'aperçut pas, puisque la lumière était mal dirigée, qu'elle pouvait bien montrer les points défectueux ou même vicieux de la religion fondée sur les croyances, mais qu'elle ne saurait faire découvrir la vérité elle-même, que pour cela il fallait substituer le raisonnement inductif au raisonnement déductif, en d'autres termes, remplacer la philosophie par la science qui en est bien différente.

On le sentit enfin et alors on vit poindre la troisième des sciences cosmosociologiques, la science synthétique résultant de l'observation et des synthèses successives des sciences particulières, science qui n'a pas encore donné de grands résultats pour la solution des questions essentielles formant l'objet des religions, mais qui a un immense avenir. Elle n'est pas définitivement fondée, et de même qu'il y a plusieurs religions, plusieurs philosophies, il y a aussi plusieurs sciences synthétiques qui se combattent entre elles. Elles ne possèdent pas l'entière vérité, mais chacune déjà en entrevoit une partie. Leurs conquêtes seront plus lentes, mais plus sûres que celles de la philosophie.

La science synthétique, c'est-à-dire celle qui, par l'observation et l'induction, veut connaître la constitution et les rapports des différents êtres cosmiques, et ces vérités connues, établir les lois de conduite entre ces êtres, et enfin réaliser la communication entre eux, prétend y parvenir par deux voies : la première plus ambitieuse et qui se rapproche du moyen de la révélation dans les religions, celle de la connaissance directe par expérimentation relative à la cosmogonie, à l'ontologie, à l'eschatologie ; la seconde, plus lente, mais qui demeure, au cas où la première viendrait à échouer, celle de la connaissance indirecte par le résultat combiné de toutes les autres sciences. La première de ces voies mène au spiritisme, a seconde aboutit au monisme et aux théories similaires.

La première, qui n'est qu'en voie de formation, mais qui cependant, comme nous le verrons, remonte par ses origines à une époque très éloignée et qui reproduit dans plusieurs de ces traits l'animisme primordial, a la prétention d'entrer en relations directes avec les êtres invisibles et, par eux, avec l'être suprême, s'il en existe, et de connaître, par eux, le mystère du monde qui leur sera peut-être dévoilé. Le spiritisme est le successeur de la magie ancienne qu'il répudie cependant, de même que la chimie fut le successeur de l'alchimie ; c'est même en poursuivant cette dernière, science fausse, qu'on est parvenu à la chimie, science vraie, de même, la magie a conduit au spiritisme Si. celui-ci était une science véritable en développant et poussant ses dernières conséquences, il serait certainement la révélation, scientifique cette fois, de toutes les existences et de tous les rapports cosmiques, y compris la *tête du monde*, la divinité *immanente* ou *personnelle*. Mais la réalité du spiritisme, son objectivité, n'est pas démontrée, et tant qu'elle ne le sera pas, elle doit être tenue comme nulle.

Rien n'établit que des esprits invisibles, mais réels, apparaissent à l'homme, avec ou sans secours d'un medium conversant avec lui, connaissent ce qu'il ignore et le lui disent, révèlent l'avenir ou les choses cachées et démontrent le divin. Il existe bien certains phénomènes qui semblent inexplicables. De ce nombre, le plus certain, suivant nous, est celui de la télépathie ; il opère sans contact et à de grandes distances, et il semble bien qu'un esprit y agisse spontanément ; mais cet esprit est celui d'un homme vivant et on rentre, par là même, dans la psychologie, il est vrai que ce vivant peut être sur le point de mourir et qu'il ne peut guère songer alors à agir par influence sur un autre esprit, mais il suffit d'une volition *inconsciente* ou *subconsciente*. Il est vrai aussi que cette influence se réalise par des coups frappés, mais ces coups peuvent être le résultat des chocs psychologiques, comme le bruit de la foudre est celui des chocs électriques. Enfin, sans aller jusqu'à la télépathie proprement dite, n'en existe-t-il pas une autre bien connue ? Lorsqu'on parle d'une personne absente ou que l'attention se porte vivement sur elle, il est fréquent qu'on la voit survenir, ce n'est pas que la pensée ait pu causer cette venue, puisque cette personne peut habiter très loin ; c'est, au contraire, l'influence psychique et magnétique de celui qui survient qui détermine les interlocuteurs à s'entretenir de lui. Tant qu'un phénomène se produit entre deux vivants, la sphère psychologique et celle sociologique ne sont pas dépassées. Nous sommes loin de nier *a priori* l'objectivité du spiritisme, car toutes les découvertes de la science sont possibles, mais sa démonstration n'est pas fournie, et on ne peut tenir compte qu'avec toutes réserves d'une science en possibilité.

Cependant, les expériences faites par les spirites ne sont pas nulles ; nous les examinerons plus loin avec plus de détail, mais il est évident, en raison de leur réalité, que le spiritisme est une science vraie, comme branche de la psychologie, mais que, comme essai de la science cosmique, il reste purement subjectif. Nous ne parlons pas du magnétisme qui est un phénomène de psychologie, l'esprit d'un homme vivant agissant sur celui d'un autre homme vivant, par induction et sans se déplacer, mais des phénomènes de spiritisme proprement dit, par exemple, de celui des tables tournantes. Dans cette opération, il résulte d'essais répétés auxquels nous nous sommes nous-même livré, que l'objet inanimé, consulté et animé par le contact du médium, répond à toutes les questions qui lui sont posées, et que ses réponses sont exactes, mais à la condition expresse que le fait indiqué soit connu du médium ou tout au moins, de la personne qui interroge étant placée dans le circuit. La table consultée ne connaît donc ni l'avenir, inconnaissable d'ailleurs, même pour un esprit supérieur, ni le passé, s'il est ignoré ou oublié par le médium, ni même le présent caché pour ce dernier. Au contraire, elle sait et dit tout ce que ce dernier connaît. En outre, elle exprime ses sentiments d'affection ou d'aversion, en caressant ou en frappant brutalement telle personne désignée. Enfin, et c'est ce qui fait croire souvent à l'objectivité du phénomène, la table reproduit non seulement la pensée *consciente*, mais celle *subconsciente* ou même *inconsciente* du médium, elle a une mémoire plus vive que la sienne, mais c'est toujours la sienne, seulement avec grossissement ; son intelligence est souvent supérieure ; la force psychique, loin de s'affaiblir en se transmettant de l'être animé à l'être inanimé, se trouve renforcée, et même haussée, puisqu'elle passe du subconscient au conscient. Le phénomène est, au fond, identique à celui du magnétisme animal. Dans celui-ci, l'esprit du magnétiseur agit par induction sur le sujet magnétisé et même se transmet à lui, comme les rayons de chaleur et de lumière ; il en est de même lorsque la table est mue et répond avec intelligence ; c'est l'esprit du médium qui la pénètre, qui l'anime, comme les anciens pensaient qu'un objet inanimé était tout à coup animé par un esprit ; il y a bien un esprit dans la table tournante, mais c'est celui de l'homme, qui s'y réfléchit comme un corps dans un miroir.

Dès lors, l'objectivité du phénomène s'évanouit, en ce qu'il dépasserait un phénomène de psychologie ; aucun esprit extérieur réel n'apparaît. Mais beaucoup de personnes croient à son existence objective. Elles en font un moyen de parvenir à la science cosmique. Jusqu'à présent, au moins, il y a là une erreur. Il faut prendre une autre voie, si l'on veut une solution scientifique.

Cette seconde voie est celle de la synthèse des sciences particulières. Elle a déjà donné quelques résultats qu'on a essayé de réunir. Il est dès à présent certain que l'unité et la réversibilité des forces physiques sont démontrées. Les fluides, qui étaient un échafaudage provisoire, ont disparu. La chaleur, la lumière, l'électricité, le son, ne constituent que des modifications du mouvement. Toutes les forces s'analyseront probablement en celui-ci, non seulement celles physiques ci-dessus, mais aussi celles chimiques, et sans doute les forces biologiques, celles psychologiques, celles sociologiques, peut-être même, celles cosmosociologiques. D'autre part, après avoir fait l'analyse de tous les corps organiques ou inorganiques, après même avoir reconstitué la synthèse de ces derniers, peut-être pourra-t-on reconstruire la synthèse de la cellule organique ; ce serait le secret de la vie. Après cette unification des forces, viendrait l'unification de la matière elle-même. Le système de Darwin l'a essayée en partie. S'il se vérifiait, l'homme serait relié sans interruption aux animaux supérieurs, les animaux le seraient aussi entre eux, et la distance entre le règne animal et le règne végétal serait elle-même comblée. On peut entrevoir enfin l'assimilation dernière de l'organique à l'inorganique. De son côté, la théorie atomique cherche à réduire la matière aux atomes, ceux-ci plus ou moins condensés formant les mondes. On peut parvenir ainsi à l'unité des êtres, de la matière, en face de l'unité des forces, du mouvement, en réalité, à un dualisme. Ce ne sont pas des résultats certains, mais ils semblent poindre et constitueraient la science cosmique.

Une école a escompté ces résultats : c'est le monisme. Dérivé d'une théorie religieuse : le panthéisme, ou lui correspondant, il proclame l'unité essentielle du monde, celle de la matière d'une part, celle de l'âme universelle immanente, de l'autre. Sans preuve encore positive de sa doctrine, il cherche à l'étayer sur les données définitives fournies par les sciences particulières et à ce titre il est scientifique, tout en restant encore hypothétique. C'est à lui évidemment ou à quelque chose de semblable qu'aboutit l'effort de la science pour découvrir le nœud cosmique. Il est en contradiction avec une partie des religions qui supposent l'existence d'un dieu, unique aussi, mais personnel et conscient et non immanent et inconscient, et qui enseignent que l'esprit de l'homme reste autonome et ne se confond pas avec d'autres forces. Aussi, tandis que la philosophie est tantôt religieuse, tantôt irréligieuse, suivant les sectes, le monisme est irréligieux, dans le sens vulgaire donné à ce mot, parce que, quoiqu'il ne voie ni la divinité, ni l'esprit de l'homme, il ne les sépare pas de leur matière, et ne leur donne pas une existence consciente.

Telles sont *les trois sciences sociocosmologiques*, ou plus exactement les trois formes de la cosmosociologie. Elles ont entre elles un ordre chronologique. C'est la religion qui commence, la philosophie proprement dite qui continue, enfin les sciences synthétiques aboutissant au monisme ou à des doctrines de même direction qui semble achever l'effort. Cet effort aboutira-t-il à obtenir la certitude? Cela est possible, mais n'est pas certain. La religion, la philosophie, la science proprement dite s'accusent tour à tour d'impuissance, la raison elle-même est prise à partie, et il est certain qu'aucune n'a encore réussi à atteindre son but. La première à laquelle on reproche son caractère hypothétique peut répondre que la seconde, que la troisième, en employant la raison et même l'observation et l'expérimentation, n'ont guère non plus dépassé l'hypothèse, et qu'elle a mieux réussi qu'elles aux points de vue utilitaire et moral ; les autres répliquent que cela est vrai jusqu'à présent, mais que leurs seules méthodes peuvent aboutir.

Quoi qu'il en soit, dans notre étude, qui n'est pas de discussion sur la vérité de telle religion ou de telle philosophie, mais qui porte sur leur consistance, leur comparaison, leurs lois logiques et naturelles, nous avons dû montrer clairement ces trois procédés concurrents de la cosmosociologie. Il a fallu trancher cette division pour la rendre sensible. C'était d'ailleurs d'autant plus aisé qu'il y a entre ces trois disciplines non seulement concurrence, mais antipathie. L'esprit philosophique et l'esprit religieux sont directement contraires ; la foi et la raison se combattent et l'emportent tour à tour. Quoique la lutte soit moins apparente, la philosophie classique ou déductive est rejetée en bloc par la science inductive et expérimentale qui trouve aussi étranges ses entités que les divinités anthropomorphiques des religions, car ces entités sont à ses yeux de simples métaphores. Il semble qu'un abîme sépare ces trois ennemies, et que chacune s'est élevée de suite contre la précédente aussitôt que la première s'est affaiblie.

Il serait inexact de le penser et nous devons maintenant signaler les ponts que l'évolution de l'esprit humain a jetés entre la religion et la philosophie surtout, car il y a des philosophies qui sont nées de la religion et qui s'appuient sur elle ; il y en a d'autres qui sont en contradiction avec elle, mais qui forment à leur tour de vraies religions.

C'est dans l'Inde principalement que nous pouvons constater ce phénomène, singulier pour nous, d'une philosophie naissant d'une religion, au lieu d'être en contradiction avec elle. On compte dans l'indouisme six grandes écoles de philosophie sous le nom général de *dharçana*, spéculation. Elles se basent sur le livre sacré, le *veda*, et l'interprètent librement, comme font les diverses confessions protestantes pour la Bible, c'est leur point de départ, mais elles s'élèvent bien au-delà. Ces écoles sont les suivantes : le niâya, le vaiceshika, le Sankya, le Yoga, le Mîmamsa, le Vedânta. La plus célèbre est le Sankya qui refuse aux dieux le pouvoir créateur, nie même leur existence et affirme l'éternité de la matière, il conduit donc à une sorte d'athéisme et cependant ne se sépare pas du brahmanisme, il aboutit au bouddhisme en essayant à l'aide de la science de prévenir les renaissances perpétuelles. De même le Yoga, tout en suivant les mêmes errements et en s'écartant du brahmanisme sous l'égide duquel il demeure, introduit l'existence d'une âme universelle incluse en toutes les choses et distincte des âmes individuelles, et permet à celles-ci de disparaître dans la première. Le Védanta établit une sorte de nihilisme. On voit combien ces philosophies diffèrent de la religion, mais comme elle, malgré leurs subtilité, elles n'ont point pour base absolue et unique la raison ; elles comprennent surtout des affirmations divergentes des cultes religieux dont elles conservent cependant l'ensemble. Ce sont des philosophies nées de la religion, et ne traitant pas celle-ci en ennemie, puisque c'est leur mère commune. Ce n'est que plus tard, qu'elles se détachent de plus en plus jusqu'à entrer en antagonisme, mais cet antagonisme n'est que peu accentué chez les nations où cette dérivation primitive a eu lieu et où la philosophie n'a pas surgi indépendante. Du reste, de cette philosophie unie à la religion, on passa bientôt dans ce pays à une autre en contradiction avec elle ; il y eut la philosophie orthodoxe et celle hétérodoxe, cette dernière substitue cette fois la raison à la tradition pour la connaissance de la voie du salut. Au panthéisme mythologique succède le panthéisme scientifique.

D'autres fois la philosophie ne se détache pas de la religion, mais loin d'invoquer l'autorité de la raison, elle forme une religion elle-même. On pourrait à la rigueur ranger dans cette classe les différentes hérésies, car elles partent toutes d'esprits philosophiques, mais ce ne serait pas exact, parce que ces hérésies sont des religions nouvelles ou renouvelées, tandis qu'il s'agit bien ici de philosophies, mais ayant des allures de religions. Elles ont été nombreuses dans l'antiquité, rares dans les temps modernes, mais ont réapparu dans ceux tout à fait contemporains. Ce qui les caractérise, c'est la systématisation en vertu de la raison, mais sans preuves positives. On ne peut les définir qu'en les comparant aux philosophies proprement dites. C'est ainsi que, tandis que la philosophie d'Aristote est une philosophie proprement dite procédant par le raisonnement déductif, il en est autrement de celles de Socrate, de Platon, de Pythagore. Ces demi-religions d'ailleurs ne contrarient pas les religions proprement dites afin de pouvoir subsister elles-mêmes, ce à quoi elles ne réussissent pas toujours, ainsi qu'en témoigne la ciguë bue par Socrate. Mais elles constituent des philosophies, soit quant à leur théorie, soit quant à leur morale, s'en distinguant par l'absence de rites et de culte. C'est ainsi que la morale de Socrate est une religion véritable ; elle a les plus grands rapports avec celle du Christ ; elle se formule de toutes pièces, sans laisser voir des tâtonnements et des recherches. Adoptée d'abord par des disciples, elle est ensuite propagée par eux. La philosophie de Platon y joint la doctrine, mais une doctrine puisée dans l'hypothèse et où le syllogisme n'a pas encore toute sa place. Enfin bien auparavant Pythagore avait créé une véritable religion, quoiqu'elle n'en eût pas le nom. La transmigration des âmes qui en fait le fond, ainsi que celui de la théorie pythagoricienne, ne peut être qu'un article de foi et la raison ne l'a jamais démontré. Toutes ces philosophies basées sur les hypothèses sont donc mixtes entre la philosophie et la religion ; ce sont des religions existant en dehors de toute révélation, de toute coutume, par la réflexion ; elles sont systématiques, mais cependant ni déductives, ni inductives. On pourrait parler de la religion de Socrate, le Platonisme a été considéré par les Pères de l'Eglise chrétienne comme une sorte de religion aussi, et ce n'est qu'Aristote, disciple des deux autres, qui a fini par en dégager une philosophie, proprement dite cette fois. Quant à Pythagore, il y joignait le mystère qui est l'essence des religions. Tout autres sont les philosophies de notre ère : celles de Descartes, de Leibnitz, de Kant, et celles empiriques de Bacon, de Hobbes, de Hume ; elles sont pratiquées par des savants, non par des voyants, et ne font appel qu'à la raison seule. Mais de nos jours, cette philosophie-religion a repris naissance dans certaines sectes, celle des Saint-Simoniens, par exemple, qui présentait une synthèse complète, sans démonstration, et exigeait une sorte de foi. Cette foi philosophique volontaire répond à la foi religieuse. On en pourrait dire autant du système social de Rousseau. Ces contemporains à distance, mais appartenant à la même division morale du temps, ont imposé leur pensée, ils ne l'ont pas discutée, on les a suivis par entraînement, ce sont de véritables fondateurs. Cette qualité semble bien appartenir à Comte qui vers la fin de sa vie ne se contenta pas de ses systèmes de philosophie, plutôt négative que positive, mais voulut inventer une religion véritable, ce dont plusieurs l'ont raillé. Cette religion-philosophie, d'ailleurs, est en contradiction formelle avec la religion proprement dite qu'elle rencontre sur le même sol, elle finit quelquefois par l'expulser, parce qu'ayant un côté religieux elle a la puissance de le faire, ce que ne pourrait la philosophie pure. Quant au Darwinisme, il a réuni quelques preuves, mais celles décisives lui font encore défaut, il faut jusque-là le croire sur parole, faire acte de foi ; il constituerait donc une philosophie-religion, si on ne devait plutôt le faire figurer parmi les tentatives de science synthétique.

Ainsi le pont entre la religion et la philosophie est tenu d'une part par la philosophie issue de la religion, la *religion-philosophie* et restant toujours d'accord avec elle, au moins d'accord formel, et d'autre part, par la *philosophie-religion*, c'est-à-dire par une philosophie qui met de côté toute révélation, ainsi que tout fait surnaturel constaté, mais qui décide par affirmation systématique et non par preuve expérimentale. Ces philosophies-religions ne sont pas les moins puissantes, car elles empruntent aux deux éléments constitutifs leurs forces, cependant elles ne peuvent être que provisoires.

Mais la distance est comblée aussi par un autre moyen, l'abstraction de la religion, abstraction faite par la religion elle-même, quand il s'agit d'une seule, par des philosophes quand il s'agit de plusieurs. En quoi consiste et comment s'explique cette abstraction ?

Nous avons dit que la religion constituait la forme concrète et première de la cosmosociologie, que sa destination était surtout de parler aux sens, et que dans cette situation elle devait contenir quelques éléments grossiers dont ses adeptes, et surtout ses prêtres, devaient s'apercevoir. Il y avait des vérités prises pour réelles et qui n'étaient que des symboles ; d'autres étaient cachées et il était dangereux de les révéler au vulgaire ; enfin le nombre des dieux finissait par se réduire aux yeux des plus perspicaces, peut-être jusqu'au monothéisme. Un exemple suffit pour marquer cette situation. Pour la foule des fidèles, l'idole est bien réellement le dieu, et c'est elle qu'on adore ; pour le prêtre il pouvait continuer d'être la simple image. De là un dédoublement de la religion, d'un côté, cette religion dans son ensemble, telle qu'elle était, concrète, tangible, superstitieuse et cachant ses vérités sous des symboles ; d'un autre côté, cette religion épurée, idéalisée, abstraite, ne contenant plus que ce qu'elle a d'élevé et de substantiel. Alors celle-ci ne peut être révélée qu'à un petit nombre d'adeptes ; elle devient donc secrète. Le terme qui lui convient, c'est celui qui a été donné à une de ces super-religions, la *gnose* (connaissance). Pythagore avait un enseignement de cette sorte, mais cette religion était très pratiquée en Egypte, à côté de l'autre. A l'époque alexandrine elle eut une renaissance dans le néo-platonisme qui était devenu public et qui avait puisé à cette source cachée. Il fallait une initiation spéciale dans la religion occulte. Du reste, l'une n'empêchait pas l'autre. La seconde ne prenait que ce qu'il y avait de meilleur et d'immatériel dans la première ; elle en évitait le caractère trop exclusif et intolérant et quelquefois, les formes particulières dépouillées, se rapprochait beaucoup des autres religions. Elle prenait souvent le nom de *mystère*. L'anthropomorphisme disparaissait peu à peu et on sentait poindre le monothéisme. On ne réformait point la religion populaire, mais pour les initiés seulement on l'épurait. Il se form..it ainsi des églises secrètes, et le même individu put avoir à la fois deux religions, ou deux manières de croire la même, l'une publique, l'autre cachée ; c'est en pleine civilisation que cette religion occulte se formait, mais elle avait des antécédents. On peut citer les mystères de Samothrace, ceux d'Eleusis ; enfin, l'orphisme et le mystère de Dyonisos. Ce sont des divinités pélasgiques ou proto-grecques autour desquels ces mystères s'organisent. Le secret est tout à fait caractéristique de cet ordre de religion philosophique. Il est difficile de savoir exactement en quoi ces mystères consistaient et quelles révélations y étaient faites, elles portaient sur la parenté des dieux, sur leur fusion pour se rapprocher du monothéisme, sur l'immortalité de l'âme, son retour à la divinité ; on avouait les fautes commises, on se livrait à des rites de purification, à des épreuves, à des fêtes, à une extase prenant le nom technique d'*orgie*, à la communication directe avec les dieux. La confession des péchés à l'entrée est très remarquable, car elle se rapproche de celle des catholiques et de plusieurs peuples non chrétiens ; la vie des adeptes était d'ailleurs plus pure et plus parfaite que celle des autres fidèles. Cette religion, plus fermée par le mystère était, au contraire, plus ouverte par l'admission des membres, on y recevait, au moins à une époque postérieure à leur fondation, aux mystères d'Eleusis, les étrangers et les esclaves, et à la fin tous les Athéniens, mais il fallait toujours être initié. D'ailleurs, l'autre religion restait parallèle et était pratiquée par les mêmes. L'orphisme finit par supplanter tous les autres mystères. Il contient le germe de vérités ou de dogmes réputés tels, qui ont apparu ensuite ouvertement dans d'autres religions, par exemple, l'idée du fils éternel de Dieu et de quelques triades.

Plus tard le gnosticisme fut aussi une religion cachée, et les chefs successifs de cette discipline, en particulier, dans l'Hermès Trismégiste, recommandent expressément le secret qui ne doit être révélé qu'aux seuls initiés « évite d'en entretenir la foule, non que je veuille lui interdire de les connaître, mais je ne veux pas t'exposer à ses railleries. Ces leçons doivent avoir un petit nombre d'auditeurs ou bien elle n'en amènent plus du tout. Elles ont cela de particulier que par elles les méchants sont poussés davantage vers le mal. Il faut donc te garder de la foule ». Telles sont les paroles d'Hermès à son fils; celles de Basilide : « connais tout, mais ne laisse personne te connaître » ne sont pas moins expressives. Du reste, le secret était conservé dans l'ancienne Egypte pour ses mystères, les prêtres seuls pouvaient parvenir à leur connaissance, ainsi qu'un petit nombre d'initiés, c'est même sous l'influence égyptienne que le caractère occulte s'introduisit dans le gnosticisme (1).

Les religions secrètes n'ont pas existé seulement en Egypte et en Grèce, et le gnosticisme seul ne les a pas remises en relief. Non seulement les religions sont souvent devenues secrètes pendant une période de leur histoire pour échapper aux persécutions, ce qui est advenu au christianisme lui-même, et ce qui d'ailleurs se rattache à un ordre d'idées différent, mais à côté de la religion publique, et sans désaccord toujours marqué avec elle, il s'est souvent formé une religion occulte, élargissant les dogmes de la première, imitant, il est vrai, ses cérémonies, mais en enlevant la tendance sectaire, faisant, par exemple, d'une religion nationale une religion internationale, mais seulement pour les initiés. Il faudrait y comprendre les nombreuses sociétés secrètes du moyen âge, si elles n'avaient eu souvent un caractère plutôt politique que

---

(1) Voir Amelineau : *Essai sur le gnoticisme égyptien*, p. 313.

religieux. Mais ce qui rentre tout à fait dans ce système, c'est la franc-maçonnerie, quoiqu'elle ait engagé plus tard une lutte avec le catholicisme. A l'origine, ce n'est qu'une religion parallèle, elle imite encore les cérémonies de l'Eglise, mais comme celles que nous venons de décrire, elle exige des épreuves et une initiation. Elle rejette les dogmes qu'elle estime trop étroits, et quant à la morale, s'efforce de resserrer la fraternité et la solidarité entre les hommes ; ses loges sont ses églises secrètes. Elle cherche à extraire de la religion commune des éléments plus purs, plus abstraits, nous ne savons si elle y réussit, mais elle a la prétention de le faire, aussi s'attira-t-elle les foudres de l'Eglise catholique, et celle-ci a érigé contre elle, à son tour, une société orthodoxe, mais aux pratiques secrètes, la Compagnie de Jésus qui agit dans l'intérêt de l'Eglise, comme la franc-maçonnerie manœuvre contre elle. De là, une très vive animosité, et ces épithètes de Jésuite et de Franc-Maçon que dans toutes les discussions religieuses on se jette à la tête sans qu'il soit prouvé qu'aucun d'eux ait le pouvoir qu'on lui attribue. Nous n'en voulons retenir qu'un seul fait, celui d'une philosophie *sui generis* qui s'abstrait peu à peu d'une religion concrète, ne se révélant qu'aux initiés. C'est un des états mixtes entre la philosophie et la religion.

Mais l'abstraction peut aussi se faire au grand jour et en même temps ne pas se tirer d'une seule religion, mais de plusieurs fondues ensemble, c'est ce qu'on appelle le *syncrétisme*. Il consiste non à réunir dans leur totalité plusieurs religions comme en un panthéon intellectuel, mais à extraire de plusieurs ce qu'elles ont à la fois de plus élevé et de commun. On comprend que les religions elles-mêmes répugnent souvent à ce nouveau genre d'abstraction, mais elles ne peuvent s'y opposer ou l'ignorent. L'exemple le plus remarquable du syncrétisme que nous examinerons plus loin à un autre point de vue, c'est la doctrine de Philon et le néoplatonisme. Il opère la fusion du judaïsme et de l'hellénisme. On a remarqué une fusion du christianisme et du platonicisme dans l'existence du *logos*, seconde personne de la Trinité. A cette époque toutes les religions tendaient à fusionner. Nous n'avons à noter ici dans cette fusion que l'abstraction philosophique opérant sur des fonds religieux qui en résulte et qui forme encore une transition entre la religion et la philosophie.

Ainsi la religion et la philosophie qui semblent aujourd'hui aux antipodes l'une de l'autre ont été à l'origine très rapprochées, elles ne s'exclurent pas toujours, et elles avaient non pas seulement par leur but, mais aussi par leur consistance même, de nombreux points de contact. Il y avait et il y a encore les philosophies religieuses, c'est-à-dire nées de la religion, la développant, l'interprétant, puis la religion philosophique, c'est-à-dire la philosophie formant une véritable religion, et enfin la philosophie qui est exclusive de celle-ci. C'est ainsi qu'on est parvenu à la philosophie pure, c'est-à-dire se basant sur la raison seule et sur le raisonnement déductif.

N'y a-t-il pas aussi une pont jeté entre la philosophie et la science synthétique et expérimentale cosmique, n'y en a-t-il pas un direct entre cette dernière et la religion ? Ici, l'abîme est moins profond, mais il semble d'abord qu'il ne soit pas comblé. Entre la philosophie déductive et la science inductive surtout, il apparaît une solution de continuité ; c'est peu à peu qu'on abandonna les entités substituées aux êtres métaphysiques, qu'on se mit à observer, à expérimenter, à induire ; il n'y a d'ailleurs là qu'un changement de méthode, l'instrument est toujours la raison. Cependant il existe une transition dans l'observation morale inductive.

Mais c'est entre la religion et la science synthétique, lorsque celle-ci est subjective et directe, qu'il y a des intermédiaires véritables ou plutôt ces extrêmes se touchent. Toute religion est spiritualiste et spiritiste, elle admet non seulement l'autonomie de l'âme humaine, mais sa survivance, puis des esprits intermédiaires entre Dieu et l'homme, enfin Dieu lui-même.Voilà le monde très garni d'êtres invisibles ; bientôt on entre en communication incessante avec eux. On les appelle, ils vous répondent, ils se montrent même. Eh bien ! c'est aussi ce qu'ils font, en dehors de toute religion, dans le spiritisme contemporain. Il y a presque identité si l'on admet la réalité objective du spiritisme ; il y a ressemblance si on ne lui concède que la réalité subjective.

Tel est le groupe de la cosmosociologie ; partout la société cosmique envisagée est la même ; cette société est nombreuse ; il y a celle humaine, celles inférieures, celles supérieures, puisque le monde entier y est compris. Mais cette société ressort davantage quand c'est la religion qui s'en occupe. En effet, la philosophie constate le bien et le règle, mais elle ne le pratique pas, elle n'agit pas. La religion, au contraire, agit ; elle met tous les êtres en communication actuelle, en association, en réunion par ses cérémonies matérielles ou symboliques, par ses prières, ses sacrifices communs, son culte ; elle ressuscite ceux qui ont disparu, établit d'ailleurs l'hérédité et la solidarité des fautes, unit le règne humain et le règne animal et végétal, comme nous le verrons, souvent en une seule famille d'origine, fait descendre la divinité elle-même pour la rapprocher de l'homme. En même temps elle seule peut rendre les vérités sensibles, concrètes ; c'est ce qui explique son importance dans le groupe dont elle fait partie.

CHAPITRE III

DU LIEN SOCIAL COSMIQUE

Le lien religieux ou cosmosociologique s'établit entre les différents êtres cosmiques respectivement et avec l'être qui résume ou domine le monde, selon qu'il lui est externe ou immanent, il consiste, en ce qui concerne l'intelligence, dans la croyance et la connaissance des êtres cosmiques et de leurs rapports, en ce qui concerne la volonté dans les règles qui doivent régler ces rapports, lorsqu'ils sont libres, et en ce qui concerne les sens en la communication établie entre tous ces êtres visibles ou invisibles, supérieurs ou inférieurs. Ces rapports volontaires ne peuvent avoir lieu qu'entre ceux ou au moins de la part de ceux qui jouissent d'une volonté libre ; cependant des rapports de moindre intensité peuvent exister lorsque la volonté, sans être nulle, est très faible et conditionnée par des circonstances multiples, de manière à descendre au simple instinct volitif ; il en est de même pour la connaissance cosmique, lorsque l'être qui doit l'avoir ne jouit que d'une intelligence rabaissée à l'instinct. Enfin, lorsqu'aucune intelligence, aucune volonté, aucune sensibilité consciente n'existent chez un être, il n'y a plus, de son côté, entre lui et les autres, que les rapports nécessaires, et on se trouve bientôt ainsi en dehors du lien religieux proprement dit, qui implique sa connaissance, sa sensation et une volonté s'y conformant.

Avec cette signification, entre quels êtres existe le lien cosmique qui forme l'objet de la religion, en d'autres termes, quels sont ceux qui entrent dans la cosmosociologie soit activement, parce qu'ils serrent et pratiquent ce lien, soit passivement, parce que ce lien est seulement connu et pratiqué envers eux, soit à la fois activement et passivement, parce qu'ils le pratiquent et qu'il est pratiqué à leur égard ? Dans l'opinion générale peu réfléchie, il semble que ce lien n'existe qu'entre Dieu et l'homme ; c'est une erreur, comme nous allons le démontrer.

Mais, avant de rechercher entre qui ce lien cosmique s'est formé, il est utile de se demander quelle en est la nature. Nous avons déjà vu qu'il doit être volontaire, à un degré plus ou moins complet, mais lorsqu'il est entièrement involontaire d'une part, il n'en existe pas moins, parce qu'il est toujours volontaire de la part d'un être suprême, et que la connaissance du lien nécessaire est encore de la religion au point de vue de la doctrine. Il n'y a donc pas là de condition essentielle du lien.

Les conditions essentielles sont les suivantes. Tout lien suppose entre les êtres réunis une coordination d'abord, c'est son degré le plus simple qui, d'ailleurs, n'exclut point la différenciation, car, sans celle-ci, il y aurait identité et pas alors d'union possible, puis une subordination, car les êtres ne peuvent être à un rang égal, et enfin une adaptation actuelle des uns aux autres, car ils doivent contribuer au but cosmosociologique commun et se servir mutuellement, c'est ce qui existe d'ailleurs dans la société humaine. Il y a là une condition de toute les sociétés individuelles et psychologiques. Dans ces dernières, les diverses cellules sont rangées entre elles dans un certain ordre qu'elles doivent conserver, sans quoi le corps serait instable et se détruirait continuellement, et elles peuvent ainsi former un membre, mais cela ne suffit pas, ce n'est que la coordination ; il faut, en outre, que ces cellules se subordonnent les unes aux autres, de même les membres, lesquels doivent reconnaître la primauté de la tête, comme les nerfs, celle du cerveau ; enfin, elles doivent s'adapter les unes aux autres pour un but commun, que chacune contribue à atteindre à sa manière, par exemple, celles du cerveau concourent à la fonction cérébrale, celle du sang à la nutrition, et d'autre part la nutrition aide à la pensée. Dans un orchestre, chaque musicien ne peut jouer séparément comme s'il était seul, il doit tenir compte de ce qu'on joue autour de lui pour obtenir l'accord symphonique. Il en est de même de la société : chaque cellule sociale qui est l'individu doit se coordonner avec les autres, cette coordination se réalise par l'idée de justice qui empêche que l'on empiète sur les droits d'autrui ; elle doit s'accommoder, c'est-à-dire qu'il ne suffit pas qu'elle ne nuise point, il faut en outre qu'elle soit utile et collabore au bien commun ; enfin, il faut qu'elle se subordonne et se hiérarchise ; c'est la conséquence de la division des fonctions qui est à la base de l'accommodation, il y a des fonctions supérieures et plus centrales, et d'autres inférieures et plus locales ; les premières sont remplies par des hommes inférieurs par nature ou par éducation, les secondes par des hommes supérieurs. La cosmosociété, à son tour, exige qu'un ordre s'établisse entre les différents êtres du monde, de manière qu'aucun ne blesse l'autre, c'est en vertu de ce principe que l'homme ne doit pas maltraiter les animaux et que Dieu lui même ne peut causer volontairement le malheur des hommes. Cette coordination, qui n'est que la *justice cosmique* ne suffit pas encore. Les êtres divers doivent s'accommoder aux autres, en concourant à atteindre le but utile commun, et ils le font en remplissant chacun la part de travail divisé qui leur est assignée. Enfin, ils doivent se subordonner réciproquement, car leur tâche n'est pas de la même valeur ni de la même étendue, et, d'autre part, chaque être n'a pas la même importance ; l'homme, par exemple, est supérieur à l'animal et l'animal à la plante ; enfin, l'âme du monde et l'ensemble de son corps sont supérieurs aux âmes particulières et aux corps particuliers. La coordination, l'accommodation et la subordination sont plus rigoureuses dans le monde cosmique que dans le monde humain, car si dans ce dernier on peut soutenir que tous les hommes sont égaux en droit, malgré leur inégalité en fait, dans le monde cosmique, tous les êtres sont loin d'être égaux ; cependant, pas un seul n'est sans droit.

La subordination est l'un des points les plus essentiels de la société cosmique. C'est, d'ailleurs, surtout elle qui est volontaire. Elle se traduit de la part de l'être inférieur, envers l'être supérieur, par la reconnaissance de cette infériorité, c'est-à-dire par l'adoration. Puis, de cette reconnaissance, on passe à la prière, qui consiste à demander à l'être supérieur le secours qu'il peut accorder ; cette prière se fait tantôt en demandant une pure faveur, sans rien donner en retour, tantôt en fournissant ou en promettant tout ce que l'inférieur peut faire d'agréable au supérieur, c'est l'idée ou l'une des idées qui est le fondement des sacrifices. De la prière on passe à l'obéissance, on remplit exactement les ordres que le supérieur édicte, c'est le fondement de la morale religieuse proprement dite. On peut dépasser cette limite par une subordination plus active ; elle consiste alors, d'abord à offrir un secours au supérieur qui en a besoin ; c'est ce qu'on observe souvent dans les mythologies hindoue et grecque, où les mortels viennent au secours des dieux. Ce lien, ainsi resserré, aboutit à un lien supérieur encore ; il consiste, de la part de l'inférieur à aimer le supérieur cosmique, à se sacrifier pour lui, et surtout à tâcher de s'élever jusqu'à sa hauteur, à se confondre avec lui. C'est le résultat suprême de la religion qui commence par la crainte et finit par le mysticisme et l'amour.

Telle est la subordination de l'inférieur au supérieur, elle a sa corrélation dans le lien du supérieur à l'inférieur. Celui-ci se réalise dans le secours accordé. Ce secours consiste à aider l'inférieur dans sa lutte contre les autres êtres cosmiques ressortissant surtout au même supérieur et en outre dans sa lutte contre le malheur. Aussi, l'idole qui ne protège pas est bientôt rejetée par son adorateur qui se trouve délié de toute obligation envers elle. Rien n'est gratuit, pas plus au-dessus de l'homme que chez lui. Par contre, le supérieur qui doit aider dans une mesure qui est à discuter, a le droit de récompenser et de punir l'inférieur, il le fait en proportion de son obéissance et de son amour, tantôt pendant la vie, tantôt outre-tombe. L'inférieur ne doit donc pas se plaindre de cette punition, mais celle-ci doit être juste, et le supérieur a même le devoir de ne pas la faire excessive.

Cette subordination existe d'une part entre les êtres cosmiques immédiatement inférieurs et supérieurs les uns aux autres et, d'autre part, *omisso medio* entre des êtres séparés d'entre eux par plusieurs degrés, par exemple, d'une part, entre l'homme et l'esprit intermédiaire, ange ou démon, et, d'autre part, entre l'homme et Dieu. Elle est *ascendante* de l'inférieur au supérieur et *descendante* du supérieur à l'inférieur, et comme nous venons de le voir, *médiate* ou *immédiate*. Celle immédiate ou plus forte, est ou semble la seule; c'est ainsi que les animaux s'adressent immédiatement à l'homme et non à Dieu lui-même.

La coordination s'exerce dans la société cosmique, non plus de supérieur à inférieur ou d'inférieur à supérieur, mais d'*égal à égal*, ayant un supérieur commun. Elle consiste à ne pas nuire à un autre. Ainsi, lorsque l'homme s'interdit de faire souffrir un animal, c'est un acte de *subordination descendante ;* s'il s'abstient de nuire à un autre homme, il fait un acte de *coordination*. Celle-ci fonde la morale psychologique, de même que la subordination fonde la morale biologique ou cosmique. Il ne faut pas confondre ce résultat de la coordination avec la morale sociale proprement dite ou justice qui dérive de la défense sociale, tandis que la morale de coordination dérive de la distinction entre le bien et le mal et de la nécessité de laisser coexister les êtres, même lorsqu'il s'agit des hommes seuls. La *coordination* est donc la *justice cosmologique*.

L'accommodation qui consiste à concourir au bien cosmique

commun, s'exerce à la fois entre êtres suprêmes inférieurs et égaux, et aussi entre êtres d'ordre tout à fait différent ; c'est la *division du travail cosmique*. Chacun doit remplir sa tâche et le Dieu directeur récompense ce travail d'une manière appropriée, c'est, de sa part, une *justice distributive*. Ce lien nouveau est un lien de *collaboration* et d'*affection*. Il peut exister entre les hommes seuls ou entre les hommes et d'autres êtres ; dans le premier cas, il a reçu les noms de philanthropie ou de charité ; il peut s'exercer par la pitié envers des êtres différents.

Tels sont les liens religieux ou cosmiques qui existent entre les êtres. Celui qui s'y conforme dans sa croyance et dans sa conduite est un homme ou un être religieux ; celui qui agit autrement est un homme ou un être *non religieux*. Que si, non content de ne pas s'y conformer, il cherche à renverser ces rapports cosmiques naturels, l'homme ou l'être non religieux devient un homme irréligieux ou impie.

L'homme non religieux nie les rapports de subordination, de coordination et d'accommodation qui existent entre les êtres cosmiques et refuse de s'y conformer, il nie surtout l'existence de ceux de ces êtres qui sont *invisibles* et cependant nécessaires pour relier et compléter la chaîne du monde ; il nie enfin l'existence de la *tête du monde*, c'est-à-dire de la divinité. Il affirme que la pensée humaine est la fonction du cerveau, finissant avec lui, et que la matière seule existe avec les forces physiques, chimiques et biologiques qui l'animent. Que s'il reconnaît des liens, il refuse d'y coordonner sa conduite, rejette la subordination envers les esprits supérieurs et la divinité, la coordination cosmique avec ses égaux et la division du travail imposé entre les êtres. Ce n'est pas à dire qu'il n'admette aucune règle ; il se laisse guider par la justice sociale, en vertu du principe de la réciprocité, et par la morale psychologique résultant des effets hygiéniques et impressionnistes du mal et de la satisfaction procurée par le bien accompli, mais il se refuse aux autres mobiles.

Y a-t-il ou y a-t-il eu des hommes qui pensent et agissent complètement ainsi, et ces hommes sont-ils pervertis ? En ce qui concerne les peuples à leur origine, la question est controversée. Lubbock pense qu'il en a existé absolument sans religions auxquels le nom de Dieu était inconnu. Il cite pour quelques tribus des Esquimaux le témoignage du capitaine Ross ; pour des tribus canadiennes, Hearne ; pour les Californiens, Baegert et la Pérouse ; pour des tribus brésiliennes, Spix et Martius, Bates et Wallace ; pour le Paraguay, Dobritzhoffer ; pour les Polynésiens, les missions de Williams, le voyage du Novara et Dieffenbach ; pour l'île de Lamood, au nord de l'Australie, Jukes ; pour les îles Pellew, Wilson ; pour les îles Aru, Wallace ; pour les îles Andaman, Monatt ; pour certaines tribus de l'Hindoustan, Hooker et Short ; pour quelques nations de l'Afrique orientale, Barton et Grant ; pour les Cafres, Burchell ; pour les Hottentots, le Vaillant (1). Mais beaucoup d'autres ont mis ces constatations en doute, puisqu'il faut une connaissance approfondie de la langue et des mœurs pour résoudre une telle question et que la religion peut être très vague et exister. Nous n'avons pas à la résoudre. Mais l'absence de toute notion religieuse nous semble possible, comme celle de toute notion mathématique, de la part de sauvages qui ne peuvent pas compter, même sur leurs doigts.

L'athéisme, ou plus exactement le manque de religion, est possible aussi, sans que pour cela il y ait perversité. La morale peut exister indépendante, ainsi que, du reste, elle l'a été à l'origine ; ce ne serait que la reproduction d'un état ancien. Mais il est difficile de s'en rendre compte, avec l'influence que la religion a prise par l'hérédité et l'éducation. Du reste, nous verrons que le seul culte des morts est une religion et que ce culte est presque universel.

A côté de l'homme religieux et de l'homme non religieux,

---

(1) Lubbock, *Les origines de la civilisation*, p. 212.

se trouve l'homme *impie*; c'est celui qui, connaissant les rapports cosmiques ou y croyant, essaie de les renverser ; il joue le rôle que la doctrine chrétienne attribue aux démons. Dans cette catégorie se place celui qui combat, non pas une religion donnée, mais toute religion, non point en raison de ses exagérations et de ses inconvénients pratiques, ni parce qu'il croit à son inexistence objective, et qu'il pense faire ainsi œuvre utile, mais parce qu'il veut rejeter les liens de coordination, de subordination et d'accommodation qu'elle établit. Cet homme qui joue une sorte de rôle de révolté est assez rare ; c'est l'*anarchiste de la société cosmique*. Il en est un autre qui est ou plutôt qui a été beaucoup plus fréquent, c'est celui qui a cherché à renverser la société cosmique en subordonnant le supérieur à l'inférieur. Il force le supérieur à se révéler et à lui obéir. La science imaginaire par laquelle il tend à obtenir ce résultat, c'est la magie avec toutes ses conséquences et le fétichisme en est aussi une réalisation. Le fétiche est un dieu fabriqué par l'homme (*factitius*) ; ce n'est point un des grands êtres ou l'une des grandes forces de la nature (le soleil, le feu), ni l'esprit humain du vivant ou du mort, mais un objet insignifiant, plutôt même un débris d'objet, dans lequel le croyant, mais le croyant égoïste ou impie, s'imagine pouvoir enfermer une divinité. A partir de ce moment, cette divinité lui obéit, devient son esclave ; si elle s'y refuse, il la brise pour animer un autre fétiche. De même le magicien force par son art les esprits à comparaître, il leur donne des ordres et invoque jusqu'à la divinité ; il maîtrise aussi les âmes des morts. Nous reviendrons là-dessus ; mais cette idée que le sorcier a une nature démoniaque n'est pas exempte de vérité, il fait, au point de vue de la religion, l'œuvre la plus impie qu'on puisse commettre en subordonnant, par une sorte de ruse, le supérieur à l'inférieur. On voit ici, une fois de plus, que les deux extrêmes se touchent, la superstition et l'impiété.

Tel est le lien religieux. Nous pouvons rechercher maintenant entre quels êtres il existe.

De la part de l'homme qui se trouve pour ainsi dire au stade central, ce lien est formé avec beaucoup d'êtres cosmiques, tout d'abord avec l'être suprême, avec Dieu, que celui-ci soit personnel ou immanent au monde. C'est ce lien surtout qui constitue la religion. Il se réalise par les trois moyens que nous avons indiqués, mais surtout par la subordination. Nous avons dit déjà comment cette subordination se pratique volontairement de la part de l'homme. C'est sa reconnaissance continuelle qui a lieu dans le culte. L'homme obéit à Dieu, autant qu'il peut entendre ses commandements; s'il ne les entend pas, il les cherche; son mobile est la crainte d'abord, l'amour ensuite et l'ambition de s'assimiler à un être parfait. *L'inférieur doit monter sans cesse vers le supérieur et parvenir dans l'ascension des êtres à se confondre totalement avec lui.*

Cette *ascension* est une des lois du monde cosmique les plus importantes ; c'est la réalisation du mouvement cosmique. De même que dans le monde inorganique et mécanique les astres ont un mouvement continu et direct dans l'espace que la gravitation convertit seule en mouvement circulaire, de même que dans le monde biologique, chaque être tend à s'élever peu à peu dans le cours de l'évolution sur l'échelle des êtres en se transformant, ou tout au moins, sur l'échelle des races; de même que dans le monde phsychologique, l'âme cherche à devenir plus parfaite par l'instruction et la moralisation ; de même que dans le monde sociologique, les derniers classés tendent à monter et dans chaque classe les individus, de même aussi dans le monde cosmosociologique, c'est une loi que chaque être gravite vers l'être supérieur qu'il ne peut égaler, mais avec lequel il peut parvenir à se confondre. C'est cette profonde vérité que la doctrine du Brahmanisme avait mise en pleine lumière, et que la doctrine Bouddhique n'a fait qu'exalter. L'esprit de l'homme, à force d'austérité pratiquée, finit par s'identifier avec l'âme du monde, à en devenir partie intégrante. Jusque là et pour y parvenir, elle *imite la divinité* ; c'est l'imitation qui est *la voie* ; il faut *ressembler* et ressembler beaucoup pour finir par *devenir le modèle*. Le livre mystique de l'imitation du Christ est issu de cette idée. Dans la doctrine chrétienne, la confusion finale dans un Dieu personnel est moins facile ; on se contente de la contemplation, mais le principe est essentiellement le même. *L'ascension est une des lois les plus importantes de la cosmosociologie.* Nous verrons qu'elle explique la pratique de l'ascétisme, inexplicable sans elle.

En attendant que cette confusion de l'homme, être inférieur, avec la Divinité, puisse être obtenue, ce qui ne peut avoir lieu qu'après un temps très long et peut-être dans d'autres vies, il ne déplaît pas à l'homme de *s'unir momentanément avec Dieu*, d'une manière intime et non symbolique (il y a une erreur profonde de la part de ceux qui réduisent en simple symbole la réalité de cette union), et cette union intime, à l'image de l'union sexuelle humaine, doit être une pénétration mutuelle des deux âmes. Beaucoup de religions l'ont réalisée dans la manducation de la chair offerte en sacrifice, devenue par là même divinité, au moyen de laquelle on obtenait une *consubstantiation* avec la divinité ; elle existe bien plus énergiquement dans la *communion* établie par les églises chrétiennes.

Nous avons vu que l'homme impie cherche à renverser le rapport existant entre la divinité et l'humanité en rendant celle-ci supérieure ; l'homme très religieux ne cherche pas ce résultat ; cependant il parvient en quelque sorte à *l'égalisation* entre leurs êtres par une confusion finale.

Mais ce n'est pas seulement avec la divinité que l'homme possède un lien religieux ; il en a un avec des esprits intermédiaires entre lui et l'être suprême, bien qu'il ressortisse encore à la subordination, tout d'abord avec les dieux dans la croyance polythéiste, mais aussi avec les demi-dieux, les anges et les démons. Ce lien avec les dieux est à peu près identique à celui avec dieu, seulement il se multiplie alors, et il est en un sens plus sociologique, mais en même temps moins intense, la force divine, en se divisant, s'affaiblit; cependant ces dieux multiples laissent prédominer un dieu unique et l'on peut dire alors que l'homme a relation à la fois avec dieu et avec les dieux, en d'autres termes, avec l'âme du monde et les âmes des diverses fractions du monde. Il y a donc un moment de transition du polythéisme au monothéisme où le lien est à la fois multiple et fort. D'ailleurs son lien avec chacun des dieux est un peu différent ; il adore Jupiter autrement que Minerve ou que Vénus. A côté ou plutôt au-dessous des dieux se trouvent les demi-dieux qui sont réellement, comme nous le verrons, non point les héros, les hommes divinisés, mais les divinités très fractionnaires et rapprochées de l'homme, les dryades, les naïades, etc. Au-dessous ou à côté il y a dans d'autres religions les anges et les démons. Ce culte des anges renferme une particularité remarquable. C'est qu'entre certains anges et l'homme il existe une amitié particulière. Ce n'est pas un culte du catholicisme seul que celui de l'ange gardien. Il existait aussi, comme nous le verrons, chez les Romains et chez les Persans. Chaque homme possède parmi les anges un ami qui l'accompagne toujours. Quoique l'homme soit inférieur, cette amitié fait disparaître cette infériorité. Bien plus, cet ange devient en quelque sorte inférieur à l'homme en ce sens qu'il gravite autour de lui et devient comme son ombre, l'homme se l'est approprié. Au contraire, il n'y a pas de démon qui s'attache particulièrement à lui

Mais l'homme n'a pas seulement des rapports cosmiques d'inférieur à supérieur avec les divinités et les esprits intermédiaires, il en a aussi avec les âmes de ses morts, et la religion mortuaire est peut-être la plus durable de toutes. Non seulement il converse avec les êtres étrangers, mais il peuple l'air ambiant de tous les siens, les fait revenir vers sa maison et la leur, leur ménage le foyer, leur creuse la tombe, leur élève un autel. Quand même cette sorte de religion existerait seule, et que par hypothèse les autres esprits seraient exclus, la société humaine se trouverait plus que centuplée. L'humanité, se composant à la fois des vivants et des morts, deviendrait formidable. Sans doute, les descendants sont égaux et quelquefois supérieurs aux ancêtres et à ce point de vue il y aurait coordination seulement et non subordination.

Mais l'âme du mort a cette supériorité qu'elle est pure, dégagée des servitudes du corps et des nécessités de la vie ; par le seul fait de la mort, l'ascendant grandit aux yeux de ses descendants, devient plus respectable ; la piété filiale est la plus ancienne des piétés. Ce n'est pas tout, il y a des hommes qui étaient plus illustres ou plus vertueux que les autres pendant leur vie ; ils seront vénérés davantage, et alors s'établira un rapport, cette fois tout à fait de subordination, ces hommes sont, suivant les religions, tantôt des héros (Hercule, etc.) tantôt des saints dont la sainteté est quelquefois officiellement déclarée (*canonisation*), ce sont des demi-dieux. Quelquefois encore l'homme est divinité tout à fait ; ce qui advint aux rois égyptiens, aux empereurs romains après leur mort.

Par une aberration qu'on ne peut plus justifier, l'homme étant socialement inférieur à une autre homme ne se contente pas de lui obéir au point de vue social, mais l'assimile de son vivant à un dieu ; c'est ce qui s'observe chez plusieurs peuplades sauvages qui divinisent leur monarque de son vivant. Le même résultat se produit, en ce qui concerne le pontife qui quelquefois n'est pas considéré comme le ministre de la divinité, mais comme la divinité elle-même.

Cette confusion qui porte à adorer un homme vivant se justifie, au contraire, quand on suppose qu'il s'agit d'un dieu incarné dans une forme humaine. C'est à ce point de vue qu'on a pu adorer le Christ non seulement dans sa divinité, mais dans son humanité inséparable, parce que ce qu'on adore dans l'homme ce n'est point son corps, mais son esprit, et que par conséquent lorsque l'esprit est dieu, il n'y a nulle difficulté à en faire l'objet d'une adoration. On peut objecter cependant que l'humanité du Christ comprenait un corps, et même un esprit distinct de celui divin. Ce même motif justifie l'adoration des diverses incarnations des dieux brahmaniques, cette fois l'objection précédente n'existant plus, et le corps ne portant que l'âme divine.

Tel est le lien de l'adoration plus ou moins intense de l'homme envers les êtres et même les hommes supérieurs. Voilà par lui la société déjà bien élargie. Il se trouve en union religieuse avec le Dieu suprême et les dieux, les demi-dieux, les anges, les héros, les saints, les ancêtres, même les hommes vivants divinisés, sans compter les hommes ordinaires qui rentrent dans sa société restreinte. Cela suffirait au domaine de la religion, mais le lien s'étend au delà et cette fois c'est l'homme qui apparaît comme supérieur.

C'est en effet, avec les êtres inférieurs qu'il entre en relations, tout d'abord les animaux. L'homme a-t-il des devoirs envers les animaux ? Cette question semble singulière, les législations positives l'ont résolue longtemps par la négative. Si l'homme a des devoirs envers ses semblables au sens juridique du mot, c'est que ce sont, comme lui, des êtres raisonnables et égaux psychologiquement dont il doit respecter la liberté, et la cosmosociologie elle-même le proclame en vertu d'une solidarité objective venue de la parenté. Mais dans le dernier état du droit, on punit les cruautés envers les animaux et, d'autre part, chez les mystiques, il s'est trouvé des hommes meilleurs qui ont étendu leur pitié jusque sur eux ; on peut citer Saint François d'Assises ; les brahmanistes de l'école Jaïniste considéraient la vie de l'animal comme sacrée, et pour eux c'était une faute d'écraser un moucheron. Certains bouddhistes indous fondent des asiles hospitaliers pour les animaux; *l'humanitarisme*, se convertit, ainsi que le remarque Létourneau, en *animalitarisme* ; la Bible défend de manger le sang des bêtes, et les ascètes de nos jours, les végétariens, s'en abstiennent. A un moment de l'évolution des religions les sacrifices sanglants deviennent interdits. Il peut sembler, en effet, étrange que l'homme massacre les animaux, êtres inférieurs, il est vrai, mais qui leur ressemblent tant par leur structure et qui possèdent un esprit incomplet dans l'instinct. Cela l'est d'autant plus que l'animal rend maint service à l'homme, et que quelques-uns se font remarquer par leur fidélité. Comment l'homme serait-il dépourvu de tout devoir envers eux, de tout lien ? Sans doute, il est leur supérieur, mais est-ce que tout supérieur, par là même qu'il a des droits, n'a pas des devoirs ? La civilisation a mis une plus grande distance entre les deux, mais à l'état sauvage l'homme ressemble beaucoup à l'animal ; le paysan a encore une vie commune avec lui. Enfin si l'on admet la doctrine darwinienne l'homme lui serait étroitement apparenté ; ce ne serait qu'un frère plus fortuné qui doit venir au secours de son frère pauvre.

Aussi les peuples primitifs ont entretenu avec les animaux des relations véritablement religieuses, il les ont traités en égaux et quelquefois en supérieurs puisqu'il les adoraient ; nous verrons plus loin l'explication de cette aberration, nous en retenons ici seulement le fait. Ce n'est pas tout ; par le totémisme d'une part, par la métensomatose de l'autre, un courant perpétuel se dirigeait de l'homme vers l'animal et de l'animal vers l'homme, ou plutôt le courant général de la nature et le lien entre tous les êtres se continuait sans interruption. Ce n'est que plus tard et par l'effet de la vanité humaine et de l'ascension de l'homme que la distance est devenue plus grande et le lien plus lâche, jusqu'à ce que de nos jours, et sous l'influence d'idées panthéistes, on cherche à le renouer.

Ce lien entre l'homme et l'animal doit rester celui d'un supérieur envers un inférieur ; ce que l'homme doit à la bête, c'est la pitié et l'humanité, mot singulier en pareil cas et qu'on pourrait remplacer par celui de fraternité, car l'animal est son frère puiné ou plutôt aîné. Il peut le tuer dans la lutte pour la vie, mais il ne lui est pas permis de le faire souffrir. Il doit même le nourrir si celui-ci lui fournit son travail, le loger, le soigner ; par la collaboration il entre dans sa famille adoptive, quand il ne ferait pas partie de sa famille naturelle éloignée, et il faut qu'il le traite comme un serviteur. Cet ouvrier, s'il le pouvait, se mettrait souvent en grève, il le fait quelquefois tacitement, mais c'est un esclave, et il cède bientôt s'il ne se dérobe par la mort. L'homme alors n'a plus seulement des devoirs de supérieur qui protège, mais aussi ceux d'égal qui paie, c'est-à-dire ceux de subordination descendante et de coordination.

L'homme a un lien cosmique avec les êtres inférieurs, avec les animaux, avec les végétaux, par exemple, quoique ces rapports volontaires soient de moins en moins sensibles, le végétal n'ayant qu'une lueur d'instinct. Cependant, il doit les soigner, les entretenir, les protéger ; il est vrai que c'est surtout dans son intérêt et dans celui des autres hommes, et que la sanction n'est alors souvent qu'esthétique? En détruisant sans but les belles productions de la nature, il offense le beau, l'art, il se dégrade lui-même dans une certaine mesure. A ce point de vue, le devoir cosmique de l'homme s'élargit encore; c'est même envers les êtres inorganiques qu'il est contracté, il doit respecter les monuments bâtis par Dieu comme ceux construits par les hommes ; le péché contre l'esthétique est aussi un péché dans le large sens du mot.

Tel est le *lien cosmique* de la part de l'homme ; il peut devenir interplanétaire ; c'est ce qui explique le penchant de l'homme pour l'adoration du soleil, des astres, du ciel dans son ensemble.

Le lien cosmique existe aussi de la part de la divinité soit unique, soit multiple. Celui qui est le plus intéressant est le lien qui la relie à l'homme ; c'est un lien descendant, de supérieur à inférieur, il consiste, par conséquent, uniquement à protéger et à exercer sa bienfaisance ; il a pour corollaire le droit de punir lorsqu'on désobéit aux commandements, mais seulement dans une juste mesure. Ce qu'on n'admet pas, ce qui est pourtant vrai, c'est que Dieu a des devoirs envers l'homme, ce n'est point un tyran capricieux et absolu, il ne doit pas faire comme celui-ci qui sans raison et sans droit écrase en passant un tas de fourmis. En outre, il devra récompenser les actes spontanés de l'homme qui s'élève vers lui et lui venir en aide dans son ascension. D'ailleurs, toutes les religions l'ont cru, et lui ont imposé ce devoir ; les sauvages très naïvement, en battant le fétiche ou l'idole qui tardait à les exaucer, le juif mosaïque en exigeant la félicité dans ce monde à la suite de chaque bonne action, et le chrétien travaillant et se macérant pour obtenir le bonheur d'outre-tombe promis. Tout en proclamant que Dieu ne doit rien, on exige tout de lui. Cette croyance a une racine objective. La divinité ne peut avoir créé un esprit pour le rendre ou le laisser malheureux.

Aussi intervient-il, même quand l'homme a péché, pour l'aider à s'amender et à reprendre sa place cosmique, et aussi pour le délivrer. De là, l'idée de la *rédemption*, qui est l'expression la plus forte du lien de la part de Dieu. Il y a plusieurs *religions rédemptrices*, et non pas le seul christianisme. Dieu reçoit aussi de l'homme des dons qu'il agrée, par exemple, des sacrifices ; il écoute sa prière, est flatté de sa louange. Quelquefois il se révèle à lui soit par l'apparition proprement dite et l'extase, soit par l'inspiration, soit par les miracles ; quelquefois même il lui dévoile un coin de l'avenir. Dans la religion catholique il va jusqu'à s'unir intimement à lui par la communion, et il lui promet le ciel, où ils vivront réunis. Il est difficile d'imaginer un lien plus solide ; les mystiques le resserrent encore. Enfin les incarnations parviennent presque à assimiler l'homme à la divinité. Tout cela s'opère de la part de Dieu.

La divinité n'a pas seulement un lien de sa part avec

l'homme, mais aussi avec les créatures inférieures et celles supérieures à l'homme ; c'est Dieu qui protège, nourrit et aide les animaux, les végétaux, les êtres inorganiques, les astres, en maintient le plan et cause leur évolution. En ce qui concerne ces êtres, il agit d'abord soit par une création, soit par une émanation, suivant les systèmes, puis par une loi de développement et une de destruction et de transformation. Mais le lien est plus sensible de lui aux esprits. Nous ne pouvons pas insister, car nous sommes ici en pleine hypothèse. Mais le dieu suprême a des devoirs envers les anges, même les démons, les demi-dieux, les saints et les héros. Il doit être juste à leur égard et les favoriser dans leur existence.

La cosmosociologie n'existe pas seulement entre la divinité et les autres êtres, mais aussi entre les divinités. Dans les religions polythéistes, il y a toute une hiérarchie de dieux, dont l'un Jupiter, Brahma, est souverain. Eh bien, il se forme ainsi une société *inter divine* qui a aussi ses règles sociales. Jupiter a des devoirs envers Minerve, Junon, Apollon et Mars, de même que ceux-ci en ont envers lui, étant subordonnés. La mythologie grecque nous apprend la mise en œuvre de cette vérité. Ce qui est plus remarquable, c'est qu'il en est de même dans une certaine mesure des religions monothéistes ou s'approchant du monothéisme. Le *dieu unique* ne peut souffrir sa solitude, il faut qu'il entre *en société avec lui-même*, il se dédouble, il se triple ; de là les diverses triades qui se forment chez les monothéistes et dont seul Allah semble exempt.

A leur tour, les esprits intermédiaires entre Dieu et l'homme ont un lien envers les autres êtres, par exemple, un ange ou un demi-dieu est tenu envers la divinité par la subordination et au contraire, supérieur à l'homme, il a envers lui le lien de l'autorité. Il est inutile d'insister sur ce point ; les liens précédents sont les modèles de ceux-ci. Cependant, entre l'ange et l'homme, l'homme mort et l'homme vivant, un lien très resserré peut se former, et c'est le plus souvent par leur intermédiaire que l'homme entre en rapports avec la divinité. Dans la doctrine catholique, c'est par celui des saints et surtout de la Vierge Marie que beaucoup de prières sont adressées et il y a là un culte spécial distinct du culte ordinaire et moins officiel. De même la divinité prend un ange ou un saint pour messager auprès de l'homme, lui apparaissant soit en vision directe, soit en songe ; c'est ce qu'on lit dans l'Ancien et le Nouveau testament ; le démon y joue aussi ce rôle pour tenter l'homme.

Les animaux entrent dans le cercle cosmique du côté passif, c'est-à-dire que les êtres supérieurs ont des devoirs envers eux, mais y entrent ils du côté actif, ont-ils des devoirs envers les êtres supérieurs, notamment envers la divinité et connaissent-ils, au moins instinctivement, ces rapports ? Nous savons qu'il y a une psychologie animale, une sociologie animale, aussi bien qu'humaine, mais y a-t-il une cosmosociologie animale, en d'autres termes, les animaux ont-ils un instinct religieux ?

Au premier abord, une telle question semble ridicule. Se figure-t-on un animal adorant la divinité et a-t-on jamais observé semblable chose ? Mais une analyse attentive démontre que ce point doit être sérieusement examiné. La religion ne consiste pas surtout dans la connaissance des rapports existants entre les êtres divers et l'être suprême, mais dans la pratique de ces rapports de coordination et de subordination et dans cette subordination volontaire. D'autre part, il n'est pas nécessaire que le lien s'établisse *omisso medio* avec tous les êtres supérieurs, il suffit qu'il existe avec l'être supérieur immédiatement. Or l'être immédiatement superordonné à l'animal, c'est l'homme ; la religion pour l'animal, s'il en a une, consisterait donc à se subordonner volontairement à celui-ci, à lui obéir, à le secourir, enfin à l'aimer, à devenir son compagnon utile, et s'il le faut, à donner sa vie pour lui. Dieu est trop haut et l'animal ne peut atteindre jusqu'à lui, mais il suffit qu'il puisse atteindre jusqu'à l'homme, lequel serait sa divinité. La question ainsi posée ne souffre pas de doute ; il y a de la part de l'animal, un lien, une religion qui aboutit à l'homme. L'animal, dès qu'il s'apprivoise, se subordonne, il obéit, il secourt, il aime, il se dévoue et il pousse même ces qualités jusqu'à l'excès. On objecte que c'est de sa part automatique et involontaire. C'est une erreur, il existe des animaux pleins de moralité et d'autres méchants et cruels ; s'il n'y avait là qu'un mécanisme, leur caractère serait identique. De même que les animaux souffrent et possèdent une sensibilité assez développée, de même ils ont une fraction d'intelligence qu'on appelle l'instinct et une fraction de volonté. Elle est suffisante pour qu'ils se subordonnent consciemment à leur maître. Or, la fidélité d'un chien, par exemple, peut être citée comme un modèle ; le mazdéisme lui rend hommage tout spécialement ; de même son dévouement, et il y a peu d'hommes aussi dévôts envers Dieu que le chien l'est envers son maître. Telle est sa religion, elle est action ; elle ne se dirige pas vers la divinité, mais vers l'humanité ; elle n'en est pas moins réelle. L'animal sauvage ne la possède pas, il ignore la sorte de religion qui lui est possible, mais peu à peu le domaine de la domestication s'étend, et les bêtes féroces sont domptées ; leur dompteur est leur dieu, qui agit d'abord par la crainte, mais celle-ci se transforme peu à peu en affection. De temps en temps l'animal a des rebellions envers l'homme comme l'homme en a envers Dieu, alors il est à sa manière irréligieux.

Mais sa religion n'existe-t-elle qu'en action, par la subordination pratique ? Connaît-il sa condition cosmique vis-à-vis de l'homme ? Il la pressent tout au moins, car son obéissance ne se comprendrait pas autrement. Il est plus grand que l'homme, plus fort que lui, mais il se soumet à celui qui occupe un rang plus élevé.

La religion ne contient pas seulement le lien de subordination, mais aussi celui de coordination et d'accommodation. C'est dire qu'elle s'exerce d'égal à égal. Les animaux ont des rapports sociaux ensemble, très développés chez quelques-uns d'entre eux, comme les fourmis et les abeilles, mais cela rentre dans la sociologie animale et non dans la cosmosociologie. Si, au contraire, ce lien réunit les vivants et les morts, il devient religieux. Or, il est constant que certains animaux enterrent leurs morts ; par exemple, les éléphants, ils le font même avec un soin pieux et une sorte de solennité. Il y a là un lien de coordination qui dépasse le domaine de la sociologie animale. Peut-être, s'il était possible de connaître leur pensée, découvrirait-on chez eux des linéaments plus profonds d'idée religieuse. De même, certains d'entre eux s'attristent de la mort de l'homme, suivent ses funérailles et quelquefois s'obtinent à rester au lieu où le cadavre est déposé.

On peut donc conclure hardiment, malgré toute apparence, que l'instinct religieux n'est pas absent des animaux.

Tels sont les êtres entre lesquels existe le lien cosmique ; si à celui volontaire on joint le lien forcé, on voit qu'il les englobe tous, et que la religion est universelle dans ses sujets, nous verrons bientôt quels en sont les objets spéciaux à l'homme. Ce lien s'établit de chaque classe d'êtres aux autres classes et des individus de chaque classe à ceux de chaque autre. Mais, en outre, il peut se former un lien particulier et individuel d'un individu à un autre individu. C'est un point qui n'a pas été mis en lumière et qui est très intéressant à étudier.

Ce lien, dès qu'il est volontaire, peut exister plus resserré envers un individu d'une classe qu'envers l'ensemble de cette classe. Par exemple, un catholique peut vénérer un saint plus particulièrement, parce qu'il lui plait davantage, ou par une circonstance externe, parce qu'il en porte le nom ; un lien s'établit aussitôt, lien plus étroit entre le vénérateur et le vénéré. Il s'agit du saint patron ou de celui de prédilection. Bien plus, on peut préférer le même saint honoré dans tel lieu à celui honoré dans tel autre ; Louis XI invoquait telle Madone, et excluait les autres de son culte. De même, parmi les anges il se fait une sélection et un esprit supérieur est attaché à l'esprit de chaque homme dans la religion chrétienne, c'est l'Ange Gardien dont l'existence est attestée par une tradition plutôt que par un dogme. Dans celle des Romains, chacun possède auprès de soi son Génie, lequel n'est pas immortel. Quand on n'osait pas diviniser directement un empereur vivant, on divinisait son Génie. Ce sont les génies individuels, car il y en avait pour la famille qui protégeaient le foyer sous la forme d'un serpent. Enfin les dieux eux-mêmes avaient leurs génies qui s'attachaient individuellement à chacun d'eux. Il se produisait alors du supérieur à l'inférieur ce qui a lieu inversement pour l'homme. Dans le Mazdéisme, le lien personnel entre un être supérieur et un autre se réalise par les *Fravasis* ou *Férouers*. Il y a des Fravasis pour les vivants et d'autres pour les morts, ils ne portent pas de noms. Enfin là aussi les différents dieux, Ormuzd lui-même, ont leur Fravasis. Ce ne sont pas des âmes, dit-on, mais plutôt des doubles des âmes ; cela nous conduira à connaître leur vraie origine. Pour le moment, nous ne voulons constater que leur sorte d'existence *parasitaire*. Quoique souvent supérieurs, ils deviennent accessoires.

De même, il existe de ces choix entre l'homme et les êtres inférieurs à l'homme, par exemple, les animaux, un de ceux-ci s'attache particulièrement à tel homme, surtout à son maître, et tel homme préfère tel animal dont il fait son compagnon. La tradition populaire a elle-même associé aux saints d'une église des animaux familiers, et les mauvais esprits ont aussi les leurs. De même, on peut se complaire davantage dans le voisinage de tel objet ; c'est peut-être un des facteurs du culte des arbres, ou de tel arbre particulier.

Le fétichisme est dans un sens l'application de ce lien particularisé. L'homme se fait ainsi un dieu fictif qui n'appartient qu'à lui, car pour tout autre c'est un objet indifférent.

Les liens cosmiques sont donc de trois sortes : *nécessaires*, *généraux, particuliers.* Ces derniers forment une dévotion plutôt qu'un culte proprement dit.

Ce lien est quelquefois détruit par la volonté (impie alors) d'un des êtres cosmiques, surtout par celle de l'homme ou des esprits supérieurs. De même dans la société humaine se produisent des révolutions qui renversent le gouvernement et, même mieux, l'idée d'autorité.

L'homme peut lutter contre la divinité; on raconte dans la Bible le combat de Jacob avec le Très-Haut; il y eût révolte plus consciente dans la légende de la Tour de Babel où l'homme voulait s'égaler à Dieu en montant jusqu'à lui ; cette révolte se retrouve même à l'origine dans la désobéissance d'Adam. Enfin les malédictions de Job étaient par moment une révolte en paroles, mais violente, contre Jéhovah. Les autres religions ont des cas semblables. Prométhée ravit le feu à Jupiter, il est vrai qu'il en fut cruellement puni. A chaque instant le peuple juif se révolte contre la divinité. Des rébellions moins violentes, mais plus profondes, éclatent dans l'esprit des philosophes. C'est ainsi que les Stoïciens pratiquent la vertu sans aucun espoir de récompense, et par conséquent, contre les dieux. Enfin pour beaucoup d'hommes malheureux et ne croyant pas à l'ordre divin, le suicide est le seul refuge, ils rompent par là même le lien religieux entre les êtres, aussi est-ce le crime anticosmique par excellence.

De même, les anges ont été rebelles et ont voulu secouer le joug religieux d'après la religion juive et chrétienne et sont devenus des démons, c'est-à-dire des êtres désormais en révolte contre les autres et cherchant à détruire le lien du monde et sa hiérarchisation.

Il existe aussi des animaux rebelles, soit par races, soit par individus, qui rejettent la domestication et cherchent à faire régner l'anarchie dans la sphère supérieure.

Enfin dans la sphère suprême, il y a souvent lutte entre deux dieux égaux et dans cette lutte il y en a un qui veut faire prévaloir le mal, c'est-à-dire le désordre cosmique.

C'est Arhiman contre Ormuzd, et Set contre Osiris. Le bien triomphe en définitive, comme au théâtre, et le lien cosmique est rétabli, c'est-à-dire la religion.

CHAPITRE IV

DES OBJETS DU LIEN RELIGIEUX

Dans le lien cosmique composé de droits et de devoirs, d'attractions et d'accommodations réciproques, nous avons parcouru tous les chaînons pour tâcher d'être complet, et partant de chaque être, nous avons esquissé sa place et les relations cosmosociologiques qu'il peut avoir avec les autres. Nous avons ainsi examiné tour à tour les différents sujets de la religion et du culte compris dans le sens le plus large. Maintenant nous devons étudier ses objets, en prenant pour seul sujet l'homme. Nous descendons d'un point de vue élevé et nous nous retrouvons terre à terre. C'est la position qui convient pour suivre le processus religieux de l'humanité et comprendre quels objets son culte a successivement embrassés, quelle relation il a supposée entre lui-même et ces objets, et aussi entre ces objets eux-mêmes.

Nous avons déjà sommairement indiqué avec quels êtres l'homme se trouve en lien religieux, mais en le faisant nous raisonnions d'une manière abstraite et nous établissions comment logiquement et avec qui ce lien se constate. Il faut remonter maintenant à l'état particulier à l'esprit humain et primitif dans l'évolution pour voir les réfractions qu'il a fait subir à cette théorie et comment ces instincts naturels l'ont modifiée.

Avant de rechercher quels sont et quels ont été dans le passé les êtres, objets de la religion pour l'homme, il est utile d'exposer les idées particulières à son esprit et qui ont laissé leur empreinte soit sur le choix de ces objets, soit sur les rapports cosmiques. Nous étudierons ensuite les objets embrassés, leurs rapports avec l'homme, leurs relations entre eux.

L'homme, en s'envisageant lui-même ou en observant les objets de la nature et en se demandant ce qui entre dans le lien cosmique de manière à pouvoir et devoir faire l'objet de son culte, n'a point d'abord compris la hiérarchie véritable existant entre ces objets. Nous savons qu'il est supérieur à la nature animée se composant des animaux et des végétaux, qu'il possède une raison qui les dépasse, que ce sont les animaux, par exemple, qui doivent l'adorer à leur manière et rester ses serviteurs, qu'il en est de même à plus forte raison des plantes et des minéraux, que la nature inorganique, fut-elle astrale, que la terre, les mers, le ciel, les astres lui sont encore inférieurs, puisqu'ils ne jouissent d'aucune raison ; que, par conséquent, l'homme sain d'esprit ne peut que vénérer ceux d'entre les humains qui sont plus remarquables par leur génie et leur vertu, et qu'adorer les purs esprits, êtres supérieurs qui existent ou qu'ils supposent, et surtout l'être suprême, l'âme du monde dans son ensemble. Mais pour agir ainsi, il faut être civilisé ; l'homme sauvage ne le pourrait pas. D'abord il ne connaissait pas d'être suprême détaché du monde, et par conséquent son adoration aurait été nulle et un de ses besoins intellectuels serait resté non satisfait ; puis il ne s'estimait pas si haut. Les êtres inférieurs qu'il dédaigne aujourd'hui lui paraissaient ses frères vivant sur un pied d'égalité avec lui ; il en était de même des végétaux qui croissaient librement, avant qu'il les eût asservis par la culture. Quelques-uns d'entre-eux, les grands arbres, les animaux féroces, les serpents lui semblaient supérieurs par la terreur même qu'ils lui inspiraient. Quant aux fleuves, aux montagnes, à la mer, inférieurs en réalité, puisqu'ils ne pensent pas, ils lui paraissaient bien supérieurs encore par leur volume, leurs fonctions, la vitesse de leurs mouvements. Que s'il regardait la voûte céleste, elle frappait encore plus son regard et son imagination, et l'homme chétif se trouvait bien petit et très misérable devant le soleil et les étoiles. La classification des êtres en dignité était donc pour lui une classification *renversée*. Plus tard, par une illusion contraire, il se crut le centre de l'univers, le soleil ne se levait que pour l'éclairer, mais tel n'était pas l'état premier, où le soleil était supérieur à l'homme non seulement en grandeur, mais en valeur de création. Il est à noter que plus tard à l'époque contemporaine le soleil a repris sa place, au moins, quant à son importance vis-à-vis de notre planète ; nous reviendrons plus tard sur cette notation. Donc, l'homme, plus orgueilleux depuis, se trouvait inférieur à la plupart des êtres. Cette opinion rendait possible et même probable qu'il les adorât. C'est ce qu'il fit, comme nous le verrons. D'ailleurs, dans la légende biblique on oscille encore entre les deux systèmes ; Jéhovah donne à l'homme tous les animaux et marque ainsi la subordination réelle ; mais le serpent avait la parole, donnait les conseils, et la première femme l'écoute comme un oracle, de là à la zoolatrie il n'y a qu'un pas. C'est que l'homme se sentait bien faible en présence des forces naturelles qui semblaient se liguer contre lui ; il était à la merci d'une tempête, de la morsure d'un serpent, de la dent du tigre, presque sans pouvoir se défendre, et le ciel, le serpent, le tigre lui semblaient très supérieurs à lui-même. Quant aux animaux pacifiques, cette supériorité n'existait pas, mais une sorte d'égalité résultant de la vie commune, surtout lorsqu'on passe à la vie pastorale. L'animal apprivoisé était le compagnon de chaque jour, l'ami de l'homme, ils se rendaient des services réciproques ; ce n'est que lorsque la terre à son tour produisit ses moissons, que l'animal qui n'était plus l'unique ressource s'inférioris. L'idolâtrie ou plutôt le naturisme qui est à l'origine des religions et qui est exprimé énergiquement par ces mots de Bossuet : *Tout était Dieu dans la nature, excepté Dieu lui-même*, n'a donc plus lieu de nous étonner. Par une illusion d'optique la nature s'était relevée à l'horizon de l'homme; ce n'étaient point des êtres inférieurs qu'on adorait, ce qui eût été contraire au bon sens, mais des êtres réputés supérieurs.

    D'où venait cette erreur, pour ainsi dire visuelle, du genre humain ? Nous l'avons dit. De la faiblesse de l'homme et de la force des phénomènes et des êtres qu'il adorait ; or, la force et la faiblesse sont d'abord les seuls critères ; mais à ce facteur il faut en joindre un autre travaillant dans le même sens. L'homme pense, et il est le seul des êtres vivants à posséder la plénitude de la pensée ; les animaux, lesquels s'en rapprochent le plus, n'ont dans l'instinct qu'une pensée tout à fait incomplète, mais par cela même qu'il pense, il va s'imaginer qu'ils pensent aussi, qu'ils ont, par conséquent, comme lui, une intelligence et une âme. Comment croire cependant qu'un arbre, qu'un rocher ont la pensée, que le soleil a une intelligence, lorsqu'on les voit ou rester immobiles ou ne se mouvoir que d'une manière et toujours la même et forcée ? En réalité, cela n'est pas étonnant. On peut en faire l'expérience individuelle. Que de fois en contemplant un arbre isolé couvert de ses feuilles et de ses fleurs ou même à l'automne, dépouillé de ses ornements, ne nous a-t-il pas semblé songeur, pensif ? C'est une illusion, mais elle dure quelques minutes, donc elle est naturelle. De même, le rocher suspendu au-dessus de la mer, battu par les flots pendant la tempête. La mer elle-même, dans son mouvement, quoique régulier, ne nous semble-t-elle pas avoir une personnalité ? Certains animaux, par cela qu'ils sont taciturnes, semblent penser ; ils en prennent souvent l'attitude, et quelques-uns, les fourmis, les abeilles par leur plus grand instinct confirment l'impression. Que si l'animal est sculpté dans la pierre, si le lion ou le sphinx s'élèvent ainsi isolés, ou devant un monument, leur pensée semble évidente, pour croire le contraire, il faut s'abstraire, raisonner. Les astres paraissent encore plus vivants ; le soleil, la lune, les étoiles les plus brillantes semblent regarder l'homme et la terre ; d'ailleurs, puisque personne ne les mène, pourquoi se mouvraient-ils, s'ils n'avaient en eux leur esprit directeur ? L'impression qui est celle permanente des sauvages et celle momentanée de l'homme civilisé, est que tout est animé dans la nature, que tout pense, que tout a une âme, les astres surtout, puisqu'ils se meuvent, et que le mouvement qui est à la base de tout est peut-être à celle de la pensée. L'homme communique celle-ci qu'il possède, à ceux qui ne l'ont pas ; c'est là un phénomène naturel. Dans les expériences actuelles du spiritisme est-ce qu'on ne communique pas sa pensée à d'autres êtres, même au bois inanimé, par le contact ? Donc tout être visible cosmique va se trouver pourvu d'une pensée et d'une âme, ce qui relève singulièrement son rang ; et comme d'autre part, il a beaucoup plus de puissance que l'homme, il lui est décidément supérieur.

D'ailleurs, et c'est ce qui exonère le naturisme du ridicule dont il a été l'objet, ce que, grâce à cette illusion l'homme non civilisé a adoré dans les objets de la nature, ce n'est point le corps naturel, l'animal, l'arbre, le rocher, la montagne, le fleuve, le soleil, c'est l'esprit qui y est contenu, un esprit par définition égal au sien, et par l'importance des fonctions et la grandeur ou la force de l'objet, bien supérieur. Comme lui, le soleil se compose d'un corps et d'une âme ; ce n'est pas le corps qu'il adore, mais l'âme, d'abord il est vrai, indivisible avec le corps, en concrétion avec lui, mais l'âme en définitive. De même, il n'adore pas le corps hideux du serpent ou du crocodile, mais l'âme supérieure qu'il entrevoit dans ces corps redoutables. Cela est si vrai que d'abord il ne porte son adoration que sur le serpent non venimeux ; quant à celui-ci, les attributs qu'il lui donne sont ceux surtout d'une intelligence très affinée, toute spéciale, correspondant à sa souplesse corporelle. C'est le plus fin des animaux, nous dit la Bible. C'est chez les Mexicains, le culte du serpent qui est le plus humanitaire. Chaque être de la nature a son corps et son âme, et ce n'est qu'après l'avoir pourvu de cette dernière que l'homme a pu l'adorer, ou plus exactement, car nous n'en sommes pas encore venu au phénomène de l'abstraction qui de la fonction de pensée fait l'âme, les objets de la nature sont tous adorés, non pas en tant que vivants, mais en tant que pensants, et pensant avec l'intensité que révèle celle de leur action et de leur force.

Par ce fait que l'homme considère les autres êtres de la nature comme supérieurs ou égaux à lui-même et qu'il les doue de pensée, il peut dans le lien cosmique se subordonner à eux, ou au moins, les égaliser avec lui. Dès lors, il ne lui paraît plus qu'il y ait entre lui et eux un abîme infranchissable, de sorte que l'homme reste toujours homme, l'animal toujours animal, la plante toujours plante ; une fonction semblable, celle de la pensée, les unit, et lorsqu'il va abstraire et convertir la fonction de la pensée en un être proprement dit : l'âme, tous possèderont une âme semblable. Bientôt cette âme, par une nouvelle abstraction, pourra se détacher de chaque corps ; du reste, il le faudra bien lorsqu'un corps sera dissous. Pourquoi ne passerait-elle pas alors de l'humain à l'animal, de celui-ci au végétal et réciproquement ; pourquoi n'irait-elle pas animer les astres, ou, au contraire l'objet insignifiant ? De là la circulation dans le monde entier du principe spirituel, des métensomatoses perpétuelles. La mort n'est qu'un instrument de transformation qui détruit le corps, mais laisse l'âme libre de se choisir un nouveau réceptacle. Nous verrons quel est le fondement mécanique de l'immortalité de l'âme, nous ne retenons ici que le point de l'échange continuel des corps par les âmes différentes. Celle d'un animal mort vient habiter le corps d'un homme vivant ; celle d'une plante morte vient habiter celui de tout autre objet en vie, l'habitat supérieur est le soleil, c'est le ciel matériel. Ces transmigrations sont continuelles, mais ne s'opèrent qu'à la mort ; le temps de vie est un temps d'arrêt, dans cette mobilité. On voit que l'homme primitif exagère aussi les conséquences nécessaires du lien cosmique ; il ne se contente plus de la coordination, de la subordination, de l'adaptation, il lui faut encore un échange perpétuel cosmosociologique entre les êtres divers.

Ce n'est pas tout, le lien cosmique envisagé par l'homme prend trois caractères tout à fait remarquables. Son esprit possède une tendance à *objectiver*, mais par un retour en arrière, comme sous l'action d'une pesanteur, à subjectiver *de nouveau*, de même à abstraire, puis par une pesanteur semblable, à concrétiser de nouveau, à généraliser, mais sous condition de particulariser et d'individualiser ensuite. Quant à son premier état, il consiste à concevoir le subjectif, le concret et le particulier. C'est cette observation de la *structure de l'esprit humain* qui peut seule faire bien comprendre les mythologies.

Dans le premier ordre d'idées, le concept de l'homme est tout d'abord *subjectif*. L'examen du langage en apporte des preuves éclatantes. C'est le *moi* qui est le point de départ ; le *non-moi* ne vient qu'ensuite. C'est à ce titre que le pronom de la première personne, puis celui de la seconde qui suppose la première, sont les plus anciens mots du discours, à ce titre qu'on peut classer parmi les formes primordiales le vocatif, l'impératif, qu'enfin parmi les modes, le subjonctif joue encore un si grand rôle pour l'expression des nuances les plus délicates de la pensée. Ce n'est que plus tard que les idées s'objectivisent et que le *non-moi* fait son apparition plus complète, mais il y subsiste toujours un instinct de retour au subjectif. De même, dans le droit, c'est par l'égoïsme qu'on commence, par la notion étroite de l'intérêt personnel, et quand on en sort, c'est pour n'accorder à celui d'autrui que ce qui est indispensable pour qu'autrui respecte le nôtre, d'où la stricte justice ; ce n'est que plus tard que, sous influence du non-moi, l'altruisme apparaît. Il en est de même en cosmosociologie. C'est le *moi* qui est antérieur. Ainsi le premier objet de l'adoration, comme nous le verrons, c'est l'homme lui-même, non pas sans doute absolument le *soi*, car c'est toujours un supérieur ou un être réputé tel qu'on doit adorer, ni un autre homme vivant, égal au *soi*, mais un homme mort et par cela même supérieur. Ce n'est que plus tard que les êtres extra-humains sont l'objet du culte ; alors au culte égoïste succède le culte altruiste, et tous les êtres de la nature sont admis successivement comme dieux. Mais cet effort est instable, et ceci est un point extrêmement curieux. L'homme ne peut sortir longtemps de soi-même, il doit y rentrer à court délai, et bientôt son objectivisme va se teinter de subjectivisme. Mais, afin de le faire bien comprendre, il faut considérer une autre tendance de l'homme, celle à passer du concret à l'abstrait, mais par un véritable effort, et à revenir ensuite au concret.

En effet, la tendance naturelle concrète de la pensée humaine n'est pas moindre que sa tendance naturelle subjective. Si l'homme part du *moi* et rapporte plus tard tout au *moi*, même le *non-moi*, parce qu'il n'a pas la force de s'arrêter longtemps à celui-ci, de même il observe les êtres, à commencer par le sien, sans analyse et en bloc, il ne décompose pas la synthèse naturelle. En linguistique, un tel instinct est bien apparent. Le sauvage pense sa proposition tout entière *d'un seul trait*, sans aucune distinction, et même cette proposition ne forme souvent qu'un mot unique qui contient tout : sujet, verbe, attribut ; une seule expression syncrétise aussi les concepts de genre, de nombre, de cas ; les mots composés s'emboîtent les uns dans les autres par la perte d'une de leurs syllabes. Ce procédé fréquent dans les langues américaines constitue les phénomènes de l'incorporation et de la conjugaison objective. Tout demeure indistinct et aggloméré. D'autre part, l'idée de substance ne se distingue pas de celle d'action. Il en est de même dans la sociologie ; tous les pouvoirs, toutes les fonctions restent confondues.

La cosmosociologie, à son tour, ne distingue point dans chaque être uni aux autres par le lien cosmique ses diverses parties, son âme et son corps restent mêlés ; l'âme n'est que le corps pensant, et le corps lui-même n'est pas envisagé à part, suivant qu'il pense, qu'il mange, qu'il se meut ou qu'il respire,. On ne peut le concevoir que dans son ensemble. Mais aussi on ne peut le généraliser, comme nous le verrons plus loin, et considérer l'ensemble de tous les êtres humains, mais seulement l'un d'eux en particulier.

Cependant il surgit bientôt dans l'homme un instinct contraire, moins fort cependant, mais qui est la conséquence de son état mental. Il prend dans chaque être objectif qu'il a d'abord adoré dans son ensemble, le soleil, la lune, la mer, tel arbre, tel animal, ses qualités, ses actions et ses fonctions diverses, chacune à part. Par exemple, l'homme est un être pensant, c'est un être bon ou mauvais dans ses actions, c'est un être bien ou mal portant. Le sauvage, commençant à abstraire et à généraliser ensuite, abstrait la pensée de cet homme et la compare à celle des autres hommes ; il se fera une entité de la pensée isolée, c'est-à-dire l'âme ; de même il abstraira la qualité d'être bien portant de tous ceux qui le sont et en fera la *santé*, et celle d'être malade et en fera la *maladie*, la pensée est spéciale à chacun et chacun aura son âme ; la maladie ou la santé sont chacune la même et commune à tous, il en fera des êtres abstraits, la santé ou la maladie. Il en sera de même lorsqu'il s'agira, non plus de l'homme, mais des objets de la nature. D'abord, chaque objet pensant, chacun aura sa pensée, par conséquent, son âme. Il séparera chaque âme de chaque corps. En outre, certains corps ont des qualités particulières : par exemple, le soleil produit le feu céleste, ce feu en sera abstrait et deviendra un être abstrait ; de même le feu terrestre qui provient du choc des corps sera un être abstrait aussi. On aura donc, et ici la science des religions touche à la grammaire, au lieu de *substantifs abstraits* des *substances abstraites*, mais qui n'en sont pas moins substantielles, en tout cas, aux yeux de l'homme.

Ces abstractions, comme nous venons de le voir, sont de plusieurs sortes et chacune, d'ailleurs, constitue un dieu abstrait. Tout d'abord, la pensée de chaque être ou sa faculté de penser est séparée de lui ou du moins en devient très distincte ; on avait le dieu-soleil, on aura désormais le dieu ou l'âme du soleil ; on avait tel arbre-dieu, on aura le dieu ou l'âme de tel arbre, sa dryade non encore personnifiée ; de même la pensée extraite de l'homme ou sa faculté de penser sera l'âme de l'homme. On pourra dire aussi : la marche de l'homme, le mouvement de l'air. Ce qu'on abstrait ainsi, ce sont les fonctions de chaque être particulier. On pourra enfin abstraire ses états, ses actions, ses qualités, ses effets, tout en restant confiné au domaine particulier de chacun d'eux, ce qu'on abstrait pratiquement ainsi, c'est seulement la pensée qui, d'une fonction, devient un être, constitue l'âme. Nous ne voulons pas dire par là que celle-ci soit une simple abstraction ; c'est une controverse que nous n'avons ni à juger ni à préjuger ; seulement, tel a été le processus mental primitif des peuples. En qualifiant de dieu l'âme de chaque objet ainsi abstraite, nous avons le dieu du soleil, le dieu ou la déesse de la lune, car le sexe du dieu est le résultat historique d'un anthropomorphisme que nous examinerons bientôt, le dieu du fleuve, celui de la mer, celui de la terre, et enfin dans l'ordre subjectif, le dieu qui est en l'homme.

Cette abstraction de l'âme constituant une entité ou un dieu peut être plus complète, si l'on détache autrement l'âme du corps qui l'a, pour ainsi dire, produite, si on lui accorde la libre circulation, alors le corps reste seul, abandonné, et l'âme réellement se divinise, aussi bien celle de chaque objet de la nature que celle de l'homme et on est ainsi en plein animisme. Les esprits se répandent partout, quittent leur corps, y reviennent, entrent dans d'autres. Le point de départ pour cet élargissement de l'abstraction a été l'observation de l'âme humaine. Il y a un moment où elle se détache forcément du corps ; c'est celui de la mort. Elle ne disparaît pas, car presque toutes les croyances proclament la préexistence de l'âme, mais elle devient, non seulement distincte, mais isolée, l'abstraction est complète. Par extension, on pense qu'il en est ainsi quand un autre objet matériel meurt, c'est-à-dire est brisé; les sauvages croient aussi qu'alors l'esprit s'en échappe. La mort délie le lien et l'âme apparaît seule, mais elle peut le faire, au moins temporairement, pendant le sommeil ; alors le rêve atteste que l'esprit a quitté le corps et est allé séjourner ailleurs. Il en est ainsi de l'âme des choses qui peut quitter son réceptacle pour errer quelque temps indépendante, ce qui affirme mieux son autonomie. Dès lors, l'âme ou le dieu du soleil, par exemple, devient bien distinct du soleil lui-même, la déesse de l'aurore est distincte de l'aurore. Les Védas en sont à ce point d'évolution ; on y est encore en plein naturalisme, mais la scission commence à s'opérer et on adore plutôt l'âme que le corps de chaque objet de la nature.

Jusqu'ici, c'est l'élément psychique de chaque être particulier qui forme une entité distincte de cet être total, entité qui se trouve divinisée, mais on n'a pas encore abstrait par un autre genre d'abstraction les qualités communes à plusieurs ou à tous les êtres; par exemple, il y a beaucoup d'êtres blancs, on n'extraira pas seulement la qualité de blancheur de l'un deux, comme on avait extrait la pensée pour en faire une entité, l'âme individuelle de cet objet ; on l'extraira aussi de tous les autres objets blancs, et on obtiendra un être abstrait, idéal, *la blancheur*, et si cette blancheur est divinisée par hypothèse, on aura le *dieu de la blancheur*, de même on aura le *dieu de la bonté,* le dieu de la méchanceté, celui de la maladie ou de telle ou telle maladie, celui de la sagesse, celui de la guerre. Chaque vertu ou chaque vice aura naturellement le sien.

Tel est le *processus de l'abstraction*, il comprend l'*abstraction simple* et l'*abstraction généralisante,* en tout cas, il crée des dieux ; mais l'esprit de l'homme ne peut continuer ces efforts, pas plus qu'il ne pouvait prolonger celui de l'objectivité. Comment va-t-il en redescendre? Par un moyen commun qui s'applique à la fois à tous les deux. L'homme s'ennuie de ne plus tout rapporter à lui ; il se fatigue de ne plus voir que l'invisible ; il va redescendre au personnel et au visible par un très simple moyen. Le dieu abstrait, sans couleur, sans voix, sans forme, va se colorer, s'extérioriser, tout en restant abstrait ; on pourra le voir, l'entendre, comme s'il n'était pas idéal ; on pourra lui parler, l'orner ou le jeter, s'il n'est pas favorable, lui construire une maison, lui donner des serviteurs, pour cela, il faut qu'il ait une forme visible. On pourrait en faire un portrait, placer ce portrait dans un temple, et cela serait suffisant dans la première sorte d'abstraction ; par exemple, on aurait l'image du soleil. Oui, mais ce ne serait plus ce qu'il faut, ce ne serait pas l'image de l'âme du soleil ; on ne ferait que retourner en arrière, au concrétisme primitif ; en même temps, l'instinct persistant de subjectivité ne serait pas satisfait. On adorerait toujours un dieu objectif, éloigné, n'ayant rien de commun avec l'homme. Le moyen est simple d'obtenir à la fois tout ce qu'on désire. C'est l'*anthropomorphisme*, et pour que celui-ci existe, il n'est même pas indispensable qu'il se traduise en image ou en statue. Il suffit de déclarer que la déesse de la beauté sera une femme ayant telle et telle figure, tel vêtement, tels attributs, adorée de telle manière et qui portera aussi un nom propre, un nom de femme, celui de Vénus, par exemple. La guerre ne sera plus une entité vague, sans couleur et sans figure ; il y aura un dieu de la guerre, ayant des membres humains, il s'appellera Mars. Il y aura ainsi retour au subjectif et au concret, mais ce retour ne sera pas un regrès, il sera un progrès, parce qu'il sera différencié de l'état ancien ; l'entité ne sera pas rendue concrète par sa confusion de nouveau avec le corps, d'où elle a été extraite, mais en formant elle-même un nouveau corps. Par exemple, l'âme du soleil, détachée de celui-ci, en reste bien distincte, mais elle se concrétise en même temps qu'elle se subjectivise en un homme beau et brillant, Apollon. Tel est le résultat de la tendance alternante de l'âme vers le concret, vers l'abstrait, puis vers le concret, et de même vers le subjectif, vers l'objectif, puis vers le subjectif. C'est l'explication vraie de l'anthropomorphisme. Dès lors, le dieu objectif devenu un homme est *capable d'action ;* ces actions sont d'abord identiques à celles qu'accomplit l'objet matériel qui a donné naissance au dieu; par exemple, Osiris suit les vicissitudes du passage du soleil au-dessus et au-dessous de l'horizon ; il meurt comme lui, et ressuscite comme lui. Puis il se détache de plus en plus et a ses actions propres dans lesquelles il finit par oublier son origine, tellement qu'il peut devenir, par ses qualités nouvelles acquises, le symbole d'une autre vertu. C'est ce qui a lieu dans les mythologies indienne, grecque et latine. La mythologie proprement dite ne commence qu'à ce moment, car c'est si le dieu agit comme un homme qu'il peut avoir une histoire vraie ; lorsqu'il agit comme simple personnification du phénomène, son histoire est simple et monotone. Si Apollon n'avait jamais personnifié que le soleil, il aurait eu une carrière moins intéressante, et Jupiter, personnification du ciel, moins de bonnes fortunes. Mais Apollon, tout à fait subjectivisé, est devenu l'inventeur et le protecteur des arts, et l'Apollon ancien, le soleil, est moins connu, d'ailleurs Hypérion a pris en partie son ancienne fonction. Il en est de même d'Artémise, sa sœur, qui passe aussi de la présidence de la lune aux arts et même à la chasse, et d'Hermès, présentement le dieu de la nuit, qui devient le messager des dieux et psychopompe. Les dieux d'alors étaient propres à toutes les fonctions, comme les ministres de nos jours. C'est dans le passage du védisme au brahmanisme qu'on observe surtout cette conversion des dieux, même abstraits de tel objet, au dieu redevenu concret et devenu semblable à nous, grâce à l'anthropomorphisme. Agni, qui était le dieu du feu céleste, est remplacé dans cette fonction par Sourya, ne conduit plus le soleil et est seulement le dieu des sacrifices, la plupart des autres divinités védiques qui avaient un caractère fortement naturiste; se dissipent et sont remplacées par d'autres anthropomorphes.

Enfin, l'homme a un penchant accusé pour la spécialisation, la surdétermination des êtres et des phénomènes. Il n'adorera pas tout à coup le ciel tout entier, pas plus qu'un dieu unique ou l'ensemble des végétaux ; il prendra d'abord pour but de son culte, l'objet le plus déterminé possible, voire le plus petit, celui qu'il peut le plus rapprocher de lui, et qu'il lui est possible de s'approprier, mais surtout le plus particulier ; il se contentera même d'un fragment de cet objet, c'est une des explications du fétichisme. En linguistique aussi, un peuple primitif ne possède pas de termes généraux, il en a souvent un spécial pour chaque individu ou chaque espèce, non pour un genre entier, pour chaque sorte de chêne et non pas pour le chêne en général. Aussi, malgré son absurdité, le fétichisme persiste-t-il très longtemps et est-il primordial. Il a pour résultat de créer un très grand nombre de divinités, et lorsqu'il s'efface, il existe un polythéisme luxuriant qui fait que le nombre des dieux est infini. Enfin, l'esprit éprouve le besoin de généraliser. Par exemple, au lieu d'adorer telle source sacrée, il adorera toutes les sources, telle mer, toutes les mers représentées, par exemple, par Neptune, le ciel entier que régit Varuna ou Indra, la forêt et non plus chacun de ses arbres. Dans cette généralisation, les cultes particuliers s'effacent, les dieux des bois, des fleuves, descendent au rôle subalterne de dryades, de naïades. Les grands dieux restent seuls, et l'on s'achemine lentement vers le monothéisme, mais alors l'instinct spécialisateur reprend le dessus. Non seulement on peuple le ciel et la terre d'une foule de dieux et de héros, mais ceux-ci prennent un habitat particulier, ont leurs temples, et tel dieu ne paraît pas le même suivant la région où on l'adore. De nos jours, le saint vénéré dans une chapelle ne semble pas identique à celui vénéré dans une autre. On est revenu à la surdétermination, à la localisation du dieu. Bien plus, on se contente d'une fraction de celui-ci, pourvu qu'on puisse se l'approprier ; de là l'usage des reliques, des amulettes, de tout ce qui peut contenir une parcelle suffisante du dieu pour qu'il puisse être présent et nous appartenir.

Telles sont les tendances de l'esprit humain qui ont modifié dans son esprit le lien religieux ; avec ces modifications, voyons quels furent les objets du culte de l'homme.

Ces objets se divisent en deux grandes classes : ceux *humains* et par conséquent *subjectifs,* et ceux *extra-humains* et *objectifs*. Cette distinction profonde n'a pas été observée jusqu'à présent et il importe de la mettre en pleine lumière.

L'homme primitif a un horizon très restreint ; il ne voit guère au delà de lui-même et de ses proches et lève rarement les yeux vers le ciel. Il a assez à faire de se procurer la nourriture, de lutter contre les intempéries, les bêtes fauves et ses semblables. Ses affections sont surtout familiales, il aime les parents qui l'entourent, et à un degré de civilisation plus avancé, même ceux qui sont morts ; il les a enterrés près de sa maison, les appelle aux repas du soir, il semble que l'ancêtre vient s'asseoir à sa table, il lui dresse bientôt une table à part sur sa tombe. Cette table est le premier autel ; il y porte la nourriture destinée à l'ancêtre. Il croit que son âme a survécu, du moins pour quelque temps, car certains peuples pensent que l'âme survit au corps, mais qu'elle n'est pas pour cela immortelle. Quelques-uns même imaginent qu'il a deux âmes, par exemple, les Vitiens, l'une semblable à l'ombre du corps, l'autre semblable à son image reflétée dans l'eau, la première descendant aux enfers, la seconde continuant d'habiter l'endroit où l'homme meurt. Il sait bien ensuite, par expérience, que la nourriture n'est pas consommée, mais il croit que l'esprit en absorbe l'essence. Cet esprit erre autour du tombeau, nous verrons bientôt qu'il cherche à se réincarner. Pourquoi le sauvage ne croit-il pas que l'homme meurt tout entier, et qui lui a indiqué la survivance de l'âme ? Nous le rechercherons plus tard. On pense généralement qu'il y a été conduit par l'exemple du sommeil, où l'âme quitte le corps momentanément pour le rêve, mais avec l'intention et le résultat d'y revenir. Quoiqu'il en soit, il a le culte de l'ancêtre mort, et c'est là le premier. Ce n'est d'ailleurs que par analogie qu'il pense plus tard que, quand un autre corps de la nature vient à mourir, son âme l'abandonne pour avoir une existence indépendante. De là l'*animisme*, c'est-à-dire le culte des âmes séparées du corps par la mort, soit chez l'homme, soit dans les autres objets, lequel animisme s'étendit ensuite aux âmes des autres objets seulement séparables et avant la mort de ceux-ci; on ne peut s'empêcher de comparer cet animisme au spiritisme moderne.

Le culte de l'homme mort, lorsque celui-ci est un ancêtre, s'étendit bientôt aux autres morts de la même nation, lorsqu'ils étaient illustres; on en fit même plus tard, lorsque la notion de dieu fut connue, des demi-dieux; il comprit quelquefois les âmes des hommes vivants dans des cas exceptionnels, d'où les *apothéoses* après la mort et celles pendant la vie. Elles s'appliquent, en général, aux monarques, aux rois de l'Egypte, aux empereurs romains, au chef des Incas, au pape lamaïque. Nous y reviendrons. La canonisation des saints rentre dans le même ordre d'idées. Il faut y rattacher les héros ou demi-dieux, comme Hercule, qui parviennent même quelquefois à la divinité complète. Il ne faut pas oublier que d'après la doctrine d'Evhémère, tous les dieux sont des hommes divinisés. Cette doctrine est à rejeter, mais elle marque le *processus*.

C'est ainsi que l'homme était à lui-même son propre dieu. Il s'adorait, dans la personne de ses ancêtres, par le *culte mortuaire*. Ce culte est certainement le plus ancien; il a coexisté ensuite avec le culte divin, et lui a survécu dans l'esprit de beaucoup de personnes. La question a été agitée et résolue affirmativement par certains auteurs, de savoir si ce n'est point de lui que celui des autres objets extra-humains dérive. C'est l'opinion de Spencer. Voici le *processus* tracé par cet auteur qui veut établir le développement mécanique de toute la religion à partir d'un seul point. Le sauvage est frappé du phénomène psychologique du rêve qui se produit pendant le sommeil ; l'âme se transporte hors du corps, avec l'intention de revenir au réveil, elle constitue donc un double de l'homme. Le fait du rêve, qui est subjectif, semblait alors objectif. Dès lors l'autonomie de l'esprit semble certaine La mort n'est qu'un sommeil durable ; l'âme abandonne encore une fois le corps pour un plus long temps ; elle erre ici et là et revient auprès de lui. De là le culte des tombeaux et l'obligation de la sépulture. L'âme est malheureuse et comme avilie si la tombe ne lui offre pas un asile. De là l'habitude d'offrir des aliments aux morts. C'est l'âme humaine qui est le prototype de tous les esprits, et le culte mortuaire qui est le modèle de tous les cultes. Les religions les plus répandues, mais objectives, les religions *solaires*, par exemple, ne peuvent prétendre à une aussi grande ancienneté. D'ailleurs, c'est de la pierre tombale que l'autel lui-même est issu, c'en est le développement et l'application nouvelle, elle-même a une origine toute matérielle. C'est la table où l'on sert les mets destinés au mort et où il est censé prendre sa part du festin. Plus tard, l'esprit de l'homme invite, pour ainsi dire, à la création d'autres esprits, le monde invisible se peuple, mais le fond de la religion reste toujours mortuaire, on n'est en présence que de son extension, il n'y a pas lieu de distinguer entre le culte mortuaire, humain, d'une part, et un autre culte contemporain et parallèle, celui des dieux, il n'existe entre eux aucune différence radicale ; c'est le culte du foyer qui rayonne au delà de la maison.

Cette thèse a été adoptée par Fustel de Coulanges qui a essayé de la faire prévaloir définitivement en lui trouvant une application concrète à la religion romaine. Suivant l'auteur de la Cité antique, la croyance à la métempsychose n'était pas générale ni même primordiale, elle n'existait pas dans l'Inde à l'époque védique ; la pensée que les âmes entraient dans une demeure céleste n'est pas non plus primitive ; cette admission était le privilège de quelques grands hommes, d'après les plus vieilles croyances des Romains et des Grecs, l'âme continuait à vivre sous la terre, on a même cru pendant longtemps que dans cette seconde existence elle restait associée au corps, et s'enfermait avec lui dans le tombeau. Ce qui le prouve, ce sont, dit-il, les rites de la sépulture ; Virgile termine le récit des funérailles de Polydore par ces mots : nous enfermons l'âme dans le tombeau et Ovide, ainsi que Pline-le-Jeune, emploient à peu près les mêmes expressions. On appelait trois fois l'âme du mort par le nom qu'il avait porté, on lui souhaitait de vivre heureuse sous la terre, « que la terre te soit légère, porte-toi bien ». On écrivait sur le tombeau que l'homme reposait là, expression qui s'est conservée ; on enterrait avec lui les objets dont on supposait qu'il avait besoin, des vêtements, des armes ; on répandait du vin sur sa tombe ; on égorgeait des serviteurs pour qu'ils pussent le servir. C'est de cette idée que dériva la nécessité de la sépulture, l'âme qui n'avait pas de tombeau n'avait pas de demeure. Il lui fallait errer sans cesse et elle devenait malfaisante, tourmentait les vivants et leur envoyait des maladies, les effrayait par des songes et des apparitions, les cérémonies funèbres avaient donc pour but le repos et le bonheur du mort ; elles devaient être faites suivant tous les rites et d'après des formules consacrées, formules qui pouvaient de même faire sortir du sépulcre et évoquer les âmes. Aussi, craignait-on moins la mort que le défaut de sépulture, et cette privation était édictée dans les cités anciennes comme un châtiment terrible. Cette croyance est antérieure à celle au Tartare et aux Champs-Élysées, qui n'a pu naître que lorsque la morale a été annexée à la religion. Il n'y avait ni récompenses ni peines, mais une certaine survivance à laquelle répondait un culte. A certains jours de l'année on portait un repas sur chaque tombeau ; le lait et le vin étaient répandus sur la terre, un trou y était même creusé pour faire parvenir les aliments solides jusqu'au mort et si l'on immolait une victime, les chairs en étaient brûlées. Le tombeau romain avait sa *culina*, espèce de cuisine, uniquement à l'usage des morts. Ils passaient pour des êtres sacrés ; dans la pensée des anciens, chacun d'eux était un dieu, il y avait là une sorte d'apothéose qui ne se bornait pas aux grands hommes, de même le méchant devenait dieu aussi bien que l'homme vertueux, la morale était absente de cette déification, il gardait même tous ces vices dans sa vie nouvelle. Le nom technique de ces divinités était celui de *mânes*, les tombeaux étaient leurs temples ; devant eux il y avait un autel pour les sacrifices. Ce culte existe chez les Aryas de l'Inde et l'on en retrouve des traces dans les lois de Manou, au-dessous du dogme nouveau de la métempsychose, puisque les cérémonies romaines ne s'accordent pas avec celle-ci. L'Hindou pensait qu'au moment où il offrait aux mânes le repas appelé *sraddha*, elles venaient s'asseoir près de lui et prenaient la nourriture ; à défaut, l'âme du mort sortait du tombeau et redevenait errante. Celle qui était mal nourrie devenait malfaisante, celle bien nourrie était bienfaisante, elle protégeait le vivant, et, dans ce but, prenait part aux affaires humaines ; aussi on lui adressait des prières. Electre invoque les mânes de son père, comme on pouvait invoquer Jupiter ou les autres dieux. Les Grecs les appelaient des héros ou des démons. C'est à la vue du mort, conclut Fustel de Coulanges, que l'homme a eu pour la première fois l'idée du surnaturel. Ce n'est pas tout : la maison d'un Grec ou d'un Romain renfermait un autel, sur cet autel il devait y avoir toujours un peu de cendre et des charbons allumés, c'était le feu sacré, ce feu ne pouvait être nourri qu'au moyen de certains bois et restait toujours pur ; il se reliait au culte des morts, on disait indifféremment foyer ou *lare* domestique, le *feu sacré* représentait *l'âme du mort*. Celle-ci n'était point adorée par toute personne, mais exclusivement par sa famille, la présence d'un étranger aurait troublé le repos des mânes, et toucher, même par mégarde, une sépulture, si ce n'était pas celle d'un parent, constituait un acte impie. Le culte des morts était uniquement le culte des ancêtres. L'offrande ne pouvait être faite que par un descendant, et un ami ne pouvait pas prendre part au repas mortuaire. Le tombeau de la famille était commun à tous ses membres, qui venaient reposer les uns à côté des autres ; il était voisin de la maison, non loin de la porte ; l'ancêtre continuait à faire partie de la famille, à habiter auprès d'elle, il était consulté par ses descendants, par ceux qui ne s'étaient pas encore acquittés de l'existence. Le mystère de la génération était pour les anciens ce que celui de la création est pour les chrétiens ; le générateur leur paraissait un être divin. Il était d'usage que chaque famille religieuse gardât les images de ses ancêtres rangées autour de l'atrium. Toutes les cérémonies de cette religion domestique étaient secrètes et exercées hors des regards de l'étranger ; aussi, le foyer n'était jamais placé ni hors de la maison ni près de la porte extérieure où on l'aurait bien vu, mais soit dans une enceinte, comme chez les Grecs, soit au milieu de la maison, comme chez les Romains, et on appelait les morts les dieux cachés Θεοὶ μυχύοι ou les dieux de l'intérieur, *dii penates*. Chaque famille était indépendante pour l'exercice de ce culte, le père était lui-même le prêtre ; l'archonte à Athènes et le pontife à Rome n'avaient que le droit de s'assurer que le culte domestique existait ; chacun possédait ses cérémonies propres, ses fêtes particulières, ses formules de prière et ses hymnes. Le père pouvait seul enseigner cette religion, et à ses fils seulement ; il était défendu de rien en révéler aux étrangers. Tout cela excluait un culte général, une tradition, une révélation. Cette religion ne se propageait que par la *génération*, et seulement par la génération mâle, le père seul possédant l'étincelle de vie. C'est la famille qui crée un pareil culte, et c'est aussi un pareil culte qui établit la famille ; celle-ci, à Rome, ne repose pas sur la génération seule, ni sur l'affection, mais sur la religion du foyer et des ancêtres ; le mariage devient aussi un acte religieux. C'est sur cette constitution de la famille qu'est fondée toute la société romaine (1).

(1) Fustel de Coulanges, *La Cité antique*, pp. 19 et suivantes.

Telles sont les idées remarquables que nous empruntons à l'auteur précité et qui font bien ressortir le caractère de la religion mortuaire. Mais il reconnaissait aussi qu'on n'en resta pas toujours à cette religion humaine et subjective, et celle objective des dieux proprement dits apparaît. De quelle manière, et par quelles transitions ? Deux religions distinctes ont, en effet, existé dans le monde romain, quoique celle mortuaire soit plus ancienne, la première prend ses dieux dans l'âme humaine, la seconde les trouve dans la nature physique ; ces deux religions restèrent distinctes, elles ne se firent pas la guerre, mais ne se confondirent jamais ; elles eurent chacune leurs dogmes, quelquefois contradictoires, des cérémonies absolument différentes ; la première reste immuable, mais s'efface peu à peu ; la seconde se transforme incessamment; les dieux nouveaux, les dieux objectifs, nés du spectacle du monde, eurent d'abord le caractère de divinités domestiques, chaque famille se faisait ses dieux et les gardait comme ses protecteurs, elle les associait à ses autres dieux, aux Pénates et ajoutait pour eux à sa formule de prière : le Jupiter de mon foyer, l'Apollon de mes pères, et non pas Jupiter ou Apollon en général. Virgile montre Hercule associé au foyer de Cléandre et adoré par lui comme une divinité domestique. De là des milliers de cultes locaux entre lesquels l'unité n'a pas pu s'établir, et ces luttes de dieux représentent des luttes de familles. Certains d'entre eux, ne se dégagèrent jamais de ce lien domestique ; la Déméter d'Eleusis resta la divinité particulière de la familles des Eumolpides. Mais peu à peu la divinité d'une famille ayant acquis du prestige fut adoptée par une cité entière ; c'est ce qui eut lieu pour la Déméter des Eumolpides, l'Athénée des Butodes, l'Hercule des Potitii, mais quand une famille consentit à partager ainsi son dieu, elle s'en réserva du moins le sacerdoce, la dignité de prêtre pour chaque dieu fut longtemps héréditaire et ne put sortir d'une certaine famille ; c'est le vestige d'un temps où le dieu était lui-même la propriété privée d'une famille ne protégeant qu'elle et ne voulant être servi que par elle. Il est donc vrai de dire que cette *seconde religion* fut d'abord à l'unisson de l'état social des hommes; elle eut pour berceau chaque famille et resta longtemps enfermée dans cet étroit horizon, mais elle se prêtait, mieux que le culte des morts, au progrès futur de l'association humaine ; en effet, les ancêtres, les héros, les mânes étaient des dieux qui par leur essence même ne pouvaient être adorés que par un très petit nombre d'hommes, la religion des dieux de la nature avait un cadre plus large. D'ailleurs les hommes devaient s'apercevoir que le Jupiter d'une famille était au fond le même que le Jupiter d'une autre, ce qu'ils ne pouvaient jamais croire de deux Lares ou de deux ancêtres A l'origine cette religion s'abritant sous la protection de sa sœur aînée, auprès du foyer domestique, le dieu nouveau avait obtenu une petite place, une *cella* étroite, à côté de l'autel vénéré, afin qu'un peu du respect que les hommes avaient pour le foyer allât vers le dieu. Peu à peu celui-ci acquit plus d'autorité, se libéra de cette sorte de tutelle, quitta le foyer domestique, eut une demeure à lui et des sacrifices qui lui furent propres. Le *cella* s'élargit et devint un temple.

Tel est le processus suivant Fustel de Coulanges auquel nous avons emprunté presque textuellement ces passages pour ne pas affaiblir sa pensée, et ainsi on aurait passé de la religion *mortuaire* à l'autre. Le dieu proprement dit se serait d'abord annexé au mort, à l'ancêtre, et comme lui, se serait spécialisé au foyer, aurait été le propriétaire d'une famille, jusqu'à ce que s'en détachant peu à peu, il aurait été l'objet d'une religion nouvelle et distincte. On pourrait ajouter, que la religion, en raison du développement de la cité, aurait pu passer de la famille à celle-ci, et que le culte familial se naturalisant aurait pu admettre des dieux plus objectifs. Fustel ne va pas jusque-là, il se contente de la théorie du *dieu annexe*, tout en distinguant nettement les deux cultes. Nous sommes de son avis, et nous croyons que la religion mortuaire a été celle primitive, et même que la seconde s'est formée à son image, que le dieu *objectif* a été admis d'abord à titre *d'ami* s'ajoutant au *parent*, et que le père continua quelque temps, pour lui, comme pour l'ancêtre, d'être le prêtre domestique. Cependant l'idée du dieu objectif a été plus indépendante que ne l'admet cet auteur. L'homme en admirant les phénomènes de la nature a pourvu les différents êtres d'une âme, cette âme est devenue de plus en plus distincte et a constitué un dieu objectif ; cette idée a dû naître très tôt. Le *naturisme* est *parallèle* à la religion *ancestrale*. Seulement *l'âme de chaque objet* n'est que l'imitation de *celle de l'homme*, et à ce titre le culte *objectif*, l'imitation du culte *subjectif*.

Nous avons vu plus haut que le culte de l'ancêtre décédé qui est une véritable adoration, ne s'est point toujours borné à l'ancêtre de la famille, mais s'est étendu à celui de la cité, puis à certains hommes illustres qui ont vécu dans la même nation, tellement illustres que, quand les dieux objectifs sont nés, on les a assimilés aux dieux subjectifs. Ces *demi-dieux* suivant les religions et les époques sont de deux sortes : les *héros* et les *saints*. Si nous ne quittons pas encore la religion romaine, nous trouvons que, comme en Grèce, les demi-dieux sont très nombreux Ce sont souvent des ancêtres s'appliquant à toute une race. Les types les plus remarquables sont ceux d'Hercule, de Castor et de Pollux, mais ceux-là sont empruntés à la Grèce; ceux nationaux sont Faunus et Evandre Enée, Antenor, Diomède, Romulus, pour Rome. Chez les Grecs, on trouve Prométhée, Persée, Thézée, Asclépios, Cadmus, Cécrops, Amphion, Orphée, OEdipe, Pelée; ce sont certainement des hommes divinisés.

Aux demi-dieux, il faut rattacher les saints de la religion chrétienne qui sont des hommes ayant acquis par leur vertu la situation de dieux ou d'anges. La nomenclature en est infinie ; ils ont laissé leur nom à presque toutes les localités. Un culte spécial les concerne ; ils sont considérés comme des médiateurs entre Dieu et l'homme. Chacun possède sa légende, son culte spécial, ses miracles, ses protégés. Ils forment, en qualité de saints patrons, une série d'esprits dont chacun se spécialise à la protection d'un certain nombre d'âmes humaines.

Enfin, sans sortir de l'homme lui-même, à côté de l'homme mort divinisé se dresse l'homme vivant, objet lui-même d'un culte, tantôt parce qu'il est le pontife de la divinité, tantôt parce que c'est un monarque. Nous avons déjà effleuré ce sujet. Il faut entrer plus avant dans ce système de l'apothéose.

A Rome, comme on le sait, la divinisation commença avec l'Empire et au profit des Empereurs ; ce fut d'ailleurs à l'imitation des peuples de l'Orient et de la Grèce ; le mouvement partit de la grande Grèce et de la Sicile où dès la fin de la République généraux et proconsuls romains étaient divinisés à l'envi. Ce fut le Sénat qui décerna ces hommages à César victorieux ; on commença par le transformer en demi-dieu. Il résista d'abord, puis se laissa faire ; à sa mort, sur l'emplacement de son bûcher, on lui dressa un autel, et Auguste lui éleva un temple. Quand ensuite la guerre civile éclata, chacun des prétendants voulut être dieu et se fit adorer comme tel. Octave, plus prudent, permit aux provinces seules de le diviniser, il ne se laissa invoquer officiellement que comme bon Génie ; après sa mort, il devint dieu lui-même pour Rome et pour tout l'Empire ; on lui éleva deux temples, l'un public, et l'autre réservé à sa famille, et dont Livie, devenue Julia Augusta, fut la prêtresse, elle fut elle-même adorée dans les provinces comme mère de la patrie ou de l'univers, et Claude empoisonné fut transformé par son successeur en un dieu : Claudius ; Néron fut adoré à Rome et surtout en Grèce ; Vespasien fut divinisé par son fils Titus, et celui-ci par Domitien. Ce dernier se fit adorer lui même. Trajan à son tour divinisa Nerva son père adoptif et fut divinisé lui-même après sa mort par Adrien. Caracalla fut érigé en dieu. Il en fut de même de Constantin qui le devint dans les formes chrétiennes cette fois. C'est le Sénat qui, après leur mort, prononçait ou refusait leur apothéose définitive ; le successeur ou le fils du prince décédé faisait la proposition, le Sénat décidait, ordonnait l'érection d'un temple, faisait brûler la dépouille mortelle. On installait un flamine, et l'on instituait des jeux réguliers. C'était la *canonisation païenne*. On créait aussi un collège de *sodales augustales*, chaque dynastie avait le sien (1).

Le pharaon égyptien était adoré aussi ; la prière adressée à Rhamsès II est ainsi conçue : « Nous venons devant toi, seigneur des cieux, seigneur de la terre, soleil, vie du monde, marche du temps, créateur des moissons, fabricateur des mortels, dispensateur de la respiration, accorde nous la vie par tes mains et l'air par nos narines » les prêtres eux-mêmes sont prosternés devant lui. Il était assimilé au soleil, et formait une incarnation de dieu. Au Mexique, l'Inca, chef de l'Empire, était considéré comme le fils du Soleil ; l'esprit ancestral du chef est censé avoir pour demeure le soleil, l'animer et le mouvoir ; les plus proches de sa famille ne pouvaient paraître devant lui, si ce n'est nus pieds et les épaules chargées d'un fardeau, quelques-uns étaient divinisés de leur vivant, tous après leur mort. Les résidences de *l'Inca* décédé étaient fermées avec tout leur contenu. De même, au Mexique, l'empereur était assimilé à la divinité, c'était le chef religieux suprême ; à son couronnement, il promettait que le soleil continuerait de suivre son cours, la pluie de tomber, les moissons de mûrir ; tous les bienfaits de la nature étaient attribués au gouvernement.

Il en est de même, qu'il y ait ou non divinisation expresse, partout où la monarchie est absolue. A Khiva, en Birmanie, le souverain dispose de la vie et des biens de ses sujets. A Siam, la soumission des sujets est absolue, tout le monde se prosterne devant lui et l'adore. La même idée règne chez beaucoup de peuples non civilisés, par exemple, dans l'Afrique

---

(1) Preller, *Les dieux de l'ancienne Rome*, n° 501.

tropicale. Quand à Loango on a besoin de pluie, on s'adresse au chef qui pour en obtenir n'a qu'à décocher une flèche vers le ciel, devant lui les grands se roulent dans la poussière ; lever les yeux vers lui est un méfait puni de mort. Le roi d'Ardra était servi à genoux. Les Azanaghuis, pour obtenir une faveur, rampent vers le maître, et à Benin, pour se retirer, les courtisans rampent à reculons. Au Dahomey on ne peut rien lui demander sans avoir d'abord baisé la terre. Dans le royaume des Monbouttons on ne peut toucher à un objet touché par le roi sous peine de mort (1).

De même à Loango le roi est adoré comme un Dieu, personne ne peut le voir sous peine de mort. A Tahiti, ce qui a servi au roi ou à la reine, même les sons qui composent leur nom, ne peuvent plus être employés. Parmi les noirs, les hommes blancs sont des dieux. Quelquefois, c'est le pontife souverain qui est une incarnation de Dieu et qui jouit du même pouvoir. On en trouve un exemple au Thibet où règne la papauté bouddhique de Lla-ssa ou grand Lama. Celui-ci est immortel ; au lieu de mourir, il transmigre de temps à autre et son âme se réincarne dans un enfant que le collège des lamas interroge et reconnaît comme étant une simple transmigration de son prédécesseur. Il gouverne d'une manière absolue. Il a le don d'omniprésence et d'omniscience. C'est un honneur de toucher du front la plante de ses pieds ; on doit lui obéir sous peine de mort.

On voit combien le culte de l'homme vivant est répandu. Il l'est pourtant moins que celui des morts qui est universel et qui règne non seulement chez les civilisés, mais aussi chez les sauvages. Parmi ceux-ci, la croyance à la survivance de l'âme humaine est générale. Chez les noirs d'Afrique, on charge les mourants de messages pour l'autre monde, on leur demande d'aller trouver tel ou tel mort ; on enterre avec eux des aliments, des boissons, des armes dans le dessein qu'ils pourront leur ser-

(1) Letourneau, *L'évolution politique*, passim.

vir, on leur sacrifie des vivants pour les vivifier; leurs enfants, leurs femmes, leurs esclaves se suicident pour aller les rejoindre ; il en résulte parfois d'affreuses boucheries. Quand un roi de Dahomey meurt, on commence par lui créer une garde du corps de cent hommes en immolant autant de soldats, puis on lui sacrifie huit danseuses et cinquante porteurs de provisions ; il y a aussi des victimes volontaires. Il en est de même chez les Ashantis, il s'agit non plus d'une inhumation, mais d'un service annuel. Les nègres croient que les morts reviennent et ils en ont peur. Mais, et c'est ce qui démontre le trop grand exclusivisme du système de Fustel de Coulanges, le noir a une religion objective tout aussi forte que la religion subjective ; il extrait des esprits de tous les objets de la nature qu'il anime, et ceux de l'arbre, de la montagne, du fleuve font concurrence aux esprits des morts. De là son animisme étendu qui se compose d'un animisme subjectif et d'un animisme objectif et qui ressemble fort au spiritisme de nos jours. La sorcellerie s'applique sans distinction aux esprits des deux sortes que le nègre finit par confondre.

Tel est le *culte subjectif*, le *culte humain*. Nous n'en avons pas parcouru encore tout les effets. On peut y rattacher celui de certains hommes qui sont vulgairement considérés comme des dieux, mais qui sont partis de la nature humaine pour acquérir la nature divine. Dans ce cas se trouve le Bouddha Sakya-Mouni. Il n'est en définitive qu'un sage, qu'un homme supérieur, il n'a jamais prétendu être né Dieu, mais seulement le devenir, ou devenir même supérieur à Dieu. On sait quel fond d'athéisme existe dans la religion bouddhiste. Par ses ascétismes tout homme peut devenir un Bouddha, et s'il devient tel, il est classé bien au-dessus des dieux. Il y a là, en dernière analyse, un ultra-divinisation de l'homme. Dans la religion chrétienne, le saint, quelque saint qu'il soit, n'atteint jamais à la divinité ; au contraire, le Bouddha peut la *dépasser*, il en résulte une véritable *hérésie cosmosociologique*. De même, Confucius n'est qu'un philosophe et il a été l'objet d'une apothéose. Jésus ne s'est jamais proclamé Dieu ; sans doute, il s'appelle le fils de Dieu, mais plus souvent encore le fils de l'homme, même en acceptant le dogme de sa divinité, c'est aussi bien un homme devenu dieu qu'un dieu devenu homme. Il n'a pas révélé un dogme, mais une morale, et c'est comme homme qu'il a accompli son sacrifice. La déification est un fait fréquent, c'est le dernier mot de la religion subjective ; c'est par elle d'ailleurs qu'elle se rejoint à la religion objective.

Nous ne pouvons pas quitter ce sujet de la religion humaine ou mortuaire, sans constater encore ce qui le complète, achevant de constituer le culte domestique. Nous avons dit qu'à chaque homme est attaché un esprit qui ne semble pas avoir d'origine humaine et qui s'appelle le Génie, analogue au *ferouer* persan et à l'ange gardien. Il devient l'accessoire de l'homme vivant et de l'homme mort. Mais il n'est pas le seul ; autour de la maison, du foyer se trouvent d'autres esprits qui y sont étroitement attribués.

A Rome, c'est d'abord Vesta, la déesse du foyer, qui par extension préside ensuite à la vie politique et municipale, mais ce sont surtout les Lares et les Pénates, ils ont comme les Mânes, une place à ce foyer et on leur offre à manger. Non seulement chaque famille, mais chaque ville à ses Pénates et sa Vesta ; ce sont les prêtresse de Vesta, les Vestales, qui y entretenaient le feu sacré, ce feu, une fois éteint, ne pouvait plus se rallumer qu'à une source naturelle, par le frottement du bois ou la concentration des rayons du soleil. Nous avons parlé du culte des Génies, c'étaient aussi des dieux du culte privé ; les peuples à leur tour avaient leur Génie. Ces génies prirent une grande importance sous l'Empire, on adora celui de l'Empereur régnant. La distinction n'est pas très nette entre les Génies, les Lares et les Pénates, tandis qu'elle est profonde entre eux et les Mânes. Les Génies semblent représenter dans l'individu l'esprit de la race, ils président à la naissance et à la conception. Paul les définit ainsi : *genius deorum filius et parens hominum ex quo homines gignuntur*. Ils se confondent souvent avec les Lares ; ces derniers (*larva*) sont regardés comme les esprits des membres défunts de la famille et se confondent ainsi à leur tour avec les Mânes.

Mais, à côté de ces dieux domestiques généraux, se plaçaient d'autres dieux domestiques présidant non à toute la vie, mais à certains actes, et par conséquent spécialisés. Nous en empruntons la description à l'ouvrage de Preller. *Les dieux de l'ancienne Rome*, qui en contient une riche nomenclature. Ce culte remontait à Numa et aux prières pontificales formulées par lui et appelées *indigitamenta*. Ces dieux deviennent aussi très souvent des abstractions de fonctions et de qualités. On distingue ceux qui président à la naissance et la croissance, au mariage et aux funérailles. On peut citer à Rome les dieux Liber et Liberia, l'un de la fécondation virile, l'autre de la conception féminine, Fluonia, Alemona qui nourrit l'enfant, Nona et decima, Déesses des deux derniers mois de la grossesse, Partula qui aide à l'accouchement, Junon Lucina, déesse de l'accouchement lui-même, les dieux Vitumnus et Sentinus qui donnent à l'enfant la faculté de vivre et de sentir, les déesses aides de l'accouchement, Candelifera, les deux Parmentes, Prosa et Postverta, la nymphe Egérie, Numérie. déesse de la naissance facile, Natio, les Nixi dii empruntés à la Grèce ; puis les divinités qui venaient au secours du nouveau-né ; Opis, la mère commune, la terre ; deus Vagitanus, dieu du premier vagissement, dea Levena qui relève l'enfant de terre, les déesses Cunina et Recunina, protectrices du berceau et du sein nourricier ; la déesse Nundina, ou du neuvième jour où l'enfant recevait son nom, Potina et Educa qui, après l'élevage, accoutumait l'enfant à manger, Cuba qui fait passer l'enfant du berceau dans un lit, Ossipago qui affermit ses os et son corps, Divus Statanus qui lui apprend à se tenir ; Farinus et Locutius lui enseignent à parler, Herduca et Doniduca à sortir de la maison et à y rentrer, Mens, Volumnus et Voleta qui dirigent son intelligence, Paventina, déesse de ses frayeurs, Venilia, de ses espérances, Volupia, Lubentina, Lubia, de ses joies et de ses passions; Prostana et Pollentia de ses forces, Agonius et Agenoria, de son activité. Stimula, de ses instincts ardents, Marcia, de son abattement; Strenua, de sa santé; Numerius et Camena, de l'art du calcul, Divus Catius, qui rend les enfants prudents, Consus, qui leur apprend à réfléchir, et Sentia, à penser. En ce qui concerne le mariage, les divinités domestiques sont aussi très nombreuse, les fiancées invoquent les vierges Camelæ. Il faut citer la dea juga et le deus jugatinus, la dea afferenda, déesse de la dot, domiducus, Talassius et Talassia, Forculus, Limentinus et Cardea, représentant le seuil conjugal, Manturna, puis d'autres divinités présidant à l'acte même, dont quelques-unes obscènes, la déesse Cinria, Mutunus Tutunus, Subigus, Dea Prema, Dea Pertunda, Dea Perfica. Les divinités de la mort sont Deus Viduus, qui sépare l'âme du corps, Cœculus, qui enlève la vue au mourant, la déesse Orbone, la déesse Mors, Libitina qui préside aux enterrements. Nœnia, déesse des lamentations. D'autres divinités président aux principaux actes de la vie : Janus, dieu des routes et des passages; divi Limones, protecteurs des pentes obliques, Lateranus, dieu du seuil, Epona, déesse des étables, Pecunia, dieu de l'argent. Œsculanus, dieu de la monnaie d'airain, et Argentinus, de l'argent ; Arculus, dieu des cassettes ; la déesse Fenonia, celle des gens fatigués; Quies, celle des gens en repos ; Pellona, qui chasse les ennemis. L'agriculture a une série des dieux complète : le dieu Jugatinus, les déesses Rusina, Collatina, Vallonia, Leia et Segetia qui protège les semences, et pour faire pousser l'épi existe une collection de dieux divers : Nodotus qui les fait pousser d'un nœud à l'autre, Volutina qui l'enveloppe de sa gaine, Patelena qui ouvre cette gaine, Hostilina, qui égale les têtes des épis, Flore, qui veille à leur floraison, Lacturcia et Lactans, qui conserve l'épi encore laiteux, Matura, qui le fait mûrir ; Runcina, qui enlève les mauvaises herbes, Messia qui préside à la coupe du blé, Tutilina, à son entrée dans les granges, Terensis, à son battage. Il y a une autre série de dieux pour le labourage; Vervactor, qui brise le premier les terres du champ moissonné, Imporator, qui herse, Insitor, qui reçoit les semences, Sarritor, qui sarcle les mauvaises herbes, Messor, qui coupe la moisson, Convector, qui la rentre, C᠎ qui l'emmagasine, Promitor, qui l'en reti e.᠎ ᠎avait au᠎ divinités pour les autres cultures, Médetrina, pour la ᠎ Vertumne et Pomone, une déesse des ruches, Sylvanus, qui veillait aux bestiaux, Nemestrum, qui s'occupe des bois, Bubona et Epone, pour les bœufs et les chevaux. Il faut rapporter aussi au même ordre d'idées, ce qu'on a appelé les *dieux pathogiques*, c'est-à-dire, ceux qui président aux diverses maladies ; à Rome, à côté de l'Esculape, dieu de la guérison, la déesse Febris, le dieu de la fièvre paludéenne. Les Persans, avaient un dieu qui personnifiait la fièvre scarlatine. Chez les Polynésiens, à la Nouvelle-Zélande, il y avait aussi un dieu par chaque maladie : pour le mal de tête, le mal de cœur, le mal d'estomac, un dieu Lézard causant les maladies de poitrine. Dans un ordre d'idés connexe, on peut signaler à Rome Victoria, déesse de la victoire, Bellone, déesse de la guerre, Pavor et Pallor, Honos et Virtus, Pax, Libertas, Spes, Felicitas, Bonus Eventus, Annona, qui préside au prix du grain. Enfin s'ouvre la série des vertus : Concordia, Pietas, Pudicitia, Mens, Æquitas, Clémentia, Providentia. Nous avons donné cette nomenclature un peu longue, mais beaucoup moins connue que celle des grands dieux, parce qu'elle constitue une catégorie nouvelle dans le culte ayant pour objet l'homme ; ce n'est plus de l'homme vivant, ni de l'homme mort, c'est-à-dire de l'esprit humain séparé par une première abstraction qu'il s'agit, ni des esprits divins l'accompagnant qui gravitent autour de lui, comme accessoires, mais de l'abstraction de ses différentes qualités, de ses fonctions et de ses actes ; c'est le second genre d'abstraction dont il a été question plus haut, celle qui détache les qualités : *bon, saint*, etc., pour en faire des substantifs abstraits lesquels deviennent des entités, puis par la rechute au concret, des personnes nouvelles. On est alors en plein dans l'allégorie et le symbole. Nous verrons plus loin dans le culte objectif que le symbole s'y retrouve aussi.

Voilà donc le cercle des objets subjectifs du culte bien formé et très étendu ; les hommes vivants ont élargi leur cercle social, en y englobant les morts ; dès lors, surgit une humanité formidable par le nombre ; on y joint aussi les vivants illustres envisagés au point de vue, non plus social, mais cosmosocial, ce qui est différent. Ce cercle se complète par les divinités occupées de l'homme, comme les Génies. Enfin on y introduit la personnification des vertus, des actions, des fonctions de l'homme. Cet ensemble constitue les religions domestiques. Elle a pour couronnement le demi-dieu, c'est-à-dire le mort, qui par ses vertus est devenu suprà humain et digne d'être assimilé aux dieux subjectifs.

Parmi ces divinités domestiques, une seule est concrète, l'homme vivant ; le mort est abstrait, puisque ce que l'on vénère en lui, c'est son âme détachée de son corps ; les vertus ou les actions personnifiées sont plus abstraites encore et d'une autre manière, puisqu'elles représentent des qualités communes à tous les hommes.

Certaines divinités restent générales en ce sens qu'elles appartiennent à tous ceux qui veulent les adorer, mais elles ne le sont pas d'une manière complète, parce qu'elles ne peuvent être cultivées que par les membres de la famille ; d'autres, comme les Génies, sont particulières en ce sens qu'elles deviennent en quelque sorte la propriété exclusive de chaque homme individuel.

Le culte mortuaire ou subjectif n'existe point, d'ailleurs, comme nous l'avons observé, à l'exclusion du culte de la nature. Nous n'admettons même pas que le second soit exclusivement dérivé du premier, quoique celui-ci soit plus ancien. Mais il existe certains peuples, chez lesquels le culte mortuaire est toujours resté dominant, et il est intéressant de l'y observer.

Ces trois pays sont : Rome, l'Egypte et la Chine. Cette prédominance coïncide avec celle de la famille sur l'Etat. Lorsque l'unité familiale se desserre et que le lien politique des Grands Etats la remplace, une révolution semblable s'accomplit dans les religions.

Nous avons déjà décrit la religion mortuaire à Rome. En Egypte, sa constitution n'est pas moins complète. Même dans sa mythologie parallèle naturiste, l'idée de la mort prédomine encore. Le soleil, Osiris, n'est pas le soleil des vivants, mais le soleil des morts, le soleil couché, invisible pendant sa course au dessous de l'horizon ; dans cette course souterraine il repartit aux morts des douze régions de l'enfer le bienfait de sa lumière, ressuscite ceux qui sont dignes d'habiter des régions plus heureuses, les champs d'Ialou, il juge les âmes, tandis que chez les Grecs le principal dieu est celui de la lumière divine et du ciel. Osiris est tué lui-même par Set, le principe mauvais, et il est représenté avec un corps de momie. Il est vrai, il est vengé par son fils Horus, mais il reste par prédilection le dieu, le soleil des morts. On voit combien la religion mortuaire a influé en ce pays, même sur la religion naturiste parallèle.

Mais cette religion mortuaire est en elle-même fortement constituée. Il n'est pas besoin d'entrer dans le détail, et il suffit de rappeler ces deux grandes coutumes : l'érection des monuments mortuaires et la momification. Le luxe des Egyptiens était dirigé non vers la vie, mais vers la mort : les pyramides remplacent les palais. Le soin pris de conserver le corps humain, quoique le but reste obscur, est significatif. Les cérémonies mortuaires ont été conservées dans le *livre des morts*. L'homme se dédouble, il a un corps et une âme, et cette dernière se divise elle-même, elle forme une triade comprenant le *Khâ* ou intelligence, le *ba* ou âme naturelle et le *Ka* double de l'âme naturelle et du corps. Ce *Ka* habite le tombeau avec celui-ci et a besoin d'être nourri au moyen d'offrandes ; le *ba* était revêtu d'une enveloppe naturelle et correspondait au *périsprit* des spinites. C'est le *Ka* qu'on appelle aussi le *double* ; on le représentait par des statues placées dans le sépulcre et on le laissait communiquer avec l'extérieur par une petite ouverture carrée pour lui permettre de respirer, il recevait le culte des parents, les prières des prêtres et leurs sacrifices, il possédait des terres et des bestiaux ; ce dernier trait est fort curieux, c'est la propriété conservée au mort. Ce double était censé consommer les doubles de toutes les provisions offertes. Le *ba* se séparait, au contraire, du corps enfermé dans le tombeau, il naissait, mourait, renaissait après avoir navigué avec le soleil pendant les douze heures de la nuit sous terre. On voit que le culte de l'âme des hommes, des ancêtres, était aussi dominant qu'à Rome. En outre, il y avait, comme à Rome, des divinités semi-privées, domestiques (1).

Il en est de même en Chine et dans tout l'Extrême-Orient où le culte des morts est peut-être la seule religion véritable. On sait que, quant à celle objective, la Chine cultive à la fois plusieurs cultes : la religion officielle, celle de Confucius, celle de Lao-tsé, enfin le bouddhisme importé. Mais la plus populaire de toutes est la religion des ancêtres. D'abord, on y adore les esprits qui se divisent en plusieurs espèces, les esprits célestes, les esprits terrestres, appartenant à l'animisme naturiste, et les morts illustres, c'est l'apothéose qui existe surtout dans les classes populaires ; on canonise aussi les esprits des grands sages, des premiers dompteurs, des inventeurs, en leur assignant certains astres ou certaines régions du ciel, quoique ces astres aient déjà leur esprit en religion naturiste ou objective, et qu'on ne puisse concilier cette double appropriation. C'est d'ailleurs par une sorte d'apothéose qu'on divinise Confucius qui n'était qu'un homme. Quant au culte des parents morts, il est pratiqué, même par la classe lettrée, et les usages funéraires survivent à la disparition des croyances. Chaque famille s'acquitte, d'ailleurs, comme à

(1) De Milloué, aperçu de l'histoire des religions, p. 140.

Rome, ainsi qu'elle l'entend, de ce culte. Le lien familial est, du reste, très resserré en ce pays, malgré la polygamie, il revêt un caractère sacré s'il s'agit du père ; l'obéissance filiale est absolue, et lorsqu'il adore son père mort, le Chinois ne fait guère que prolonger le culte qu'il lui vouait de son vivant. Les sages dans leurs livres ne tarissent pas sur ce point ; c'est la vertu cardinale de la Chine ; la tradition populaire retient le souvenir de ceux qui se sont le plus distingués dans l'exercice de cette vertu ; il y a vingt quatre exemples classiques de la piété filiale. Le *li-Ki* renferme de nombreuses prescriptions de détail à cet usage. Dans toutes les maisons, il y a une sorte d'oratoire consacré au culte des ancêtres morts, et qui porte le nom de *miao* ; la famille s'y réunit à dates fixes, et quand il s'agit de quelque événement important : mariage, grand bonheur ou grand malheur, on notifie aux ancêtres ce qui se passe ; l'Empereur et les grands ont même ainsi de véritables temples (tsong miao) destinés à la conservation des tablettes, des habits et des armes de leurs aïeux ; il en a même plusieurs, chacun destiné à une génération, les princes en ont cinq, les grands trois ; quand on construit un palais, on commence par le *temple ancestral*. Les mariages sont annoncés solennellement aux ancêtres ; on orne dans ce but la chambre ancestrale et on s'y rassemble ; après une ablution, on découvre les tablettes portant le nom des ancêtres, le chef de la famille se prosterne, brûle de l'encens, fait une libation de vin, et lit à ses aïeux l'annonce écrite qui est ensuite brûlée, ou leur demande leur assentiment, et leur silence y équivaut. La même cérémonie a lieu dans la chambre ancestrale de la fiancée ; on montre aux ancêtres les cadeaux offerts. Le jour des noces on s'y réunit de nouveau. La famille est représentée par le fils aîné du père mort. Il y avait rarement des images ou des statues des ancêtres, mais le défunt était représenté par son petit-fils qui en revêtait les habits. La représentation avait lieu surtout par des tablettes de bois portant les noms des parents défunts, avec des titres et des formules honorifiques, à peu près comme les épitaphes de nos tombeaux. Ces tablettes étaient déposées dans des niches de pierre; les jours de cérémonie on les mettait à découvert et l'esprit de chaque mort venait se poser sur sa tablette. Quand l'Empereur devait partir en campagne, ses tablettes ancestrales le suivaient dans une voiture spéciale. Quand on entre dans la chambre des ancêtres, toutes les règles de l'étiquette chinoise doivent être suivies. Les banquets funéraires ont un grand luxe. D'autre part, de son vivant, on est très préoccupé de ses funérailles futures ; on prépare souvent les vêtements qu'on portera dans sa tombe, ainsi que son cercueil, et Thomson dans son ouvrage : *land and people of China* nous apprend qu'un fils respectueux fera cadeau à son père vivant d'un cercueil bien confectionné et que ce cadeau est toujours agréé. Le culte des morts, dit Réville, auquel nous empruntons ces détails, a attiré à lui tout ce que la religion chinoise renferme de plus moral et de plus élevé, c'est la plus touchante manifestation de la vie religieuse. Cependant les Chinois connaissent peu la vie future et la doctrine de l'immortalité de l'âme (1).

Tels sont les trois peuples où domine la *religion mortuaire*, la religion *humaine et subjective*, que nous avons voulu mettre en vedette, religion bien connue, mais à laquelle on ne fait pas une place assez importante. Elle est *primordiale*. Ajoutons qu'elle est *finale* et que dans la disparition des croyances, elle survit à la religion objective. Chez nous, l'homme le plus sceptique à l'égard de tous les cultes n'a pas renoncé à celui-là. Il suffit de constater comment dans une civilisation avancée, parmi nous, par exemple, et dans ce siècle peu crédule, on a conservé et peut-être accru le respect des morts ; le cimetière est devenu le temple subsistant et c'est peut-être ce qui fait obstacle à la vulgarisation du système de la crémation. Les doutes s'élèvent sur la destinée humaine, mais cela

---

(1) Réville, *De la religion de la Chine*, p. 180.

n'empêche pas de vénérer les ancêtres, tellement cette religion est inhérente à l'homme.

Bien plus, ce culte subsistant a été le point de départ d'une sorte de *résurrection religieuse*. Le spiritisme contemporain, dont nous n'avons pas ici à apprécier les résultats, a commencé par l'évocation humaine de l'âme des morts, reprenant en cela la *tradition de la magie*. Elle distingue, comme la religion de l'antique Egypte, de l'âme absolument immatérielle, celle demi-matérielle, entourée du périsprit formant une sorte d'enveloppe corporelle, qui la rend sensible. Ce n'est qu'ensuite qu'elle évoque les autres esprits, ceux des démons et des anges, puis les divinités elles-mêmes, les esprits *objectifs*.

Mais la religion mortuaire ne forme encore qu'une cosmo-sociologie restreinte ; il ne s'agit toujours que de l'homme et des dieux familiers qui l'entourent ; les dieux véritables sont encore à découvrir, on va les tirer de la nature elle-même, de ses phénomènes, de ses actes ; ils seront nombreux et finiront par avoir un maître suprême, le soleil. C'est celle-là que nous avons maintenant à examiner.

Quelques-uns ont nié cette religion objective ; selon eux, elle se résoudrait en religion humaine par l'Evhémérisme. Le philosophe Evhémère avait pensé que les mythes, les légendes ne sont que l'expansion de l'histoire, et que les dieux, même solaires, n'étaient que la déification d'hommes qui avaient vécu. L'étude attentive des mythes n'a pas confirmé ce système. On ne peut admettre que le culte de l'homme mort se soit converti en culte de demi-dieux, puis de dieux sortis de ceux-ci ; partout se révèle une religion distincte. Cependant cet effort pour tout ramener à la religion humaine est remarquable ; il se base sur un fond vrai, et sert à bien mettre en relief l'importance du culte mortuaire. Mais il est faux en soi ; la religion objective ou naturiste est autonome à son tour. Nous y arrivons.

Vis-à-vis de la religion de l'homme se dresse la religion objective, celle de la nature, très ancienne aussi. On l'a qualifiée souvent improprement de *fétichisme*; le fétichisme proprement dit est une subdivision que nous retrouverons. Le nom véritable est le *naturisme*. L'homme, en vertu du caractère ci-dessus décrit de son esprit qui tend à hausser toute la création à la hauteur de lui-même, s'il ne s'élève pas au-dessus, adore tout ce qui l'entoure, et surtout les phénomènes effrayants ou frappants et les êtres redoutables qu'il aperçoit. Tantôt ce sont des objets particuliers, tantôt des ensembles d'objets; quelquefois il les conserve dans leur existence concrète; d'autres fois, il en abstrait l'esprit dont il fait le seul objet de son culte; il en abstrait aussi les qualités, les actions, les fonctions qu'il généralise avant de plus tard les personnifier.

Un culte objectif qui semble se relier au culte subjectif, c'est celui des animaux. Il existe entre l'homme et eux une certaine parenté, au moins apparente, l'aspect des organes des uns et des autres est le même et la seule différence essentielle consiste en ce que les hommes ont une raison supérieure Aussi l'homme range-t-il l'animal ancien parmi ses ancêtres et l'animal vivant parmi ses parents. Le système darwinien semble ne pas lui donner tort, puisqu'il suppose que l'homme est issu de l'anthropoïde. Lubbock donne pour origine à ce culte le totémisme. Celui-ci consiste dans la coutume très générale de donner aux individus d'abord, aux familles ensuite, le nom de certains animaux. Une famille portant le nom de l'ours regarde cet animal avec superstition; quant à l'habitude de donner un nom d'animal à un enfant, elle s'expliquerait par la pauvreté du langage. Le totem empêche de manger des animaux qui ont été pris pour emblèmes. Dans l'Afrique méridionale, les Boschimanns se subdivisent en tribus : du crocodile, du poisson, du singe, de l'éléphant, etc..., on n'y adore que les totems, mais on s'abstient de leur chair. Les Chinois portent souvent le nom d'une fleur ou d'un animal, et chaque famille se procure ainsi un blason, un *Kobong*; un lien mystérieux existe entre la famille et son Kobong; elle ne le tue qu'avec répugnance, le regardant comme son meilleur ami ; on ne doit pas non plus déraciner une plante qu'on a pour *Kobong*. En Amérique, le respect pour le totem est plus grand encore. Chez les Peaux-Rouges, c'est le symbole du nom du premier ancêtre, un quadrupède, un oiseau, qui constitue le surnom de la famille ; le totem n'est presque jamais inanimé. Ce n'est pas le nom propre, mais lui qu'on inscrit sur la planche funéraire. La tortue, l'ours et le loup ont été chez eux les premiers. Ce qui est remarquable, c'est que certaines peuplades croient descendre de leurs totems, par exemple, les Osages, d'un castor. Le même système est en vigueur chez les Kolhs de l'Inde. Le totem indique bien une descendance et se relie, par conséquent, au système darwinien ; il repose aussi sur cette idée que l'animal est plus rapproché de l'homme qui y trouve commodément des divinités. Du reste, les relations de l'homme et des animaux sont rendues plus sensibles dans certaines religions par la croyance à la métensomatose. De là le culte qui nous semble si singulier, et qui avait paru si naturel, des animaux, la zoolâtrie. Le premier de tous les objets de culte fut le serpent ; sa puissance en est une première cause ; ce culte se trouve presque partout ; on le rencontre dans l'Inde, en Egypte, en Phénicie, en Babylonie, en Grèce, en Italie, en Lithuanie, en Perse, au Cambodge, en Bolivie, en Chine, à Ceylan, chez les Kalmouks, en Abyssinie, en Guinée ; on lui élève des temples ; on croit souvent, par exemple, chez les Cafres que l'esprit des ancêtres apparaît sous cette forme. Le serpent est aussi le symbole de l'éternité (le serpent se mordant la queue). En Amérique, son culte se rencontre chez les Aztèques, les Pawnies, les Natchez, les Caraïbes. Il occupe dans la zoolâtrie le même rôle prédominant que celui du soleil dans le Sabéisme. Beaucoup d'autres animaux sont vénérés. Les Peaux-Rouges adorent l'ours, le bison, le lièvre, le loup ; au Brésil et à la Plata on vénère le jaguar et même dans l'Amérique du Sud, les crapauds, les aigles ; au Pérou, le renard, le chien, le lama, le condor, l'aigle et le puma ; les Tahïtiens adoraient certains oiseaux, le pivert, le héron, le martin-pêcheur ; les indigènes des îles Sandwich, le corbeau ; les Tongans, les lézards et les tortues, et les Maoris, les araignées. En Sibérie, c'est l'ours polaire qui a la préférence. L'Indien vénère la vache, le singe, l'aigle et le serpent, mais il en associe un grand nombre d'autres à son culte, le tigre, l'éléphant, le cheval, le cerf, le mouton, le porc, le chien, le chat, le rat, le paon, le coq, le caméléon, le lézard, la tortue, les poissons et même les insectes. La patrie de la métempsychose est aussi celle de la zoolâtrie ; le bœuf y est d'ailleurs l'animal sacré par excellence. Chez les Todas, quand on rentre les troupeaux à l'étable, les hommes et les femmes de la famille s'assemblent pour adorer les animaux. Chez les anciens Egyptiens ce culte était universel A Madagascar, les indigènes croient que les crocodiles ont un pouvoir surnaturel, et telle est la raison de leur culte. Lubbock relève ce fait très curieux que dans beaucoup de pays les sauvages font des excuses aux animaux qu'ils tuent à la chasse (1).

Parmi la zoolatrie certains cultes sont surtout remarquables, celui de la vache répandu en Egypte et aux Indes, comme d'un animal bienfaisant, celui du serpent comme d'un animal malfaisant. Chez les peuples civilisés, le serpent est surtout adoré au Mexique. Mais loin de représenter la cruauté, il est souvent le type d'une religion humanitaire, c'est comme tel qu'il apparaît dans les cultes Maya-mexicains. D'ailleurs, on n'adore pas, même chez les sauvages, les serpents venimeux. Il faut rapprocher la traduction biblique du serpent dans le paradis terrestre, c'est le seul animal qui y soit relaté ; mais il y symbolise le mal.

On voit combien fut étendu le domaine de la zoolâtrie ; il fut encore accru par le symbolisme. Nous avons dit en quoi consiste celui-ci. Lorsque les qualités abstraites des objets

---

(1) Voir Lubbock, *Origine de la civilisation*, p. 256.

déifiés furent, par une abstraction nouvelle, déifiés à leur tour, par exemple, lorsque l'âme du ciel fut Jupiter, que la guerre devint Mars, l'instinct de concrétisme reparut bientôt et il fallut donner à Jupiter et à Mars une forme quelconque ; ce fut surtout celle d'un homme en vertu de l'anthropomorphisme dont il sera bientôt mention, mais quand il s'agit de la qualité de domination qui existait dans le premier, on l'exprima par l'aigle, et quand il s'agit de celle du courage et de force qui est en l'autre, on l'exprima par le loup. Cependant ce facteur n'est pas le plus considérable, il est d'ailleurs hystérogène.

La *zoolâtrie* forme un point de passage du culte subjectif au culte objectif, parce que, comme l'atteste le totémisme, il y avait certainement une parenté réputée et assez proche entre l'homme et l'animal. Cette parenté subsiste aussi, quoique plus éloignée, entre l'homme et la plante. Aussi celle-ci fut-elle adorée à son tour, d'où la *phytolâtrie*. Elle était très en honneur dans l'ancienne religion romaine. Pline appelle les arbres les plus anciens temples des dieux, mais ils étaient dieux eux-mêmes ; en outre, une relation s'établit entre eux et les grands dieux ; le chêne est consacré à Jupiter, le laurier à Apollon, l'olivier à Minerve, le myrte à Vénus. Parmi les arbres de l'Italie le plus sacré était le chêne ; on sait qu'il en était de même dans la religion druidique ; le figuier fut aussi un arbre sacré. Les bois dans leur entier, les *nemora*, le *lucus*, étaient vénérés, mais ils formaient plutôt des sanctuaires, des temples naturels. D'ailleurs, le totémisme s'y appliquait aussi, on empruntait leurs noms aux plantes. Le culte des arbres est très ancien, il existe en Amérique ; on l'a observé autrefois en Assyrie, en Grèce, en Pologne et en France ; aujourd'hui même, on le rencontre dans toute l'Afrique centrale. Les nègres du Congo adorent un arbre sacré appelé *Mirroné* ; ils en placent un autour de la maison, comme dieu tutélaire. Dans l'Inde, à Ceylan, on adore le *bo*, et on y vient en pèlerinage. En Sibérie, les Yakuts y suspendent des ex-votos. A Sumatra, les indigènes croient que certains arbres sont la résidence des esprits des bois, de sortes de dryades. Du reste, ce culte se trouve un peu partout et il y a chez les peuples civilisés toute une mythologie qui leur est spéciale. Dans ses transmigrations, Bouddha a été quarante fois le génie d'un arbre. Chaque village Indou a son bois sacré : *ficus religiosa* (1). Il n'est pas besoin de rappeler le chêne des Druides. Mais le rôle des végétaux est très important dans la mythologie scandinave et dans la tradition biblique. Dans la première, c'est le frêne de l'existence, le frêne Ygdrasil qui est le plus important élément mythique. C'est le grand arbre de vie, dit Anderson, s'étendant sur tout le système de l'univers. Il projette ses racines à travers les trois mondes, fournit des corps au genre humain par ses branches ; il entretient toute la vie, même celle des serpents qui dévorent ses racines. Il a trois grandes racines, l'une s'étendant vers les Ases, l'autre vers les Géants, et la troisième au-dessus de la région des ténèbres, laquelle est rongée par le serpent Nidhug ; au-dessous, est la fontaine Hvergelnir, et au-dessous de celle dirigée vers les Géants la célèbre fontaine Mimer ; sous celle qui s'étend vers les Ases, la sainte fontaine Urdar où demeurent les trois Nornes, Urd, Verdande et Skulde, le présent, le passé et l'avenir. Les Nornes arrosent tous les jours le frêne avec l'eau de la fontaine pour qu'il ne puisse pourrir ni dépérir (2). Le frêne est plus qu'un arbre adoré, c'est le résumé de l'univers et il constitue un grand arbre généalogique de tous les êtres.

La même importance est donnée par la tradition biblique à deux arbres du Paradis Terrestre ; celui de la connaissance du Bien et du Mal et l'arbre de vie ; il est à remarquer que, de même qu'Ygdrasil est rongé par le serpent, c'est aussi le serpent qui habite l'arbre de la connaissance, seule la fontaine manque pour l'arroser, mais le Paradis est traversé par quatre grands fleuves. Ici les arbres sont au nombre de deux et c'est

---

(1) Lubbock, *Origines de la civilisation*, 269.
(2) Anderson, *Mythologie scandinave*, p. 32.

l'arbre de vie qui correspond à Ygdrasil. Si l'homme eût goûté à cet arbre, il fût devenu immortel et par conséquent semblable aux dieux ; mais il ne goûta qu'à celui de la connaissance du bien et du mal et alors il ne devint que lui ressemblant, réalisant ainsi à demi la promesse du serpent. De même, Prométhée était parvenu à ravir le feu, mais fut ensuite frappé par la divinité. Il faut rapprocher aussi de cette idée la divinisation dans le système bouddhique et djaïnique de l'homme qui par ses austérités peut se rendre supérieur aux dieux et les détrôner, même acquérir l'immortalité (arbre de vie) tandis que les dieux deviennent mortels. Ce qui est dit de la connaissance du bien et du mal naturel, indique le moment où la morale naturelle pénètre dans la religion et y remplace le bien et le mal purement rituels. D'abord ceux-ci ne consistent qu'à remplir l'ordre et à observer la défense de la divinité, comme les enfants obéissent à leurs parents sans discuter et même sans comprendre la raison de l'ordre ; puis, et par l'effet même de la désobéissance et par l'expérience de ses effets, les premiers hommes en sont punis et apprennent eux-mêmes ce qui est bon ou mauvais en soi, ils s'aperçoivent qu'ils sont nus et leur sexualité devient consciente comme à l'approche de la puberté, désormais la religion est moraliste, le *Karma* produit de lui-même ses fruits. Du même coup, l'existence du malheur se trouve expliquée, c'est une punition.

Telle est l'influence des végétaux ; il faut remarquer d'ailleurs cette association primitive de l'homme, de l'animal (le serpent), du végétal (le frêne, le chêne, le pommier ou autre arbre fruitier), résumant tous les êtres organiques.

Le culte des pierres, la *litholâtrie*, est moins étendu ; on le rencontre le plus souvent dans l'Inde ; plus tard, la pierre est seulement le réceptacle de la divinité. Les Grecs avaient leurs *pierres sacrées* qu'ils arrosaient d'huile. Les Tartares les adorent, les Ostiaks et les Tongouses y joignent le culte des montagnes. Souvent la pierre qui représente le dieu est peinte en rouge ; les pierres peintes de l'Inde sont fréquentes. Les castes esclaves de ce pays, adorent une divinité représentée par une pierre qu'ils conservent dans chaque maison. Les Arabes adorèrent une pierre noire jusqu'au temps de Mahomet ; les Phéniciens adoraient aussi une pierre non taillée ; le dieu Héliogabal n'était qu'une pierre noire. Les Grecs et les Romains avaient le culte des pierres levées. Les Lapons avaient aussi des rochers sacrés. Dans l'Europe occidentale pendant tout le moyen âge le culte des pierres a été maintes fois condamné ; il fit l'objet d'un décret du Concile de Tours tenu en 567. En Irlande, dans les Gaules, ce culte était en usage, et dans les Hébrides, une grosse pierre noire rendait des oracles. Aux îles Viti, on voit des pierres sacrées très grossières où l'on offre des aliments. Il serait superflu de continuer cette énumération, nous avons voulu simplement indiquer un des groupes importants des objets du culte naturiste. On trouvera de plus grands détails dans l'ouvrage précité de Lubbock. Il faut en rapprocher le culte des montagnes, il suffit de citer le mont Mérou qui est le centre du monde dans la mythologie indienne et y joue le même rôle que le frêne Ygdrasil dans la mythologie scandinave. Quelquefois ce rôle est joué par un animal, la tortue, ou par un homme, le célèbre Atlas.

L'*hydrolâtrie* existe aussi dans beaucoup de religions. On adore tantôt les sources, tantôt les fleuves, tantôt les lacs ; il existe même des puits sacrés. L'existence des lacs sacrés est attestée par Tacite, Pline et Virgile. En Bretagne on trouve la fontaine de Lanmeur ; en Irlande et en Ecosse, ils sont très communs ; en Ecosse, suivant le colonel Forbes Leslie, on en rencontre dans presque toutes les communes, l'esprit des eaux s'appelait Kelpie. Le culte des rivières existait en Grèce. Tous les peuples de l'Inde reconnaissent la divinité de l'eau et tout d'abord du grand fleuve le Gange, et en le traversant ils jettent une pièce de monnaie en guise d'offrande. Les indigènes du Sumatra adorent la mer, ainsi que le font les nègres des Côtes de la Guinée. Au

Mexique, le principal dieu des eaux est Tatou, mais on adore une foule de sources sacrées (1). Il faut rappeler ce que nous avons dit plus haut des trois fontaines de la mythologie scandinave.

Enfin le culte du feu est aussi très répandu ; c'est la *pyrolâtrie*, mais il se rattache par bien des points à l'astrolâtrie. Le feu est une conquête précieuse et il était difficile de le conserver. La nomenclature est longue des adorateurs du feu ; il faut citer les Perses et les Indous, les Natchez, les Objiwés. Au Pérou, les vierges du soleil entretenaient le feu sacré, comme les Vestales à Rome.

Tels sont les principaux cultes de ce que nous appelons le naturisme inférieur : la *zoolâtrie*, la *phylolâtrie*, la *litholâtrie*, l'*hydrolâtrie*, la *pyrolâtrie*. Il faut remarquer que chez un peuple on n'adorait pas tous les animaux, toutes les plantes, mais seulement tel genre d'animaux, tel genre de plantes, et que, en ce qui concerne la litholâtrie, on se spécialisait davantage, on n'adorait que telle pierre située dans tel endroit.

Cette *latrie* s'effaça peu à peu devant celle que nous allons bientôt décrire et le *petit naturisme* décrût devant le *grand*. Auparavant, il s'accomplit un grand progrès d'abstraction et d'immatérialisation. D'abord ce qu'on invoqua, ce fut l'arbre, la pierre, pourvus, il est vrai, préalablement d'une âme, ainsi que nous l'avons observé, mais le tout restait indivis ; c'est ce stade de culte grossier qu'on a appelé improprement le *fétichisme* ; mais bientôt ce culte s'affina, ce qu'on adora désormais, ce fut l'âme de la plante (non pas cependant l'âme logée dans la plante, cela fait partie d'un système postérieur) mais l'âme de la plante elle-même. Ce n'est pas tout, cette âme devient libre, elle se promène hors de son corps, elle y rentre. Ce n'est plus la forêt, c'est la Dryade ; ce n'est plus l'eau, c'est la naïade. Mais elles ne sont encore ni dieux, ni déesses, n'étant pas anthropomorphisées ; seulement ce sont

(1) Lubbock, *Origines de la civilisation*, p. 291.

des esprits distincts. Ces dieux conservent, d'ailleurs, même lorsque l'anthropomorphisme les transformera, toujours leurs habitudes, tandis que les dieux supérieurs les perdent souvent. Ils restent familiers avec l'homme, s'y annexent, et à ce point de vue jouent dans la religion objective, le même rôle que le génie, l'ange gardien, dans la religion subjective.

Ces dieux inférieurs de la mythologie naturiste seront d'ailleurs bientôt anthromorphisés comme les autres et nous suivrons plus loin leur évolution. Nous verrons qu'à ce dernier stade, ils deviendront les fées, les nains, les autres demi dieux naturistes des mythologies scandinaves et celtiques.

La seconde couche de naturisme ou *naturisme supérieur*, comprend de vastes ensembles d'objets et surtout d'objets célestes ; les *religions solaires* en sont le point d'*aboutissement*.

Le naturisme supérieur comprend le ciel dans son ensemble, la terre, les astres, le vent, les phénomènes célestes. Il forme le fond de la religion védique. Dans les astres, c'est le soleil qui domine, d'où le nom de religions solaires ; quelquefois la lune a la préférence. Le culte des astres porte le nom d'astrolâtrie ou de sabéisme. On parvient aux stades où l'homme s'éloigne le plus de lui-même et regarde au loin.

Il est nécessaire d'étudier ce second naturisme chez quelques peuples. Auparavant remarquons que, comme le petit naturisme, il est à deux degrés au point de vue de l'abstraction; par exemple, on adora d'abord le Soleil muni d'une âme, car l'homme n'a jamais adoré un objet réputé inanimé, puis cette âme elle-même, et au lieu d'avoir le *dieu-soleil*, on eut le *dieu du soleil*, ce qui est bien différent. Enfin ce dieu distinct qui peut aller et venir ne tarde pas à s'*anthropomorphiser*.

Dans la religion védique, les dieux les plus anciens, qui forment une première couche divine sont les Asouras, parmi eux on relève Dyaus ou Dyaus-Pitar, qui représente le ciel, et surtout le ciel lumineux ; dans les autres religions indo-européennes, il devient le dieu souverain, il s'unit à la terre *Prithivi* et à l'espace *aditi* ; le dieu supérieur est Varouna qui est le représentant du ciel, mais en tant que celui-ci est le lieu où sont retenus la lumière, le feu et les eaux, et qui les laisse s'en échapper. Son frère Mitra représente le ciel diurne, tandis que Varouna est le ciel nocturne. Parmi les *devas*, les divinités les plus importantes sont le soleil, l'éclair et le feu terrestre qui tantôt sont considérés comme des dieux distincts, tantôt se syncrétisent sous le nom d'Agni, le feu terrestre ; Soma est le dieu du feu liquide. Indra est aussi un dieu solaire qui représente le ciel, mais qui devient plus tard un dieu guerrier. Vishnou à son tour, tantôt brillant, tantôt sombre, représente, dans ce dernier cas, le soleil invisible pendant la nuit, Roudra personnifie l'orage dévastateur et il est le père des Marouts, les dieux des vents ; mais il est aussi le dieu du feu bienfaisant. Les Marouts représentent les vents, ils sont bienfaisants aussi, et anthropomorphisés deviennent des médecins et des possesseurs de remèdes. D'ailleurs, le dieu plus spécial des vents est Vayou. Un autre dieu solaire, mais secondaire, c'est Savitri. Ushas est la déesse de l'Aurore ; Yama, le roi des morts et des profondeurs de la terre ; il est assimilé au soleil qui sert aussi de résidence aux morts. Gandharva était le dieu des eaux. Ahi, serpent monstrueux, le gardien des vaches célestes, c'est-à-dire des nuages. D'ailleurs, tous ces dieux naturistes ne sont pas représentés par des idoles, ce sont de purs esprits qui ne sont anthropomorphisés que pour en avoir une idée nette et aussi par la disposition de l'esprit humain qui fait retomber de l'abstrait au concret et de l'objectif au subjectif (1).

Le même naturisme se retrouve à l'origine de la mythologie gréco-latine. Pour les Grecs, c'est d'abord Zeus qui personnifie le ciel lumineux, armé de la foudre ; son épouse est Héra, déesse de la terre et peut-être de l'Aurore ; Apollon est le dieu de la lumière, régent du soleil qui est personnifié par

(1) De Milloué, *Religions de l'Inde*, p. 22 et suiv.

Hyperion. Arthémise est la déesse de la lune ; Hestia, celle du feu du foyer ; Héphaestos représente le feu céleste manifesté par l'éclair et le feu terrestre utilisé pour l'industrie ; puis Iris, l'arc-en-ciel ; Eos, l'aurore, etc. La terre est représentée par Gaea, Rhea, Deméter, Cybèle. La mer appartient à Poseidon, Amphytrite, Thétys ; l'enfer à Hadès.

La religion Égyptienne est essentiellement solaire avec cette remarque qu'Osiris, le grand dieu, représente surtout le soleil couché, le soleil des morts. Le dieu Terre est Seb ou Sibou, la déesse Ciel est Nouit ; puis vient le dieu du soleil Râ, enfin le dieu Phtah. Râ est le créateur ; son épouse est Maut, déesse du ciel, et son fils Horus est le soleil levant. Osiris, le soleil nocturne, reproduit par sa vie la course du soleil. Il est tué, mais ressuscité par son fils Horus, le soleil levant. Son épouse est Isis, la déesse de l'espace céleste et aussi de l'Aurore. D'autres divinités inférieures personnifient les phénomènes célestes : Néphtys, déesse du ciel ; Neit, déesse du ciel et de l'espace ; Aah, le dieu Lune.

La religion Mazdéenne part aussi du principe solaire, le dieu bon Ormuzd représente le soleil, et le dieu mauvais Ahriman, les ténèbres ; la lutte se fait dans le ciel entre ces deux éléments. Au-dessous se placent de nombreuses divinités solaires : Mithra, le dieu du soleil et de la vérité ; Atar, le feu, fils d'Ormuzd ; Thvasa, l'espace infini et la voûte céleste ; Açman, le ciel ; Zém ou Zà, la terre ; Hvare, le soleil mâle ; le dieu de la lune ; Tistrya, l'étoile Syrius, produisant la pluie ; Ap, dieu de l'eau fécondante ; Vata, dieu du vent ; Râman, aussi dieu du vent ; Çpenta-Armaïti, la déesse de la lune.

Les dieux primitifs des Accadiens étaient solaires : Anoû, le ciel ; Moulge ou Enoum, la terre ; Ea, l'océan ; les dieux de la lune, du soleil ; Asour, le grand dieu de l'Assyrie, et Merodah, de Babylone, représentent le soleil dans son éclat. Sin est le père du soleil. Les Sémites d'Assyrie ont aussi des dieux astronomiques : Baal, Bel ou El qui est le soleil, avec son épouse Beltis ; Anou, dieu du ciel, avec son épouse Anat ;

Astarté, déesse de la terre ; Tam-mouz, fils de El, soleil jeune ; Sin, dieu de la lune ; Samas, dieu du soleil ; Rammân, dieu de l'atmosphère ; Gisdhubar, dieu du feu ; Zou, dieu-oiseau qui préside à l'orage ; Allat, déesse des enfers. Chez les Phéniciens, on peut faire la même constatation. Les principaux dieux sont : Baal-Moloch, le dieu du soleil brûlant ; Adonaï, le dieu du soleil jeune et du printemps, époux d'Astarté, tué à la chasse par le sanglier personnifiant les ardeurs de l'été ; mort, il devient Tammouz ; ressuscité, il prend le nom de Melkarth ; Baalit, déesse de la terre ; Astarté, déesse du ciel, de la lune et de la guerre ; les Kabires, dieux des sept planètes, sans compter les divinités des montagnes et des rivières appelées Baal (1).

En Chine, c'est dans la religion dite de Choun qu'on voit se développer le *grand naturisme*, et les dieux solaires. Le principal dieu est *Chang-ti*, le ciel ; la terre n'est pas personnifiée, mais le culte des montagnes et des fleuves remplace le sien. A côté se placent les six honorées qui prennent rang aussitôt après le ciel ; ces six honorées sont, suivant Réville, le soleil, la lune et les quatre étoiles présidant aux quatre saisons. Plus tard seulement vint le culte de la terre, qu'on finit par associer au ciel, comme principe passif et réceptif ; le rapport entre le ciel et la terre est celui entre deux époux. Les montagnes sont toutes considérées comme les domaines des génies ; il y a notamment cinq montagnes sacrées. Enfin, au dessous de ces cultes se trouve celui des esprits *chin* ; on sort alors du *naturisme* pour entrer dans l'*animisme*. Ces esprits revêtent généralement des formes animales ; ils viennent à l'appel lorsqu'on leur fait des sacrifices ; on distingue les esprits célestes, ceux terrestres et ceux humains. Parmi les esprits célestes, se trouvent ceux du soleil, de la lune, des étoiles, du ciel et de la terre, qui sont ainsi adorés sous leur forme visible et quant à leur esprit. C'est la distinction que nous avons déjà signalée

(1) De Milloué, *Aperçu de l'histoire des religions, passim.*

entre l'adoration du *soleil concret* et celle de l'*âme du soleil*. Dès lors et en conséquence du principe d'anthropomorphisme que nous allons bientôt décrire, ces divinités prennent un *sexe*, le ciel et le soleil sont *mâles*, la lune et la terre sont *femelles*. Les cinq planètes forment avec le soleil et la lune les sept Régentes : ce sont les planètes Vénus, Mercure, Saturne, Mars et Jupiter ; leurs esprits se retrouvent dans la liste des dieux Taoistes. Le reste des corps célestes réunis en constellations est animé et gouverné par autant de génies qui ont dans leurs attributions le vent, la pluie, etc., les douze signes du zodiaque ont aussi chacun leur esprit. Au-dessous sont les esprits de la terre, c'est-à-dire les montagnes, les fleuves et les cent sources, ou l'ensemble des fleuves et des cinq montagnes, et ceux des quatre grandes mers, des quatre points cardinaux (1).

Au Mexique, c'est le soleil qui a la prééminence sur tous les autres dieux ; chez plusieurs de ses habitants on adorait le soleil et la lune comme époux, sans image, sans temple et sans prêtres ; chez les Iljas du Guatemala, il y avait une idole représentant le soleil avec une tête humaine ; aujourd'hui encore les indigènes saluent le soleil quand il se rendent à la messe et plusieurs peuples Mayas nomment le soleil leur grand-père et la lune leur grand'mère. Les Mexicains se disent fils du soleil ; son lever est salué chaque jour. Les deux grands dieux des Aztèques étaient solaires. Mais c'est surtout au Pérou que le culte du soleil brille d'un vif éclat. La lune est sa sœur et son épouse ; tous deux étaient fêtés par une foule de rites, de fêtes populaires. Le nom du soleil est *intip*, et celui de la lune *mama quilla* ; dans leur représentation, il y avait un mélange de naturisme et d'anthropomorphisme : un disque d'or ou d'argent renfermait un visage humain. Ils ont leurs serviteurs parmi lesquels l'arc-en-ciel, les étoiles, notamment Vénus et les Pléiades. Le dieu du ciel et de

(1) Réville, *de la religion chinoise*, p. 126.

la foudre, Catequil, était lui-même subordonné au soleil. Le culte des animaux, débris de religions antérieures, avait été rattaché au culte du soleil et des astres ; chaque espèce animale avait au ciel son prototype, c'est-à-dire son étoile génératrice ; telle étoile était la mère d'un ours, les poissons avaient leur étoile-mère ; ainsi les animaux à leur tour possédaient leurs *totems*. Le soleil était muni de ses vierges, sortes de Vestales, qui ne devaient jamais avoir d'époux que lui ou celui à qui il les donnerait, elles pouvaient par conséquent épouser l'Inca, représentant le soleil, et il pouvait même les donner en mariage. La rupture du vœu de chasteté entraînait pour elles la même peine que pour les Vestales romaines ; elles étaient enterrées vivantes pour que le soleil ne fut plus offensé par leur vue. Le roi lui-même était le fils du soleil et gouvernait en son nom ; suivant la légende, les hommes vivaient à l'état sauvage, lorsque le soleil prit pitié d'eux et leur envoya ses deux enfants Manco Capac et Mama Ogllo pour améliorer leur sort et établir chacun le culte du soleil et de la lune (1).

Dans la mythologie Finnoise, le dieu suprême est Youmal qui n'est autre que le ciel ; il correspond au Tengri des Mongols ; mais c'est surtout le ciel tonnant ; il s'appelle aussi Oukko et sa propre occupation est de diriger le cours des nuages que l'on regarde comme ses brebis ; c'est lui qui allume l'éclair quand il fait sombre. Chez les Esthoniens il existe encore aujourd'hui une prière adressée à Saint Tonnerre. Il a pour épouse Akka, la déesse *terre* ; mais au-dessous se trouvaient les différents astres ; le soleil était un des grands dieux, de même la lune, les étoiles, la Grande Ourse, l'étoile polaire (*tahti*). Le soleil a deux fils dont l'un Panoû est le dieu du feu ; ces dieux ont aussi des filles : la fille du soleil, la fille de la lune, etc. Il faut mentionner : *Koi*, l'aurore *Æmmarick*, le crépuscule, les trois filles de l'air, la déesse des nues, celle du vent.

(1) Réville, *des religions du Mexique*, p. 326 et s.

En Polynésie, les dieux les plus anciens sont Rangi et Pépé, le ciel et la terre ; ils sont unis comme les époux et procréent tous les êtres. Quant au soleil, on le personnifie dans le dieu Moui qui finit par s'anthropomorphiser ; il est le dompteur des vents et l'inventeur du feu. Un autre dieu du soleil est Tangaloa qui devient ensuite dieu de la mer, par la confusion facile de la mer et du ciel ; le soleil est vénéré aussi sous le nom de *Râ*. La lune est adorée sous plusieurs noms : *hina*, *mahina*, le dieu de l'air est Rehua.

Chez les Peaux Rouges, le Grand Manitou, bien connu, personnifie le ciel, le soleil ou le vent, plutôt le ciel ventant, le ciel soufflant, car le vent est sa respiration ; c'est lui que l'on retrouve aussi au Mexique sous les noms divers de Quetzalcoatl et de Votan ; les indigènes s'inclinent quand le vent souffle. Le soleil, la lune, sont à leur tour l'objet d'un culte ; de même, les étoiles, notamment celle du matin ; au-dessous se trouve le culte du feu, la terre est l'épouse de l'esprit céleste. Chez les Botocudos, peuple de l'Amérique du Sud, c'est le culte de la lune qui prédomine ; mais ils adorent aussi le soleil, le tonnerre, le vent, la nuit. Le culte du soleil dominait aussi au Brésil (1).

Chez les nègres, le grand naturisme est embryonnaire, et c'est le petit qui l'emporte. Il y a pourtant une adoration collective du soleil et du ciel. Mais un culte spécial est rendu à la lune, on lui adresse des prières ; l'année nègre est lunaire ; on lui associe la vache, ce qui est un motif de culte envers celle-ci ; le croissant de l'une ressemble à la corne de l'autre. Il y a un dieu du tonnerre, un autre de la pluie, un de la mer.

Le grand naturisme se compose principalement du culte *solaire* et du culte *lunaire*, ainsi que de celui des différents phénomènes célestes, mais il comprend aussi le culte très important de la *terre* dans son ensemble. La terre représente

---

(1) Réville, *religion des peuples non civilisés*, p. 212.

d'ailleurs dans les philosophies religieuses la matière première issue du chaos, et souvent coexistante à la divinité, le ciel joue le rôle de père, la terre celui de mère, ce que nous avons déjà vu dans la mythe de Rangi et Pépé, mais la terre est adorée aussi d'une manière indépendante. Les Algonquins chantent des hymnes en son honneur et l'appellent l'aïeule. En Kichua on dit : mamapacha (la terre mère). Le nègre l'associe à Dieu et à son fétiche, et s'écrie, en offrant une libation : « viens boire, ô créateur ! viens boire, ô terre ! viens boire ô Bosoumbra ! (le fétiche), (1). Dans l'Inde, les tribus Bygh offrent un sacrifice à la terre. Cependant les Khonds l'adorent, mais lui attribuent un caractère démoniaque, et la secte qui adore le soleil déteste la terre, elle y est l'objet d'un culte sanguinaire. Les Flinnois lui donnent aussi le nom de Maa-emä, la terre mère; ukko, le grand-père, est le dieu du ciel, et akka, la grand'mère, la déesse de la terre. La religion védique a le culte de Prithivi, la terre, de même que les Grecs, celui de $\delta\eta\ \mu\eta\tau\eta\rho$ ou $\gamma\eta\ \mu\eta\tau\eta\rho$, et les Germains celui d'Hertha.

Tel est le *grand naturisme*, il est commun à presque tous les peuples et aboutit aux religions *solaires* ; quelquefois, mais beaucoup plus rarement, à celles lunaires ; il était nécessaire de l'exposer avec quelque détail pour en faire ressortir l'importance. C'est le culte solaire qui devait aboutir et qui a abouti à un panthéisme monothéiste.

Dans le petit naturisme, nous avons omis de signaler des divinités accessoires, qui se trouvent dans toutes les mythologies. Elles sont à la mythologie objective, ce que sont les lares et les pénates à la mythologie subjective. Nous en avons donné des exemples dans les naïades, les faunes, les sylvains, les dryades de la mythologie grecque. La religion scandinave et celle des Celtes en offrent aussi de nombreux échantillons. Quelquefois elles se confondent avec les divinités subjectives.

(1) Tylor, p. 351.

Nous n'en donnerons que quelques exemples. La mythologie scandinave est remplie de ces petits êtres, formant un cercle féerique. Il y a d'abord les lutins qui se divisent en blancs et en noirs, c'est-à-dire en bons et mauvais ; ils s'appellent *hulder*, puis les nains (*trolls*) qui habitent les montagnes. seuls ou en société, la *nisse* analogue au *Kobold* germain qui a la taille d'un enfant et la figure d'un vieillard ; le *nick* ou esprit de la rivière, la sirène (*haffrue*), on pense chez les peuples du nord que ces êtres furent autrefois vaincus dans une lutte avec des puissances supérieures, et condamnés à un séjour forcé jusqu'au jour du jugement ; les rochers furent donnés aux nains, le bocages aux lutins, les grottes et les cavernes aux peuples des montagnes, la mer, les lacs et les rivières aux enchanteurs et les cascades aux *fassegrims* (1). Cette explication nouvelle coïncide avec notre théorie sur le naturisme. Le grand naturisme a relégué le petit au second plan; dès lors, les divinités du second se sont effacées, n'ont plus eu le droit de changer de place, elles ont été vaincues par une évolution supérieure, et les dieux de cette catégorie sont passés au rang de demi-dieux, n'ayant plus qu'un pouvoir restreint sur les hommes et ayant contracté une certaine familiarité avec eux, on peut les appeler des esprits inférieurs.

Il en est de même dans la mythologie celtique. On sait que ces petits êtres y sont très nombreux. Qui ne connaît les fées, les nains, les farfadets, les lutins, les korrigans? Ils correspondent exactement à ceux de la Scandinavie et de la Germanie, et jouent le même rôle, d'ailleurs tantôt bons, tantôt mauvais, sans que leur malice envers l'homme soit bien complète, car ils lui font souvent du bien.

Il faut rapprocher de ces êtres les *Tikis* des Polynésiens qui cependant appartiennent peut-être plutôt à la religion subjective. Ce sont des petits dieux subalternes dont l'origine est

---

(1) Anderson, *mythologie scandinave*, p. 47.

oubliée et qui ne sont plus que les esprits protecteurs des individus, des familles et des iles ; quelquefois le tiki se confond avec un dieu, mais alors ce dieu est envisagé comme protecteur. Chaque Polynésien a son animal *tiki*, dont il n'ose pas manger sous peine de sacrilège ; c'est que le tiki apparaît souvent sous forme animale, c'est donc aussi une sorte de *totem*. Les âmes des ancêtres, dans les familles nobles, deviennent aussi des *tikis* pour protéger leurs descendants. Il se passe ici un phénomène contraire à celui que nous venons de signaler tout à l'heure. C'est le culte des tikis qui finit par absorber le grand naturisme, on ne s'adresse aux grands dieux que dans les grandes occasions !

Faut-il comprendre parmi ces petites divinités les anges et les démons ? Ils ne manquent pas de point de contact avec les bonnes ou les mauvaises fées, les lutins, etc. Cependant les peuples où le christianisme a pénétré n'ont jamais confondu le nain ou le farfadet avec le démon, et l'ange à toujours eu dans leur esprit une idée distincte. Seul l'ange gardien présente de l'analogie. Nous croyons, et nous allons essayer de le démontrer tout à l'heure, que l'ange et le démon se placent dans la sphère des religions anthropomorphisées et gravitent autour de la divinité personnelle.

Voilà les deux principaux objets de la religion, l'homme, par le culte mortuaire, la nature par le culte naturiste. Il faut bien les distinguer. Ils sont indépendants l'un de l'autre. Le culte de la nature se divise en petit et grand naturisme, suivant qu'il porte sur les petits objets entourant l'homme, ou sur les grands qui le dominent, surtout les astres et le ciel. Quant au petit naturisme, il comprend les dieux primitifs, ceux qui personnifient les bois, les montagnes, et les dieux accessoires, petits dieux ou demi-dieux que nous venons de décrire et qui s'attachent à tel endroit qu'ils protègent. Le naturisme au degré inférieur adore l'objet céleste, par exemple, dans sa réalité concrète, ou en le pourvoyant seulement d'une âme, condition nécessaire pour un culte ; celui au second degré détache cette âme et l'adore seule, de sorte qu'au soleil on substitue l'âme ou le dieu du soleil ; peut-être y a-t-il une troisième phase dans laquelle le dieu du soleil le quitte définitivement, circule partout et même se fixe sur la terre ; mais alors nous touchons à l'anthropomorphisme. Le culte de l'homme se divise aussi en culte de l'homme vivant, culte de l'homme mort où l'âme se trouve alors détachée (on commence par l'ancêtre pour finir par le demi-dieu), culte des esprits suprà-humains qui sont devenu les accessoires de l'âme humaine, culte de la personnification des actes de celle-ci, de ses fonctions et de ses qualités.

Tout à coup la religion subjective ou humaine et la religion objective ou naturiste se rejoignent en un *confluent*, pour former l'*animisme*. En effet, nous avons vu que par une opération naturelle de l'esprit, on a procédé dans chacun de ces cultes, du concret à l'abstrait. Cette abstraction a été double. On a extrait de chaque objet divinisé l'âme qui s'y trouve ; on a extrait aussi l'âme de l'homme. Toutes ces âmes ou esprits sont demeurés des dieux. D'autre part, on a, en faisant à la fois la généralisation et l'abstraction, extrait les qualités communes des différents êtres : la beauté, la bonté, la force, et on en a fait autant d'entités divinisées. Voilà encore de nouveaux esprits, fictifs à l'origine, mais réputés réels. Le monde cosmique est alors rempli d'esprits de toutes sortes ; ceux d'origine humaine y conduisent ceux d'origine naturiste. On invoque en même temps l'esprit de l'ancêtre et celui de l'astre dans un vaste panthéon.

L'*animisme* forme dès lors un culte commun, réunissant les deux cultes que nous venons de décrire. Les esprits cumulés qui en sont l'objet (car on n'adore plus que des esprits de toute provenance), sont invisibles, inaudibles, impalpables. Cependant on veut les voir apparaître, les toucher, les évoquer. Ils sont environnés, à défaut d'un corps véritable, d'un type corporel correspondant à ce que les spirites appellent le *périsprit*. Ce périsprit esquisse-t-il les formes humaines ou d'autres? Tantôt celles humaines, tantôt celles animales, tantôt des formes différentes. Il suffit que l'objet soit assez sensibilisé pour ne pas être une simple abstraction. Cet animisme qui est la quintescence des objets matériels du culte dure assez longtemps dans sa pureté avant qu'il se mélange d'anthropomorphisme. L'esprit détaché, soit humain, soit extrait de la nature, n'est pas l'objet d'un culte sacerdotal, mais d'une sorte de sorcellerie. *Le sorcier est le prêtre de l'animisme.*

C'est dans l'Afrique surtout et parmi les nègres que l'animisme, ou religion des esprits, confluent de la religion mortuaire et de la religion naturiste, a élu domicile. On le rencontre aussi en Tartarie, où il a donné naissance au chamanisme. Le nègre voit des esprits partout, dans les bois, les montagnes, les rivières, les sources et les plaines. Il ne passe devant leurs résidences que bouche close, de peur de les offenser, et on doit toujours y laisser quelque don par déférence ; ces esprits ne sont jamais ni tout à fait bons, ni tout à fait mauvais, et le nègre ne les distribue point en ces deux catégories, cependant ils n'ont pas tous la même réputation. C'est, dit Réville, cette convergence des deux animismes, de celui qui vient du culte des ancêtres et de celui qui dérive du culte de la nature, qui remplit la religion du nègre, et qui, en même temps, est la cause de son infériorité mythologique; avec leur immense quantité d'esprits anonymes, indéterminés, ils s'opposent à une organisation de mythes et de croyances, l'objet de la religion reste capricieux, fantasque ; ce sont eux en même temps dont l'exagération rend possible le fétichisme. Mais c'est ailleurs aussi que règne l'animisme ; il s'étend à tous les peuples où le moyen cultuel de la sorcellerie est en vigueur. Le sorcier est un homme qui doit à ses relations personnelles avec les esprits le pouvoir de dominer le cours naturel des choses au profit ou au détriment des autres hommes; la sorcellerie disparaît dans l'état mythologique véritable, c'est-à-dire anthropomorphique, et reparaît lors de l'affaiblissement de cet état ; les dernières années du polythéisme voient ressusciter le thaumaturge.

L'Afrique était sans sacerdoce, sans mythologie, mais en plein animisme ; de là le pouvoir du sorcier, non pas charlatan, mais dupe lui-même de sa croyance, ce qui est favorisé par le caractère de la race qui produit facilement les faits d'extase, d'hallucination. Les épileptiques, les fous, passent pour des inspirés, puisqu'un esprit peut aussi bien se loger dans une plume ou dans un pot, il peut animer un être humain. Le sorcier noir devient naturellement devin et médecin, car tout traitement n'est que le résultat d'un exorcisme. Il peut se convertir en tous les animaux et créer une foule d'amulettes auxquelles la vertu magique est communiquée ; son pouvoir malfaisant est immense et le noir vit toujours sous sa terreur et sous celle des esprits. Chez les Peaux-Rouges, il existe la même affluence d'esprits, venus, les uns des hommes décédés, les autres des objets de la nature ; ces derniers prédominent même et c'est à eux que l'Indien s'adresse dans ses prières. Tel est le sens de la réponse d'un sorcier californien interrogé par M. Bancroft, qui lui demandait à qui il s'adressait en marmottant des paroles incompréhensibles : Je parle, répondit-il, aux arbres, aux oiseaux, aux sources, au ciel, aux rochers, pour qu'ils m'aident, et au vent, à la pluie et aux feuilles. Les Iroquois, dans leurs grandes fêtes, faisaient des invocations analogues. Les Peaux-Rouges reconnaissaient un esprit personnel jusque dans les objets les plus vulgaires, comme une hache ou un chaudron, si bien que, lorsque l'objet est détruit, son esprit est censé lui survivre et se rendre à l'empire des morts ; l'éternuement semble la sortie d'un esprit qui s'était logé dans le corps du patient. Ce double animisme est constant ; cependant Spencer prétend qu'il n'est qu'une continuation du culte des morts, c'est l'application de sa doctrine qui fait tout dériver du culte subjectif ; mais elle semble d'autant moins vraisemblable ici que les Peaux-Rouges n'ont pas le culte de l'homme vivant, en particulier, des souverains.

Là, comme en Afrique, l'animisme engendre la sorcellerie, qui est son sacerdoce propre ; le sorcier, dans l'état d'extase, reçoit les communications des esprits ; il est aussi guérisseur et porte le nom d'*homme-médecine ;* il y a des familles où la profession de sorcier est héréditaire. L'animisme pur règne aussi chez les Esquimaux ; il est double quant à son point de départ, subjectif et objectif ; il ne s'agit pas seulement des esprits des morts, mais aussi de ceux de chaque objet de la nature, et même ces derniers sont classés en plusieurs catégories : 1° Les esprits de la mer, *kingensetokit ;* 2° ceux du feu, *ingnersoit* et 3° ceux des montagnes, *tennersoit,* s'ils sont grands et *innuarslit,* s'ils sont très petits, comme les nains. Quant à leurs sorciers, nommés *angekok*, ils le deviennent en obtenant parmi les esprits un esprit familier, *torngok ;* dans ce but, ils mènent pendant quelque temps une vie d'ascète. Telle est aussi la racine du Shamanisme chez les Tartares, religion qui a été primitivement celle de la Chine même ; les Shamans sont des sorciers, mais ils ne dominent qu'en vertu de l'animisme dont ils sont les véritables prêtres et le shaman tartare correspond à l'angekok esquimau, au piace de l'Amérique du Sud, aux sorciers hottentots, polynésiens, mélanésiens et australiens. Les sorciers lapons sont connus. Le shaman semble un insensé, il se livre continuellement à l'extase et accomplit de véritables prodiges, apparents au moins (1).

L'animisme a rempli un rôle considérable dans l'évolution des religions. Il est né d'une abstraction facile. Il a d'ailleurs deux significations nouvelles, dont l'une est inexacte. Il signifie d'abord le culte des objets de la nature auxquels on suppose une âme ; c'est alors, en réalité, le naturisme, car on n'a jamais adoré le corps de ces objets dépourvus d'âme, il signifie ensuite le corps des esprits détachés, tant de l'homme que de la nature, errants en tous lieux, sortis du corps auxquels ils étaient attachés. Ce sont ces esprits indépendants que la sorcellerie évoque.

(1) Réville, *Religion des peuples non civilisés*, p. 293.

Ce rapport étroit entre l'animisme et le spiritisme se révèle par les traits communs suivants : les magiciens déclarent à ceux qui les consultent et qui ne les connaissent pas, leur nom, famille, âge, etc., ils font apparaître dans l'air les images du chef de leur secte et de leurs principales idoles ; ils possèdent des crayons qui écrivent d'eux-mêmes et sans que personne les touche, sur le papier ou le sable, des réponses aux questions faites ; il font passer en revue, dans un grand vase plein d'eau, tous les gens habitant une maison

Les mêmes esprits, aujourd'hui, font l'objet du spiritisme, car celui-ci est la renaissance de l'animisme. Les spirites évoquent les esprits qui nous environnent, remplissent l'atmosphère et qui sont tantôt ceux des morts, tantôt ceux des objets de la nature ; ils les enferment dans des tables tournantes, les font voir, entendre, palper, et entrent en communication avec eux au moyen des médiums. Ceux-ci ne sont autres que des chamans ou sorciers modernisés. Ce n'est pas le lieu ici de rechercher si ces opérations sont réelles ou seulement apparentes, et si, dans ce dernier cas, elles ne s'analysent pas en une simple communication de la pensée ou de la volonté, mais elles sont bien en rapport avec la croyance à une existence universelle d'esprits détachés de leurs corps, ou près de s'en détacher, ce qui advient dans la télépathie.

Mais l'animisme est loin d'avoir été le point terminal de l'évolution des religions ; c'est même un point arriéré où la religion semble presqu'à ses débuts. Il est né, avons-nous dit, de l'effort pour abstraire du subjectif et de l'objectif. Cet effort ne peut être que momentané ; on retombe vite au concret, à condition cependant que le concrétisme nouveau soit différent du concrétisme ancien, car on ne retourne pas en arrière. D'autre part, après avoir eu un culte purement objectif, on a une tendance à le rapprocher du culte subjectif, sinon par son objet, au moins par la forme qu'on lui donne ; enfin, après avoir généralisé, on se sent porté à individualiser de nouveau Ces trois tendances reçoivent satisfaction en même temps.

Par l'action de ces facteurs, la religion animiste subit les évolutions suivantes : 1° Le *fétichisme* et le *totémisme*, qui n'est qu'un fétichisme intellectuel ; 2° l'*idolâtrie* ; 3° l'*anthropomorphisme* ; 4° l'*incarnation*, laquelle dépend cependant de l'application d'un principe plus général.

Le fétichisme, avec le totémisme, forme le premier degré de transformation de l'animisme. Il suppose celui-ci, car quel sens aurait un objet inanimé, si on ne le croyait doublé d'un esprit ou influencé par lui ? Le fétichisme doit s'entendre ici *stricto sensu*, il ne s'agit point de l'adoration des êtres de la nature, qui est le naturisme, mais de celle d'un objet individuel, ouvré ou brut, ou d'un fragment de cet objet que l'homme s'approprie et que le plus souvent il façonne. C'est une divinité fictive que l'homme se crée : *factitius*. C'est même dans un certain sens un protecteur objectif, de même que l'ange gardien, le ferouer ou le tiki est un protecteur subjectif. Au premier abord, le fétichisme semble incroyable. Voici celui du nègre de l'Afrique dérivant en droite ligne de l'animisme. C'est le besoin de rapprocher de soi la divinité qui en a été la cause, besoin bien naturel, et aussi celui de particulariser l'objet de la religion, d'empêcher qu'il ne soit banal et commun. Or, si le culte du soleil est banal, celui de mon fétiche n'appartient qu'à moi seul. Le fétiche, dit Réville, est un objet vulgaire, n'ayant pas de valeur : une pierre, une racine, une plume, une bûche, un coquillage, une étoffe, une dent d'animal, une peau de serpent, une boîte, une cruche, il doit cependant avoir frappé l'imagination de son adorateur. Il reste dans la famille et on hérite du fétiche de son père ; on peut aussi le vendre ou l'acheter ; on en forme un collier qu'on porte. Il y a des fabricants de fétiches, comme il y a des fabricants de jouets ; le marchand les expose en plein air pour qu'un esprit puisse venir s'y loger. Le fétiche finit par faire partie de la famille comme les mânes. De même, il y a des fétiches publics pour les tribus et les États, et ils sont alors l'objet d'un culte public. On leur offre du vin, des aliments, on brûle devant eux de l'encens, on les peint en blanc, couleur des esprits, on leur immole des animaux, ce sont de vraies divinités qui reçoivent même des sacrifices humains ; on les consulte comme des oracles. Quelquefois le fétiche touche à l'idole, c'est lorsque l'influence de l'anthropomorphisme commence à se faire sentir. Par exemple, le morceau de bois qui est un fétiche, est plus large en bas qu'en haut, il est grossièrement découpé au sommet, ce qui donne le vague aspect d'un visage ; il s'y joint des amorces de bras et de jambes (1). D'autre part, le fétichisme plonge quelquefois dans le naturisme et l'animisme. C'est ce qui arrive lorsqu'on adore un objet de la nature que l'on ne déplace pas, tel arbre, par exemple, à l'exclusion des autres arbres. Le fétiche a ceci de particulier, que son culte dépend du caprice de l'homme, on le bat, on le remplace par d'autres. Il contient toujours une âme et en cela il se distingue de la simple amulette, qui a bien une vertu magique, mais qui n'est qu'une chose. Un dernier caractère du fétichisme, c'est que souvent il s'exerce, non sur un objet entier, mais sur une fraction qui représente le tout, et qu'on pourrait assimiler à une relique de nos religions ou aux parties du corps humain dont, chez nous, les sorciers se servaient pour exercer leur influence sur le corps entier. Enfin, dans le fétichisme, le sauvage opère par la sorcellerie une contrainte sur la divinité enfermée dans le fétiche.

C'est ainsi que les Caraïbes se formaient des fétiches, subjectifs cette fois, avec les restes de leurs morts, des cheveux, des ossements, pendant que les esprits défunts y demeuraient. Ils dissolvaient et buvaient les cendres de leurs chefs pour s'approprier leurs qualités, ou ils faisaient de leurs cadavres des momies qui leur servaient de fétiches. Ils formaient aussi des fétiches objectifs avec la pierre, la terre, le coton, leur

(1) Réville, *Religion des peuples non civilisés*, p. 79.

donnant une forme s'approchant de la forme humaine. Ils leur offraient des aliments. Comme ailleurs, le fétiche ne comporte ni idoles, ni prêtres. L'idolâtrie et le fétichisme sont même, sur certains points, tout à fait contraires, le second emportant domination sur l'esprit qu'on a comme emprisonné.

A Madagascar existe aussi un fétichisme proprement dit ; il y a des gris-gris. De même, en Abyssinie, les habitants adorent des pierres levées, semblables aux menhirs, les couvrent d'amulettes, d'onctions de beurre, les prient, les consultent.

En effet, on pourrait peut-être comprendre dans cette classe, non l'érection, mais au moins l'adoration des menhirs, si nombreux en notre Bretagne, et dont l'origine, aussi bien que l'usage, sont l'objet de controverses. Ces pierres levées peuvent représenter des hommes et former ainsi une idolâtrie rudimentaire, ils peuvent être aussi des fétiches fixes, nous savons que tous n'étaient pas mobiles.

Au Pérou, les fétiches étaient en usage sous le nom de *guacas*, ces guacas étaient des objets de bois, de terre, de pierre, de métal portatif, placés dans les maisons ou sur les personnes, quelquefois aussi immobiles, comme une pierre située au milieu du village ; les guacas de la maison s'appelaient conopas ; les météorites formaient les guacas les plus puissants.

Mais le pays classique du vrai fétichisme, c'est l'Afrique. Cette religion rudimentaire est celle d'un peuple enfant qui est resté enfant, qui n'a pu dépasser le stade du culte des objets particuliers. Le fétichisme est une religion enfantine, c'est pour cela qu'elle nous semble la plus étrange de toutes. Pour la comprendre, examinons donc quelques instants l'état d'esprit de l'enfant.

Aussitôt qu'il peut comprendre, il cherche à se créer des jouets, qu'il préfère même à ceux qu'on lui apporte, parce qu'ils sont davantage à sa portée. C'est pour cela que la poupée n'est pas le jouet du tout premier âge. Il s'empare d'un objet quelconque auquel il attribue un nom, une qualité imaginaire qui, pour d'autres, n'existe pas ; il peut s'amuser longtemps ainsi ou seulement quelques instants. Il rejette et brise l'objet aussitôt que celui-ci a cessé de lui plaire et il se crée un jouet nouveau. C'est sa période de fétichisme. Mais bientôt cela ne lui suffit plus ; il donne à cet objet une forme un peu humaine, puis il réclame plus de perfection et on lui apporte cette fois la poupée ou le pantin. La petite fille soigne sa poupée comme une véritable mère ; pour elle, c'est un être existant, qu'elle respecte relativement, qui ne dépend plus pour tout de sa volonté ; c'est l'idole succédant au fétiche, jusqu'à ce que cet être n'agissant pas ou n'agissant que par elle lui semble moins intéressant que le récit d'actions véritables révélées par les contes ; elle passe alors de la période idolâtrique à celle mythologique. Le genre humain n'a pas procédé autrement.

Le fétichisme réalise à la fois dans l'animisme qui lui sert de base la substitution de l'individuel au général, mon fétiche n'est qu'à moi, de l'abstrait au concret, l'esprit reprend un corps quelconque, quoique pas le sien, de l'objectif au subjectif, puisque le fétiche devient la propriété d'un homme, et que celui-ci se met momentanément sous sa protection.

A côté de ce fétichisme matériel, il en existe un autre idéal. Pour faire son dieu de tel objet ou plutôt de l'esprit contenu dans cet objet, il n'est pas besoin de l'avoir dans sa possession matérielle, puisqu'il y a des arbres fétiches, il suffit de se référer à lui constamment, de nouer avec lui un lien de parenté ou d'amitié. C'est ce qui a lieu dans le totémisme, institution si singulière, en usage chez les Peaux-Rouges (1). On sait en quoi il consiste. Le totem est un animal déterminé, servant de forme corporelle à l'esprit dont l'individu, la famille ou la tribu croit posséder la protection ; à la

---

(1) Réville, *Religion des peuples non civilisés*, p. 242.

différence de ce qui a lieu pour le fétiche, le totem n'est jamais abandonné, et quand deux tribus se réunissent, les deux totems se joignent, comme chez nous les blasons de deux familles, de là de singulières combinaisons, comme les faucons-saumons. C'est une propriété individuelle ; chaque Peau-Rouge a son totem ; il en porte la marque sur son corps. Il regarde les animaux du même nom comme ses parents, s'abstient de les tuer et de les manger. Tantôt l'animal totem est désigné au moment de la naissance par les femmes de la tribu réunies, tantôt le jeune homme choisit son totem lui-même, quand il devient pubère, c'est en songe qu'il voit apparaître l'animal qui sera le totem. Tous les animaux ne peuvent pas être choisis, le serpent, par exemple, est un totem très rare.

En Afrique, les Bakuenas pratiquent aussi le totémisme. Ils se disent issus du crocodile. Les Bechuanas se divisent en ba-kuenas, hommes du crocodile, ba-tsapis, hommes du poisson, ba-narès, homme du buffle et chacun s'abstient de manger l'animal ou le végétal dont il porte le nom, il lui semblerait qu'il mange un parent. S'il faut le tuer, on lui adresse préalablement des excuses. Le totémisme donne lieu à une sorte de blason de la tribu, par exemple, des cornes, si l'on descend du bœuf. Les ba-kuénas incisent les oreilles de leur bétail pour imiter l'ouverture de la gueule du crocodile.

En Australie, chaque famille a un animal protecteur qui lui devient sacré, il porte le titre de *kobong*.

Chez les Iakoutes, en Sibérie, chaque tribu possède un animal sacré et s'abstient de manger de sa chair.

L'explication du *totem* exige peut-être la mention de facteurs multiples. Le totémisme a ceci de commun avec le fétichisme qu'on cherche dans les deux à se donner la protection personnelle d'un esprit inférieur ; c'est dans la religion objective une théorie analogue à celle de l'ange gardien et du patron dans le culte subjectif. Il s'en distingue par le manque d'appropriation matérielle ; le lien du totémisme reste tout intellectuel. Mais on se demande pourquoi avoir choisi de préférence les animaux ; il est vrai que ce choix n'est pas absolument exclusif, puisqu'il existe quelques plantes totems. C'est ici qu'il faut noter la croyance de Peaux-Rouges que l'espèce humaine ou au moins leur tribu descend d'un certain animal. Les Chippeways auraient pour premier ancêtre un chien, les Delawares, un aigle, les Osages un écureuil qui aurait épousé la fille d'un castor. Beaucoup croient qu'ils seront transformés en animaux après leur mort. Il faut en rapprocher le système de la métempsychose en honneur dans certaines religions. Il en résulte qu'il y a une parenté supposée entre l'homme et l'animal, même, quoique plus lointaine, entre l'homme et la plante. C'est le pressentiment de la doctrine darwinienne, quoiqu'il n'existe qu'un seul peuple faisant dériver l'homme du singe. D'ailleurs, l'homme primitif va plus loin encore ; il établit une similitude, même une circulation animique, comme nous le verrons, entre tous les êtres. Telle est la racine du totémisme. L'animal forme un trait d'union entre le subjectif et l'objectif ; il entre dans le subjectif, puisqu'il est notre parent. En l'adorant on adore un ancêtre ; c'est peut-être ce qui rend l'animalisme plus fréquent.

Dans certains pays de totémisme, on croit en effet, à cette descendance des animaux, mais à la différence de la doctrine darwinienne on ne se réfère pas de préférence aux anthropoïdes. Cependant il en est autrement au Thibet. Les traditions de ce pays racontent que les trois dieux se consultèrent pour savoir comment le Thibet serait peuplé, on pensa que la race humaine ne pourrait être produite que si l'un d'eux se changeait en singe ; c'est ce que fit le dernier des trois dieux, et la déesse Ladroma se changea en singe femelle (1). En général, on relie bien le singe à l'homme, mais d'une manière inverse, sous l'influence probablement de l'idée métempsychosique ; ce n'est pas l'homme qui descend du singe, mais le singe qui descend

(1) Anderson, *Mythologie scandinaves*, p. 44, Wagner, p. 192.

de l'homme, autrement dit, le singe est un homme dégénéré. Dans l'Afrique australe certaines tribus croient que les singes étaient autrefois des hommes et des femmes, et les appellent le premier peuple. Suivant les Zulus, une tribu d'hommes et femmes fut changée en babouins pour punition de leur paresse. Dans la mythologie grecque, Jupiter métamorphosa la race perfide des Cercopes en singes, ainsi que le raconte Ovide dans ses métamorphoses. Mais aussi on trouve la descendance contraire qui nous ramène à l'idée darwinienne. La tribu pillarde des Marawars dans les Indes est réputée descendre des singes de Rami ; les Jautwas de Rajpoutam prétendent qu'ils sont issus du dieu singe Hanounun, et en apportent comme preuve que leurs princes sont encore pourvus d'une queue. Suivant la légende bouddhique, les tribus du Thibet à nez plat descendent de deux singes merveilleux métamorphosés pour peupler ce royaume; cette transformation est lente. Suivant les nègres, la génération monte et redescend d'une manière métempsychosique du singe à l'homme et de l'homme au singe. Il y a, du reste, comme l'observe Tylor, aux yeux de certains peuples même civilisés, une certaine confusion entre le singe et l'homme ; l'*homo caudatus,* ou satyre, semble mixte entre les deux. En 1537 le Pape Paul III dut déclarer expressément que les Indiens étaient des hommes. Chez les sauvages, une tradition très répandue est que la race humaine était originairement pourvue d'une queue ; on sait qu'anatomiquement il en existe un vestige ; Taylor cite un grand nombre d'autres faits fort intéressants (1).

A côté du fétichisme et du totémisme qui constituent une individualisation de tel culte au profit de tel adorateur, et qui formaient soit l'idolâtrie, soit la *zoolâtrie* individuelle, il faut placer la *theolâtrie individuelle* qui consiste à se choisir un dieu pour soi seul, un dieu individualiste. Il s'agit du culte du patron ou protecteur. Nous avons déjà signalé dans ce sens

---

(1) Tylor, *Les civilisations primitives*, p. 432.

celui du génie à Rome, du férouer dans la religion persane, de l'ange gardien et du saint patron dans le christianisme ; c'est un retour à l'individualisation et au concret subjectif. Nous savons d'ailleurs que l'interprétation peut en être multiple. La divinité peut n'être que le reflet de l'homme, puisque Dieu lui-même possède son férouer, c'est le double, le type de l'être, mais ce peut être aussi un dieu ou un esprit dont on prend possession exclusive, comme dans le fétichisme. On trouve des vestiges de ce culte chez beaucoup de peuples. Les Watchendis de l'Australie (1), pensent que lorsqu'un guerrier tue son premier homme, l'esprit du mort entre dans le corps du meurtrier et devient son woorie ou esprit gardien, il s'établit près de son foie et l'avertit du danger en le chatouillant. Un acte religieux important de l'Indien de l'Amérique du Nord est de s'assurer le concours d'un génie qui veille constamment sur lui. Chez les Esquimaux, le sorcier n'est sûr de sa profession qu'après avoir acquis un *torngo*, ou esprit familier qui peut être l'âme d'un de ses parents. Les Araucaniens croient posséder chacun son ange gardien, la nymphe gardienne (anchi-malgen). Il en est de même des Caraïbes, ainsi que des Nègres d'Afrique. En Asie, chaque Mongol a son patron, les sorcières laos ont des esprits familiers. Socrate avait son démon. Il est inutile de rappeler le *genius natalis* des Romains présidant à toutes les actions ; il se dédouble en chemin, c'est le bon et le mauvais génie. Chez les Chrétiens, cette croyance est enracinée, quoiqu'elle ne se base sur aucun texte. Sainte Thérèse avait un ange familier. Enfin le *ferouer* est un être essentiel dans le Mazdéisme. A leur tour le Ferouer et le génie peuvent être comparés dans un certain sens au *logos* qui est l'extériorisation et le double d'un être divin. La religion étrusque connaît aussi les génies qui sont distincts des démons et forment un émanation de la personne, et sa propriété. Les dieux en possèdent, ce sont leurs doubles. Il faut

(1) Voir Tylor, p. 261.

rapprocher de ce patronage d'un esprit humain par un esprit supérieur qui lui devient personnel, et qui est comme son dédoublement divin, le phénomène du monde biologique, constituant le parasitisme soit zoologique, soit botanique, en vertu duquel un être vit de la vie d'un autre, ainsi que du phénomène sociologique de la domesticité ou de la commensalité. Des phénomènes identiques se reproduisent dans les différents mondes ; dans celui de la linguistique on rencontre bien les mots auxiliaires.

Au-dessus du fétichisme et du totémisme apparaît l'anthropomorphisme, d'abord celui matériel ou l'idolâtrie, puis l'anthropomorphisme proprement dit. L'idolâtrie a pour point de départ le fétichisme, en ce sens que le fétiche est souvent rudimentaire. L'idole ne représente pas d'ailleurs toujours un homme, mais quelquefois un animal ; souvent, comme dans l'Egypte ancienne, les deux sont réunis ; les dieux à tête d'animaux n'y sont pas rares, mais comme on l'a souvent remarqué, le zoomorphisme s'y efface peu à peu devant l'anthropomorphisme. Les idoles représentent presque toujours les dieux préalablement anthromorphisés. Le principe de l'idolâtrie est simple. Ce n'est point, comme on pouvait croire, une simple image du dieu qui s'anime ensuite peu à peu comme Galathée sous les baisers de Pygmalion pour devenir un dieu réel ; c'est tout de suite un dieu, c'est-à-dire un esprit incorporé dans la statue, comme elle l'était d'abord dans le fétiche ; la forme est seulement supérieure. Son utilité est incontestable ; un esprit n'est pas perceptible pour les sens ; si on l'enferme dans un objet quelconque, devenu fétiche, sa perception est encore bien faible ; car ce n'est que par une image complète, et surtout sous une forme humaine, que l'esprit se comprendra bien. Aussi presque tous les peuples sont devenus idolâtres, et ceux qui ne l'étaient pas, comme les catholiques, ont conservé des vestiges des idoles dans le culte des images ; l'idolâtrie est le culte des nations plus civilisées ; celles qui le sont tout à fait l'abandonnent cependant.

L'idolâtrie ne s'applique pas seulement au culte objectif des forces de la nature, mais aussi au culte subjectif, à celui des ancêtres et même des hommes vivants. On leur élève de grossières statues, non pour les représenter, mais pour qu'elles soient animées par les âmes. Chez les Ostiaks aux repas de commémoration on place devant ces figures une partie des mets, et les femmes qui ont aimé leurs maris couchent avec elles. A chaque repas on présente des aliments à la statue, et s'il s'agit d'un mari décédé, sa veuve l'embrasse de temps en temps.

L'idolâtrie est à un état tout à fait embryonnaire chez les Peaux Rouges; en Virginie, on a remarqué des poteaux renflés à l'extrémité supérieure où un visage humain est ébauché, plantés et formant un rond comme nos cromlechs, et autour desquels on dansait. Dans les demeures privées, il y a de petites idoles, fétiches ayant une forme déjà humaine. Aux Antilles, ce sont encore les fétiches qui règnent, mais il ont une figure humaine ou animale, et ressemblent aux idoles des Mexicains, on les appelait *chemis* ; ils ont souvent plusieurs bras et plus de deux têtes. Les Haïtiens se gravent sur le corps l'image de leur Chemi. Ils étaient hiérarchisés par rang de dignité. Les *Maoris* n'avaient pas de statues représentant les grands dieux, mais des statuettes figurant les ancêtres et les tikis ; c'était là de l'adoration subjective. A Tahiti, il y avait des idoles de grands dieux, mais aussi beaucoup de figurines. Les Dajaks ont des idoles grossières représentant des oiseaux, des hommes et des femmes, où les esprits viennent habiter. Les Finnois avaient une grande idole nationale, mais pas de temples ; les Lapons possédaient beaucoup d'idoles de bois et de pierre nommées Seidas et qui se réduisaient quelquefois à des pierres naturelles de formes bizarres (1).

Mais chez les peuples non civilisés l'idolâtrie n'existe qu'à

---

(1) Lubbock, *Les origines de la civilisation*, p. 341.

l'état sporadique, et elle se confond avec le fétichisme qui est à
sa base ; c'est chez les civilisés qu'elle se développe. On l'y
retrouve presque partout, et elle est tellement connue qu'il
est inutile de la décrire, elle a pénétré jusque dans la race
aryenne. Les trois religions monothéistes : le judaïsme, le
christianisme et le mahométisme les ont cependant proscrites.
Pourtant le christianisme possède sinon l'adoration, du moins
la vénération profonde des images et des statues ; seule, une
branche du christianisme, le protestantisme, a rendu la pros-
cription plus absolue. On ne connaît non plus chez les Indous
aucune idole de l'époque védique. Il en est de même dans le
Mazdéisme, les Mazdéens n'ont ni images, ni temples; le seul
représentant matériel de la divinité est le feu, qui ne doit
jamais s'éteindre. De même, les anciens Celtes n'avaient ni
temples, ni images, c'est dans les forêts qu'ils sacrifiaient aux
dieux ; au contraire, les Scandinaves en possédaient ; les
Russes avaient des idoles de pierre ou de bois, mais pas de
temples. Parmi les Sémites, les Babyloniens et les Phéniciens
possédaient de nombreuses idoles. Quant aux Chinois, ils ont
ignoré l'idolâtrie jusqu'à l'époque du bouddhisme. Le sintoïsme, ou ancienne religion des Japonais, ne connaît pas les
idoles (1) Elles font défaut chez les peuples non civilisés où l'on
ne trouve que les fétiches, et aussi à l'autre extrémité, chez les
peuples parvenus au sommet de la civilisation. Il y a même
des peuples non civilisés qui, n'ayant pas de fétiches, n'ont pas
encore d'idoles, car, comme le remarque judicieusement Lubbock, ce qui vient à l'appui de notre gradation de l'évolution
religieuse, l'idolâtrie a été un progrès relatif. C'est ainsi qu'il
n'y a pas d'idoles chez les Esquimaux, ni chez les Indiens de
l'Amérique du Nord, ni chez les Nègres de l'Afrique occidentale, mais ceux-ci sont fétichistes, ni chez les habitants de Viti
ni à la Nouvelle-Zélande, ni chez les Kolhs de l'Inde, adorateurs du soleil (2).

(1) De Milloué, *Introduction à l'étude des religions* : passim.
(2) Lubbock, *Les origines de la civilisation*, p. 345.

L'idolâtrie qui était d'abord en partie zoomorphique devient bientôt exclusivement anthropomorphique ; le dieu emprunta toujours les traits de l'homme. On peut noter cette transformation dans la religion mexicaine et dans celles mayas, tous les dieux de la région furent jadis de forme animale, puis se rapprochèrent de la forme humaine et finirent par l'adopter tout à fait; il y a des dieux serpents, des dieux tapirs, des déesses grenouilles, mais leurs statues ont le corps humain (voir Réville, *Religion mexicaine* p. 47). Cette constatation est très curieuse, l'idolâtrie aurait été zoomorphique avant de devenir anthropomorphique. Pourquoi cette antériorité de l'animal ? Peut-être pour distinguer d'abord nettement le culte objectif du culte subjectif ; l'idolâtrie anthropomorphique devait entrainer plus tard cette confusion qu'il fallait éviter. Il en résulta une importante révolution religieuse. Les esprits de la nature devinrent bientôt oubliés, quoique ce fussent eux qui se trouvaient ainsi représentés et on se vit en face d'une nouvelle religion humaine, personnelle, mais qui n'était plus mortuaire. Cependant l'évolution n'était pas complète. Le dieu qui représentait le ciel apparaissait bien comme un homme, mais on savait qu'il n'en était pas un, que l'idole était habitée par un autre esprit cosmique. Cependant cette notion s'effaça, l'homme divin resta seul. D'ailleurs, à côté et même en dehors de cette idolâtrie, il s'opérait un *anthropomorphisme intellectuel* proprement dit.

Cet antropomorphisme consiste à détacher l'esprit de l'objet naturel d'une manière définitive et à le faire entrer comme un homme dans la vie humaine, à le voir naître, agir, se déplacer, à lui donner une histoire, au lieu de la simple constatation monotone de son existence ou de ses mouvements sidéraux. La mythologie était née avec ses récits intéressants et ses peintures gracieuses. La race aryenne y excelle. Quelquefois on conserve au dieu ses fonctions sidérales et naturistes, mais on lui donne en même temps une activité humaine; il est pris souvent pour symbole d'une vertu ou d'un vice.

Quelques exemples suffisent pour mettre ce point en lumière et nous montrerons en même temps cette transformation d'une religion en une autre. Chez les Romains, par exemple, Mars, après avoir été à l'origine le dieu du printemps, devient le dieu de la guerre, et comme tel, il prend part aux combats entre les hommes ; Apollon, le dieu de la lumière solaire, est devenu le dieu guérisseur ; Diane, après avoir personnifié la lune, est devenue la déesse chasseresse ; Vulcain, après avoir été le dieu du feu sous toutes ses formes, est le dieu forgeron. Dans la mythologie grecque, Héra est d'abord la déesse de l'Aurore, puis celle tout humaine de la fidélité conjugale ; Apollon, dieu solaire, devient dieu des arts. Dans la transformation du védisme en brahmanisme, les dieux se transforment aussi dans ce sens ; on ne sait plus reconnaître les forces et les phénomènes naturels dans leurs divinités qui prennent de plus en plus une personnalité propre et s'anthropomorphisent ; l'initié seul conserve l'ancien souvenir, le profane voit des personnages réels ; les fonctions des dieux changent, ils ne sont plus éternels, on leur crée une parenté et on leur donne une *sakti*, une compagne ; ils ont les passions et les faiblesses de l'humanité. Ce qui est surtout remarquable, c'est qu'ils ne sont plus immortels par droit de naissance ; il faut qu'ils aient conquis l'immortalité par leurs austérités. De même, leur dignité et leur puissance décroissent et souvent de nouveaux dieux faits pour de nouvelles situations les supplantent. Varouna passe du ciel à l'Océan ; Soma n'est plus que le régent de la lune. Agni qui était le dieu du feu n'est plus que celui du sacrifice (1). Mais ce qui est curieux, c'est la ressemblance avec l'homme que le Dieu va contracter. Qui ne connaît les aventures de Jupiter, et de tous les dieux et déesses de l'Olympe ! Bientôt le prestige se perd ; l'anthropomorphisme finit par dissoudre la divinité, par la réduire en pure humanité, et il a rendu possible, tout faux qu'il soit,

---

(1) De Milloué, *Les religions de l'Inde*, p. 57.

le système d'Evhémère qui fait de tous les dieux des hommes divinisés. C'est le contraire qui est vrai, on se trouve en face de dieu humanisé. C'est ce qui constitue le polythéisme, bien plus que le fait qu'il y a plusieurs dieux. Nous verrons cependant que l'anthropomorphisme, tout mauvais qu'il soit, a eu un résultat bienfaisant, celui de hiérarchiser les dieux et de permettre d'avoir un dieu personnel, suprême, bientôt unique

Un des traits qui distingue l'anthropomorphisme, c'est d'attribuer aux dieux *un sexe*; dans la religion *purement naturaliste* ou *animiste*, ils sont *asexués*, ici non seulement il y a des dieux et des déesses, mais ordinairement chaque dieu a sa déesse. Il est remarquable d'observer qu'en grammaire le classement sexualiste ne s'est fait qu'assez tard, et qu'il forme aussi une sorte d'anthropomorphisme grammaticale s'appliquant aux êtres inanimés qu'il assimile aux animés. Pour savoir si un dieu est antique ou de formation plus récente, il suffit de se demander s'il est doublé d'une déesse. Voici des exemples de cette *sexualisation des dieux*.

Dans la mythologie gréco-latine, les dieux sont masculins ou féminins et apparaissent souvent par couples. C'est ainsi qu'outre que chacun a un sexe marqué, on remarque le couple de Jupiter et de Junon, et souvent qu'à côté d'Apollon, dieu du soleil, se trouve Artémise, sa sœur, déesse de la lune. La mythologie scandinave contient aussi des dieux, des déesses, et en tête le couple d'Odin et de Friya. En Egypte, les déesses sont nombreuses, et le dieu principal, Osiris forme un couple avec Isis, l'imitation de la famille humaine est même plus parfaite, et l'on trouve des triades composées du père, de la mère et de l'enfant : Osiris, Isis et Horus ; Ammon, Maut et Khons ; Phtah, Secket et Nofra-toum ; Mentou, Seti et Khem ; Noun, Nebouont et Hika (2). Dans le mythe phénicien cité d'Adonaï apparaît son épouse Astarté, et les déesses sont nom-

---

(2) De Milloué, *Introduction à l'étude des religions*, p. 141.

breuses, Chez les Assyriens Bel ou Baal a pour épouse Baalit, et Anou, dieu du ciel, pour épouse Anat, de même Astarté a pour époux Tammouz ; les divinités brahmaniques sont plus souvent des dieux, cependant il existe des couples ; Lakshmi, déesse de la beauté, a pour époux Vishnou et donne naissance à Kâma, le dieu de l'amour. Civa a pour épouse Prithivi, déesse de la terre. Une analogie facile conduit à cette sexualisation. La lune semble représenter l'élément féminin vis-à-vis du soleil, la terre vis-à-vis du ciel, par la moindre intensité ou la plus grande matérialité ; l'analogie est certaine.

Cette sexualisation des dieux qui renforce l'anthropomorphisme est relativement tardive ; les dieux plus anciens n'ont pas de sexe, et c'est par imitation de la famille humaine que les couples divins sont introduits. Plus tard apparaîtra la déesse isolée, c'est-à-dire non comprise dans un couple divin. Plus tard encore la déesse vierge, par conséquent, plus indépendante encore. Il y a là une sorte de *féminisme divin*.

Nous verrons plus loin quel caractère particulier la divinité féminine imprime à la religion ; elle y apporte l'idée de miséricorde à côté de celle de justice rigide attribuée au dieu. Il suffit de citer ici en ce sens non seulement dans le christianisme le culte de la Vierge Marie, si pur, si poëtique et si touchant, mais aussi chez les Bouddhistes de la Chine, celui de la déesse Kouan-yin. Nous y reviendrons.

On comprend que par leur conversion en hommes les dieux aient perdu certaines qualités ; souvent ils ne sont plus immortels, ils deviennent quelquefois inférieurs aux hommes supérieurs, comme il advient dans le bouddhisme, et même ils peuvent descendre au rang de démons. Mais ils acquièrent des qualités ; ils sont d'abord plus semblables à l'homme, puis, ils ne sont plus figés dans l'immobilité, ils ont une histoire merveilleuse qui enrichit l'esprit des peuples, ils peuvent servir de modèles, tant pour la vie que pour l'art ; on peut les faire paraître dans les cérémonies, sans exiger le miracle de leur présence effective ; ils forment des sortes d'hommes parfaits. Enfin ils acquièrent une généalogie ; on les constitue en famille ; ils ne restent plus isolés ; la société entre les dieux va se fonder enfin ; elle ressemble à celle de l'homme, mais idéalisée. Cela cause même dans la société ordinaire une expansion sociale.

Au-dessus de l'idolâtrie et de l'anthropomorphisme qui, du reste, se cumulent le plus souvent, existe-t-il un stade où la divinité soit encore plus rapprochée de l'humanité, et celle-ci, à son tour, de la divinité ? Oui, seulement nous ne voulons pas en ce moment, le décrire entièrement, parce que cet exposé se rattache surtout à un autre ordre d'idées, celui de la circulation libre des esprits et de leur incorporation. Dans l'anthropomorphisme, la divinité ne s'humanise que par ressemblance, elle agit, elle vit, elle se reproduit même comme un homme, mais elle ne devient pas homme. Un pas de plus, et elle va *devenir homme réellement.* Ce résultat s'obtient au moyen des *incarnations.* Le dieu cherche un corps, il en trouve un dans l'homme, il s'en empare, il naît homme, sans cesser d'être dieu, il pourra aussi mourir comme homme et alors sa divinité redeviendra libre.

Ces incarnations sont nombreuses : les plus célèbres se trouvent dans le brahmanisme, et celles de Vishnou sont bien connues. On en compte jusqu'à trente deux ; les plus importantes sont au nombre de dix, portant les noms de : 1° *matsya*, le poisson ; 2° *kourma*, la tortue ; 3° *varaha*, le sanglier ; 4° *narasinha*, l'homme lion ; 5° *vamana*, le nain ; 6° *paraçou-Rama*, râma à la hache ; 7° *râma-tchandra*, râma semblable à la lune ; 8° *krishna*, le noir ; 9° *bouddha* ; 10° *kalkin*, le cheval blanc. Il faut remarquer que parmi ces incarnations il y en a plusieurs dans le corps d'un animal, et deux de manière à produire dans le corps de l'homme un autre dieu ou demi-dieu (Krishna et Bouddha) mais même en s'incarnant dans un animal, l'idée anthropomorphique n'était pas absente. C'est ainsi que Vishnou incarné en poisson est représenté sous les traits d'un personnage, moitié homme et moitié poisson ; il en est de même de Vishnou tortue, qui est représenté en figure d'homme avec la partie inférieure du corps enfermée dans une carapace de tortue. De même, l'homme lion était un homme à tête et à griffes de lion. Mais les incarnations se trouvent aussi en dehors de l'Inde.

La religion chrétienne repose toute entière sur l'incarnation de Dieu, *incarnation proprement dite*. Jésus naît d'une vierge et sa divinité et son humanité sont étroitement unies, il n'a pas de père humain, mais une mère humaine, son père est divin ; il meurt comme homme et c'est alors que sa divinité se dégage de nouveau. C'est même au moyen de cette double nature que l'expiation qu'il médite pour le genre humain devient possible. C'est, d'autre part, ce qui établit un lien religieux beaucoup plus complet entre l'homme et lui, et il satisfait le besoin de subjectivité qui est l'un des instincts les plus vivaces de l'homme. Celui-ci en l'adorant s'adore lui-même comme race ; l'affection devient possible, et si l'on y ajoute certains sacrements, la communion, l'union devient tout à fait intime. La divinité de Jésus-Christ est un dogme pour les croyants, mais pour les non-croyants sa divinisation est un fait agissant dans le même sens. Le dieu devenu homme ou l'homme devenu dieu aboutissait au même résultat ; le premier cependant a plus de force religieuse. La religion judaïque, de laquelle la religion chrétienne est issue, anthropomorphisait Dieu sans cependant l'idoliser, il lui donnait le caractère et les actions, non la figure de l'homme. La religion chrétienne est allée au-delà, elle l'a incarné en le faisant devenir homme. Grâce au sacrement de la substantiation, cette incarnation renaît chaque jour, et le dieu est réellement présent comme homme caché à son tour sous les espèces du pain et du vin.

Le Bouddha Sakya Mouni peut être considéré comme un homme ou comme l'une des incarnations du Bouddha. Dans le premier cas, c'est un sage divinisé. Dans le second, c'est un dieu incarné. Les incarnations divines du Bouddha sont aussi très connues. Il avait vécu précédemment quatre-cent-quatre-vingt-dix-neuf existences comme animal, homme ou dieu.

L'incarnation est donc le point suprême d'union de la religion objective et de la religion subjective. Nous verrons qu'elle fait partie d'un plus vaste système.

Tels sont les objets des religions et leur évolution a pour facteur principal les tendances subjectives et concrètes de l'esprit humain. Nous devons maintenant chercher quel lien intime l'esprit humain établit entre tous ces objets et comment il les resserra de plus en plus dans une synthèse hiérarchique où les plus importants dominèrent et finirent par exclure les autres.

Le lien cosmique consiste surtout et dans tous les systèmes en une coordination, une subordination et une accommodation de divers êtres liés ainsi, ce lien est l'essence même de la religion, mais l'homme, en vertu de la faculté généralisatrice de son esprit et de la parenté réelle qu'il supposait entre des êtres distincts (par exemple, lui-même et les animaux) établit un lien plus intime et ce lien fut le résultat nécessaire de l'animisme. A un certain moment tous les esprits sortirent de leurs corps à volonté, souvent pendant la vie, forcément après la mort; l'air en était saturé et rien ne les distinguait entre eux; l'âme du Soleil devenant, par exemple, Jupiter, se rencontrait avec celle d'un ancêtre, celle d'un animal. Les esprits allaient-ils rester ainsi pour toujours en dehors de leurs corps, les reprendraient-ils, au contraire, un jour, et à défaut ne les retrouverait-on pas dans celui de quelqu'un de leurs races ?

La première idée qui dut venir à l'esprit fut celle de leur *réincarnation*, soit dans le *corps même* qu'ils avaient quitté, soit par une sorte d'*équivalence*, dans celui de quelques-uns des leurs. Le premier procédé est celui que suppose la momification des morts en Egypte. Pendant des siècles et jusqu'à une sorte de résurrection générale, les âmes étaient errantes, ou bien elles vivaient provisoirement dans l'Amenti, mais cette séparation ne pouvait toujours durer. Chaque âme devait rentrer dans son corps, mais pour cela il fallait que celui-ci se retrouvât encore ; il était donc nécessaire de l'embaumer. C'était sans doute à la suite de longs voyages qui constituaient la métempsychose, mais c'était la véritable terminaison ; que si la momie venait à périr, on multipliait les statues de pierre ou de bois où l'âme pouvait se réincarner. Les tombeaux et les temples funéraires étaient les monuments de préférence. Il en était de même chez les Romains, on évitait la putréfaction, soit en desséchant le cadavre, soit en se servant de résines. Les Papous momifiaient aussi leurs morts et les conservaient dans leurs cases, des tribus néo-calédonniennes les laissaient se putréfier dans des cases disposées dans ce but, puis en recueillaient les os. Le but est toujours le même, rendre possible à l'esprit la réintégration dans le même corps (1). Enfin la religion chrétienne a pour dogme la résurrection qui n'est autre qu'une réincarnation de ce genre. Jusqu'à la fin du monde, les âmes reçoivent leurs punitions ou leurs récompenses, en restant séparées du corps, mais à cette époque elles réintégrent toutes cette demeure, et après avoir subi un jugement privé, en subissent un autre public et social, c'est un des motifs qui a fait proscrire l'incinération et préférer l'inhumation, où, si la chair disparaît, les os sont longtemps conservés, au moins, en poussière.

Mais à côté de cette *incarnation individuelle*, il y a la *réincarnation familiale* ; elle consiste en ce que l'esprit, au lieu de réintégrer le même corps, entre dans celui d'un *descendant* au moment où il est nouveau-né. Elle explique à sa manière le phénomène d'atavisme de la science anthropologique moderne. Certains peuples croient que l'âme de l'ancêtre se réincarne dans la famille, et même des mères mangent leur

(1) Letourneau, *Sociologie*, p. 209.

enfant mort pour que son âme se retrouve dans le second enfant qu'elles pourront avoir. On pourrait dire, au point de vue philosophique, qu'à défaut d'une autre immortalité, l'hérédité de la race en constitue une suffisante et que les parents revivent en quelque sorte dans leurs enfants et même dans leurs descendants ; les Juifs semblent penser ainsi, eux qui n'avaient qu'une vague immortalité personnelle dans le *sheol*, et qui fondaient tout leur espoir sur leur descendance; il en est de même de tous ceux que le souci de la race préoccupe particulièrement. A cette immortalité on peut en comparer une autre toute intellectuelle, celle de la gloire, une ombre, mais qui subsiste et survit.

Mais cette réincarnation soit dans le corps même, soit dans un corps similaire, n'est pas toujours possible ; et d'ailleurs, celle par équivalence, par exemple, de l'homme dans un autre corps humain peut être étendue. L'animal est proche parent de l'homme, il l'est tellement que la théorie darwinienne prétend que l'homme descend de certains animaux et que le sauvage compte pour son totem, tantôt un animal, tantôt l'autre, au nombre de ses ancêtres. Surtout l'homme primitif le touche de près, et ne l'exclut ni de sa commensalité, ni de son affinité. Quoi d'étonnant alors, que l'âme sortie du corps cherche à s'incarner dans un animal nouveau-né ! Nous verrons que plus tard une idée morale s'attache à cette transmigration qui entraîne une certaine déchéance ; mais primitivement il n'en est rien ; l'homme et l'animal sont de plain pied. La réincarnation de l'homme en l'animal est chose simple, et lorsque ce dernier périt, l'esprit redevenant libre peut se réincarner dans un homme. De même, la plante, suivant la science moderne, est de la même famille que l'animal et aussi que l'homme ; elle a des organes remplissant les mêmes fonctions. L'esprit de l'homme mort s'incarnera dans le corps d'une plante. Enfin la mythologie gréco-latine nous fournit des exemples d'hommes changés en rochers ou plus exactement dont l'esprit s'incarne dans un minéral.

L'animisme rend une telle doctrine très naturelle, l'esprit tant qu'il est privé de son corps reste longtemps près de ce corps dans le tombeau, c'est le premier système eschatologique, puis il devient errant, surtout si le corps est privé de la sépulture, dans l'air ambiant ; il cherche à reprendre une vie matérielle ; quelquefois, et c'est la croyance de plusieurs peuples, en particulier des Egyptiens, il reste couvert d'une certaine enveloppe corporelle analogue au périsprit de nos spirites, mais cela ne lui suffit pas ; il a besoin d'un corps, tant qu'il n'est pas parvenu à se fondre dans la divinité ; il s'incarne dans le premier qui se présente, dans le sien propre, si cela redevient possible, dans celui d'un animal, d'une plante. Chaque mort n'est qu'un changement de lieu, en raison de l'immortalité de l'esprit.

Tels sont la cause et l'origine de la métempsychose dépouillée de son élément moral et ramenée à sa production mécanique, la réincarnation ; celle-ci n'est d'ailleurs possible que parce qu'il n'y a pas d'abîme entre chaque classe d'objets, mais seulement des différences qui n'empêchent pas les transitions. Le jeu de ces transformations est tel que l'âme peut émigrer de son vivant et passer dans un autre corps, seulement elle rencontre alors un obstacle, l'âme de ce corps lui-même. C'est un point plus compliqué auquel nous arrivons.

Mais auparavant observons que, de même que l'esprit subjectif humain peut s'incarner et se réincarner dans un corps objectif, un objet extra-humain, de même l'être objectif, la divinité, par exemple, peut s'incarner en l'homme, que son esprit peut entrer dans le corps d'un nouveau-né et y demeurer jusqu'à sa mort. C'est ce que nous avons décrit en parlant des avatars de la religion brahmanique et du dieu fait homme du christianisme.

Par cette transmigration incessante, un lien religieux intime, se trouve établi dans l'esprit des hommes entre tous les êtres. Ce lien correspond-il à une réalité objective ? C'est une question que nous n'avons pas ici mission de traiter. La thèse de la métensomatose a été reprise de nos jours par plusieurs écoles de philosophes, entre autres, par l'école spirite, qui a même voulu l'expérimenter, mais c'est au point de vue moral, plus qu'à celui mécanique, qu'elle a été soutenue, nous en reparlerons à ce titre. Elle doit donc être prise en considération.

Elle rencontre cependant plusieurs objections graves. La première, c'est qu'elle n'est pas exactement réversible comme elle devrait l'être ; si la divinité, c'est à-dire l'âme des objets inanimés, supérieurs et inférieurs, s'incarne aussi dans l'homme, on n'a pas prétendu que celle des animaux put le faire ; il est vrai que ceux-ci, en vertu de la réincarnation, peuvent ne plus être munis que d'âmes d'hommes. D'autre part, comment concilier la loi de l'hérédité avec cette doctrine ; or la loi de l'hérédité est scientifique ? Le descendant possède non-seulement le tissu corporel de ses ancêtres, le développement du germe commun, mais en outre, il hérite des maladies, des vices, du caractère, lequel est bien psychique ; en un mot, la descendance se marque aussi dans l'esprit. Cela est contradictoire avec l'invasion du corps du nouveau-né par une âme étrangère qui romprait cette hérédité.

La doctrine de la réincarnation est la doctrine, non de toutes les religions, mais de celles qui ont un fond panthéistique ; enfin cet échange de tous les esprits humains, naturels et divins, établit le lien le plus intime entre les différents êtres et aboutit à une identification des esprits et à une autre de la matière.

A côté de l'incarnation et de la réincarnation qui supposent la possession d'un corps par une âme unique, se trouve la possession proprement dite. Un esprit entre dans un corps déjà animé d'une âme, il le dirige à son gré, en devient le maître absolu. Le cas se produit de nos jours (s'il se produit) lorsqu'il s'agit d'hypnotisme. Le sujet magnétisé devient la possession de différents esprits qui s'y succèdent et qui parlent par sa bouche. Les possédés du démon ou ceux réputés tels réalisaient aussi cette *superposition* d'un esprit à un autre. Cette incarnation diffère de la précédente. Elle resserre sans doute le lien cosmique entre les différents esprits, mais elle n'établit plus l'échange incessant. Cependant, l'esprit du possédé est presque annihilé, il n'existe plus qu'en puissance, de sorte que la possession s'analyse encore en incarnation. Mais cette incarnation n'est plus que temporaire. Elle n'a pas reçu de nom technique ; nous l'appellerons la *surincarnation*. L'Evangile présente un grand nombre de cas de cette possession : le moyen âge, avec sa croyance intense au démon, a vu beaucoup de possédés, là où l'œil des contemporains n'aperçoit que la folie. C'est, du reste, à ce titre que les démons ont été envisagés souvent comme des êtres sacrés.

L'*incarnation* et la *surincarnation*, ces communications des esprits, peuvent se réduire à un état moins intense de circulation des âmes et d'action réciproque ; alors l'esprit ne quitte pas le corps qu'il habite, mais de là agit par influence sur un autre esprit contenu dans un autre corps ; cette influence peut être telle que le second esprit obéisse aveuglément au premier, non seulement pendant le sommeil magnétique, mais plus tard même, en état de veille. D'ailleurs, cette influence augmente la lucidité du sujet passif. Tel est l'effet de l'hypnotisme. D'autres phénomènes, par exemple, celui de la télépathie, produisent le même effet, non seulement sans contact, mais à distance. Enfin, l'esprit de l'opérateur peut agir, soit sur celui des objets inanimés, s'ils en ont un, soit sur leur corps qu'il occupe momentanément, sans cesser d'occuper celui de l'opérateur lui-même ; c'est ce qui a lieu dans le phénomène des tables tournantes. Il agit aussi sur l'esprit des morts avec lesquels il pourrait converser et qu'il saurait rendre visibles en augmentant la densité du périsprit.

Quelquefois, sans réussir à entrer dans l'autre corps ou même à dominer l'esprit qui l'anime, l'esprit actif ne peut que tourmenter cette âme ou ce corps ; c'est le cas de l'*obsession*, dite démoniaque, si connue, et aussi de la *tentation*. Le démon, qui est ici le magnétiseur, harcèle l'âme du saint, cherche à le faire tomber dans ses embûches, lui fait contracter un pacte qui le lui livre pour l'avenir (Faust).

Tous ces degrés sont les développements successifs d'une idée unique : *incarnation, surincarnation, communication* et maîtrise de la pensée, simple *obsession*.

A ces diverses incarnations il faut opposer les diverses *désincarnations*. L'esprit quitte le corps qu'il s'est choisi ou auquel on l'avait attaché. Il y a aussi plusieurs sortes de désincarnations.

Dans la première, par l'effet de la mort, l'esprit abandonne le corps et redevient indépendant. Dans les autres, on rompt la surincarnation en brisant la superposition d'un esprit sur un autre. Ce résultat s'obtient au moyen des divers *exorcismes*; on sait combien cette opération a été fréquente chez les chrétiens et qu'en principe elle y existe encore aujourd'hui. C'est l'inverse de la possession démoniaque.

De même, par des prières, on met un terme à l'obsession d'un esprit par l'autre, aux phénomènes analogues, aux hallucinations, à la télépathie et à l'imposition de la volonté.

C'est tantôt le prêtre, tantôt le sorcier, qui procède à ces désincarnations totales ou partielles.

C'est souvent aussi par l'opération d'un homme, en général, d'un sorcier, que l'incarnation prétendue s'effectue. C'est un des buts de la magie, en même temps que l'évocation et l'apparition des esprits.

Si le procédé devient universel ou si l'on croit qu'il l'est, alors se produit objectivement ou subjectivement la communion mentale de tous les êtres vivants ; il n'y a plus de véritables distances entre eux, le monde des esprits est unique; ils sont identiques, sauf le degré d'intensité ; on peut facilement supposer qu'ils sont des *émanations* d'un esprit unique et supérieur et le panthéisme s'est formé comme de lui-même. La science aidant, on peut découvrir que les autres forces de la nature peuvent se ramener à une seule, le mouvement, qu'elles sont d'ailleurs réversibles et que l'influx nerveux, l'âme, n'en est peut-être qu'une des formes produite par un nombre de vibrations différent. En ce qui concerne la matière, la chimie apprend à son tour à en faire l'analyse et la synthèse, à la réduire à un petit nombre d'éléments, à chercher de son côté l'unité de cette matière. Dès lors on est près de conclure.

L'évolution religieuse ne s'est pas arrêtée à ce point, elle n'a pas seulement transformé les objets du culte et les rapports entre les objets, elle a fini par en établir la synthèse, de plus en plus resserrée, et le perfectionnement par élimination successive de tout ce qui était inférieur et par conclure enfin à l'unité.

Cette unité n'est point advenue tout à coup, ni par un processus conscient, mais d'une manière mécanique. Prenons pour exemple les unifications politiques. D'abord, chaque famille est isolée, puis, par l'agglomération de plusieurs, un petit État se forme, puis des petits États naissent les grands. On n'a plus sur le continent européen que quelques Puissances. Dans certains siècles, la concentration devient plus complète, par exemple, sous l'Empire romain, tous les petits souverains ont disparu. Il en est de même des langues, la plupart périssent, et quelques-unes seulement cultivées survivent, amènent lentement à une unification totale ; de même, dans chaque langue, de nombreuses locutions disparaissent, les différences dialectales s'aplanissent. Il en est ainsi des religions ; leur nombre devient moins grand, parce que quelques-unes ont plus de vitalité et en remplacent beaucoup d'autres. Mais ce qui nous intéresse ici, cette élimination successive favorisée par le penchant de l'esprit humain vers l'unité s'applique aux dieux.

Il faut pourtant, pour saisir la formation de cette unification, distinguer entre les dieux animistes et les dieux anthropomorphisés.

Lorsqu'on en est à la période de l'animisme, on arrive à confondre les esprits, soit qu'ils proviennent de l'homme, soit qu'ils soient issus de la nature, soit qu'ils ressortissent au grand ou au petit naturisme ; ce sont tous des dieux, et des dieux en quelque sorte uniformes, d'autant plus qu'en absence d'anthropomorphisme, ils n'ont pour ainsi dire pas de couleur, pas d'action, pas de mythe. Alors, rien ne ressemble plus à un esprit qu'un autre esprit ; on va les confondre. De cette confusion naît facilement cette idée, qu'ils ne sont tous que des fractions d'un esprit unique qui domine et remplit le monde, des émanations d'une divinité immanente, peut-être même de simples phénomènes de cette divinité. Nous voici en plein panthéisme.

Il faut noter soigneusement qu'il y a *deux sortes de panthéisme* et même trois ; le *panthéisme descendant*, le *panthéisme ascendant* et le *monisme ;* nous n'en sommes encore qu'au premier, au panthéisme descendant, celui d'émanation. Il n'y a qu'un esprit unique, une divinité suprême, dont les esprits particuliers, les dieux divers, ne sont que les démembrements. Ce démembrement n'est, d'ailleurs, que *temporaire*. L'âme ne meurt pas avec le corps, elle lui survit, mais, quelle que soit sa destinée prochaine, elle finit par rentrer dans l'âme universelle, où, suivant les systèmes, elle reste consciente elle même ou perd toute conscience ; ce sont les deux sortes de *nirvana :* si la conscience est perdue, l'état dernier est assimilable au néant, car, si la substance persiste, la personnalité est détruite. On sait que l'interprétation du *nirvana* est double dans la religion bouddhique ; certains bouddhas, les *bouddhas égoïstes*, ceux qui n'ont travaillé qu'à leur propre salut, ne gagnent que l'anéantissement, ils sont simplement délivrés des perpétuelles renaissances ; les autres, plus parfaits, les *bouddhas altruistes*, ceux qui ont travaillé au salut des autres, rentrent dans Brahma, mais sans s'y confondre, ils y conservent leur personnalité ; leur nirvana est un nirvana improprement dit, c'est, en réalité, un paradis.

Si l'élément spirituel du monde tend ainsi à l'unité, et devient panthéistique, aboutissant à être *monoanimiste*, quelle sera la constitution de la matière ? Dans presque toutes les cosmogonies, y compris la cosmogonie juive, la matière préexiste aux créations, on la considère comme négligeable et on ne se demande pas d'où elle provient. Cependant, l'attention finit par se porter sur elle aussi et à l'instar et vis-à-vis du panthéisme, ou plus exactement de *pananimisme spirituel*, se forme un *pananimisme matériel* ; du reste, ce dernier est seul possible pour les matérialistes, c'est-à-dire pour ceux qui professent que la pensée est simple fonction du cerveau. Le panthéisme matériel est leur seule religion, la seule synthèse. La matière, différenciée seulement par des combinaisons chimiques, lesquelles se produisent sous l'action d'agents physiques, est identique partout ; elle ne forme, en réalité, qu'un seul être, toujours pondérable, et qui se transforme successivement dans les divers êtres existants. Sans doute, il y a un élément pensant, mais cet élément est partout diffus, pénètre la matière, en forme une qualité ; c'est peu à peu que celle-ci s'élève jusqu'à se changer en lui. Il y a donc encore panthéisme, mais ce panthéisme est *ascendant*. Il aboutit au *monomatérialisme*.

Ce n'est pas tout. Est-ce que la matière restera ainsi fondamentalement séparée de l'esprit, de manière à aboutir chacun à un dieu unique immanent ? Est-ce qu'il n'y a pas un point de transition où, en supposant même la dualité parfaite de la matière et de l'esprit, l'un devient l'autre, peut-être ce point est-il une raréfaction excessive des atomes et un état radiant de la matière ? Peu importe d'ailleurs le processus ; mais l'instinct humain tend à l'unification absolue. Alors, au *panthéisme descendant* et au *panthéisme ascendant* ou, plus exactement, au *monoanimisme* et au *monomatérialisme*, succède le *panthéisme intégral*, en d'autres termes, le *monisme*.

D'après cette doctrine, l'unification des substances, des forces, des esprits, est complète ; le tout, dans son ensemble, forme le dieu véritable, immanent, inconscient aussi, qui absorbe tous les autres et dont l'évolution est incessante.

C'est plutôt une doctrine philosophique qu'une religion, car les religions ont plutôt appliqué le panthéisme ascendant ou descendant, mais elle prétend s'appuyer sur la science expérimentale. Elle constitue certainement le point culminant *du naturisme* et de *l'animisme*. Nous n'avons pas à la discuter, fidèle au cadre que nous nous sommes tracé et qui exclut toute controverse. C'est à la science grandissante qu'il appartiendra d'admettre ou de rejeter cette doctrine qui rentre dans son domaine.

La seconde sorte de religion sur laquelle l'unification s'est exercée, c'est la religion anthropomorphique. Elle présente partout, non des esprits purs, mais des esprits (divinités) incarnés, soit matériellement et réellement, soit dans la forme seulement, parce qu'on leur a donné des noms, une généalogie, une histoire et une figure humaines; ils sont bien distincts du monde, ce sont des dieux personnels. Ils se comportent, se hiérarchisent, se remplacent, s'expulsent réciproquement comme les hommes, il y a lutte entre eux pour l'immortalité, comme entre nous pour la vie. On peut nous les comparer de tout point; même ils deviennent souvent mortels. Il est certain qu'à l'origine ils sont innombrables; de plus, ils sont égaux, luttent souvent de l'un à l'autre; c'est à peine si l'un, plus connu, plus habile, s'arroge peu à peu la prérogative monarchique. Ils suivent un ordre dans lequel le souverain nominal n'est peut-être pas le plus fort. Puis, tous ces dieux se commandent, l'esprit humain qui a établi une hiérarchie entre les hommes, en crée une aussi entre eux. Ceux qui sont inférieurs, par exemple, ceux qui proviennent du petit naturisme sont tout à fait subalternisés; ils sont mortels, ils vont presque disparaître; ce sont nos fées, nos nains; mais les dieux supérieurs grandissent. Ils se font une cour, comme les monarques absolus. On imagine des êtres intermédiaires entre eux et l'homme : les anges, les démons, qui n'ont pas beaucoup de noms propres, sont presque identiques et forment les serviteurs anonymes du dieu suprême. C'est ainsi que dans l'anthropomorphisme, le passage se fait insensiblement du polythéisme au monothéisme, le point culminant où il ne reste plus qu'un Dieu unique.

Il est quelquefois difficile de dire si un culte est polythéiste. Dans la mythologie gréco-romaine, quoique les dieux soient nombreux, il en est cependant un, Jupiter, qui domine tout et qui s'approche singulièrement de Jahvé ; cependant, il forme avec Neptune et Pluton, un triumvirat qui sert de transition, et les autres dieux gardent encore de l'autonomie. De même, Brahma domine, malgré la triade indienne. De même, Osiris. Enfin les autres dieux sont réduits à l'état d'anges ou de démons ; ils perdent en droit le nom de divinités, quoiqu'ils en retiennent la qualité en fait. Peu à peu il ne reste plus qu'un dieu unique, quelquefois cependant en deux ou trois personnes. Le monothéisme proprement dit qui suppose l'anthropomorphisme est né. Son expression la plus pure se trouve peut-être dans l'islamisme et le judaïsme où Allah et Jahvé sont absolument solitaires.

Le monothéisme semble l'idéal, et, en effet, les trois religions monothéistes sont, chacune à un égard différent, les plus parfaites de toutes. Cependant il ne faut pas oublier que c'est l'idéal seulement de la religion anthropomorphique, c'est-à-dire de celle du dieu externe ; autre est l'idéal dans la religion panthéiste, c'est-à-dire en celle d'un dieu immanent. Il est donc plus juste de reconnaître deux idéaux, l'un aboutissant au monothéisme par le polythéisme se réduisant peu à peu ; l'autre aboutissant au monisme par le panthéisme se concentrant.

Il y a même, en outre, un dernier idéal qui apparaît, si l'on se pose dans la religion subjective, celle de l'homme et des esprits des morts. Nous avons vu qu'en se concentrant de plus en plus, cette religion élimine les morts ordinaires qui ne sont plus que vénérés et non adorés, et se consacre aux morts célèbres, aux saints, aux héros, qui deviennent des demi-dieux ; ce sont des hommes qui se divinisent. Ces demi-dieux se réduisent à leur tour et il ne reste plus à la fin que l'homme-dieu, le dieu incarné, ou l'homme devenu dieu, car tout cela finit par se confondre. Bouddha, Confucius sont dans ce cas, ils sont devenus l'homme unique. Il en est de même de Jésus qui est, suivant les uns ou les autres, l'homme devenu dieu ou le dieu devenu homme. En tout cas, on est, de ce côté encore, parvenu à l'unité complète, absolue.

Telle est dans son ensemble l'évolution des objets des religions et, par conséquent, des religions elles-mêmes. Elle n'avait pas encore été, que nous sachions, présentée intégralement, et notre synthèse est nouvelle. Nous ne prétendons pas qu'elle soit au-dessus de toute critique, mais nous la croyons exacte dans son ensemble, nous pensons aussi qu'elle est logique dans l'ordre des faits.

Nous en dressons le schéme suivant, qu'il faut lire en commençant par la première ligne, mais dans un ordre ascensionnel :

SCHÉME DE L'ÉVOLUTION DES RELIGIONS DANS LEURS OBJETS

Religion subjective.

Culte de l'homme vivant dans son ensemble concret.
Culte de l'ancêtre mort.
Culte des morts illustres.
Culte des demi-dieux et des saints.
Confluent avec la religion objective.
Animisme.
(Spiritisme).
Métempsychose et incarnations.
Incarnation unique.

Religion objective.

Culte des objets de la nature, dans leur corps et leur esprit.
(Grand et petit naturisme).
Culte des objets de la nature dans leur esprit.

Culte des dieux de la nature détachés.
Confluent avec la religion subjective.
Animisme.
(Spiritisme).
(Métempsychose).
Panthéisme ascendant et panthéisme descendant.
Monisme.

Religion d'objective redevenue subjective.

Animismes des religions subjective et objective confondus.
Fétichisme.
Totémisme.
Idolâtrie.
Anthropomorphisme.
Incarnation.
Polythéisme.
Monothéisme (dualiste, trinitaire, unitaire).

Nous y voyons partout, dans les deux premières colonnes, le passage du concret à l'abstrait ; la troisième, au contraire, marque le retour au concret d'abord et au subjectif ; puis le mélange du subjectif et de l'objectif devient abstrait à son tour, en aboutissant au monothéisme.

La religion subjective forme un groupe religieux à part, qui vit facilement à côté des deux autres ; au contraire, il y a lutte ardente entre celles des deux dernières colonnes, et surtout entre les deux aboutissements : le *monisme* et le *monothéisme*. Cette lutte dure encore. Il n'y a pas combat entre les divers degrés de chaque ordre. Le monothéisme, par exemple, a définitivement vaincu le polythéisme ; de même le monisme et même le panthéisme ont dépassé l'idolâtrie qui, à son époque, a été un progrès. Le dieu *personnel* est l'*adversaire direct* du dieu *immanent ;* pour les fidèles du premier, ceux du second sont des athées.

Il y en a sans doute qui se trouvent en dehors de toutes ces religions, qui pensent, par exemple, que tout ce que nous voyons est l'effet du hasard, que l'âme ne survit pas au corps, qu'il n'existe pas de synthèse cosmique. Ils peuvent avoir une morale, car en dehors de celle religieuse, il en existe deux autres, celle juridique et celle psychologique, mais ils n'ont ni culte ni doctrine religieuse. Suivant eux, la religion n'a rien d'objectif, et ne constitue qu'un phénomène psychique intéressant. Mais ceux-là même, pour l'étudier, doivent la considérer un moment en lui supposant une réalité objective, car, autrement, ils ne pourraient la comprendre.

CHAPITRE V

THÉORIE ORGANIQUE DE LA SOCIÉTÉ RELIGIEUSE — SA CONSTITUTION INTERNE ET SON ÉVOLUTION.

La religion est-elle un organisme ayant une existence autonome, des membres différenciés, un but commun, une hiérarchisation, un aboutissement à un système central, directeur et conscient, un *sensorium,* ou bien n'est-elle qu'une agglomération d'êtres réunis par un lien, et par conséquent soumis à une coordination, mais n'engendrant pas d'être supérieur collectif ? Telle est la question qui a été posée maintes fois et non définitivement résolue en sociologie. Quelle réponse doit-on lui donner ? Il faut admettre ou ne pas admettre la théorie organique qui accorde une sorte de personnalité civile à toute société en dehors de celle de chacun de ses membres.

Nous pensons que, lorsque la question se place dans la sociologie ordinaire, elle doit se résoudre affirmativement. La société contient quelque chose de plus que l'addition de tous les individus ; il y a au-delà un bénéfice, une augmentation, même très importante. Pour traduire cette vérité par des chiffres pris comme exemple, si elle se compose de 100.000 individus, sa valeur sera de $100.000 \times 3 = 300.000$; l'excédant peut dépasser de beaucoup le principal. Il pourrait être calculé exactement, il suffirait, par exemple, d'évaluer la quantité et la qualité de travail fait par 100.000 séparés et ceux du travail fait par 100.000 réunis. Ce n'est pas tout, la société a certainement des organes différenciés appropriés à la division entre eux du travail ; elle a aussi les parties directrices, un système vasculaire, un système nerveux, celui-ci aboutissant à un véritable cerveau ; ce cerveau est représenté par le *sensorium* social, l'*élite*, vocables nouveaux créés pour déguiser l'idée d'*aristocratie*. Enfin dans cette élite elle-même il y a des points culminants qui représentent les organes supérieurs du gouvernement. Nous nous contentons d'une mention et d'un avis sur ce point, nous ne pouvons entrer dans la discussion, ni même dans l'exposé des arguments de part et d'autre.

Si la théorie organique est vraie pour la société humaine ou sociologie, elle l'est pour la même raison et sans qu'il y ait rien à changer, pour la société religieuse externe qui n'est autre chose qu'un groupement social ayant un but spécial religieux. Voici, par exemple, l'Église catholique dans laquelle nous ne considérons pour le moment que les hommes vivants qui entrent dans sa composition. C'est une société humaine *sui generis* qui se compose sous ce rapport comme toute autre société. Une question nouvelle ne peut donc naître, en ce qui la concerne.

Mais il en est autrement relativement à la société religieuse interne, c'est-à-dire celle qui se compose non seulement de ses adeptes vivants, mais de tous les hommes vivants, même appartenant aux autres religions, des hommes morts, des esprits, des demi-dieux et des dieux, des êtres inférieurs à l'homme, le tout envisagé naturellement suivant l'angle visuel de chaque religion particulière. Alors la question se pose à nouveau et elle pourrait *a priori* être résolue d'une manière différente. Tout d'abord y a-t-il une société cosmique, c'est-à-dire comprenant tous les êtres sans exception, depuis le grain de sable jusqu'à la divinité suprême ? Y a-t-il, tout au moins, un lien cosmique entre les hommes vivants, les hommes morts et les êtres suprêmes ? S'il n'y en a pas, il n'existe pas de religion, car la religion est précisément ce lien. Il y en a donc un par définition. Dès lors ce lien ne peut être qu'un lien social. Mais n'est-ce point un lien de coordination et de juxtaposition seulement et non de subordination ? Quand il ne serait que cela, il constituerait essentiellement une société, mais de plus il se hiérarchise. Il s'agit donc d'une société véritable, et dès lors, si rien n'y fait obstacle, la théorie organique lui est applicable ; grâce à la division du travail l'activité est décuplée ; le total contient quelque chose de plus que la somme de l'ensemble, les membres sont différenciés et appropriés, enfin il y a un *sensorium*, un *cerveau cosmique*, de même qu'il y avait un *cerveau social*. La cosmosociété a une personnalité distincte de celle de ses membres, c'est un *être collectif*.

Dès lors, comme tout autre être, il a sa composition hiérarchisée et différenciée ; il vit et se meut, a des fonctions de nutrition, de génération, de relation, se manifeste par des actes collectifs ; il naît, se transforme, engendre et meurt, et comme c'est un être mortel d'une espèce particulière et très résistant, il laisse des survivances et quelquefois ressuscite. Ce n'est pas tout, il a ses maladies, ses moyens de les guérir et ceux de les prévenir, d'où la pathologie, la thérapeutique et l'hygiène de la société religieuse interne.

Quelle est tout d'abord la génération des religions ? Comment a-t-on songé à les établir lorsqu'il n'y en avait encore aucune ? Comment en a-t-on créé de nouvelles ? A cette question intéressante il y a plusieurs réponses, car les genèses sont nombreuses et même de natures différentes.

Il y a tout d'abord une distinction entre les religions primaires et les religions secondaires, les unes s'établissant sur un terrain neuf, les autres sur celui déjà occupé par une autre. Le second cas n'existe point à proprement parler ; il ne surgit pas de religions entièrement nouvelles ; celles-ci ne sont jamais qu'une modification plus ou moins grande de celle qui précède ; le bouddhisme est issu du brahmanisme, comme le christianisme du judaïsme et le protestantisme du christianisme ; ou bien cette religion nouvelle est un emprunt aux pays étrangers, cependant pour la commodité nous conserverons cette division.

Les religions primaires, autant que l'origine peut en être connue, ont plusieurs sources, et cette différence pourrait servir de base à une classification. Elles dérivent d'abord de la coutume et se sont alors formées grain à grain ; aucune intervention de la divinité. Ce sont les cultes des ancêtres ou des dieux domestiques qui commencent alors le plus souvent, puis ceux des divinités objectives viennent s'y greffer peu à peu. Presque toutes les religions des peuples non civilisés reposent sur cette base, il en est de même de toutes celles animistes. En même temps que coutumières, elles sont expérimentales et évoquent les esprits. Ceux-ci apparaissent, mais individuellement, sans rien révéler. *Dieu est encore muet.* Cependant ces religions ont une grande force, car la coutume a un puissant attrait, surtout lorsqu'elle est très ancienne. Il s'est passé là ce qu'on peut observer dans la genèse du droit. A l'origine celui-ci est, lui aussi, purement coutumier, et longtemps il semble qu'il ne pouvait être autre chose ; on aurait bien surpris si l'on eût enseigné que ce n'était que la traduction de l'utile et du juste ; on consultait toujours les ancêtres, et les plus anciens étaient les meilleurs. On était ainsi enfermé dans un cercle d'où l'on ne pouvait sortir. La religion grecque et la romaine, celle védique et celle brahmanique, la religion égyptienne, sont issues des coutumes.

Mais chez certains peuples on sentit qu'on devait parvenir à un stade supérieur religieux et qu'on ne pourrait jamais le faire de ses propres forces, qu'il fallait l'aide de la divinité. Les temps étaient mûrs ; celle-ci ne fit pas défaut. Elle apparut et révéla la vérité, non pas à tout un peuple, mais à un homme choisi qui la transmit ensuite aux autres. Elle n'avait pas besoin d'apporter d'arguments, mais elle en produisait cependant un sans réplique, le miracle ou l'apparition miraculeuse, quelquefois une série de miracles. Parfois ils duraient longtemps après l'apparition. Les religions de cette classe sont les *religions révélées*. On peut citer en première ligne le Judaïsme ; Moïse fut le grand révélateur, mais les patriarches l'avaient été avant lui ; ils entretenaient des conversations avec la divinité. De même, Mahomet affirmait qu'il avait reçu des révélations et que le Koran lui avait été inspiré. Une autre religion révélée est le Mazdéisme, la révélation fut faite au prophète Zoroastre. C'est dans une caverne au milieu du désert qu'Ormuzd lui apparut et lui remit le texte sacré de l'Avesta, l'accompagnant d'instructions nombreuses; après avoir repoussé les attaques des démons et de la Druje Naçu, esprit de la mort, au moyen de la prière Honover : il se rendit à la Cour du roi Vitaçpa et le convertit au moyen de nombreux miracles. Il faut se garder contre la multiplicité prétendue des religions révélées ; elles sont, au contraire, peu nombreuses, et se rencontrent dans les plus élevées. C'est ainsi que le Christianisme passe pour une religion révélée, c'est inexact ; le Christ a adopté les doctrines du Judaïsme qu'il a seulement modifiées, il a surtout créé une morale nouvelle. Nulle part il ne prétend faire une révélation aux hommes de la part de son père. Sa religion appartient à la troisième classe, celle dont nous parlerons tout à l'heure, et le fondateur d'une religion, qu'il soit Dieu ou qu'il soit homme, parvient à découvrir la vérité avec le sentiment et la raison humaine ; ce qui est divin, ce sont ses miracles, non sa doctrine.

La troisième origine des religions primaires et même souvent des religions secondaires, mais ayant une grande part d'originalité, c'est la découverte par l'esprit de critique et de réforme, par l'esprit humain ; ces religions sont, il est vrai, secondaires, en ce qui concerne la pure doctrine, mais presque toujours primaires en ce qui concerne la morale. Dans cette classe, il faut ranger les deux principales, le Christianisme et le Bouddhisme. Le Christ n'a inventé que sa morale absolument différente de celle des Juifs, morale internationaliste, à la place de celle strictement nationale, et s'affranchissant des formes, affaiblissant la partie rituelle pour renforcer celle naturelle, mais il a modifié aussi la doctrine. Tout ce qu'il prêche est humain, ce qui en fait la haute valeur, et en même temps, ce qui le classe ici. La question de sa divinité est hors de cause, c'est dans tous les cas humainement qu'il a prêché et dans le cœur qu'il a fondé sa religion ; chez lui rien de dogmatique ; aucun ordre impératif de son père, et même lorsqu'il se transfigure devant ses disciples, il ne profite pas de cet état pour dire que quelque vérité vient de lui être révélée. Il en est de même de Bouddha ; sa doctrine aussi est beaucoup plus morale que dogmatique, elle est même sociale ; l'abolition des castes est un de ses principaux objectifs ; puis, comme le Christ, il se préoccupe surtout de la rédemption ; il ne détruit pas la doctrine des métensomatoses, mais il fournit le moyen d'y mettre fin par la perfection de l'ascétisme ; si les dieux anciens se trouvent affaiblis jusqu'à la subordination, ce n'est que le résultat indirect de cette force donnée à l'homme vertueux ; ce ne sont certainement pas les dieux qui lui ont inspiré cet oubli d'eux-mêmes. On peut observer le même *processus* dans le protestantisme. Luther n'est point un inspiré, non plus que Calvin, et il ne prétend pas l'être, il n'apporte pas non plus directement une doctrine nouvelle, mais seulement une morale nouvelle ; ce sont les désordres que le personnel du Christianisme, surtout le personnel sacerdotal, montrait dans ses mœurs, qui furent la raison de leur rébellion et de leur réussite. Ils se réclamaient des livres saints et ils en appelaient du Christ mal informé au Christ mieux informé, et du Pape à l'Eglise dans laquelle ils introduisaient les fidèles comme membres actifs. Il en est de même lorsque la religion nouvelle est, sous quelques égards, un regrès, ou n'a pour but que de ramener la précédente à son état d'équité ou d'exactitude primitive ; c'est ce qui a lieu en Chine pour le Confucéisme et le Taoïsme.

Les religions secondaires sont celles qui se greffent sur une religion primaire dont elles s'écartent sur des points nombreux, mais sans fonder ni un dogme, ni une morale entièrement nouvelles ; le bouddhisme et le christianisme en feraient partie, n'était la nouveauté de leur morale ; il ne faut pas d'ailleurs que cette greffe soit artificielle, comme celle du Mahométisme sur le Judaïsme. Quelquefois il n'y a pas une décadence complète, au moins pendant longtemps. Il peut n'y avoir qu'un simple schisme, alors la nouvelle religion est identique à l'ancienne par le dogme et la morale, et n'en diffère que par le culte et l'organisation externe. On peut compter, parmi les religions secondaires, le schisme grec, les diverses hérésies chrétiennes, le Manichéisme, l'arianisme, le gnosticisme, les hérésies ou sectes Mahométanes, chez les Indous, le Djaïnisme. Nous reviendrons sur ce sujet, parce que dans ce mode de création de la religion nouvelle, il y a de la part de la religion ancienne un acte de génération.

La conservation de la religion se fait par des modes appropriés ; on peut la comparer à celle des sociétés et à la santé du corps humain. Cette conservation peut être très longue, mais pour y parvenir, il faut de temps en temps employer des moyens appropriés ; l'instinct, du reste, y pourvoit. De même, l'homme doit réparer ses forces, non seulement quotidiennement par la nourriture, mais aussi de temps en temps par des exercices salubres et par des satisfactions morales, voire par des évènements heureux. De même, la religion a besoin d'exercices quotidiens et de pratiques ; sans cela les idées les plus sublimes deviendraient vagues et s'effaceraient bientôt, c'est le but et le mécanisme du culte. En outre, elle doit être soutenue par des principes immanents qui lui viennent en aide dans les moments de crise et de danger, et qui lui soient utiles et vis-à-vis des étrangers et vis-à-vis des fidèles. Un de ces éléments de résistance, c'est précisément son caractère conservateur, sa direction continue vers le passé, son appel aux souvenirs, son retour à l'état ancien qui laisse toujours sur l'esprit de l'homme une empreinte profonde. Il existe un contraste entre elle et la philosophie sous ce rapport. La philosophie et surtout la science, qui portent leurs investigations sur les mêmes objets que la religion, le font beaucoup plus hardiment, sans égard, d'ailleurs, pour les erreurs même les plus respectables du passé ; elles ne craignent pas de déplacer le soleil dans les idées reçues et de le fixer dans le ciel, relativement au moins, au lieu de le faire mouvoir autour de la terre, et cela sans transition, car il ne peut y en avoir de l'erreur absolue à la vérité absolue. Au contraire, la religion n'innove que très timidement quand elle le fait, et sans jamais rompre le câble. Elle ne se tourne jamais vers l'avenir ; elle s'attache au passé, à la mort, même aux choses mortes, et elle ne peut oublier que son origine est probablement mortuaire. L'exemple de la religion égyptienne est frappant ; la momie en est une personnification ; les vivants ne pensent qu'aux morts, aux ancêtres, beaucoup plus qu'aux descendants. Ce qui ne veut pas dire que cette religion soit inintelligente ; elle a été une des plus civilisatrices ; car le souvenir et l'amour du passé honorent l'homme, l'élèvent moralement, mais elles ne le font pas rapidement progresser. Au point de vue du sentiment et de la poésie, le culte du passé est certes le plus beau des cultes ; l'homme revient avec émotion au souvenir de son enfance, à celui de ses parents qui y est lié, et cette pensée est moralisatrice. C'est une des forces de la religion, force qui manque et qui manquera toujours à la philosophie, un peu aventureuse, et semblant, par là même, un peu aventurière, prête à renverser les principes de moralité les plus saints, et ne s'adressant qu'à l'esprit.

C'est donc le caractère conservateur des religions qui les sauvegarde et cet élément intrinsèque est un des plus puissants. Mais il ne suffit pas, ni lors de leur fondation pour leur apporter la foi, ni plus tard, lorsque le doute et l'incrédulité surviennent, pour les corroborer. Il faut alors un moyen extraordinaire, mais souverain ; ce moyen, c'est le miracle.

La religion ne peut trouver ses preuves dans la raison, elle ne s'adresse pas d'ailleurs directement à l'intelligence, mais au sentiment et aux sens ; ce qu'il lui faut, c'est une nature de preuves sensible à cette faculté de l'esprit humain, tandis que la philosophie a le monopole du raisonnement. Quelle sera cette preuve sensible? Il ne faut pas oublier que le fondateur d'une religion se dit ou est cru toujours être un envoyé de Dieu (*révélation*) ou un homme s'approchant de la divinité et en acquérant une parcelle de substance. Mais comment constater, toucher cette mission ? Par le miracle. Aussi le voyons-nous partout employé : miracles de Moïse, miracles du Christ, miracles de Krishna et de Bouddha. C'est seulement lorsque la raison seule préside à la rénovation religieuse qu'il n'est pas mis en usage (Confucius, Luther). Cette preuve qui s'adresse à la vue, à l'ouïe, au sentiment, est aussi forte que celle du raisonnement qui s'adresse à l'intelligence, et celui qui en est convaincu a plus de certitude par la foi que le miracle soutient, qu'il ne pourrait l'obtenir par tous les raisonnements possibles ; on peut même affirmer que, le miracle admis, c'est la plus forte des preuves. Il ne faut pas oublier que chaque ordre de vérités a son moyen probatoire spécial. Le témoignage qui est une preuve souveraine dans la pratique de la justice sociale ne saurait en être une en philosophie, pas plus que le miracle, probant seulement en religion.

Une fois la religion fondée au moyen de la preuve du miracle, ou plutôt des miracles, car ils abondent toujours à l'origine, elle se conserve par leur souvenir, et ce souvenir se perpétue par la tradition. Faudra-t-il que chaque génération ait vu son miracle ? Cela n'est pas nécessaire. Elle vivra pendant longtemps du miracle ancien. Il a été raconté par ses pères en qui elle a confiance, et ceux-ci le tenaient des leurs. Cependant la tradition au bout d'un temps très long s'affaiblit, le doute survient et la religion semble sans preuves. On essaie de l'étayer sur le raisonnement, mais ce support n'est pas le sien, elle n'y a qu'un équilibre instable. Ce qu'il lui faudrait, ce sont des miracles. Le temps en semble passé et la lacune irrémédiable. C'est alors que par la force des choses, pour ainsi dire, de nouveaux miracles surgissent, se relient aux anciens, les faisant revivre ; on peut l'observer de nos jours dans le catholicisme ; après un long intervalle, au milieu du dix-neuvième siècle ; siècle d'incrédulité, des miracles nouveaux ont éclaté, se sont succédé, et la question religieuse, déplacée de son terrain, s'y est trouvée enfin replacée.

La *conservation* de la religion, sa nutrition, s'opère encore par la force de la tradition ; par ce moyen c'est de générations en générations, sans effort nouveau et par l'habitude héréditaire que se fait la transmission de l'idée religieuse. La coutume, surtout lorsqu'elle est précédée par celle identique des ascendants, a une puissance invincible ; elle devient sans doute la routine, mais sans celle-ci l'esprit de l'homme aurait des fluctuations incessantes, aucune fixité. La pureté de la tradition est d'ailleurs assurée par l'autorité sacerdotale qui donne à chaque vérité un certificat de tradition.

Comme tout organisme, la religion possède des fonctions de *relations*, mais ces fonctions ont lieu surtout dans la société religieuse *externe* qui doit se trouver en présence d'autres sociétés religieuses externes et des sociétés civiles. Dans la religion interne, il n'y a pas de relations proprement dites, puisqu'elle englobe tous les êtres, désormais situés à son intérieur. Il y a seulement relation entre les divers membres de la société cosmique et l'ensemble de la société cosmique. Ces relations que nous étudierons dans les chapitres suivants forment la consistence de sa doctrine, de sa morale et de son culte.

Les fonctions de *reproduction* des sociétés religieuses consistent à donner naissance à des sociétés nouvelles qui deviennent indépendantes, mais qui s'appuient longtemps sur leur générateur, tout en lui devenant hostiles. Nous avons assisté dans l'histoire à beaucoup de ces genèses. Quelquefois, les enfants ne vivent que quelques jours, pour ainsi dire, étouffés par leur mère, car c'est une particularité digne de remarque que, si cette procréation est volontaire de la part des parents, une religion ne veut jamais en procréer une autre, mais elle est fatale. Le mode de *scisciparité* est des plus rares, on ne constate guère le cas d'une religion se scindant tout à coup en deux religions nouvelles, à peu près identiques l'une à l'autre, et ne se distinguant qu'en ce qu'elles sont séparées, c'est cependant celui du schisme (σχίσμα), l'étymologie du mot indique bien le *processus*. Le mode du greffage se rencontre quelquefois, mais il est incomplet, et il suppose le sauvageon, la religion non cultivée, qui était déjà née, et qu'il s'agit seulement de former davantage ; dans ce sens, on peut noter l'action que le néo-platonisme et la doctrine de Philon ont exercée sur le christianisme naissant, dans lequel ils semblent avoir introduit la doctrine du *logos*. Le procédé de la transplantation après la culture dans une sorte de pépinière, de séminaire, est plus fréquent et à certains égards remarquable. Il est historique que beaucoup de religions n'auraient pu réussir complètement au sol où elles ont pris naissance, qu'en tout cas au bout d'un certain temps elles en ont disparu, éliminées par la religion ancienne qui y avait poussé de trop profondes racines, et qu'elles ont acquis dans un autre pays, à côté ou à la place d'une religion étrangère, leur pleine inflorescence. C'est ainsi que la Christianisme né du Judaïsme n'a pu subsister que quelque temps en Judée, d'où la religion ancienne l'a repoussé, et qu'il n'a réussi qu'à l'étranger au milieu du paganisme. Le Bouddhisme a suivi la même fortune, seulement sa réussite temporaire dans son pays d'origine a été plus longue ; il y a prospéré pendant plusieurs siècles sans pouvoir étouffer le brahmanisme ; aussi celui-ci est-il parvenu à l'expulser, et c'est ailleurs, dans la Chine, en Cochinchine, au Thibet, au Japon, que le bouddhisme a pleinement réussi. De même, le protestantisme, quoiqu'il ne soit pas sorti de l'aire du christianisme a cependant eu son maximum d'effet à ses extrémités et a passé l'Atlantique avec la race anglo-saxonne, il a presque disparu de la France où il avait été la cause des guerres de religion et avait brillé d'un vif éclat. On ne peut s'empêcher de remarquer un processus identique très curieux qui s'est produit dans l'Indouisme postérieur au bouddhisme et dans le catholicisme après l'éclosion du protestantisme, et leur rénovation. Le brahmanisme était perdu dans l'opinion religieuse par ses abus de toute sorte, et en même temps, par la sévérité excessive de sa doctrine, ce qui était contradictoire, mais également antipathique ; ce fut la cause de la naissance du bouddhisme qui montra les vertus contraires, puis lui-même les perdit peu à peu, de telle sorte que le brahmanisme reprit le dessus et triompha, mais il ne le fit qu'après avoir réformé ses mœurs et humanisé sa doctrine. De même, le protestantisme triompha pour les mêmes motifs, et le catholicisme était perdu, alors celui-ci se réforma et regagna ensuite une partie de son domaine. Mais le procédé de la transplantation suppose déjà l'existence préalable de la plante transplantée. On ne peut attribuer que très rarement aux religions un certain mode de génération sexuée. Il consisterait dans la fusion de plusieurs, non point pour constituer une religion unique, comprenant tous les éléments des deux, mais de manière à en produire une troisième, différenciée de deux autres ; il y a bien quelque chose d'analogue dans le phénomène du syncrétisme, mais ce syncrétisme, sur lequel nous reviendrons, lorsqu'il s'agira des rapports entre les sociétés religieuses, est rare et semble le plus souvent infécond, on ne le rencontre guère qu'aux époques de décadence et ce n'est pas lui qui donne la renaissance religieuse, car on peut difficilement croire à la fois en deux doctrines différentes. Le véritable mode de génération religieuse est le bourgeonnement. Lorsqu'une religion a acquis un certain point de croissance, non seulement elle multiplie ses branches, ses feuilles et ses fruits, mais comme en une plante, il apparaît sur elle des germes qui grandissant, forment des bourgeons, des amas d'idées religieuses naturelles. Souvent il n'y a pas une grande différence entre la doctrine née par bourgeonnement et celle de la plante ; c'est ainsi que les sectes philosophiques indiennes ne sont pas toutes divergentes du brahmanisme, il y en a qui en semblent la confirmation. Par exemple, le Vishnouisme a donné naissance à une vingtaine de sectes ; les Vaishnavas donnent la préférence à Krishna, l'une des incarnations de Vishnou, ce qui n'a rien d'essentiel ; ce qui l'est davantage, c'est qu'ils admettent dans l'intérieur du temple des fidèles de toutes castes, et même dans les grandes fêtes les font participer au sacrifice commun. Les Râmanandis adorent Vishnou sous sa forme de Râma-Tchandra, ce qui n'a rien de fondamental ; ce qui l'est plus, c'est que c'est la secte de préférence des Radjpouts. Les Vallebhètcharis sont hétérodoxes davantage, puisqu'ils adorent Krishna, comme le dieu unique, et regardent tous les autres comme nés de lui, ce qui constitue une interversion. Les Civaïtes comptent de leur côté des sectes nombreuses. La dissidence s'accrut beaucoup plus dans le Djaïnisme qu'on peut considérer comme une religion distincte, cependant il ne s'est pas créé d'inimitié entre lui et le brahmanisme, parce que cette secte n'a pas rompu en la forme avec la religion officielle. Mais la doctrine de la philosophie Sankhya et surtout d'une de ses branches prépare la voie au bouddhisme pratiquant un athéisme formel, sans détruire cependant le dogme fondamental des transmigrations. Enfin naît le bouddhisme, nous n'avons pas besoin de rappeler en quoi il constitue une religion nouvelle, mais il est né sur le brahmanisme dont il accepte aussi les dogmes eschatologiques, tout en supprimant peu à peu ses dieux. Le même bourgeonnement se produit dans la genèse du christianisme qui a pris naissance sur l'arbre juif à un certain point de croissance de celui-ci. Il s'y relie puissamment, surtout par le lien Messianique. Une doctrine s'était formée parmi les Juifs, consistant dans l'attente d'un libérateur, d'un vainqueur national, d'un rénovateur ; c'est sur elle que bourgeonna le christianisme ; le Christ venait remplir cette mission. Du reste, il se nourrit de la moelle du Judaïsme, et le Nouveau Testament ne fut que le prolongement et l'accomplissement de l'Ancien. De même, le protestantisme bourgeonna à son tour sur le christianisme dont il emprunta les livres saints et la doctrine. Il n'en fut pas le même du schisme grec qui naquit par le mode de la scissiparité. Cependant les diverses hérésies chrétiennes, dont quelques-unes très importantes, comme l'arianisme, mais qui avortèrent, naquirent aussi par le bourgeonnement, elles ne vécurent qu'un certain temps, ainsi que les enfants qui meurent avant leurs parents, parce qu'elles ne trouvaient pas un terrain favorable, et que quelques-unes constituaient un regrès, au lieu d'être un progrès. En effet, toutes les religions nouvelles provenant des anciennes ne sont pas, par ce seul fait, supérieures à ces dernières. On peut même les distribuer en deux classes, les religions nouvelles ou les sectes nouvelles de progrès et celles de regrès. Il faut comprendre parmi celles-ci, même celles perfectionnées, mais qui ne font que rendre plus sévères, plus strictes et plus formelles les règles anciennes. C'est ce qui est arrivé à Confucius qui n'a point innové, mais qui, au contraire, a arrêté le développement religieux ; par sa religion de regrès, tandis que le Taoïsme est une religion de progrès. On en peut dire autant, au sein du Christianisme, du Jansénisme qui avait l'avantage de l'austérité des mœurs, mais qui exagérait encore et professait une doctrine très étroite. Il en fut de même, au sein du Judaïsme, de l'école des Pharisiens et des Scribes, au contraire des Sadducéens. On peut relever le même contraste dans le monde juridique, par exemple, dans le droit romain, entre les Sabiniens et les Proculiens, dans le monde politique en Angleterre, entre les Whigs et les Torys. Il y en a qui sont en avance et d'autres qui sont en retard sur la moyenne religieuse.

Telles sont les fonctions de reproduction des religions : on voit qu'elles ont toute la physiologie des corps sociologiques et des corps biologiques ; elles ont aussi leur croissance, leur décroissance, leur transformation et leur mort. Elles possèdent leurs milieux favorables ou défavorables dans l'espace ou dans le temps. Elles se comportent en tous points comme les êtres organiques. Étudions seulement quelques-unes de ces ressemblances.

Un des points plus intéressants, c'est celui de l'évolution et de la transformation. Une religion pendant le cours de son existence ne reste pas identique à elle-même ; elle peut se transformer tellement qu'elle ne soit plus reconnaissable. Au point de vue du caractère, par exemple, croirait-on que l'Église persécutée et se cachant dans les Catacombes soit la même que celle de l'Inquisition? Toute religion, malgré son conservatisme, se charge peu à peu d'idées nouvelles, de pratiques nouvelles ; les sacrifices deviennent de moins en moins sanglants, on commence par abolir les sacrifices humains, on finit par ne plus conserver que leur symbole. Certains dogmes se développent et d'autres s'atrophient, celui de l'Immaculée Conception était d'abord inaperçu ; celui de la Trinité a fait l'objet des plus vives controverses qui ont disparu. Le culte des saints a rempli le moyen-âge, il s'est beaucoup atténué. L'Indouisme, quoiqu'il soit la même religion exactement que le brahmanisme, en diffère beaucoup. Si l'on prend l'ensemble des religions, on voit que la plupart de celles primaires ont commencé par le culte mortuaire, que celui de la divinité est venu s'y greffer, que cette divinité consistait d'abord dans les objets concrets, surtout dans les astres qu'on supposait animés, qu'on en a détaché les esprits, et qu'ainsi le naturisme s'est converti en animisme, que les esprits trop subtils sont redevenus concrets en s'anthropomorphisant, qu'ils ont pris une forme humaine visible au moyen de l'idolâtrie, que celle-ci, toute polythéiste, s'est épurée ensuite jusqu'au monothéisme : ce processus a eu lieu quelquefois dans une même religion.

Une partie de ces transformations s'opèrent sous l'influence du milieu et surtout de l'habitat. Un changement de pays peut différencier profondément la religion, comme le langage. On prétend que les Juifs ne devinrent monothéistes d'une manière certaine qu'à partir de la captivité de Babylone. Le bouddhisme de Ceylan est très distinct de celui du Thibet et de celui de la Chine ; l'Islamisme n'est pas le même dans tous les pays mahométans.

Les religions vieillissent et meurent ; leur sénilité se manifeste dans le relâchement des mœurs de la part du sacerdoce et dans le ralentissement de la foi de la part des fidèles. Si aucune religion nouvelle n'apparaît, la foi, en se retirant peu à peu, ne cause que la vieillesse ; celle-ci ne produit plus d'œuvres, elle se renferme dans de sèches déclarations dogmatiques ; elle se raidit de plus en plus dans son conservatisme désormais inefficace, comme dans un besoin d'isolement et de suicide ; le doute conduit les fidèles à une indifférence absolue. Ce fut l'état du paganisme avant l'invasion des barbares ; c'est aussi notre état mental actuel. Qu'une religion nouvelle apparaisse ayant une grande vitalité, qu'elle soit issue de la première, ou qu'elle vienne d'ailleurs, la religion trop âgée ou vieillie avant l'âge meurt peu à peu, sans qu'on s'en aperçoive. Tel fut le sort du paganisme ; les efforts pour lui rendre une vie artificielle, comme ceux de Julien l'Apostat et d'Apollonius de Thyanes, furent inutiles. Comme les hommes eux-mêmes, après leur mort elles laissent un héritage, ce sont les religions nouvelles issues d'elles-mêmes qui les recueillent.

Il semble au premier abord impossible que des religions meurent entièrement, tellement la ténacité des croyances est grande, d'autant plus que la persécution ne fait que leur donner une nouvelle force ; mais la mort d'une nation ne semble-t-elle pas impossible lorsque nous la voyons fonctionner avec sa langue propre, ses mœurs, ses lois, sa tradition historique et son sol ? Cependant cette mort des nations arrive dans chaque siècle, tantôt lente et de décrépitude, tantôt violente. C'est ainsi que nous avons vu de nos jours périr la Pologne après des convulsions et une longue agonie, elle s'est perdue dans le fond commun slave. De même autrefois les nationalités les plus diverses ont disparu dans le peuple romain. Au moment de l'invasion des Francs, il n'y avait plus rien de Gaulois en Gaule, tout était romanisé, et il en était ainsi, même dans les parties extrêmes, même en Armorique, la langue Gauloise a disparu, ne laissant que des traces épigraphiques. Les populations indigènes du nouveau monde n'existent plus comme nations ; en un jour les civilisations intenses du Mexique et du Pérou se sont évanouies ; là encore il y a eu mort violente. La domination ottomane s'est substituée en Orient à l'empire des Arabes et ceux-ci ont repris la vie nomade des premiers jours. De même que les nations, les religions meurent, le paganisme est entièrement éteint. Il en est ainsi des religions égyptienne et assyrienne ; une peuplade misérable, celle des Guèbres, professe maintenant la religion de Zoroastre. Le Bouddhisme a disparu de l'Inde où il ne se conserve qu'en l'île de Ceylan. Au Japon la sintoïsme est devenu très rare, cédant la place au bouddhisme. L'Arianisme qui était une religion véritable n'existe plus depuis longtemps et les autres hérésies ont pris fin.

Le mort est donc un phénomène normal pour les religions comme pour les sociétés et les individus. Il faut distinguer celle survenue par excès d'âge, celle qui résulte des maladies, et celle traumatique qui est l'effet des violences. C'est l'âge qui a fait périr le paganisme, car rien n'est venu le terminer d'une manière brusque. C'est quelquefois par des vices de constitution qu'une nationalité disparaît, on peut l'observer dans le gouvernement anarchique de la Pologne. De même, certains défauts font qu'une religion n'est pas née viable, c'est probablement ce qui est advenu dans la plupart des hérésies. Mais la mort violente est assez fréquente. Cela semble se concilier difficilement avec ce principe que les persécutions dirigées contre une religion, loin de la détruire, en accroissent la force. Il faut distinguer : la compression augmente le ressort élastique de la société religieuse, comme de toute autre société et de l'individu lui-même, mais, si cette compression est extrême, ce ressort ne peut plus revenir à sa place primitive, il y a dépression irrémédiable. C'est ainsi qu'une exécution à main armée contre une sédition l'étouffe si elle est complète ; que si l'on ne la fait qu'à moitié, l'émeute n'en est que plus puissante et triomphe. Ainsi, lorsqu'une religion doit périr, elle était dès auparavant affaiblie et ne peut employer des moyens assez énergiques pour empêcher une autre rivale de progresser ; elle ne fait que l'exciter par ses persécutions impuissantes ; si, au contraire, elle a conservé plus de force, elle peut l'écraser.

La mort d'une religion, ainsi que celle d'une nation, n'est pas toujours complète. Il arrive souvent qu'elle laisse des vestiges, pas assez considérables pour former une religion nouvelle, mais assez pour pénétrer dans un autre organisme religieux et y vivre parasitairement ou pour conserver une existence solidaire. Ce sont les *survivances religieuses* ; il y a aussi les *survivances sociales*. Celles-ci consistent en des coutumes qui n'ont plus de raison d'être, et qui ont été léguées historiquement par le passé ou géographiquement par une autre race en contact. C'est ainsi que dans un état démocratique beaucoup d'habitudes aristocratiques se sont conservées, que maintes dispositions du droit français ne peuvent se comprendre que par le droit romain, que l'ancienne existence de matriarchat explique seule certains usages inexplicables avec la prépondérance paternelle et que les mythes solaires rendent compte d'aventures mythologiques scandaleuses. Les survivances religieuses sont ainsi de deux sortes. On trouve sur une aire restreinte un rameau perdu d'une société religieuse autrefois nombreuse et florissante. C'est ainsi que les Guèbres sont les débris des sectateurs du Mazdéisme. En France, les Vieux Catholiques sont le résidu d'une secte plus nombreuse, conservée à travers les âges et qui voulait revenir, sans modifier le culte ni changer la doctrine, aux errements primitifs de l'Eglise. D'autre part et plus fréquemment, les religions n'ont laissé que des traces, ces traces sont les superstitions. A travers le christianisme, il règne dans les campagnes une foule de croyances superstitieuses du paganisme qui le font se survivre à lui-même ; l'ancienne religion scandinave et celle gauloise ont laissé pour souvenir leurs nains, leurs géants, leurs fées, qui font double emploi avec le personnel démoniaque analogue du christianisme. Mainte légende de saint est le travestissement d'un ancien mythe. On pourrait en donner de très nombreux exemples. Une religion, avant de mourir, fait son testament et lègue quelque chose à toutes celles qui lui succéderont sur le même sol. La sorcellerie transparaît à travers l'institution du sacerdoce, et avec elle l'animisme.

Contrairement à ce qui a lieu dans la sphère biologique, mais conformément à la sociologie, les religions ont quelquefois leur résurrection soudaine. En sociologie, le fait n'est pas rare. Depuis longtemps la Hongrie avait disparu comme nation lorsqu'elle fit sa réapparition lors de l'institution du dualisme. Le Bohême, après une existence ethnique assez brillante, s'était complètement éclipsée, elle avait perdu jusqu'à l'usage de sa langue. De nos jours, elle trouble profondément l'Empire autrichien par ses revendications d'autonomie sur le point de réussir. Les autres pays slaves de cette monarchie se lèvent à leur tour, ils réforment d'abord leur langue, avant de réveiller leur organisation; il y a un siècle, ils n'existaient plus, maintenant ils ont la vitalité la plus grande. Il en est de même des sociétés religieuses. Après le triomphe du bouddhisme, le brahmanisme eut une éclipse si complète et si profonde qu'on devait croire que c'en était fait de lui, il ne conservait qu'une survivance, un point en ignition. Cela suffisait pour qu'il se ranimât. Il ressuscite et chasse le bouddhisme qui à son tour ne peut plus que survivre à Ceylan. La secte des Albigeois, celle des Hussites, dont le principe était identique, disparaissent, mais ressuscitent victorieusement dans le protestantisme dont ils sont désormais classés comme précurseurs. Chez les Hébreux, l'Éloïsme chassé par le Jahvéisme revient dans la prédication des prophètes et la religion du Christ. Enfin l'animisme lui-même éteint depuis des siècles dans les pays de civilisation, se retrouve tout à coup dans la doctrine la plus récente, la spiritisme, de même que le vieux panthéisme indien dans la doctrine contemporaine du monisme; la résurrection de l'animisme dans le spiritisme est remarquable surtout.

Comme tout organisme aussi, la religion a ses maladies et ses blessures; pour les guérir, on apporte des remèdes, et des prophylactiques pour les prévenir; de là la pathologie, la thérapeutique et l'hygiène religieuses.

Les maladies qui affectent la société religieuse sont morbides ou traumatiques, elles proviennent de germes parasitaires et d'altération spontanée des tissus; il serait trop long de continuer la comparaison avec les maladies biologiques. Nous nous contenterons d'indiquer quelques-unes de ces maladies;

1° *Les superstitions.* — Cette maladie dont les effets sont souvent funestes et conduisent à la mort, parce qu'elle mettent en contradiction avec les découvertes de la raison, sont ordinairement un legs des religions antécédentes qui se survivent de cette manière. Pendant quelque temps, on ne s'aperçoit pas de leur nocivité; au contraire, elles paraissent, si on les conserve, faciliter l'admission de la religion nouvelle. C'est que, de même qu'il accommodait à son usage les temples païens, le christianisme se servit des fêtes du paganisme et conserva beaucoup de ses coutumes en les sanctifiant. Plus tard, ce procédé qui avait réussi lui devint souvent funeste, car ces superstitions tenaces le pénétrèrent, et le protestantisme put lui reprocher des tendances idolâtriques contrastant avec son monothéisme. De même, des tendances sensuelles de peuples qui les avaient précédés sur le sol envahissaient la religion des Assyro-Babyloniens, tandis que celle des Hébreux restait pure. Les religions furent presque toutes démoniaques à l'origine, plus tard les dieux malfaisants furent refoulés et devinrent les démons proprement dits, mais ils se maintinrent à ce poste et furent l'objet d'un culte répulsif, mais d'un culte cependant. Dans nos campagnes tout récemment encore il s'agissait plus du diable que de dieu ; on croyait à tous les sortilèges et le devin de village représentait l'antique sorcier. La superstition est en effet une religion de crainte ; c'est aussi une religion de formes où l'on croit à la force magique des formules et des gestes, comme dans les cultes primitifs ;

2° *Le dogmatisme étroit et théologique.* — Ce vice affecte surtout la croyance ; il empêche l'esprit humain de se mouvoir dans ses limites légitimes. Au lieu de se borner à des points de repère, le dogme veut tout embrasser ; il oblige à croire à beaucoup de faits qui ne sont pas essentiels et descend de plus en plus dans les ramifications des divisions et des subdivision cosmiques. Un des monuments de ce genre est la somme théologique de St-Thomas. Il n'y a plus de liberté de penser dans les interstices. On subtilise de plus en plus, le syllogisme aride règne en maître ; si l'on croit encore la comprendre, on ne sent plus la vérité.

3° *L'exagération de formalisme.* — Pour se rendre sensible la religion doit multiplier les formes, car souvent le fond de la doctrine n'est révélé qu'aux initiés ; d'ailleurs, le culte est fait pour le regard ; sans formes nombreuses, il deviendrait abstrait, il faut qu'il soit concret. Les cérémonies ne peuvent être abandonnées au caprice des fidèles, ni même du sacerdoce. L'habitude seule les rend faciles. D'ailleurs, la tradition est un moyen de conservation religieuse. Jusques là l'idée est juste. Mais bientôt on multiplie ces formes outre mesure. La vie d'un brahmane est entièrement consacrée aux exercices du culte ; il en est de même de celle d'un prêtre, et surtout d'un religieux catholique. Cette exaltation de la morale rituelle diminue trop la part faite à la morale naturelle. Elle surcharge et absorbe l'esprit sans l'élever véritablement. Ce ne sont pas les ablutions incessantes qui feront produire à l'homme des œuvres méritoires. En outre, ces cérémonies sont obligatoires sous les peines les plus graves ; le moindre manquement de la part du brahmane l'oblige à de nombreuses purifications ; le fidèle chrétien qui a des distractions pendant la messe est condamné à des peines éternelles. Sous ces trop fortes pressions, surtout lorsqu'il s'agit de prescriptions purement cultuelles, non appuyées par les ordres de la conscience, l'homme religieux lui-même va renoncer à la religion dont il peut perdre en un instant tout le fruit. Il en résulte une terreur sans dignité et sans profit.

4. *L'austérité trop grande de la morale.* — On en peut dire autant de la morale exagérée, non seulement là où elle l'est davantage, c'est-à-dire en matière sexuelle, mais en toute autre ; seulement cette austérité apparaît davantage lorsqu'il s'agit de la chasteté, d'autant plus que le monde à ce sujet est, par contre, d'une indulgence excessive et coupable. Mais la morale religieuse est souvent trop sévère ; elle l'est au plus haut degré lorsqu'il s'agit du religieux qui a fait vœu de chasteté. Le mariage lui-même dans certaines sectes chrétiennes, hérétiques, il est vrai, est considéré comme condamnable. Il faut considérer aussi comme un vice religieux, les jeûnes excessifs, les macérations qui ont souvent pour résultat non voulu d'exciter les penchants sensuels, et qui créent un état physiologique anormal. Cette austérité est d'ailleurs la source de tentations et de chutes morales, par l'effet des contrastes.

5° *Le relâchement des mœurs.* — Le relâchement est fréquent dans les sacerdoces. C'est ce qui s'était produit dans le bouddhisme. C'est aussi ce qui se produisit dans le christianisme au moyen âge et surtout avant l'apparition du protestantisme. La religion se trouve ainsi déconsidérée auprès des masses qui comprennent mieux ce vice que ceux de la doctrine, et dont l'instinct moral recherche une religion pure quand même elles ne le seraient pas.

6º *La contradiction avec la nature et la raison humaine.* — La religion reste distincte de la philosophie au point de vue doctrinal, elle est distincte du droit et de la morale naturelle à celui des mœurs, mais il ne doit pas y avoir un désaccord complet, ou chacun en souffrira. Aussi la religion doit-elle rester dans son domaine et ne pas juger ce qui est de celui de la science, faute de quoi elle s'expose aux plus désagréables mésaventures, comme lors de la condamnation de Galilée. La raison humaine se révolte et alors le bénéfice de la tradition, des miracles, tout est perdu. Pour être crue infaillible, la religion ne doit pas s'être trompée, aussi il lui faut rester sur son domaine invérifiable, nous ne voulons pas dire, pour protéger son erreur par une certaine précaution, sinon une certaine imposture, mais pour ne pas être incompétente, et alors sujette à se tromper, comme, du reste, la science elle-même. De même, elle ne doit pas violenter la nature, en ce qui concerne les mœurs, en exigeant un état de perfection hors de proportion avec les habitudes. La nature a ses droits certains, même contre la religion surnaturelle ; chaque domaine doit rester intact.

7º *L'intolérance.* — C'est un des vices religieux les plus communs et les plus graves. Elle naît d'une qualité, le prosélytisme. Il est naturel de convaincre les autres des vérités dont on est convaincu soi-même, à condition de n'employer ni l'obsession, ni la violence. Mais il est difficile de se tenir sur la limite. La religion même est tour à tour persécutée et persécutrice. Une certaine distance de temps sépare le christianisme proscrit aux catacombes et celui qui faisait brûler les hérétiques ; mais Calvin qui protestait avec raison contre les persécutions catholiques faisait à son tour brûler Servet, un dissident ; on n'attendait même pas le triomphe ! Du reste, l'intolérance des partis politiques est aussi grande ; le monarchiste exécuterait sans jugement et sans remords le républicain de toute nuance, celui-ci en agirait de même vis-à-vis du socialiste, et le même mode de justice expéditive remonterait par degrés du socialiste triomphant au républicain et au monarchiste. Ce n'est qu'envers le criminel de droit commun, le voleur, l'assassin, qu'on respecte scrupuleusement toutes les formes, et la Société le salue jusqu'au pied de l'échafaud, mais tous ces scrupules sont inutiles lorsqu'il s'agit de l'ennemi politique ou religieux, le jugement lui-même serait une naïveté ou un retard inutile, chacun l'exécuterait lui-même au besoin. Aussi la civilisation n'a-t-elle pas du tout détruit l'intolérance ; seulement celle-ci, au lieu d'exister de religion à religion ou de la religion à l'athéisme, existe en même temps de l'athéisme aux religions et il y a les sectaires de la libre pensée répondant aux sectaires religieux ; l'excommunication n'a pas disparu, elle s'est vulgarisée. D'ailleurs, ce n'est pas seulement une pratique, c'est un dogme, il s'agit de faire le bonheur d'autrui malgré lui.

8° *L'indifférence.* — L'intolérance est, en même temps qu'un vice et souvent un crime, un signe de *vitalité* exubérante, tandis que l'indifférence religieuse est un indice de *nécrose*. Elle naît aux époques de décadence. Elle nuit davantage à une religion donnée que l'athéisme. Elle prédispose surtout aux coups qui peuvent être portés. C'est un affaiblissement des tissus qui ne pourront plus résister à l'installation des parasites. Elle peut miner et détruire la religion, avant que rien ne le révèle antérieurement. C'est l'absence de persécution et de contradiction qui la cause ;

9° *La centralisation excessive.* — Le corps humain périt lorsque le cerveau se congestionnant, le sang et la vie quittent les extrémités, que leurs fonctions se ralentissent et que leurs organes s'atrophient. Désormais, tout dépend d'un seul point, et quand même le ganglion central ou le cerveau gouverneraient bien, le cœur et les tissus ne lui apporteraient plus le sang nécessaire pour sa vivification et son action incessante. Il en est de même dans l'Eglise trop centralisée. Il lui faut, comme dans la société politique, sa population, son *sensorium*, ses chefs, mais supprimer le premier élément aux dépens des autres, c'est créer un être de plus en plus abstrait et n'ayant bientôt plus assez de réalité concrète pour vivre. Autrefois, dans le catholicisme, l'épiscopat était le point central; la papauté, seulement un instrument suprême de coordination; au-dessous, les simples prêtres avaient leur autonomie, et le simple fidèle n'était pas un membre passif, devant obéir, il élisait ses supérieurs sacerdotaux. Depuis, une concentration s'est faite, et elle est peut-être excessive. Une certaine somme d'indépendance est nécessaire, comme une certaine dose de hiérarchie. Dans le protestantisme, la décentralisation est complète; cependant l'anglicanisme tend à se concentrer de nouveau;

10° *L'exclusivisme*. — Il ne s'agit pas ici de l'intolérance. Celle-ci se manifeste par des actes de persécution, il n'en est pas de même de l'exclusivisme. Par là, nous entendons cette croyance qu'il est impossible de faire son salut dans les autres religions. La plupart des religions sont tolérantes; il y en a même qui admettent qu'on les pratique concurremment avec d'autres. Mais parmi celles qui ne le sont pas, il faut citer le Judaïsme, le Mahométisme et le Christianisme, toutes les religions monothéistes. Cela se conçoit; lorsqu'il n'y a qu'un seul Dieu dans une religion, on ne peut lui adjoindre celui d'un autre; si, au contraire, il y en a plusieurs déjà, on peut en adjoindre d'autres ou du moins les tolérer. Les Romains étaient logiques en construisant leur Panthéon; ni les Juifs, ni les Chrétiens ne l'auraient été. On pensera que ce résultat d'une nécessité ne saurait être considéré comme un vice. Il le devient parce qu'il rabaisse la dignité humaine chez les adhérents d'un autre culte. Sans même qu'ils soient l'objet de vexations, ils sont considérés comme adonnés à une adoration démoniaque; c'est ainsi que trop souvent les chrétiens ont regardé les infidèles, leur refusant, contre toute justice, la piété et même la moralité, et regardant leurs dieux comme de véritables démons. De là l'impossibilité, pendant longtemps reconnue, de s'allier par des mariages aux personnes de religions différentes, et dans le cas d'union, les désaccords relatifs à l'éducation des enfants. De véritables haines injustifiées de nation à nation ne sont dues qu'à la différence des religions ;

11° *La confusion avec la société civile.* — La distinction entre le temporel et le spirituel a été toujours et à bon droit réputée essentielle, de leur confusion résultent les plus grands maux ; sans doute, il y a eu indivision primitive, mais la civilisation les a séparés, aussitôt que possible. Cependant, ils tendent sans cesse à se rejoindre au grand détriment des deux. Lorsque la religion absorbe la société, elle en souffre elle-même la première. Elle en continue les vices, les ambitions terrestres, les haines politiques, qu'elle joint à ses vices propres ;

12° *Le mysticisme.* — C'est une qualité, une des plus précieuses de la religion ; il consiste essentiellement dans l'union intime avec la divinité. Mais l'esprit ainsi occupé se dégage de toute activité corporelle et même intellectuelle et reste dans un stade d'engourdissement et de paresse religieuse, il n'y a plus d'équilibre entre les diverses parties de l'être humain, toutes les autres s'atrophient et le mysticisme peut aboutir à un état mental tératologique.

Telles sont les principales maladies des religions. Elles ont leur thérapeutique, quoique celle-ci ne soit pas très souvent employée d'une manière volontaire, mais souvent les évènements apportent le remède. Nous n'en signalerons que quelques-uns.

Un des plus remarquables et qui se rapproche de l'hygiène, c'est un remède analogue à la *vaccination.* On inocule à une religion, d'une manière atténuée, la maladie qui la menace. C'est ainsi que la religion risque de périr si elle se laisse envahir par la superstition qui pourrait la convertir à la longue en une sorte de religion démoniaque, ou tout au moins, en religion dualistique. Alors, on fait la part du feu, on inocule la dose de superstition qui ne peut pas faire périr, mais préserve du surplus, en cantonnant, par exemple, le démon à certains emplois, en le réservant à certaines circonstances et en le faisant opérer sous la surveillance de Dieu. Il en est de même en ce qui concerne le penchant à l'idolâtrie ; on sait combien les religions, même monothéistes, y viendraient aisément. Aussi Moïse fait-il construire le serpent d'airain et le veau d'or. Cette indulgence était extrême. Le Christianisme agit plus sagement. Il permit le culte des images, et même des statues, mais seulement comme représentant le saint ou le dieu, non comme le contenant ; du reste, la peinture est moins dangereuse, sur ce point, que la statuaire ; aussi, ce fut surtout le peintre qu'il favorisa. Il multiplia les saints, de sorte que la vénération ne pouvait se changer en adoration et que le Dieu suprême restait à une grande distance au-dessus ; le protestantisme, au contraire, méconnait ce penchant humain, et, du reste, il pouvait le faire impunément, parce que l'éducation monothéiste était devenue complète.

Un remède est spécial à l'indifférence religieuse, c'est celui de la persécution, pourvu que la nécrose ne soit pas déjà trop complète. Cette persécution a toujours réveillé la foi, même chez les non croyants. C'est un *remède héroïque*. Du reste, le martyre appelle le martyre, de même que le crime appelle le crime, par une singulière imitation. Peut-être aussi a-t-on horreur de l'emploi de la force et de la contrainte et y a-t-il dans le monde moral cette loi que la réaction est égale à l'action, que la compression concentre l'énergie. Ce fait est historiquement certain.

Aux moyens curatifs, la Société religieuse, comme tout autre organisme, doit ajouter ceux préventifs et hygiéniques. Cela peut paraître singulier d'entendre traiter de l'*hygiène religieuse*, mais il existe déjà l'*hygiène sociale*. L'hygiène consiste à prévoir la production du vice délétère et à en empêcher le germe ou le développement morbide au moyen de certaines mesures. Nous n'en voulons donner que quelques exemples.

La contradiction funeste entre la raison humaine et la foi religieuse qui forme un des écueils les plus terribles, peut être empêchée si la religion ne s'occupe pas des matières qui ne sont pas son objet matériel et ne décide que de l'inconnaissable; sur ce terrain, la science ne l'atteindra probablement pas d'ici longtemps, et d'ailleurs cette tendance acquise empêchera les nouveaux conflits.

Les mauvais résultats de la confusion du temporel et du spirituel peuvent être empêchés en ne permettant pas à cette confusion de s'accomplir et on peut interdire les empiètements de l'autorité publique si l'on n'en commet pas soi-même. Les querelles du sacerdoce et de l'empire ne seraient pas nées si le Pape n'avait point fait d'abord de l'empereur son bras séculier.

De même, le dogmatisme étroit et universel ne fût pas né si l'on se fût borné à proclamer comme dogme les vérités essentielles à une religion pour vivre et si l'on se fut astreint à la sobriété de la doctrine.

La superstition n'aurait pas pu se développer si, tout en tolérant les restes du paganisme, on n'eût pas permis qu'ils devinssent partie intégrante de la religion ; c'est ainsi que la croyance aux fées et aux nains n'apporte pas un grand préjudice, parce qu'ils restent extrà-chrétiens, tandis que toutes les légendes démoniaques, devenues intrà-chrétiennes, lui ont communiqué les idées de sorcellerie, de magie, qui font rétrograder jusqu'au stade de l'animisme.

Le moyen général de thérapeuthique consiste à revenir à l'état le plus ancien, presque toujours très pur, de la religion. C'est le but que se propose Confucius, qui ne voulait innover en rien, mais simplement restaurer. Les protestants pensaient aussi revenir à la primitive Eglise et donnèrent à la leur le nom d'évangélique,

Enfin les miracles, comme nous l'avons dit, sont un remède héroïque contre l'incrédulité.

Telles sont quelques-unes des précautions hygiéniques possibles.

La société religieuse est donc bien un être organique vivant soumis aux mêmes phases, ayant les mêmes fonctions, les mêmes maladies que les autres organismes. Elle a même sa tératologie, car on ne peut considérer que comme rentrant dans cet ordre d'idées, la religion sanguinaire du Mexique et celles lubriques des Assyro-Babyloniens, qui aboutissent à la prostitution religieuse.

CHAPITRE VI

DES SOCIÉTÉS INTERDIVINE ET INTRADIVINE

La société cosmique ne comprend pas seulement cette société universelle qui relie ensemble tous les êtres du monde, matériels ou immatériels, visibles ou invisibles; elle se divise aussi en sociétés partielles, lesquelles ne perdent pas par là, quand on les envisage à un certain point de vue, le caractère cosmique. C'est ainsi que les hommes vivants et les morts forment une société cosmique fractionnaire, bien différente de la société civile et ethnique ordinaire, qui ne comprend que les hommes vivants. Bien plus, entre les hommes vivants peut exister une société tout à fait indépendante aussi de la société civile et juridique, c'est celle qui les unit, non au point de vue de la justice, mais à celui de la charité; le Bouddha parfait ne se contente pas du nirvâna, il veut rester sur la terre pour convertir les hommes. Des sociétés humaines, plus restreintes encore, ont le caractère cosmique, ce sont les différentes Églises ou confessions religieuses. D'un autre côté, il y a une société cosmique spéciale, qui relie l'homme et les animaux, le lien est, d'une part, d'obéissance, de l'autre, de bienveillance. Une autre société s'établit entre l'homme et certains esprits, appelés gardiens ou protecteurs, si tant est qu'ils aient une existence distincte de lui. Enfin il y a un lien direct entre l'homme et la ou les divinités. Ce n'est pas tout, les divinités, à supposer qu'il y en ait plusieurs, ou la divinité et les anges forment entre eux une société particulière. Ce sont des sociétés cosmiques fractionnaires. Chacune d'elle mériterait une observation spéciale, mais l'espace nous manquerait ici, nous nous contenterons d'étudier la société entre les divinités, ou société interdivine.

A côté de cette société s'en trouvent d'autres cosmiques intérieures de la plus haute importance. On les découvre dans l'homme et aussi dans Dieu. L'esprit de l'homme, qui est un, se compose cependant de diverses parties qui agissent et réagissent l'une sur l'autre incessamment ; il se dédouble et, après ce dédoublement, chacune de ces fractions contracte une véritable société avec l'autre, sans compter celle qui existe entre l'esprit entier et le corps. De même, dans l'hypothèse d'un dieu unique succédant aux dieux nombreux du polythéisme, on remarque d'abord un isolement complet ; puis beaucoup de religions le regardent de plus près ; il se dédouble ainsi, prend plusieurs aspects, plusieurs hypostases, et ces fractions de la divinité entrent en relation entre elles, de manière à constituer une société d'un nouveau genre, une société *intradivine*.

Nous allons étudier dans ce chapitre : 1° la société particulière entre dieux, ou *interdivine ;* 2° celle entre les diverses parties de l'esprit humain ou *intràhumaine* et 3° celle entre les diverses fractions de la divinité ou *intràdivines*. Nous y verrons des phénomènes nouveaux de la cosmosociologie.

La société interdivine est le résultat nécessaire du *polythéisme anthropomorphique ;* nous n'aurons à en dire que quelques mots, parce qu'elle a été décrite sporadiquement ici. Prenons pour exemple la mythologie gréco-latine. Nous y trouvons des familles de dieux ; il y en a peu qui ne se rattachent à un autre, soit par la génération ordinaire, soit par une génération exceptionnelle. Artémis et Apollon sont les enfants de Zeus; de même Héphaestos ou Vulcain, Hermès, Dionysos; ils ont seulement des mères différentes : Léto, Héra, Sémélé, Maia ; Athéné, la déesse vierge, est née de son cerveau. D'autres dieux ont une origine différente : Aphrodite, née des flots, et mère d'Eros, Hestia, la déesse du foyer, Thémis, Déméter et Cybèle. Poséidon, au contraire, et Hadès, dieu de l'enfer, sont ses frères. Mais une répartition de pouvoirs se fait entre quelques-uns d'eux, les principaux. Jupiter s'adjuge le ciel; il donne la mer à Poséidon et l'enfer à Hadès. Au-dessous sont les divinités inférieures ; tout obéit à la voix du chef : *nutu tremefecit Olympum*. Chez les Romains, le chef de la nouvelle dynastie (car la précédente et la plus ancienne était celle de Janus) est le fils de Saturne, qu'il détrône aussi, il est le dieu souverain, Junon est son épouse, Minerve devient sa fille. Il partage l'Empire avec Pluton et Neptune, et il faut noter en passant cette triade divine, non point *interne*, mais encore *externe*, qui est cependant significative, c'est un *triumvirat divin*, tous les dieux lui sont soumis, chacun a ses attributions, il y a division du travail. Au-dessous, par une hiérarchisation complète, se trouvent les demi-dieux. Jupiter prend de plus en plus un pouvoir souverain, c'est le monarque qui se dégage de l'aristocratie des grands dieux, presque tous ses parents, et de la démocratie des dieux du petit naturisme. Entre eux tous, il existe une société véritable. Nous les voyons, chez Homère, se réunir en conseil ; les principaux composent un gouvernement; il y a l'assemblée générale des dieux. Quelques-uns forment la Cour du chef divin et restent auprès de lui, les autres se rendent dans les diverses provinces. De temps en temps il s'y ajoute une personne nouvelle, c'est un demi-dieu, provenant des rangs humains qui, par sa vertu, est devenu dieu, quelquefois plus que dieu. Tous ces dieux sont immortels, au moins, dans cette mythologie, car ce n'est pas partout une règle absolue.

Tel est l'Olympe. Comme dans la société humaine, il y a eu là des révolutions, ou plus exactement, des changements de dynastie, des révoltes de palais. Jupiter fonde une nouvelle dynastie ; avant lui régnait Saturne ou Cronos, qui dévorait tous ses enfants ; plus anciennement, c'était Janus, le dieu mystérieux, qu'on appelait le dieu des dieux ou le père des dieux, l'ancien dieu solaire, associé à une déesse lumineuse, Dia, la lune, ou Diane, devenue plus tard simple portière du ciel, introductrice du jour et de la nuit. Jupiter reste en concurrence avec Mars, que cependant il subalternise, Janus, Jupiter et Mars étant, en effet, trois dieux solaires, et peut-être que chacun était le chef des dieux dans la religion de trois peuples italiques, religions qui fusionnèrent et firent admettre leurs dieux souverains.

Le ciel anthropomorphique est ainsi l'image de la terre, on y trouve une société céleste, analogue à la société humaine. Les dieux ne restent point isolés, ils ont entre eux un lien, une hiérarchie, des gouvernants.

L'examen des autres religions présente le même tableau. En Égypte, les dieux sont nombreux, ils ont pour chef Osiris, l'époux d'Isis, le père d'Horus; tous lui obéissent, et il ne trouve de résistance que de la part de Set, le principe mauvais, suivant l'esprit de cette religion, il est le dieu des morts, le dieu du soleil couché, et le soleil vivant, Horus, est seulement son fils. Il est hors de propos de faire ici le dénombrement des dieux égyptiens. Notons qu'il y en a de supérieurs et d'inférieurs, comme dans toutes les mythologies. Mais nous voulons y relever deux particularités remarquables.

La première que nous avons déjà rencontrée dans la mythologie gréco-latine, c'est la concurrence entre dieux pour la souveraineté, et la succession de dynasties divines les unes aux autres; le plus ancien souverain des dieux n'est point Osiris avec Iris, mais d'abord régnaient le dieu Terre *Sib* ou *Sibou*, avec la déesse Ciel, *nouit*, père et mère de tous les dieux, puis ils disparurent et à leur place apparaît *ra*, dieu soleil; ce qui prouve son antiquité, c'est qu'on ne lui donne pas de déesse pour compagne. C'est, en effet, un trait remarquable de l'anthropomorphisme qu'un dieu apparaît d'abord *sans distinction de sexe*, alors il n'est pas complet; plus tard, la sexualité s'y développe, mais à deux degrés différents successifs. Au premier, il y a des déesses à côté des dieux, mais les unes ne se rattachent pas aux autres ; au second, le dieu et la déesse sont rangés par couples, le mari et la femme. Ce n'est pas tout, l'anthropomorphisme se complète, on voit apparaître le mari, l'épouse et l'enfant ; on a dès lors l'*image de la famille humaine*. *Râ* est le dieu soleil levant, vivant, il a pour père *phtah*, dieu de la terre, assimilé au soleil mort, car c'est du sein de la mort, du néant, que surgit la vie. Enfin, apparaît une troisième dynastie, dont le chef est aussi Osiris, un soleil mort, qui donne naissance à Horus, un soleil levant. Ici commence à apparaître la forme familiale. Désormais nous allons voir les dieux se constituer ainsi par triade. Mais ce que nous notons en ce moment, c'est la succession des dynasties des chefs divins. Comment cette succession s'est-elle produite ? Est-elle complète ? D'abord elle ne l'est pas, les dieux détrônés ne sont pas exclus de l'adoration. On pense que chacun d'eux appartient à une région différente, et que c'est par la fusion avec ces religions locales que la concurrence, mais aussi l'adoration commune, sont nées. *Râ* est celui des dieux solaires qui semble le mieux en avoir les qualités, il est adoré surtout à Thimis (haute Egypte); *Phtah*, le soleil couché, est le dieu des morts et le grand dieu de Memphis. De même Isis et Hathor sont deux déesses dont les attributs sont identiques et qui proviennent probablement de régions différentes : il y aurait eu fusion.

Ce qui n'est pas moins remarquable, c'est la triade égyptienne, qui est une imitation de la famille humaine, de celle psychologique, et qui renferme le dieu mâle, sa femme et leurs enfants ; quelquefois, cette triade est avortée et se borne à la distinction sexuelle, ce qui amène à la simple dualité. Voici quelques-unes de ces triades. Notons que plusieurs se composent d'une manière un peu différente, du dieu et de ses deux déesses.

Cette généalogie humaine correspond en même temps à une triade solaire : 1° Le dieu père, soleil vivant ou mort; 2° la déesse mère, laquelle représente le ciel, l'espace ou le soleil mort, et même, ordinairement, à la fois l'épouse et la mère ; 3º le fils, jeune dieu du soleil levant.

1º A Thèbes, Ammon ou Ammon-Râ, soleil levant, appelé Toum, lorsqu'il devient le soleil couchant, Maut, son épouse, déesse du ciel, Khons, leur fils, soleil levant, et régent de la lune ;

2º A Abydos, Osiris, Isis, sa sœur et son épouse, Horus, leur fils, avaient la même signification solaire ;

3º A Memphis, Phtah, le soleil nocturne et dieu des morts, Secket, son épouse, déesse à tête de lionne, personnifiant la lumière solaire, ou Bast, déesse à tête de chatte, et Nofra-toum ou In-hotep, leur fils, le soleil levant ;

4º A Konosso, Mentou, Sati et Khem ;

5º A Esneh, Noun, Nébouont et Hika.

Voici les triades anomaliques composées d'un dieu et de deux déesses :

6º Râ, avec Nekheb, déesse du Sud, et Ouadj, déesse du Nord ;

7º Osiris ou Horus avec Isis et Nephtys ;

8º Noun, avec Sati et Anonké (1).

Dans cette seconde sorte de triade, les deux déesses personnifient les deux hémisphères Nord et Sud.

Dans la triade normale, on voit que la famille humaine et la famille solaire sont en même temps représentées.

En Assyrie, avant l'arrivée des Sémites, les anciens dieux semblent ne pas constituer entre eux de société bien parfaite ; on dirait qu'ils naissent indépendants les uns des autres. Cet état est caractérisé par l'absence de couples divins. Il n'y a même qu'une seule déesse, très antique, du reste, Istarit ou Istar, déesse de la guerre, de l'amour, de la lune et de la planète Vénus. Mais on y trouve déjà plusieurs dynasties de dieux. Le plus ancien est *sin*, le dieu humain, le père du soleil ; il est supplanté par Assem, son fils, de Ninive, ou

---

(1) De Milloué, *Introduction à l'étude des religions*, p. 141.

Mérodah, de Babylone, représentant le Soleil dans son éclat. Du reste, il y a aussi, comme en Égypte, concurrence de dieux fournis par les diverses régions; nous avons déjà vu celle entre Assoun et Mérodah ; de même, le dieu de la lune est adoré à Our, et celui du soleil à Larsha et à Babylone. Nous remarquons, en outre, la concurrence entre le culte solaire et le culte lunaire.

Après l'arrivée des Sémites, l'anthropomorphisme se développe et le culte solaire prend le dessus sur le culte lunaire. Les dieux se constituent en couples divins, ceux anciens sont conservés, mais modifiés ainsi.

Baal, Bel ou El, identique à Assour, a pour épouse Baalit ou Beltis ; Anou, dieu du ciel, a pour épouse Anat ; Tam-mouz, fils de El, jeune soleil tué par l'hiver, a pour épouse Istar.

Dans la cosmogonie assyrienne, on retrouve la triade, mais alors se composant du père, de la mère et de deux enfants, ou se composant de trois enfants. C'est ainsi qu'Apasôn, le profond, et Moummôu tiamtôu, le chaos, principes de l'univers, ont enfanté Lakoon et Laksa ; ceux-ci engendrent à leur tour Kisar et Sar, les deux firmaments superposés, lesquels donnent naissance aux trois dieux suprêmes : Anou, Baal et Ea. Baal engendre El ou Baal Mérodah le démiurge. La procréation de deux enfants est une nécessité logique pour obtenir un nouveau couple reproducteur, de sorte que la triade ne soit pas déformée (1).

En dehors de cette constitution, pour ainsi dire, familiale, des dieux en Égypte et en Assyrie, ils ont une organisation sociale et sont hiérarchisés entre eux, cependant cette hiérarchie est moins puissante qu'à Rome et en Grèce, la société familiale a dominé ici.

La mythologie scandinave présente aussi la société interdivine. Un dieu domine tous les autres comme souverain, c'est Odin (wotan, Vuodan); le Mercure de Tacite, c'est le mo-

(1) De Milloué, *Introduction à l'étude des religions*, p. 149.

narque. Mais la conception dualistique du bien et du mal a troublé la mythologie primitive, plus qu'elle ne l'ava it en Egypte, c'est elle qui est devenue le nerf du aythe r rieux. Nous avons à y relever, comme tout à l'heure cependant, deux phénomènes curieux, la succession entre les dieux qui forment plusieurs couches successives et les triades.

Odin est le plus grand des dieux, le père de tous les autres, le souverain du ciel et de la terre. Il existe, lui compris, douze grands dieux ou Ases, et vingt-six grandes déesses ou Asinies, d'où un état de société céleste polygamique. Les Ases représentent les puissances solaires et sont en lutte avec les Iotes (géants), qui personnifient le froid et les montagnes. Mais ils ne sont pas les plus anciens. A l'origine, les deux mondes, le *muspilheim* au sud, le monde du feu, et le *niflheim*, au nord, le monde de la glace, séparés par l'abîme *ginungagap*, sont régis, le premier, par le dieu *Surt* ou *Sortin*, le second, par le génie serpent *nidhug*. De l'union de ces deux hémisphères terrestres naquit *Ymir*, le vieux géant du froid. Celui-ci donna naissance à un fils et à une fille, souche des Yotes, ou géants; ces derniers sont donc plus anciens que les dieux. Ymir se nourrissait du lait de la vache, *Audhumba*, qui léchait le sel des glaçons. De ces glaçons léchés naquit, au bout de trois jours, un être de forme humaine, *Bure*, ce dernier engendra en lui-même un fils, *Bor*. Remarquons que chez ces premiers dieux il n'y a pas de génération sexuelle, l'anthropomorphisme était donc beaucoup moins accusé. Ces dieux ne se procréaient même pas par émanation, sauf Bure, ce qui est un moyen terme, mais étaient issus d'une sorte de génération spontanée. C'étaient bien des dieux qui se supplantaient, étrangers l'un à l'autre. Mais la génération sexuelle commença à partir de Bor, et par conséquent, la véritable société *inter-divine*. Celui-ci épousa Betsa, fille du géant Boltam et procréa trois fils, dont l'un est Odin. Telle est la succession des dieux (1).

(1) Anderson, *Mythologie scandinave*, p. 17.

Voici maintenant leur *triade*; la première est celle d'Odin et de ses deux frères *Vili* et *Ve*, tous les trois, les premiers des dieux actuels, ils créent la terre en jetant dans l'abîme le corps d'Ymir. Odin, à son tour, a trois femmes (seconde triade), *Iordh*, la terre vierge, *Rind*, la terre glacée et *Frigg*, la terre fertile. Lorsqu'il crée l'homme, il est accompagné de deux autres dieux, qui collaborent à cette création (troisième triade) et qui ne reparaissent plus, ce sont *hœner* (la lumière), et *loder* (le feu); chacun donne au couple humain, des dons différents. Odin (*œnd* l'esprit), lui confère l'esprit, la vie spirituelle; *hœner*, l'intelligence; *loder*, le sang chaud et le teint rouge, ainsi que la subtilité des sens; c'est *loder*, peut-être le même que *Loke*, qui envoya la flamme de la vie à Ask et Embla, le premier homme et la première femme, puis il devint le feu de la terre détruisant la vie; on ne peut s'empêcher de remarquer son analogie avec Siva, mais nous touchons ici à la trinité interne, car *hœner* et *loder* semblent des parties intégrantes d'*Odin*, plutôt que des dieux différents. Enfin, une dernière triade, ou plutôt peut-être une trinité, peut être signalée dans le Gylfaginning de la nouvelle Edda; *Ganglere* y voit trois trônes au-dessus l'un de l'autre et un homme assis sur chacun d'eux; sur le plus bas est un roi: *Haar*, le grand; au dessus, *Iafin-haar* (également haut), et, sur le plus élevé, *Thride* (le troisième).

D'ailleurs, les déesses, soit unies à des dieux, soit solitaires, sont très nombreuses, et il faut remarquer que parmi celles d'ordre inférieur, les trois normes correspondent aux trois parques, mais représentent les trois points de l'espace: le passé, le présent, l'avenir (1).

Dans la mythologie indienne avec ces trois stades : le védisme, le brahmanisme et l'indouisme, nous remarquons aussi la hiérarchisation des déesses et une société interdivine très marquée. En outre, l'anthropomorphisme s'y montre davan-

---

(1) Anderson, *Mythologie scandinave*, p. 82.

tage à mesure qu'on avance dans l'évolution religieuse par l'existence des déesses et par les couples divins. Cependant ces couples existent depuis l'époque Védique. Alors les *adityas* parmi lesquels se trouvaient le grand dieu Varouna sont les fils d'*Aditi*, l'espace, mais ils n'ont pas de père, c'est bien la génération asexuée, qui dans le monde divin, comme dans le monde zoologique, a été le premier système. Cependant, en outre des Asouras, le grand Dieu *Dyaus* (depuis Jupiter) est quelquefois uni à *Prithivi*, la terre. Mais ce qui est remarquable, ce sont, d'une part, les successions des dieux, et de l'autre, les triades qu'ils composent.

Les successions des dieux se font surtout sentir dans le passage du védisme au brahmanisme, et de celui-ci à l'indouisme, il est curieux aussi de noter incidemment à quelle place le Bouddhisme les relègue à son tour. En tête et à l'origine se trouvent les *Asouras*; les dieux proprement dits ou *Dévas* sont encore inconnus. Ils ont les fonctions souveraines ; d'autres divinités sont rangées dans leur catégorie, mais seulement exceptionnellement, lorsqu'elles en remplissent les fonctions. Les dévas les ont primitivement adorés et c'est à eux qu'ils sacrifient encore. On est, en effet, très étonné d'apprendre que non seulement les hommes font des sacrifices aux dieux, mais que les dieux doivent eux-mêmes sacrifier, sous peine de descendre de leur rang. Mais à qui peuvent-ils donc sacrifier ? Ce ne peut être à eux-mêmes, ni à leurs égaux. C'est aux dieux supérieurs et anciens, aux Asouras. Ce sont ces derniers qui répartissent librement les éléments de la vie qu'ils possèdent seuls dans sa plénitude. Aussi ils en sont très jaloux et ne les cèdent que difficilement. Ils prennent un caractère malfaisant et même démoniaque qui leur est attribué dès cette époque, mais qui ne fait que s'accroître lorsqu'ils quittent le premier rang, et qui finit par les faire assimiler aux démons. Ils sont d'ailleurs alternativement bons et méchants. Peut-être dans la cosmogonie divine, représentent-ils le dieu mauvais duquel s'est dégagé peu à peu le dieu bon, après une lutte assez courte ou du moins terminée, chez les religions qui ne sont pas dualistiques, mais qui se perpétue dans celles dualistiques. Quoi qu'il en soit, il s'établit une lutte entre les Asouras et leurs successeurs, les Dévas, divinités bienveillantes, qui protègent l'homme. Ces dieux souverains (les Asouras) sont appelés *pères*, c'est-à-dire, *pères de dieux*, quoiqu'ils ne soient pas créateurs, mais seulement générateurs. On s'adressait à eux, non pour obtenir les biens matériels, mais seulement leur protection en général, ils surveillent l'homme, au point de vue moral, au moyen du soleil, des astres et du feu, leurs émissaires. Dyaus fait partie des Asouras, mais il est plus bienveillant que les autres. Varouna et Mitra représentent le soleil nocturne et le soleil diurne.

Les Dévas qui finissent par supplanter les Asouras et les réduire au rang des démons sont des *dieux solaires*. Il faut mettre en vedette Agni, le triple Agni, à cause de la triade trinitaire qu'il forme ; en effet, Agni, le dieu du feu, se divise en dieu du feu céleste, du feu de l'atmosphère, la foudre, et du feu terrestre, et personnifie par là le feu des trois mondes. Comme *feu terrestre*, et surtout feu du sacrifice, il est le produit de la friction de deux morceaux de bois, les *Aranis*, ou plutôt l'*Arani* et le *Pramatha*, celui-ci taillé en pointe, le premier percé d'un trou qui reçoit cette pointe, laquelle par une rotation rapide et dans ce frottement produit le feu, d'où une nouvelle triade. Agni s'associe d'ailleurs avec Soma, le feu liquide, le feu de la liqueur du même nom, offerte aux dieux. Avec Agni et Soma, le dieu principal à l'époque védique est Indra, troisième dieu solaire ; il ravit le soma à son père qu'il tue dans ce but. Ce qui est très remarquable, il est le roi des dieux, mais roi par droit de conquête ; il a détrôné les Asouras, en particulier, vaincu Varuna. Comme les Dévas, il n'est jamais malveillant. Il combat Vita et Ahi, les démons des ténèbres et de la sécheresse qui retiennent prisonnières les eaux et la lumière ; en s'anthromorphisant davantage, il vient en aide aux Aryas contre leurs ennemis. C'est pour procurer aux hommes Agni et Soma qu'il entre aussi en lutte avec les autres dieux. Mais parmi les Dévas, il s'en trouve qui, comme les Asouras autrefois, deviennent redoutables à l'homme ; on peut citer dans ce sens Roudra qui personnifie l'orage dévastateur. Au-delà, se trouvent les démons, Dasyaus, confondus parfois avec les Asouras, qui sont ennemis des Dieux et des hommes, et qui surtout retiennent prisonnières les vaches célestes, les nuages avec la pluie fécondante, font les ténèbres, troublent les sacrifices, et luttent contre les dieux ; ils comprennent surtout les Rakshas. On trouve ainsi toute une hiérarchisation : 1° les Asouras dont le règne décroît peu à peu, mais que les Dévas adorent, avec leur chef Varouna, 2° les Dévas qui usurpent peu à peu le pouvoir et dont le chef est Indra, 3° les démons.

En passant du védisme au brahmanisme, on voit les Asouras s'effacer de plus en plus et même aller rejoindre les démons, de manière à se confondre avec eux. Le naturisme n'est plus compris, l'anthropomorphisation des dieux devient complète ; l'initié seul n'a pas perdu de vue leur genèse. Les dieux prennent des fonctions plus précises ; on les tire de leur isolement relatif et on crée entre eux une parenté, ce qui constitue peu à peu une société interdivine intégrale ; on leur donne une compagne *Sakti* qui personnifie leur activité ; ce qui est très remarquable, ils ne sont même plus éternels, ils ont les faiblesses de l'humanité et ses passions ; seul le dieu souverain conserve l'éternité. Ils deviennent tous fils de Brahmâ, dieu suprême, mais nouveau, qui personnifie l'âme de l'univers qui les crée ou les procrée. Au fond leur nature est la même que celle des hommes, et peu à peu le *monothéisme* se forme ainsi au sein du *polythéisme*. Ils sont obligés de se livrer aux austérités (ce qui paraît singulier pour des dieux) afin d'acquérir l'immortalité. Du reste, l'homme peut l'obtenir aussi par ses vertus, ce qui le rapproche encore de Dieu.

Il n'y a point de nouvelle conquête de certaines catégories

de Dévas sur les autres, mais ce qui revient au même, beaucoup de dieux disparaissent ou deviennent tout à fait secondaires; tandis que les autres montent, les Asouras descendent encore davantage. C'est ainsi que les *Adityas* sont réduits à régir les mois ; dans ce but, on porte leur nombre de sept à douze. Dyaus est complètement absorbé. Varouna qui était le roi des dieux est détrôné complètement par Indra, et quittant l'atmosphère, devient le dieu de l'Océan. Le grand dieu Soma n'est plus que le régent de la lune et devient bientôt la lune elle-même. Les Marouts, dieux des vents, les Açvins, les Ribhous ne sont plus conservés qu'à titre de souvenir poétique. Vayou, dieu du vent, se confond avec Indra ; Agni, le triple dieu du feu, n'est plus que celui du sacrifice, le patron des prêtres. Sourya le détrône comme chef du soleil. Au contraire, Indra, loin de diminuer, prend de l'importance, il usurpe les fonctions de Dyaus, et chasse Sourya lui-même du soleil ; il devient le roi des dieux, mais son point faible, c'est qu'il s'anthropomorphise de plus en plus, il intervient beaucoup dans les querelles des hommes, persécute les ascètes dont il est jaloux de peur que par leurs austérités ils ne s'élèvent au-dessus de lui et le détrônent ; il envoie des tentations aux plus célèbres d'entre eux, aux grands rishis Kâçyapa, Viçvamitra, Vasishta ; il a épousé sa sœur, Indrani, à laquelle il a fait de nombreuses infidélités. Tandis qu'Agni est le dieu des brahmanes, il est surtout celui des Kshatryas.

Mais à cette époque apparaissent des dieux complètement ou à peu près nouveaux : Vishnou, Çiva et Brahma. Vishnou est un dieu solaire, c'est lui qui donne les meilleurs conseils aux dieux assemblés. Il s'incarne souvent dans un corps humain ou tout autre, et ainsi rapproche encore la divinité de l'homme ; il détruit les démons menaçants, vient au secours des Brahmanes, près de succomber dans leur lutte contre les Kshatryas. Il est plus particulièrement chargé de la création ou de la génération. On lui donne pour épouse Lakshmi, déesse de la beauté, créant ainsi un couple divin. Çiva est un dieu entièrement nouveau. On présume que c'est un dieu d'une autre race, de la race dravidienne, qui aura pénétré dans le panthéon Indien. Il emprunte les fonctions de Rudra et lance la foudre. C'est le dieu des austérités, qui passe son temps dans la méditation et les pénitences religieuses, mais il a des excès de colère et des tentations amoureuses ; son épouse est Prithivî, la Terre, ou Ouma, fille de l'Himalaya. Le troisième dieu suprême à cette époque est Brahmâ (masculin) qui rend sensible et personnifie Brahma (neutre), le souffle, l'âme. C'est l'être existant par lui-même, éternel et créateur de l'univers et des êtres, même des dieux. Il créa la matière, mais procréa les dieux, les démons, les hommes et les animaux, de lui-même, par une génération asexuée ou androgyne. Il procréa aussi des dieux par la méditation, puis, divisant son corps, il en fit une partie mâle et une partie femelle, *Pourousha* et *Saraçvati*. Puis devenu amoureux de celle-ci, sa fille, il s'unit avec elle et donna ainsi naissance à l'homme et aux animaux par suite des transformations successives de Saraçvati en génisse, brebis, etc. Les dieux furent indignés de cet inceste, et dépossédèrent pendant quelque temps Brahmâ. Mais suivant certains, la matière chaotique est préexistante et éternelle. Brahma est l'âme nouvelle, le grand tout ; toutes les âmes, qui n'en sont que l'émanation, viendront se résoudre en lui.

Les démons se transforment, comme les dieux, pendant cette période, sans cependant changer de noms, ils deviennent les ennemis déclarés de ceux-ci ; ils leur sont d'ailleurs égaux en puissance et se sont recrutés des dieux anciens, des Asouras. Ils cherchent à en détacher les hommes ; il y en a cependant de favorables à l'humanité, ce sont les Nagas ; les démons terrestres sont les Rakchas, on voit la transformation subie pendant l'époque Bramanique.

Une transformation nouvelle se fait, mais plus modérée, sous l'Indouisme ; les dieux védiques sont tout à fait déchus, ils deviennent inconnus du culte populaire. Le grand Brahmâ est à son tour inférieur à Vishnou et à Civa qui lui laissent les honneurs, mais lui prennent le pouvoir effectif ; ce sont les Dravidiens qui introduisent dans la religion des Aryens le culte de Civa, tandis que ceux-ci adorent surtout Vishnou ; cette transformation fut accordée en raison de la peur que les Brahmanes avaient du Bouddhisme et pour le combattre. C'est pour cela que le Brahmanisme se divisa en deux grandes branches : le Civaïsme et le Vishouisme, l'un se cantonnant dans le Midi, comme les Dravidiens, l'autre dans le Nord, comme les Aryens. Quant à Brahma, il sert de trait d'union, du reste son règne n'est pas effectif ; l'une des branches, le Civaïsme, établit la primauté de Civa qui est le créateur et l'âme du monde ; l'autre branche établit celle de Vihnou qui tient exactement le même rang. Cependant, les trois se réunissent pour former la trinité indienne dont nous parlerons tout à l'heure, la *Trimourti*, où chacun tient un rôle différent. Ces dieux de l'Indonisme se hiérarchisent en dieux supérieurs et dieux inférieurs, les premiers seuls exerçant une influence générale sur le monde, les autres étant préposés à certaines parties seulement. Les dieux supérieurs comprennent les trois personnes de la Trimourti, ainsi que leurs familles, car les dieux indiens sont liés généalogiquement : leur famille se compose de leurs épouses : Cakti et de leurs fils ; au premier lieu honorifique, apparaît Brahma qui du rang de créateur et de tout puissant tombe à celui d'âme universelle ; plus tard, il perd même ce dernier rang et n'est plus qu'un simple ascète, tenu à de grandes austérités, pour ne pas déchoir de nouveau. Il préside au Paradis spécial et inférieur nommé Brahma-Loka ; sa femme, Sarasvati, est la déesse de la parole et de la science. Vishnou, à son tour, est l'âme universelle, tout vient de lui et y retourne ; c'est lui qui entre en communication avec le monde par de nombreux avatars, il le fait pour obtenir le salut du monde ; cependant, il se livre lui-même à des austérités religieuses ; il a pour épouse Laskshmi, mère de Kâma, l'amour. Civa est un destructeur, mais aussi un médecin et un producteur. Il est le dieu des sacrifices et remplace dans cette fonction Agni et Indra ; chez les Çivaïtes, il prend toutes les autres attributions de Vishnou. Il existe entre les deux une grande rivalité. On en fait souvent le chef des démons, ainsi qu'on en agit d'ordinaire pour les dieux d'origine étrangère. Comme créateur, il est représenté sous la forme du linga ; il a pour épouse *Parvati*. Il y a au-dessous de ces trois dieux trinitaires un grand nombre d'autres divinités supérieures : Ganeça, le dieu de la sagesse, Skanda, le dieu de la guerre, etc. Au-dessous d'eux sont les dieux inférieurs qui se composent de presque tous ceux védiques alors déchus, et de nombreux dieux nouveaux. Ils comprennent Indra qui a survécu et qui est encore le roi des dieux, le dieu de l'atmosphère, présidant à l'un des Paradis : le Svarga, combattant les démons, mais souvent vaincu ; comme Jupiter, avec lequel il ne manque pas d'analogie, c'est un dieu débauché. Il est réduit par les Daityas à mendier sur la terre. Son immortalité lui est enfin arrachée, ainsi que sa puissance, et le jour où un brahmane sera devenu assez fort par ses austérités, il lui prendra son titre souverain. Les autres divinités inférieures sont Sourya, le soleil, Oushas, l'aurore, les Açvins, Varouna déchu et qui n'a plus de temple, Vayou, dieu du vent, les Marouts, dieu de l'orage, Agni, l'ancien dieu du feu, le plus déchu de tous, désormais simple divinité du foyer domestique et adoré par les Brahmanes seuls, Tvashtri et Viçva-Karman, le dieu Soma, qui se confond désormais avec la lune, Yama, autrefois régent du soleil, qui est devenu roi des enfers par une translation toute naturelle ; il était le dieu des âmes ayant leur demeure dans le soleil, il les a suivies dans leur nouvelle résidence ; Dharma, dieu de la justice ; Kouvera, le dieu de la richesse, roi des génies malfaisants ; Yaksha, gardien des trésors enfouis. Au-dessous des divinités secondaires, se trouvent les demi-dieux composés des anciens Richis et des Pitris ou ancêtres, ce sont les hommes divinisés, la plupart ont les constellations pour royaumes. Les génies appartiennent à la même catégorie et se composent surtout des Gandharvas, les Apsaras et les Kinnaras, correspondant aux nymphes et à tous les dieux de petit naturisme. Enfin, au dernier rang, il faut compter les démons, portant maintenant le nom d'Asouras, qui se subdivisent aussi en démons supérieurs et en démons inférieurs. Parmi les premiers se trouvent les Daityas et les Dânavas, ceux-là des géants semblables aux Titans. Parmi les seconds, les Yakshas et les Nâgas ou génies-serpents. Tous ces démons ne sont pas défavorables à l'homme; ce sont plutôt des vaincus. Les plus hostiles à l'humanité sont les Rakshasas, les Picatchas et les Pretas, les deux premiers anthropophages, les derniers, sortes de vampires; tous ces démons, comme les dieux, ont leurs compagnes qui sont plus dangereuses qu'eux mêmes (1).

On voit que la hiérarchisation est complète entre les dieux, et qu'elle reproduit celle qui existe dans la société humaine; il faut remarquer de plus la nouvelle substitution de dieux à ceux des périodes précédentes, l'anthropomorphisme plus complet qui consiste à doter chaque dieu, et jusqu'à chaque démon, d'une épouse; enfin, parmi les dieux tenant la tête des divinités, la constitution d'une triade ou trinité.

Cette trinité semble avoir eu pour facteur la fusion entre les divinités de religions différentes (Vishnou et Civa). Cependant, il en résulte, non un seul dieu en trois personnes, comme chez les chrétiens, mais trois dieux solidarisés et se divisant entre eux les fonctions divines suprêmes. Ce n'est donc point encore une *trinité proprement dite*, mais plutôt une *triade*, si on entend par *trinité*, une triplicité *interne* et par *triade*, une triplicité *externe*. De plus, cette triade, est hystérogène; on ne la voit apparaître qu'à la période de l'indouisme et non auparavant. Elle n'en est pas moins extrêment curieuse.

Dans cette triade, on attribue à Brahma le caractère de

---

(1) Milloué, *les Religions de l'Inde*, pages 58 et 215.

créateur, à Vishnou celui de *conservateur* et à Civa celui de *destructeur*; mais, ces attributions, sauf celle de Civa, sont flottantes; elles n'existaient pas d'abord; chacun réunissait séparément tous ces attributs en lui; même Vishnou, qui a pour symbole le *linga*, est autant créateur que destructeur. Cette triade externe est la compression et la réunion de trois trinités internes, fait important qui ne doit pas passer inaperçu. En effet, Civa se composait d'une trinité, il était à la fois le dieu *destructeur*, le dieu *créateur* et *l'âme du monde*. De même, son rival, Vishnou, contenait une trinité interne, il était à la fois conservateur, destructeur et l'âme du monde. Ces trinités internes se détruisirent par la triade externe, chacun ne retenant principalement qu'une de ces attributions. La triade est née de circonstances historiques, mais la trinité avait des racines profondes. Créer, détruire, faire renaître et ainsi conserver, sont les trois opérations cosmiques.

Mais l'idée des trinités, différente partout dans son application, est née surtout de la nécessité de ne pas laisser le dieu suprême dans son *isolement*, même lorsqu'il est accompagné de divinités inférieures. Il faut qu'il se dédouble au moins, que l'une de ces parties puisse converser avec l'autre; sans ce *dédoublement de la personnalité*, comme nous le verrons, il n'y a pas de vie consciente, et l'homme lui-même, tant la force sociale, tout le besoin social sont grands, ne peut exister seul, qu'en opérant un dédoublement mental.

La doctrine djaïniste à son tour a transformé la société divine dans la religion des Indiens; elle opère d'une manière très radicale, en niant tout d'abord la création personnelle du monde, en abolissant le sacrifice sanglant, puis, ce qui nous intéresse ici, en niant l'immortalité et la toute puissance des dieux; c'est une religion semi-athéiste. Les dieux sont soumis à la naissance, à la mort, à la transmigration; comme les hommes, ils ne régissent que des parties déterminées de monde. Tout fidèle, s'il est assez vertueux, peut devenir dieu, et même chef des dieux, comme Indra. Voilà la hiérarchie divine bien affaiblie ; les *hommes montent, les dieux descendent*. La nature échappe à l'action des dieux, elle est éternelle et incréée ; l'univers se compose de deux éléments : la matière et l'esprit, les deux sont indestructibles. Les Djaïnistes conservent cependant les dieux, mais l'action de ceux-ci est nulle et on ne les adore plus. Ils sont détrônés par les *djinas*, c'est-à-dire par les hommes vertueux que la vertu a divinisés, et en deviennent les sectateurs. Les dieux védiques ont complètement disparu. Ceux indouistes sont admis comme subalternes. Les héros divinisés, les hommes qui ont pris la souveraineté dans le ciel s'appellent les *Tirtham-Karas*, ce sont des dieux absolument nouveaux, les seuls qu'on adore désormais, et qui ont les pouvoirs de la divinité ; le plus grand d'entre eux est Mahavîrâ, dont la vie est légendaire et qui est au djaïnisme ce que, Krishna est au brahmanisme, et Bouddha au Bouddhisme. Les démons ont été conservés. On voit que la hiérarchie a été transformée ; l'homme divinisé, l'ascète, a remplacé le dieu ; cependant ces dieux nouveaux ne sont pas rangés par couples ; ce moyen d'anthropomorphisme n'est plus nécessaire. Il n'existe pas de triade ni de trinité djaïniste.

Le Bouddhisme, à son tour, est venu transformer le brahmanisme au point de vue qui nous occupe, comme à bien d'autres. Cette religion est décidément athéistique, ou plus exactement, on y a remplacé les dieux divins par des dieux humains, suivant le système djaïniste. Conformément à la philosophie Saukhya, Bouddha reconnaît l'éternité de la matière et nie Dieu en tant que créateur ; du reste, sa religion n'est pas dogmatique, mais toute de morale, et a pour but de délivrer le genre humain. Les dieux ne sont plus éternels, ni même immortels ; Brahma et Indra conservent seuls un rôle un peu actif. Ce sont les hommes parfaits, les Bouddhas, qui remplacent les dieux, lesquels maintenus ne sont plus que leurs serviteurs. C'est entre les Bouddhas que s'établit désormais la hiérarchie divine. Il y a au sommet le bouddha parfait, qui est une *bénédiction pour le monde*. Une fois entré dans le Nirvanâ, il est libéré de la servitude de renaître, il ne peut plus revenir sur la terre ni avec son corps matériel, ni avec son corps semi-matériel (*sambhôyakâga*) servant d'enveloppe à l'âme que le Nirvanâ détruit à l'entrée, mais il conserve sa personnalité, s'occupe des affaires du monde et de la propagation de la foi, inspire les fidèles. Au-dessous se trouve le Bouddha imparfait, le Pratyéka-Bouddha qui, par un reste d'égoïsme, ne cherche à sauver que lui, renonce à la lutte pour les autres, à la prédication; il n'a pas d'action sur la marche du monde, il ne parvient qu'à l'anéantissement. Au-dessous de ces deux sortes de Bouddhas (le premier est très rare, il n'y en a que 24) apparaissent les Boddhisattvas, bien supérieurs cependant aux dieux; ils peuvent changer les lois de la nature; ce sont des aspirants Bouddhas, ils n'ont plus à vivre qu'une seule existence terrestre pour devenir des Pratyèkas-Bouddhas; ils attendent dans le ciel Toushita leur dernière incarnation; on range parmi eux tous les bienfaiteurs de l'humanité, les fondateurs de sectes, les supérieurs des couvents; en dernier lieu viennent les démons et les dieux. Telle est la nouvelle hiérarchie. N'y a-t-il donc pas de dieu ou de maître divin suprême? L'école religieuse en a créé un; c'est l'*adi-Bouddha*, Bouddha suprême qui n'a ni commencement ni fin; il a lui-même pour supérieur l'âme universelle *alaya*. Au-dessous du Bouddha suprême ou *adi-Bouddha* et au-dessous des Bouddhas parfait se trouvent les *djaini-bouddhas* dont il est le chef; ce sont des Bouddhas de contemplation, prototypes éternels des Bouddhas humains ou *Manusha-Bouddhas*; ils sont au nombre de cinq, correspondant aux quatre bouddhas humains qui ont déjà paru et au bouddha futur, Maïtaya. Chacun d'eux a un fils céleste tiré de sa propre substance par la vertu de la méditation, c'est le *dyani-boddhisatva*, après la mort d'un bouddha humain; le plus connu est Amitabha, celui qui fut le précepteur de Sakya-Mouni. La hiérarchie nouvelle attendait son chef, cette secte le lui donne (1).

Le Bouddhisme a eu enfin sa trinité ou triade, mais un peu artificielle. Ce dernier caractère n'est pas surprenant puisque, dépourvue pendant longtemps de chef solitaire, elle n'a pas eu besoin de créer pour ce chef une société intime. Cependant elle existe, mais semble plutôt résider dans la société religieuse humaine que dans la société divine elle-même. Ses trois membres sont : 1° le *bouddha*, 2° *sangha*, l'église, 3° *dharma*, la loi. Cette Église est la réunion des fidèles divisés en quatre classes dont la plus élevée est celle des *arhats*, vénérables, proches du nirvanâ. La loi est la doctrine bouddhique. Le tout forme les Trois Trésors (2).

Le bouddhisme lamaïque du Thibet a encore modifié la hiérarchie. Le bouddha Sakyamouni occupe un rang inférieur à celui d'Amitabha, son précepteur. C'est ce dernier qui est l'objet du culte, et aussi un des disciples d'Amitabha, Cenresi qui est le protecteur de ce pays. Les Thibétains ont aussi créé une série de dieux appelés Dragsheds occupés surtout à combattre les démons. Mais, ce qui est surtout remarquable, c'est la divinisation de l'homme vivant substituée à celle de l'homme mort. Cenresi s'incarne dans chaque lama ou grand prêtre, et celui-ci est adoré, comme s'il était dieu. C'est la conséquence dernière du système bouddhique qui a substitué l'homme à Dieu.

Le bouddhisme chinois possède aussi ses triades. Tantôt le temple est dédié au Bouddha céleste *amitabha*, et alors c'est lui qui est au centre, Kouan-yin, correspondant à l'avalokiteshvara indien, son reflet, est à sa gauche, et Mahastama, un de ses disciples, à sa droite. Il y a une triade de Bouddhas comprenant celui du passé Fou, correspondant à Sakyamouni, celui du présent Kouaneyin ; et celui de l'avenir Matrèya, sorte de Messie, autre reflet. En outre, on retrouve la

(1) De Milloué, *La religion de l'Inde*, p. 165.
(2) De Milloué, *Religion de l'Inde*, p. 178.

trinité bouddhique de Bouddha, Sangha et Dharma forment la triratna.

La Chine possède plusieurs religions, outre celle bouddhique d'importation. C'est dans la troisième surtout qu'on voit apparaître et se hiérarchiser les dieux anthropomorphes. Au sommet se trouvent les *trois purs, san tsing*, que nous étudierons tout à l'heure, mais au-dessous une quantité énorme de dieux et de déesses, dont le fond est naturiste, mais où se rencontrent souvent les incarnations divines, c'est du reste la vieille religion indigène des Chinois ; elle se distingue de la religion officielle précisément par cette matérialité. On y trouve les divinités des rivières, des mers, des montagnes, des phénomènes de l'atmosphère et aussi du ciel et de la terre. Ces dieux se distinguent, dit-on, par leur laideur. Un d'eux semble avoir la primauté, c'est le Maître ou le père du tonnerre qui souvent se métamorphose ; les serpents sont de sa famille et passent pour être ses incarnations. Les dieux taoïstes se retrouvent d'ailleurs dans la religion populaire où ils sont l'objet d'innombrables fêtes. Celle du ciel Shang-ti est l'une des principales. On peut citer encore celles de Kouan-ti, dieu de la guerre, celles des Lanternes en l'honneur des Seigneurs des Trois-Mondes : de la Terre, de la Littérature, de Wen-tchang, divinité stellaire, de Kouan, de Lu, de Kouei-sing, tous dieux littéraires, de Kouan-yin, déesse de la pitié, dont les attributs ressemblent beaucoup à ceux de la Vierge Marie. On y joint celle des hommes divinisés, sorte de Toussaint Bouddhiste. Telles sont les fêtes populaires de quelques-uns des dieux populaires et taoïstes de ce pays. Il y en a bien d'autres, mais nous ne voulons donner que des exemples. Les dieux domestiques viennent à leur tour, et parmi eux, même le dieu de la cuisine, Tsao-Koun, objet d'un grand culte, c'est lui qui note à la fin de chaque mois les bonnes et les mauvaises actions de la famille. Au-dessus de tout cela se retrouve la triade taoïste, très importante ; elle se compose des trois purs, *san tsing*, ou les trois saints, où l'on distingue la Saint parfait ou le Juste, le Saint très haut et le Saint très grand. Le premier est Pan-Kou, le premier homme, comme Adam, qui est la personnification du non-être ou du Chaos, le second est le Très haut Prince Lao, seigneur du Tao et de la Vertu, c'est Lao-tsé, divinisé, actif et analogue au Verbe ; le troisième est Yu Houay Chang-ti, dieu suprême de la religion officielle, c'est celui qui surveille les affaires humaines; il est le plus populaire des trois.

Il y a aussi dans le Taoïsme une seconde trinité, délégation de la première, laquelle donne ses pouvoirs pour la direction du monde matériel à la Trinité *San-Couan*, les trois directeurs, qui se compose de Tien-Kouan, le chef du ciel, Ti-Kouan, le chef de la terre, et Soui-Kouan, le chef de l'eau. Une troisième triade est la trinité du bonheur; elle se compose de Fô, Lô et Chô, le rang, la postérité et la longévité.

La religion de Confucius possède à son tour sa triade, elle comprend les ssan-kshai, ou trois pouvoirs : le ciel, la terre et l'homme ; l'homme, en effet, s'il vit vertueusement, acquiert une influence sur le monde ; il devient le coopérateur du ciel et de la terre et à son tour paraît leur égal ; il prend un rôle que le judaïsme et le bouddhisme lui avaient accordé ailleurs. Il y a là une sorte de triade morale (1).

L'espace ne nous permet pas de poursuivre la hiérarchisation des dieux dans les autres religions civilisées ; quant à celles des peuples non civilisés, on voit apparaître les dieux côte à côte, sans qu'il soit constitué entre eux une hiérarchie véritable, ils se juxtaposent seulement. Ils ne composent pas non plus de triades divines.

Telle est la société interdivine ; elle se forme partout, sans doute à l'instar de la société humaine, mais elle en est très distincte. C'est une des fractions importantes de la cosmosociété.

(1) Réville, *Religion de la Chine*, 392.

Dans les religions monothéistes, il ne faut pas croire que la société interdivine disparaisse complètement. Elle a lieu sinon entre les dieux, du moins, entre Dieu et les anges. Ceux-ci composent sa cour, sont ses messagers, l'accompagnent toujours. C'est ce qui est admis chez les Chrétiens, les Musulmans et même les Juifs. Au-dessous des anges sont les saints presque divinisés. De là une résurrection de l'Olympe. Dieu redevient le monarque, et une hiérarchie nouvelle se reforme. Gabriel, Raphaël remplacent tels ou tels dieux. Ils apparaissent cependant rarement dans l'Ancien Testament.

Mais à côté et au dessus de cette société interdivine, s'élève une société plus intime, celle *intrà-divine* ; elle ne peut se créer d'une manière complète que dans le monothéisme pour former une société rapprochée du dieu unique, mais elle était déjà nécessaire sous le polythéisme au dieu reconnu chef de tous les autres et distant de ses subalternes. Cette société intérieure, tout en admettant un seul dieu, exige qu'il y ait plusieurs personnes en lui, plusieurs hypostases, d'où les trinités qui correspondent aux triades déjà décrites.

Pour bien le saisir, il faut que nous nous transportions d'abord dans l'esprit humain pour rechercher si, lui aussi, reste isolé, lorsque toute communication extérieure lui est coupée, ou s'il se dédouble naturellement en plusieurs êtres dont l'un peut parler et répondre à l'autre.

L'esprit humain semble *un être indivisible*, et en effet, il ne peut constituer qu'un seul être, mais il comprend plusieurs facultés que nous avons déjà distinguées et qui agissent séparément ; il y a chez lui l'intelligence, la sensibilité et la volonté, laquelle était la trinité intérieure ; il peut y avoir lutte et aussi discussion entre elles ; les sens et la raison parlent à la volonté et plaident chacune leur cause ; l'homme peut ainsi se parler à lui-même, et c'est ce qu'il fait souvent ; il se prend pour interlocuteur, et même complètement isolé, il n'est jamais tout à fait seul. Cette sensation est si forte qu'il a souvent cru que sa propre voix, lorsqu'elle était combattue par sa conscience, était une voix démoniaque. La volonté succombe sous ses passions ou sa sensibilité, ou triomphe sous l'action de l'intelligence. Il n'échappe à personne qu'on peut se parler à soi-même, donc se dédoubler.

Mais ce dédoublement ainsi compris n'est pas une conception vulgaire, c'est seulement une *concept philosophique*. Cette religion est *tout autre* et voici la formule qu'on en trouve dans plusieurs systèmes religieux.

Suivant le culte taoïste, l'âme humaine est triple ; ses trois éléments se séparent après la mort ; l'élément matériel meurt comme le corps ; l'élément spirituel retourne aux astres ; le troisième est mixte et reste attaché au cadavre, se renfermant avec lui dans le tombeau, avec la faculté cependant d'aller et de venir. C'est au dernier que s'adresse le culte des ancêtres. De même, en Égypte, on distingue dans l'âme trois parties : *khou*, l'intelligence ; *ba*, l'âme matérielle, et *ka*, double de l'âme matérielle et du corps, et même *kha-ba*, l'ombre. Ce *ka* habite le tombeau avec le corps et a besoin d'être nourri. Il est à remarquer que l'école spiritiste moderne a repris cette théorie ; elle dédouble l'âme ; une partie est tout à fait incorporelle, l'autre forme comme un corps lumineux très raréfié qui prend le nom technique de périsprit et sert aux apparitions. Enfin, plusieurs écrivains de l'Église chrétienne ont reconnu que l'âme a une enveloppe matérielle. C'était la doctrine de Tertullien : « Si l'âme n'avait pas un corps, l'image de l'âme n'aurait pas l'image du corps (traité *de anima*), de saint Basile, lequel dit que les anges se rendent visibles par les aspects de leur propre corps, de saint Grégoire, de saint Cyrille d'Alexandrie, de saint Ambroise ; le « nom d'esprit est un nom générique et commun ; tout ce qui n'a pas un corps épais et lourd est appelé esprit ; » de saint Augustin, dans sa lettre à Nébride ; de saint Bernard, « Dieu seul a la vraie incorporéité » ; de saint Jean de Thessalonique, dans sa déclaration approuvée par le Concile de Nicée, « les anges et les âmes sont à la vérité spirituels, mais non complètement privés de corps, et doués, au contraire, d'un corps ténu, aérien ou igné. » Les peuples non civilisés ont la même idée ; pour eux, l'esprit est éthéré, mais pas tout à fait immatériel, la violence peut le détruire, aussi la survivance dépend-elle et du genre de mort et du mode d'ensevelissement. D'ailleurs, les Caraïbes et les Peaux-Rouges croient que chaque homme a plus d'une âme ; chaque artère forme autant de cœurs distincts. Ce qu'il y a d'essentiel dans toutes ces croyances à la dualité ou à la triplicité de l'âme (voir pour beaucoup de détails à ce sujet, Lubbock, p. 250 et suivantes), c'est qu'outre le corps et l'âme, il existe une substance intermédiaire entre les deux qui sert d'enveloppe à l'âme détachée du corps et qui rend possibles les apparitions de fantômes ou d'ombres. Cette enveloppe est douée d'une forme visible et d'une voix ; elle reproduit exactement la traits et l'état du corps, d'où cette croyance qu'elle en conserve les défectuosités, les faiblesses, les mutilations ; les Chinois ont la terreur de la décollation, parce que l'âme elle-même en devient mutilée. Les Iroquois pratiquent une ouverture dans la tombe pour laisser passer l'âme, ce qui suppose qu'elle jouit d'une certaine substance matérielle ; les Chinois en font autant, ils percent un trou dans le toit pour laisser passer l'âme au moment de la mort. Cela seul permet de se rendre compte du phénomène de la télépathie, et du reste, de toutes les apparitions, soit antérieures, soit postérieures à la mort. L'idée de l'ombre, celle du rêve pendant le sommeil, qu'Herbert Spencer place à la racine de toutes les croyances, a certainement exercé une grande influence. On croit que l'âme se sépare souvent du corps, même pendant la vie, pour agir et se montrer, et que par conséquent, elle possède un corps aérien distinct du corps substantiel ; ce corps est son type. Dans un certain sens, le ferouer, l'ange gardien, le type-dieu du bouddha sont de la même nature. Il existe donc une tradition constante qui dédouble ou plutôt qui décompose en trois l'âme humaine. Il y a là une trinité intérieure et nouvelle.

Ce n'est pas tout, et dans un autre sens on trouve encore un autre dédoublement de l'âme humaine, et même de tout esprit, car ce dédoublement, s'applique à l'âme. Il s'agit du double de chaque esprit connu sous le nom d'*ange gardien*, de *ferouer*, de *genie*, attaché à chaque famille, à chaque Dieu, même à chaque divinité suprême, et interprété généralement non précisément comme un dieu domestique, mais comme le type plus élevé, le double de l'âme divine ou humaine à laquelle il s'attache. C'est la partie meilleure de nous-même qui s'en détache et nous parle.

Eh bien, cette société, cette trinité intra-humaine, se retrouve aussi dans la personne divine et y constitue une indissoluble société interne, laquelle sert d'ailleurs de transition entre le polythéisme et le monothéisme. C'est la trinité qui ressemble si fort à la triade que nous avons décrite.

Quelques-unes mêmes de ces triades peuvent être envisagées comme des trinités ; par exemple, celle de Vishnou qui se compose du créateur, du destructeur et de l'âme du monde ; au contraire, celle de Brahma, Vichnou et Civa reste externe.

C'est dans la philosophie pythagoricienne que nous trouvons le premier germe de cette trinité interne. Elle se développe encore dans le platonisme et reçoit sa formule définitive dans le néoplatonisme et dans la doctrine de Philon. Suivant Numenius, le dieu premier a le qualificatif d'intelligence, mais reste étranger à toute action, il est simple, éternel, incapable de s'extérioriser, même par sa volonté, c'est le bien ; à côté, se place un *démiurge* qui agit à l'extérieur et que Platon avait décrit dans le Timée ; c'est l'intermédiaire qui agit entre Dieu et l'Univers ; c'est le *verbe*, le *logos* ; le troisième dieu est le monde lui-même recevant la vie du démiurge. Platon modifie cette doctrine ; les trois *hypostases* de l'Etre suprême sont : l'*Un*, l'*Intelligence* et l'*âme*, c'est cette dernière qui forme le *logos*; il n'y a pas égalité entre les trois; l'âme est inférieure à l'intelligence.

C'est le christianisme surtout qui a mis en vedette ce principe de la Trinité; les autres religions monothéistes, le judaïsme, l'islamisme ne le connaissent pas ; Allah reste isolé, de même Jahvé; seul, le dieu primitif Elohim semble, par la forme grammaticale de son nom, impliquer une pluralité d'autant plus trinitaire que le verbe qui suit se met au singulier. Ce qui est soutenu par presque tous, c'est que la Trinité, malgré la mention fréquente du Père céleste, du Fils de l'homme ou Fils de Dieu et de l'Esprit-Saint ne ressort pas d'une manière nette des trois Evangiles synoptiques ; cependant, on peut citer des circonstances, comme le baptême du Christ, où les trois personnes se trouvent en présence.

L'Evangile Joannique indique plus tard d'une manière claire la seconde personne de la trinité, le *verbe* ou *logos* dont le nom même semble emprunté au néo-platonisme. Plus tard, l'égalité entre les trois personnes est vivement discutée et est définitivement proclamée par le Concile de Nicée en l'an 325. En même temps, Jésus fut déclaré être ce verbe, cette seconde personne de la Trinité, ce qui impliquait sa divinité. Nous n'avons pas à discuter la formation de la Trinité du christianisme. Nous avons simplement à la constater et à l'expliquer.

La trinité chrétienne correspond seulement dans les deux premières personnes à celle platonicienne ; elle ne correspond pas à celle brahmanique qui n'est, en réalité, qu'une triade. Elle n'a pas non plus de correspondance avec la constitution ci-dessus discutée de l'âme humaine. Il y a bien entre le Père et le Fils cette différence essentielle que le second est comme l'extériorisation du premier qui, sans lui, resterait inaccessible et inactif, et cependant c'est sans doute le Père qui a créé le monde.

Dans la mythologie des Slaves de la Baltique, ou Lithuaniens, il faut noter un dieu triadique, Triglaw (trois têtes), représenté avec trois têtes voilées jusqu'aux lèvres.

De même, les Celtes possédaient un dieu tricéphale, symbole de la connaissance du passé, du présent et de l'avenir, ou personnifiant les trois feux, le céleste, l'atmosphérique et le terrestre.

Enfin, dans la mythologie indienne, Agni est aussi un dieu triadique qui représente les trois feux.

Nous devons mentionner une certaine trinité chaldéenne qui, comme celle de la religion égyptienne, repose sur le principe sexuel. On y trouve une distinction entre le fécondant et le fécondé, le principe mâle et le principe femelle, la causalité et la substance, d'où : 1° le générateur ; 2° la matière universelle ou Grande Déesse, et 3° le dieu androgyne ramenant le tout à l'unité.

Une conclusion doit être tirée de ces nombreuses triades ou trinités, c'est qu'elles ne reposent pas sur un *critère* unique et par conséquent très profond, autrement on les verrait coïncider. La raison de leur production, c'est le besoin de société, besoin qui existe aussi bien chez les dieux que chez les hommes. Si on les isole, s'ils deviennent uniques, ou si, étant encore plusieurs, l'un d'eux est très élevé au-dessus des autres, il faut corriger cette solitude, y introduire une société nouvelle, une société interne, et cela ne peut se faire qu'en admettant un dieu unique en plusieurs personnes, ou plusieurs dieux distincts, mais étroitement unis. Il en résulte, au point de vue sociologique, un grand enseignement.

On pourra faire à notre étude approfondie des sociétés divines une objection, c'est que ces religions ne sont que des conceptions subjectives, et que nous les classons ainsi parmi les réalités objectives. Ce reproche ne porte pas ; nous avons dit que nous n'avions pas l'intention de distinguer la pure subjectivité de l'objectivité des religions. Nous les prenons telles qu'elles existent et tirons de leur structure les indications qui nous conduisent à la constitution générale du monde divin, tel que l'ensemble des hommes l'a conçue.

Nous venons de décrire le monde interdivin et intradivin. Il nous reste à parler de certaines divinités qui sont l'extériorisation des autres ou qui les mettent en rapport plus immédiat avec le monde créé, procréé ou indépendant. La première de ces idées nous fera rentrer dans celle de trinité et y pénétrer plus profondément.

L'Etre suprême est tellement élevé au dessus de la nature et il est tellement renfermé en lui-même qu'il ne peut rien créer en dehors de lui ; il lui faut une autre hypostase, une autre personne, c'est le *logos* ; ce *logos* agit seul et remplit, lorsqu'il y a lieu, les fonctions de démiurge ; on peut comparer Brahma et Vishnou ; ce n'est pas un dieu en retraite, comme nous en trouverons beaucoup dans le panthéon indien, mais un dieu en puissance, inactif encore, son attitude est même imitée par certaines sectes religieuses. Il n'y a pas encore là d'idée de triade, puisque les personnes du dieu ne sont qu'au nombre de deux : la face intérieure, la face extérieure ; le dieu en potentiel, le dieu en action.

Lorsque le monde est créé, s'il s'agit d'y intervenir, c'est encore la seconde hypostase, le démiurge, qui doit s'en charger et qui joue le rôle de conservateur ou de rédempteur ; c'est lui qui s'incarne, s'il le faut, dans ce but, comme l'a fait le Christ. Il est intermédiaire et intercesseur.

Ce rôle est rempli, à un degré inférieur, par les dieux subalternes, les saints, les héros, les anges, qui servent aussi d'intermédiaires. Mais il l'est d'une manière remarquable dans le culte chrétien et surtout catholique, par la Vierge Marie ; sa nature féminine convient particulièrement pour cette intercession auprès de Dieu, d'autant plus qu'elle est devenue la mère de ce Dieu et qu'elle a une action maternelle auprès de l'homme. Son histoire est entourée de la plus gracieuse légende, et son culte est le plus pur et le plus poétique qu'on puisse imaginer. Il est trop connu pour qu'il soit besoin de le rappeler en détail. Quoiqu'elle ne soit pas l'objet d'une adoration proprement dite, la vénération pour elle est si grande qu'elle est beaucoup plus sensible et plus réelle. Elle apaise la sévérité excessive des dogmes et des sanctions chrétiennes, et vis-à-vis de la justice personnifie la miséricorde, le dieu accessible à l'humanité.

Il est très curieux de rapprocher de son culte celui de la déesse de la Chine, *Kuan-yin*, abréviation de *Kouan che yin*, (qui entend les cris des femmes), elle est née du bouddhisme chinois et était inconnue du bouddhisme primitif. On pense qu'elle est le résultat syncrétique de la fusion du dieu bouddhique Avalokiteshvara, dieu de la grâce, et de l'héroïne chinoise Miao-Chen, ce qui explique que de masculin le dieu est devenu féminin; elle ressemble à la déesse chinoise Ma-Tso-Po, patronne des marins. On représente cette dernière debout sur les flots ou sur les nuages, la tête ceinte d'une couronne, comme reine du ciel. Kouan-yin et Ma-tso-po se partagent la ressemblance avec la Madone, la dernière était surtout protectrice des mers. Kouan-yin est souvent représentée tenant un enfant sur ses genoux. L'office de Kouan-yin est célébré très pompeusement, les cérémonies en ressemblent beaucoup à celles du christianisme; on invoque la présence de la déesse pour qu'elle écarte les trois obstacles « pensées, paroles et actions impures ». C'est l'invocation suivante qui mérite d'être rapportée : « Salut à toi, grande miséricordieuse Kouan-Yin. Quand même je serais jeté sur la montagne des couteaux, ils ne me blesseraient pas! Quand même je serais jeté dans l'étang de feu, il ne me consumerait pas! Quand même je serais plongé dans l'enfer, il ne me garderait pas! Quand même je serais entouré d'esprits affamés, ils ne me toucheraient pas! Quand même je serais exposé au pouvoir des démons, ils ne m'atteindraient pas! Quand même je serais changé en animal, je monterais pourtant au ciel! Salut à toi, grande miséricordieuse Kouan-Yin » (1).

(1) Réville, *Les religions de la Chine*, p. 528 et s.; Béal, *Bouddhisme*

L'introduction de l'élément féminin parmi les dieux est donc un immense progrès, il a lieu à trois degrés. Nous avons vu que les dieux anthropomorphiques primitifs sont tous masculins ; plus tard, quelques-uns sont féminins, mais conservent, sauf cet accident anthropomorphique, l'identité de fonction divine ; cependant, ils servent à constituer des familles diverses, en formant des groupes divers ; ce n'est que plus tard que la fonction divine elle-même devient différente. La déesse, ou celle qui lui est assimilée, a des fonctions de miséricorde, d'intercession au profit du genre humain. On a détaché, pour ainsi dire, le caractère psychologique de la femme et on l'a attribué à certaines divinités. Ce qui est remarquable, c'est que la différence sexuelle, qui aurait dû amener une adoration érotique, a, au contraire, été la source du culte de la plus exquise pureté et d'un amour filial. Telle est la conséquence la plus élevée de la sexualité divine.

en Chine, p. 119, 147-153 ; Etel, *Handbook of Chinese bouddhism*, p. 18 ; Edkin, *Religions of China*, p. 146-158 ; Groot, p. 261, *Annales du Musée Guimet*.

CHAPITRE IV

DE LA LUTTE ENTRE LES SOCIÉTÉS INTERDIVINES

Nous venons de décrire la composition de la société divine, sa hiérarchie, ses caractères, mais il faut rectifier un de ces termes ; nous avons supposé qu'il n'existe dans le monde divin (tel que l'homme le conçoit), qu'une société unique ainsi hiérarchisée, et que par conséquent, sauf les querelles premières nécessitées pour sortir du chaos, tout y a été normal et pacifique. Sans doute, il reste dans les couches inférieures un certain nombre de divinités qui sont peu ou point hiérarchisées, mais elles se fondent dans l'ensemble. Sans doute aussi, chez les peuples non civilisés, cet ordre ne règne pas dans le monde divin, mais une certaine anarchie, ce n'est qu'une période transitoire de l'époque des religions.

Cependant, en pleine efflorescence religieuse, lorsqu'on est en complet polythéisme ou monothéisme, et que le monde divin est gouverné à l'instar des peuples civilisés, on s'aperçoit bientôt que ce monde se divise, pour ainsi dire, en deux camps, l'un objet de notre amour, l'autre objet de notre terreur ; il y a les bons dieux et les mauvais dieux, les amis et les ennemis de l'homme, les anges et les démons, ces derniers d'abord plus puissants, étant des dieux véritables. Nous retrouvons dans toutes les religions ces deux catégories bien tranchées de dieux, mais elle apparaît surtout dans celles dites *dualistes*. Au fond, elles le sont toutes à des degrés différents. Entre les deux sociétés de dieux, le combat est souvent acharné ; cependant, il est à noter que toutes les mythologies accordent le triomphe final au bon principe, comme dans les romans et les drames, excepté dans ceux tout à fait contemporains, le héros finit toujours par réussir et la vertu par être récompensée.

Il n'est pas moins intéressant pour le sociologue d'étudier les dieux mauvais que les dieux bons, mais il faut d'abord bien se fixer sur ces mots : *mauvais* et *bons*, sous peine de graves méprises.

Nous avons observé que la morale proprement dite n'entre point de bonne heure dans la religion, qu'elle suit longtemps un cours parallèle, et qu'au commencement la religion n'est ni morale, ni immorale, mais indifférente à la conduite. Il n'y a donc pas alors au sens strict pour la religion d'hommes bons et d'hommes mauvais ; ils ne peuvent être tels que tout au plus devant la morale psychologique que nous avons distinguée et la morale juridique. Pas plus que les hommes, les dieux ne pouvaient être bons ou mauvais.

Il y avait seulement les dieux favorables à l'homme et obéissant à la hiérarchie divine, et ceux défavorables à l'homme et rebelles à la divine hiérarchie. C'étaient deux qualités différentes, mais qui coïncidaient. Vis-à-vis de l'*homme*, il s'agit surtout de *défaveur* ou de *faveur* ; vis-à-vis des *dieux* entre eux il s'agit de *subordination* et de *coordination*. Il faut ajouter qu'un de ces groupes se composait surtout de *dieux triomphants* et l'autre de *dieux vaincus*, abattus. La défaite donne mauvais caractère, et ces dieux de la seconde catégorie étaient aussi revêches envers leurs supérieurs divins que durs envers leurs inférieurs humains. Nous avons vu comment dans la théogonie indoue se produisent ces déchéances.

A l'origine, il n'y avait point ou presque point de dieux favorables. Les commencements de l'humanité sont durs. L'homme jeté dans le monde, nu, sans défense contre les animaux féroces et les intempéries, sans asile, ne voit partout que des forces qui semblent dirigées contre lui. Il tremble devant la foudre qui lui est la première révélation ; il ne voit guère d'ami que le soleil lorsque celui-ci donne la chaleur et la lumière bienfaisantes. Il n'y a pour lui que des *dieux mauvais*.

C'est seulement lorsque sa condition s'améliore qu'il voit à côté les dieux meilleurs, devant lesquels il ne faut plus trembler toujours, mais ils sont rares. Il faut surtout se concilier les autres, aussi leur fait-il des sacrifices de toutes sortes, même les sacrifices humains ; c'est la part du feu. Ce dieu, qui veut les malheurs, se contentera peut-être d'un seul. De là, les religions sanguinaires, comme celle du Mexique. On a pu dire avec raison que ces dieux étaient des démons. Ils exigent d'ailleurs bien autre chose, l'impudicité sacrée, l'infanticide, d'autres crimes. Il faut tout leur donner. C'est à cette idée que se rattache le culte des animaux horribles, du crocodile, du serpent ; ils semblent personnifier la malice dominante de la nature ; c'en est la seule interprétation raisonnable. L'homme, affolé de terreur, devient impitoyable, comme nous le voyons encore aujourd'hui dans certains sinistres ; l'instinct de la conservation à tout prix s'élève au-dessus de tout.

Peu à peu, les phénomènes de la nature sont moins terribles ; on en reconnaît l'alternance ; si la nuit expose aux dangers et aux vagues terreurs, le jour rassure ; au culte lunaire va se joindre le culte solaire ; les eaux sont bienfaisantes, le tonnerre amène la fertilité. Il y a des dieux bons, le soleil surtout, dont on n'avait pas mesuré tous les bienfaits. Désormais, il y aura un double culte, celui d'amour, ou du moins, de prière confiante, à côté du culte de peur et de défiance.

Cette transition a bien son reflet dans toutes les mythologies, il en résulte deux sociétés de dieux, mais l'une dérive de l'autre, ou tout au moins, celle malfaisante ne s'oppose plus entièrement à l'action de celle bienfaisante. Chaque mythologie en donne la preuve. Le chaos et les ténèbres existent, d'après la Bible, avant la création, c'est du sein des ténèbres que sort la lumière. Les Noirs d'Afrique ne connaissent guère encore que de mauvaises divinités. Même, quand il s'agit de la religion des ancêtres beaucoup plus près de l'homme, tout en les adorant, on en a peur, on les prie de s'éloigner, on les implore surtout pour qu'ils ne fassent pas de mal ; en effet, ils continuent de vivre outre-tombe, mais avec tous les vices, toutes les haines contractées sur la terre. Bientôt, cependant, les dieux bons prennent une autonomie. Ils se distinguent, deviennent plus forts et finissent par entrer en lutte avec les divinités malfaisantes pour l'homme. Les autres ne sont pas encore des révoltés, car ils sont aussi forts, ce sont de simples belligérants.

Dès lors, le *dualisme* est né ; toutes les histoires mythologiques contiennent de longs récits de la lutte entre les deux sociétés de dieux ; il y a des alternatives de victoire et de défaite, les dieux bienfaisants sont d'abord souvent vaincus, mais bientôt ils prennent la place des autres qui deviennent des rebelles, des réprouvés, et qui ne se soumettent pas facilement. Il arrive un moment où la victoire est assurée aux dieux bienfaisants, sans cependant que le mal physique soit détruit.

Car c'est seulement de bien physique et de mal physique qu'il s'agit et non de bien moral ou de mal moral ; la morale est encore inconnue en religion, mais bientôt elle va l'envahir et le mal et le bien de physiques deviennent moraux ; d'autant plus que les dieux malfaisants vaincus sont désormais, vis-à-vis des autres dieux, des rebelles. Ce sont donc maintenant les dieux du mal. Cette idée du mal a pénétré ainsi dans la société divine qui l'ignorait.

D'abord, ces dieux déchus ne s'occupent que de combattre les dieux vainqueurs, mais le champ de bataille se transporte dans l'homme ; les dieux du mal, devenus les démons, s'occupent non seulement de lui nuire, mais de le tenter, de l'amener lui-même au mal moral.

Cependant, les dieux bienfaisants ne le sont pas toujours envers l'homme ; ils ont conservé quelques restes de leur caractère démoniaque, ils le traitent souvent avec une grande dureté. On sait qu'on ne brave pas impunément les malédictions de Jahveh et qu'il veut qu'on soit ponctuel à son service. Quelquefois, il commande encore des sacrifices sanglants. Un dieu attire notre prière, mais modérément notre amour. L'homme ne peut guère aimer bien vraiment que l'homme.

C'est alors qu'en face de la société des dieux et de celle des démons apparaît, plus hospitalière pour l'homme, celle des hommes eux-mêmes, des hommes au point de vue cosmique, des hommes morts, ancêtres ou gens illustres par leurs vertus. De là le culte mortuaire que nous avons décrit. Mais ce n'est qu'une vénération; elle va bientôt se changer en adoration. Bien plus, cette adoration se convertira en révolte contre la divinité bienfaisante, mais éloignée. Tel est le système du Bouddhisme, nous l'avons décrit, les devas descendent au-dessous des ancêtres, des Bouddhas qui peuvent changer l'ordre du monde; de même dans le djaïnisme, les tirthamkaras. Cette fois, l'homme a vaincu la divinité. Il ne reste plus à celle-ci qu'une ressource, c'est de se faire homme elle-même, de s'incarner; c'est ce qu'elle fait, et dès lors, la divinité, s'étant tout à fait approchée de l'homme, fond ensemble ces deux sociétés. Quelquefois, l'homme refuse, enveloppé dans son orgueil; c'est Prométhée, c'est Adam, lorsqu'il veut découvrir le secret défendu ; c'est le stoïque.

Voilà dans les grandes lignes la triple société : 1º Celle des dieux du bien ; 2º celle des dieux du mal et 3º celle des dieux humains. Nous ferons abstraction de cette dernière dont nous dirons seulement quelques mots, pour décrire les grandes luttes épiques entre le bien et le mal.

Il faut distinguer dans cette évolution trois stades : 1º celui des religions entièrement démoniaques qui ne connaissent guère que les dieux du mal ; 2º celui où la lutte est entière entre les deux principes ; 3º celui, enfin, où cette lutte s'affaiblit et où les dieux ou les démons du mal semblent n'avoir plus de prise que sur l'homme.

Les religions des peuples non civilisés sont en grande

partie démoniaques. On s'y préoccupe surtout d'apaiser par tous les moyens possibles les divinités malfaisantes, de même les esprits des hommes morts, malfaisants pour la plupart ; aussi, la sorcellerie est universelle ; elle a pour objet non pas tant de prier la divinité, que de la vaincre, de l'asservir. Ce qu'on adore dans le ciel, ce n'est pas le soleil, comme les peuples civilisés, mais la déesse des ténèbres, la lune ; c'est la religion lunaire qui domine chez les Nègres, les Hottentots, les Californiens, les Australiens. Cette prédominance du culte lunaire sur le culte solaire est tout à fait remarquable. Chez les nègres surtout, elle est générale ; on célèbre tantôt la pleine lune, tantôt la nouvelle, par des chants et des danses, on lui adresse des prières ; l'année elle-même est lunaire ; on l'assimile à la vache, ce qui est cause du culte de cet animal. Chez les Bassoutos, on fête la réapparition de la lune. Tsiu-Koab, le dieu souverain des Namas, semble être la lune ou son esprit ; d'ailleurs, celle-ci est l'objet d'un culte particulier chez eux : ils se livrent à la danse lunaire ; ils adorent aussi les Pléiades, les astres de la nuit. Chez eux, au contraire, le soleil n'est l'objet d'aucun culte, et le culte lunaire est beaucoup plus ancien. Chez beaucoup de Peaux-Rouges, il en est ainsi, la lune est l'épouse du soleil et par conséquent son supérieur ; sous le nom d'Ataentsi, elle est redoutée comme divinité plutôt malfaisante. Les mêmes peuples adorent aussi les constellations, surtout l'étoile du Matin et la Grande Ourse ; ils ont d'ailleurs beaucoup de légendes et des plus gracieuses relatives à la lune, et qui révèlent la grande antiquité de ce culte. Chez les Caraïbes, le culte de la lune l'emportait aussi sur celui du soleil ; c'est, du reste, pour eux un être masculin. Il en est de même chez les tribus brésiliennes ; elles en font dériver le bien et le mal ; les femmes exposent leurs enfants aux rayons de la lune pour qu'elle les protège ; c'est une sorte de *baptême lunaire*, mais elle envoie aussi des maladies que les sorciers détournent. Elle vient quelquefois se promener sur la terre, promenade qui est suivie de morts nombreuses. Elle est la cause des fausses couches et de l'avortement des fruits. Elle se personnifie dans Ananza, dieu méchant pour les hommes et qui enlève les enfants, dont la vraie résidence est sous terre ; son caractère est donc plutôt malfaisant ; cependant, le soleil est adoré aussi dans quelques tribus. Chez les Maoris, la lune est adorée concurremment avec le soleil ; elle s'appelle Hina, elle préside à la nuit Pô et est souvent malfaisante ; elle s'enthropomorphise en jeune fille et apparaît dans de nombreuses légendes. Ces légendes existent aussi aux îles Fidji. Dans l'Australie, les deux cultes existent ; la lune domine, elle est masculine et le mari du soleil. Au contraire, chez les peuples civilisés, le culte lunaire s'affaiblit et celui du soleil s'accroit (1).

Certains peuples, au point de vue du mal et du bien proprement dits, ne reconnaissent que des divinités malfaisantes. L'esprit est pour eux un être invisible. Les Bechuanas attribuent tous les maux à une divinité invisible appelée Murimo qu'ils accablent d'injures à chaque malheur survenu. De même, les Abipones, en Amérique, et les Coroados du Brésil. Dans la Virginie et la Floride, on n'adorait que l'esprit méchant parce que lui seul pouvait faire du mal (2).

Ces divinités mauvaises font place aux dieux bons chez les peuples avancés, le culte lunaire au culte solaire, ou plus exactement, on adore les deux concurremment, avec préférence cachée pour ceux qui sont bienfaisants envers l'homme. Du reste, les deux sociétés divines sont en lutte aiguë entre elles. C'est l'époque du *dualisme*. Souvent l'homme intervient et aide les divinités dans leurs combats ; c'est même un moyen de culte. Les dieux et les hommes se rendent des services réciproques. On n'est déjà plus à l'époque où même les divinités se partageaient en bonnes et mauvaises et où le sauvage déclarait qu'il n'avait pas besoin d'honorer les bonnes, puisqu'elles

---

(1) Lubbock, *Origines de la civilisation*, p. 223.
(2) Réville, *Des religions*, passim. Tylor, *Civilisation*, passim.

étaient bienfaisantes d'elles-mêmes, mais plutôt les mauvaises pour détourner leur colère.

La lutte entre les deux sortes de divinités se traduit souvent en *mythe solaire*. C'est là le point de départ, et jusqu'à l'anthropomorphisme complet, il n'est pas oublié. Quand les dieux bienveillants l'emportent, c'est le soleil qui renaît ; dans le cas contraire, c'est que celui-ci se couche et qu'il est remplacé soit par les ténèbres éclairées de la lune, soit par les ténèbres seules.

Le dualisme commence déjà chez les peuples non civilisés. En Australie, le grand dieu Nambajandi habite le paradis, il a pour contre-partie le dieu méchant Warrùgùra qui demeure à l'intérieur de la terre et fait du mal aux humains. Mais ce dualisme, dit Tylor, est suspect, parce qu'il a pu être emprunté à la religion chrétienne, le dieu mauvais ayant des cornes, alors qu'il n'y avait aucune bête à cornes en Australie. Il en est de même chez les Indiens du Nord de l'Amérique, mais cet auteur remarque avec raison que la distinction est primitive toutes les fois qu'elle se rattache à un mythe solaire. Les Hurons regardaient Yousheka, le soleil, comme leur bienfaiteur, et Aataentsic, la lune, comme malfaisante. Les Algouquins reconnaissent deux principes antagonistes, le Kichi Manitou et le Matchi Manitou, le grand esprit et le mauvais esprit, l'un correspondant à la chaleur et à la lumière, l'autre à l'humidité et aux ténèbres, peut-être le soleil et la lune. Au Brésil, les Macunis ont le créateur bienfaisant Macunaima, qui tremble pendant la nuit, et son adversaire Epel ; de même les Yumaras ont Uaùloa et Locozy ; il en est de même des Botocudos qui confondent du reste le bien et le mal avec le soleil et la lune, ainsi que les Muyscas, dont la bonne divinité est un soleil contrarié à chaque instant par sa femme. Au Chili, on distingue Meûlen, l'ami de l'homme, et Huecnou, son ennemi. En Afrique, les habitants du Loango ont à côté de Zambi, le créateur du bien, Zambiandi, le destructeur ; au point de vue du culte, on ne s'occupe que du dieu mauvais.

Les nègres de la Guinée possèdent d'abord un dieu suprême, puis au-dessous de lui deux classes d'esprits, les bienveillants et les malveillants, Onbourri et Ouyambe. Les Khonds d'Orissa opposent au dieu suprême, créateur du monde, Bura Penun, dieu du soleil, sa méchante compagne Tari-Penun, déesse de la terre ; le dieu avait fait du monde un paradis, sa femme y introduisit les maladies et le péché ; celui-ci fut puni par la mort. Ce qui est curieux, c'est que les Khonds, d'accord sur la doctrine, se divisent sur le culte ; les uns prétendent que Bura a triomphé, les autres que c'est la déesse et adorent comme d'habitude le vainqueur (1).

Mais c'est chez les peuples civilisés que cette distinction se détache plus nettement. Citons en premier lieu les religions où les deux principes se balancent presque entre eux.

C'est d'abord la religion égyptienne, où le principe solaire est mis en évidence. Le point de départ y est très bien indiqué. Osiris est le dieu bon, mais aussi celui des morts et le soleil couché. Pendant ce temps règnent les ténèbres, c'est du mal que le bien se dégage. Il est invisible et c'est dans sa course souterraine qu'il parcourt l'empire des morts. Mais il est tué par Set, le principe mauvais, qui déchire et disperse ses membres ; les ténèbres sont triomphantes. Le soleil ne va pas pouvoir prendre sa course et remonter à l'horizon. Mais Horus, son fils, le venge et recueille sa succession, il est le soleil levant, vainqueur des ténèbres. Le dieu adoré est donc le dieu bon, vaincu momentanément par le mal, mis à mort par celui-ci, mais ressuscitant dans la personne de son fils.

La religion scandinave présente l'antagonisme entre les deux principes avec la même netteté, en la dégageant davantage du mythe solaire et en l'entourant de plus d'anthropomorphisme. En outre, la lutte devient *plus sociale*; elle n'existe plus entre le chef des dieux et le chef contraire, mais entre les deux

---

(1) Tylor, *Civilisation primitive*, p. 240.

sociétés divines dans leur ensemble. D'un côté, sont les dieux du bien et de la chaleur, les Ases, puissances solaires ; de l'autre, les Jotes ou géants, dieux du froid et des montagnes ; ils habitent chacun une région différente, les premiers le Muspilheim, contrée du feu, et les seconds le Niflheim, pays de la glace et des ténèbres, séparés l'un de l'autre par un abîme Ginungagap ; c'est sur cet abîme que la terre est créée, puis l'homme et le dieu humain Odin. La Nuit est la fille des géants. Les Ases se composent de douze grands dieux et de vingt-six déesses ayant à leur tête Odin. Les Jotes ou géants sont les éternels ennemis des Ases, ils descendent des anciens géants du froid, mais ils ne sont pas des *géants*, ce sont des *contre-dieux*, égaux des premiers, plus anciens qu'eux (ce qui nous prouve que les dieux du mal sont antérieurs aux dieux du bien) ; ils ont, de plus que les Ases, la science de l'avenir. Ils ne sont d'ailleurs pas volontairement malfaisants, ce sont des forces sauvages de la nature, malfaisantes pour l'homme. Ils sont aidés puissamment par Loke, le frère d'Odin, dieu cependant et maître par conséquent. Une guerre terrible a lieu entre les dieux d'un côté et de l'autre la coalition des Jotes et des Vanes (dieux des eaux). Les dieux sont vaincus et périssent tous à l'exception d'Hénir. Odin lui-même est dévoré par le loup Fenrir, et Thor périt sous la morsure du serpent Midgard qui entoure la terre ; celle-ci s'engloutit sous les flots ; l'arbre Yggdrasill, qui soutient le monde, est détruit par le feu. C'est un des grands actes du drame : le crépuscule des dieux, le mal triomphe, mais ce triomphe n'est que momentané, comme dans le drame solaire d'Osiris. La terre renaît, Hénir s'échappe de chez les Vanes où il était retenu prisonnier ; tous les autres dieux ressuscitent, ils remportent la victoire sur les Jotes ou géants et fondent un monde nouveau où la justice succède à la force et où le bien l'emporte désormais (1).

(1) Anderson, *Mythologie scandinave*, p. 267.

La mythologie gréco-romaine renferme des traces de cette lutte, mais plus tôt terminée. Il s'agit des géants ou titans qui voulurent escalader le ciel, et qui furent renversés par les dieux.

Dans la religion indoue, à l'époque Védique, il y eut aussi une lutte presque égale entre les dieux bons et les démons, les daisyas. Les démons sont malfaisants, font les ténèbres, troublent les sacrifices. Leurs luttes contre les dieux ont le caractère d'un mythe solaire. Les principaux sont Ahi, le serpent monstrueux, Vritra, l'ennemi mortel d'Indra et qui, sans cesse tué par lui, renaît sans cesse, Cambara, Pipra, au-dessous se trouvent les Raxshas. Indra qui plus tard détruira les dieux fut leur champion dans leurs luttes contre les démons, luttes homériques. A l'époque brahmanique, les démons subissent l'anthropomorphisme, comme les dieux. Ce ne sont pas précisément des êtres adonnés au mal. Ils sont égaux aux dieux et ils ne leur a manqué pour prendre leur place que de les égaler en austérité et d'obtenir autant de sacrifices des hommes. Ils s'efforcent d'en détourner ceux-ci ; ils causent les maladies. Ils ne sont pas immortels, et chose curieuse, ils peuvent, après leur mort, revivre sur la terre comme hommes et par leur vertu s'élever au rang divin. Le Bouddhisme conserve les démons, les uns favorables comme les Nagas, génies-serpents, les autres méchants et dangereux pour le salut de l'homme, les Asouras, les Yakshas, les Rakshasas, les autres enfin qui ne sont que des misérables condamnés pour leurs crimes aux supplices de l'enfer, comme les Prétas affamés dont la bouche trop petite ne peut percevoir les aliments ; du reste, ils ne subissent qu'une peine temporaire. Dans l'Indouisme, les démons sont des êtres faisant le mal dans le but de détruire l'œuvre des dieux et pour obtenir les sacrifices de l'homme. Parmi eux sont les Daityas, géants analogues aux Titans, et les Danavas; chaque démon a sa femelle plus méchante que lui. Mais ce qu'il faut remarquer, c'est que les dieux eux-mêmes, surtout les dieux primaires, les Asouras, ont souvent un caractère démoniaque, c'est-à-dire sont malveillants à l'égard de l'homme.

C'est la religion Mazdéenne qui est le terrain classique du dualisme ; tout le monde connaît la lutte entre Ormuzd (ahura-Mazdâ), dieu du bien, et Ahriman (Aûra-Mainyû), dieu du mal, ou plutôt entre les deux sociétés diverses conduites par ces deux chefs. En même temps, l'un est le dieu de la lumière et l'autre celui des ténèbres, ce qui rattache au système solaire ; les deux royaumes étaient séparés par un espace vide, comme dans le mythe scandinave, c'est dans cet espace qu'Ormuzd créa le monde matériel, par sa seule volonté et sans matière préexistante, les êtres animés sont représentés par le Taureau unique et le Gayô-marechun, le premier homme ; Ahriman, crée alors l'hiver, la chaleur insupportable, les vices, les crimes, les maladies, les animaux nuisibles ou impurs, et il fait mourir le Taureau unique. Mais il y a une revanche du dieu bon. Du corps du Taureau unique naissent les plantes et deux animaux, mâle et femelle, qui engendrent deux cent soixante-douze espèces, du corps du premier homme, soit l'humanité. Ce triomphe sera suivi d'un autre dans l'avenir. A la mort de chaque homme, si sa vie a été mauvaise, le démon Vizaresa s'en empare et le précipite dans l'un des trois enfers, où elle reste jusqu'à la résurrection des corps provoquée par un sacrifice solennel célébré par le troisième prophète, successeur de Zoroastre. Alors tous les hommes seront purifiés et convertis au Mazdéisme. Ahriman et ses démons seront détruits et tous les humains sauvés. En attendant, Ormuzd est secondé dans sa lutte par les Yzeds (yazatas) dont les puissants, sorte d'archanges, sont les Amchaspands, et par différents dieux ; mais de son côté Ahriman préside aussi toute une société

---

(1) De Milloué, dans religion de l'Inde, passim.

divine, les Dévas, qu'il a créés pour les opposer aux Yzeds, les Damands, qu'il oppose aux Amchaspands, et au dessous une foule de démons. Ces démons sont mâles et femelles, parmi ces derniers les plus célèbres sont les drujes. Tel est en substance le dualisme qui met le mieux en vedette la lutte entre les deux natures de dieux (1).

Il faut en rapprocher le Manichéisme, secte chrétienne qui reproduit ce système du Mazdéïsme, probablement par voie d'emprunt. Il existe encore aujourd'hui en Perse les Izedis ou adorateurs du diable qui reconnaissent l'existence d'un dieu bon, mais lui préfèrent Satan, duquel ils attendent plus tard une récompense pour leur fidélité.

Tels sont les religions où les principes du bien ou du mal forment des sociétés divines opposées ; souvenons-nous seulement que ce n'est pas le mal pour le mal que veut la société divine démoniaque, mais seulement la destruction totale ou partielle de l'œuvre des dieux bons, le mal n'en est qu'une conséquence tout à fait indirecte.

Une troisième classe de religion est celle où le dieu ou les dieux du bien ont été toujours dominants ; ceux du mal ne sont que de simples démons qui cherchent à diminuer l'œuvre des dieux, mais qui ont une position inférieure.

C'est ce que nous avons pu remarquer d'abord dans le bouddhisme. C'est ce qu'il faut observer surtout dans les grandes religions monothéistes, le judaïsme, le mahométisme et le christianisme. Dans la première, il existe des esprits mauvais, des démons, c'est-à-dire des anges qui se révoltèrent contre Elohim ; il y eut une guerre qui ressemblait à celle de puissance à puissance racontée par les autres religions, mais ces anges furent précipités du ciel ; depuis ils incarnent le principe de la révolte et du mal. Il est à remarquer qu'il s'agit ici de bonne heure, non seulement du mal physique, mais du mal moral. Le champ de bataille est

---

(1) De Milloué, *Exposé de l'histoire des religions,* p. 53.

l'homme, les démons cherchent à l'entraîner et à le séparer de Dieu. Ils y réussissent dès l'origine ; sous la figure d'un serpent, Satan conseille à la première femme de commettre la première désobéissance. Depuis ce temps une haine existe entre Satan et l'homme. Mais son pouvoir est toujours inférieur à celui de Dieu ; le mal décroît donc et le bien est en croissance ; une société divine l'emporte définitivement sur l'autre.

Les démons restent très connus dans le Mahométisme qui leur donne un rôle actif, mais ils prennent un grand développement dans le christianisme ; non qu'on y augmente leur pouvoir, au contraire. Continuant et réalisant sur ce point la doctrine judaïque du Messianisme, le Christ apparaît pour sauver l'homme de la mort qu'il a méritée par son péché originel, péché qui fut commis à l'instigation du démon. Cette fois encore le principe du mal est vaincu et celui du bien remporte une nouvelle victoire. Mais Satan ne se tient pas pour complètement battu. Il s'empare souvent de l'homme par la possession, il le sollicite, le pousse à tous les crimes ; il a bien osé tenter le Christ lui-même, et pendant toute la durée du christianisme, il continuera de tenter l'homme, de le posséder, et il ne peut en être chassé qu'à force d'exorcismes. Il règne dans l'enfer où il tourmente les damnés, sans que ce supplice ait même une fin, comme dans le Mazdéisme. L'esprit du chrétien reste, au moins, toujours obsédé, et le démon obscurcit encore la claire vision du dieu du bien.

Dans les doctrines théosophiques nouvelles, dans le spiritisme, on distingue aussi les esprits du bien et ceux du mal, ceux qui disent la vérité et ceux qui trompent.

Ce sont les trois phases du dualisme. D'abord les dieux sont des dieux mauvais, hostiles à l'homme ; astronomiquement ils représentent les ténèbres, quelquefois la lune ou la terre. Puis ces dieux mauvais produisent eux-mêmes les dieux bons qui ont pitié de l'homme ; astronomiquement, ils représentent le soleil, le ciel, les nuages. Après cette double naissance, il y a lutte entre les deux sociétés divines, lutte d'abord égale et alternante ; astronomiquement c'est l'alternance du jour et de la nuit. Plus tard, le dieu mauvais l'emporte momentanément, le principal dieu du bien est mis à mort, Osiris. Il faut en rapprocher la mort et l'ensevelissement du Christ. Enfin les divinités bienfaisantes l'emportent. Osiris redevient le soleil levant dans la personne d'Horus ; Ormuzd sauve toutes les créatures ; le Christ ressuscite de son tombeau ; le crépuscule des dieux est suivi d'une nouvelle aurore.

Quand on compare le drame égyptien d'Osiris, celui chrétien de la Croix, le crépuscule des dieux de la religion scandinave, la lutte épique entre Ahriman et Ormuzd, où le dieu du bien semble un moment vaincu, enfin la domination universelle à l'origine des dieux du mal, on se demande s'il ne faudrait pas donner au sacrifice de la croix une interprétation nouvelle. Celle en cours est l'idée de rédemption. Jésus se sacrifie volontairement à son père pour que ce sacrifice puisse racheter le genre humain. Pourquoi cette nécessité de la mort imposée ainsi par le Père céleste à son fils et comment cette mort peut-elle lui être agréable ? Telle est la réflexion qui s'impose immédiatement à l'esprit. Au contraire, tout s'explique si c'est le génie du mal, la divinité démoniaque, Satan, qui doit triompher un instant, comme dans la mort d'Osiris et dans le crépuscule des dieux. Il l'emporte en mettant le Christ sur la croix, mais le dieu ressuscite et le bien triomphe de nouveau, comme Odin après le crépuscule et Osiris après le démembrement de son corps. Il y aurait là un nouvel épisode de la lutte dualistique. Peut-être faut-il lier ces deux interprétations. Le bien doit succomber momentanément sous le mal avant de l'anéantir, et cette crise le purifie et lui donne les forces nécessaires pour la victoire définitive.

Il faut suivre aussi l'évolution dans un autre sens. Le mal

est compris successivement dans ceux : 1° de *désobéissance* aux ordres des autres dieux, ou de lutte pour défaire leur œuvre ; 2° de *malheur* ou de *malveillance* envers les hommes ; 3° de *mal moral* Au commencement, l'idée du mal moral n'existe pas, ou, plus exactement, n'entre pas dans la religion, il a son évolution séparée, psychologique. Il ne peut donc en être question dans le dualisme. L'origine de ce dernier est mécanique, suivant le processus que nous avons indiqué ailleurs. Les dieux se séparent en deux groupes suivant un antagonisme qui se trouve partout dans la nature : le *froid* et le *chaud*, le *sec* et *l'humide*, le *solide* et le *liquide*, la *lumière* et les *ténèbres* ; on ne peut dire, par exemple, que le froid soit mauvais, il est souvent aussi utile que la chaleur, mais cependant l'un est plus souvent utile, et même la lumière vaut mieux décidément que les ténèbres. C'est ce qui fait que les dieux des éléments se séparent en deux camps. Naturellement ils entrent bientôt en lutte, s'anthropomorphisent et ont des alternatives de triomphe et de défaite. Les uns cherchent à détruire ce que les autres ont fait, et ceux qui sont vaincus passent pour des rebelles. Parmi les créatures se trouvent les hommes, ils vont donc tâcher de les défaire, de leur nuire ; ils sont cause du malheur humain. Mais ce malheur est en même temps un mal moral. Pourquoi nuire aux hommes qui ne l'ont pas mérité ?

C'est ainsi que l'idée du bien moral et du mal moral pénètre dans la société divine ; ils ne sont pas pour cela encore dans la société religieuse humaine, mais ils y viendront. Cette évolution a été étudiée dans un autre chapitre.

C'est parmi les dieux du mal qu'il faut comprendre les dieux dits pathologiques, c'est-à-dire ceux qui président aux diverses maladies de l'homme. A la Nouvelle-Zélande, Toyu est le dieu du mal de cœur et du mal de tête, il demeure dans le front ; Mako-Tiki est un dieu lézard qui est cause des maux de poitrine ; Rougomai et Tuparitapu sont les dieux de la phthisie, mais il faut noter qu'il y a un dieu aussi pour chaque opération physiologique et un pour chacune des parties du corps ; Koro-Kio préside aux naissances, Tu-Tangata-Kino est le dieu de l'estomac ; Titi-Hai, celui des chevilles et des pieds. Ces dieux ont ainsi un caractère subjectif qui domine, aussi les avons-nous déjà rangés parmi les dieux domestiques. En réalité, le dualisme s'étend à la religion subjective par les dieux pathologiques (1).

Cette lutte entre deux sociétés divines, celle des dieux et celle des démons, remplit, comme on le voit, l'histoire de ces sociétés. Mais il existe une troisième société, moins remarquée, qui entre en conflit avec les deux autres. Généralement, elle prend parti contre les dieux du mal, et apporte un secours contre eux aux dieux du bien, mais, tout en combattant les premiers, elle combat aussi quelquefois les seconds et veut s'égaler à eux. Dans ce cas, elle peut jouer parfois, mais pas toujours, un rôle impie, comme celui attribué aux dieux du mal.

Il s'agit de l'homme divinisé, non pas de l'homme vivant, mais de l'ancêtre, de l'homme illustre mort, du héros élevé au rang de demi-dieu, du saint et du prophète. Nous savons qu'à côté de la religion objective ayant pour base le naturisme, s'est élevée partout la religion subjective ayant pour base le culte mortuaire. Cette religion s'est généralement amoindrie devant l'autre, mais dans certains pays elle a tendu à acquérir la prédominance. Elle a une grande influence, surtout dans la religion chinoise, dans celle bouddhique et dans le catholicisme, l'une des branches du christianisme.

La religion chinoise donne un rang élevé au culte des ancêtres, mais ce ne sont pas des dieux. Au contraire, les morts illustres ont dans le culte public une véritable adoration. C'est ainsi que le fondateur du Taoïsme, Lao-Tsé, qui n'était qu'un sage, reçut après sa mort l'apothéose. En outre, on élève des temples aux sages et aux hommes supérieurs,

---

(1) Taylor, *New Zealand and its inhabitants*, p. 34.

même en l'honneur des hauts fonctionnaires civils et militaires « qui ont brûlé de fidélité » ou de celles « qui ont brûlé de chasteté ». Cela existe dans la religion officielle.

Le Bouddhisme réalise bien plus complètement cette idée. Il est la négation des dieux et il les subordonne entièrement aux bouddhas, lesquels ne sont que des hommes divinisés. Ceux-ci ont seuls de l'importance. Ils en ont tant qu'ils peuvent changer les lois de la nature. Les dieux en sont jaloux et leur suscitent des tentations pour les faire déchoir. C'est par leurs austérités que les Bouddhas acquièrent cette puissance et nous verrons bientôt que c'est le but réel et profond de l'ascétisme. Ce résultat acquis, l'homme devient Dieu. C'est à ce titre que Sakya-Mouni peut être adoré. Il est l'objet d'un culte avec beaucoup d'autres ascètes parvenus à ce degré de perfection, tandis que les dieux sont oubliés. C'est l'homme saint qui devient l'être le plus élevé.

La même doctrine se rencontre dans le Taoïsme ; l'homme qui transforme sa vie devient supérieur au monde et s'associe à la toute puissance divine. Il est dans le Tao comme le Tao est en lui, il peut voler dans les airs et, ainsi que le remarque Réville, p. 419, par l'étroite union avec le Tao, les hommes pouvaient devenir des dieux et les dieux pouvaient devenir des hommes et la religion populaire des Chinois compte parmi ses dieux des êtres hybrides qu'on peut classer comme dieux incarnés ou comme hommes divinisés.

Dans les mythologies grecque et latine, les demi-dieux sont bien proches des dieux.

Le Christianisme à son tour, sans doute, ne divinise pas plusieurs hommes, mais seulement le Christ, qui est une véritable incarnation de Dieu. C'est même ce qui fait sa force et a rendu cette religion si longtemps populaire, parce que cela le rendait sensible à tous. Un dieu purement abstrait devient vite étranger et inintelligible ; un dieu anthropomorphique est, d'autre part, trop près de l'homme pour lui inspirer un grand respect. Par l'incarnation, on réunit les deux qualités d'un dieu véritablement divin et intellectuel, mais se confondant avec un homme sensible. L'homme triomphe et est divinise, sans que la divinité elle-même soit abaissée. On a accusé la seconde Église, d'avoir par le concile de Nicée, créé le dogme de la divinité du Christ d'une manière hystérogène. Ces origines sont obscures, mais si nous nous plaçons à un point de vue autre que celui de l'histoire, nous devons reconnaître que cette divinité seule a donné à la religion l'autorité qui lui manquerait si Jésus n'était qu'un prophète. Cependant Mahomet ne fut pas divinisé, et sa religion prit une grande extension. Oui, mais il compensait ce défaut par une révélation directe, tandis que Jésus, s'il est dieu, ne s'appuie pas sur une révélation propre. Quant à Bouddha, il est d'abord homme, mais se divinise entièrement, ce qui lui donne l'autorité nécessaire. Cependant, le système de l'incarnation produit des résultats plus puissants.

Ce n'est pas tout : une des branches du christianisme, le catholicisme, a joint au culte dominant du dieu-homme, celui de la Vierge sainte et des saints, ce qui constitue une véritable religion humaine qui, dans l'esprit de la foule, a une influence aussi grande que la religion divine proprement dite. C'est même une des causes spéciales du triomphe fréquent du catholicisme. Le protestantisme, au contraire, a proscrit ce culte humain, ce qui le rend beaucoup plus abstrait.

Mais ce n'est pas l'homme divinisé seul qui forme une société différente de celles des dieux et des démons. C'est aussi l'homme proprement dit, l'homme vivant. Quelquefois il entre en révolte ouverte contre la divinité, non d'une manière démoniaque, irréligieuse, mais avec une véritable religion humaine, que souvent même il oppose aux autres. C'est le cas de certaines sectes philosophiques. Ces sectes se divisent en deux grandes branches, celle *égoïste* et celle *altruiste*.

La secte égoïste est par cela même individualiste. L'homme veut la vertu, abstraction faite de toute récompense ou punition donnée par les hommes ou les démons, uniquement pour l'amour du bien ou plutôt de sa propre dignité. Il ne cherche pas à s'épurer et à se réunir par l'extase avec Dieu auquel il ne croit pas toujours et, d'ailleurs, lorsqu'il y croit, il le trouve injuste et insuffisant, mais il tend à s'augmenter, à se diviniser autant que possible. C'est l'idée stoïcienne ; elle s'applique à mépriser la douleur et le malheur ; son ascétisme est intellectuel, sans aucun mysticisme. A l'heure où les religions déclinent, il a son apogée. C'est ce que nous voyons chez les Empereurs romains stoïques.

Cette religion humaine a l'avantage de servir de trait d'union entre les religions divines les plus opposées. Elle établit un lien cosmique entre ceux que le lien religieux ordinaire n'unit pas. Il est curieux de l'observer sous une de ses formes existant au moyen âge et même de nos jours. C'est la religion de l'honneur. Tous les points de morale ne sont pas contenus dans cette religion très affinée, il y en a même d'importants, entièrement négligés, mais ceux envisagés le sont avec une grande ardeur. Le long régime belliqueux des sociétés y a été favorable, car c'est un culte qu'on exerce, pour ainsi dire, les armes à la main. Elle a créé la chevalerie, où Chrétiens et Mahométans pouvaient s'entendre, au moins pour la lutte ; elle a eu ses graves erreurs, par exemple, le duel et la guerre, mais aussi ses vertus spéciales : la loyauté, la générosité. Aujourd'hui elle s'affaiblit, mais n'a pas disparu, parce que l'orgueil est un de ses solides fondements.

La secte altruiste a plus d'avenir et beaucoup moins de passé. Elle grandit dans le présent. L'homme, à défaut de dieux auxquels il croie, au lieu de rester dans son isolement, reporte son culte sur ses semblables. C'est, suivant les époques, la philanthropie ou la charité. Les autres vertus paraissent ou imaginaires, tout ce qui ressemble à la piété, ou utilitaire, tout ce qui est égoïste. Il semble que, le ciel fermé, tout l'afflux sensible et noble de l'esprit doit se tourner en pitié et profiter à ses semblables. En ce sens encore, cette nouvelle religion est humaine. S'il n'y a plus de supérieur divin, il reste l'égal humain. Certains dieux, ceux qui sont des hommes devenus dieux ou des dieux devenus hommes, le Christ, le Bouddha doivent, en raison de cette humanité, donner à leur religion cette tendance ; c'est ce qu'ils font et c'est ce qui corrige l'abstraction du dogme, l'austérité, qui pourrait paraître creuse, de la morale.

Cette nouvelle et dernière société est souvent en conflit avec d'autres. Lors même, par exemple, que le stoïque reconnaît en même temps l'existence de la société des dieux, il peut avoir l'audace de conserver son œuvre, d'exercer contre lui une rébellion intime, celle de Job, par exemple, qui serait un des types les plus parfaits, de cette doctrine, s'il ne se soumettait à la divinité plus forte.

Telles sont les trois sociétés divines, l'une la plus ancienne, celle démoniaque, d'abord de ténèbre et lunaire, descendue ensuite au second rang ; l'autre, divine proprement dite, d'abord solaire et qui est montée au premier ; enfin, la dernière, humaine, qui a différents degrés, d'abord celle mortuaire, puis celle de l'homme divinisé, enfin celle de l'homme vivant.

Elles sont bien distinctes des sociétés religieuses qui sont celles établies entre les hommes pour exercer le culte, c'est-à-dire pour se mettre en rapport cosmique entre eux et avec la divinité.

CHAPITRE VIII

DE LA SOCIÉTÉ RELIGIEUSE EXTERNE

La *société religieuse externe* est très distincte de la *société religieuse interne* et aussi de la *société interdivine*. Tandis que cette dernière établit le lien entre les dieux, entre les démons, entre les dieux et les démons, ou entre les hommes considérés comme divinisés, la société religieuse interne établit ceux entre la divinité et l'homme, elle se confond avec le culte, la croyance et la morale religieuses réunies qui la constituent. Enfin, celle que nous envisageons en ce moment est l'Eglise à proprement parler, c'est-à-dire la Société humaine ayant un but religieux ; c'est la Société ordinaire faisant l'objet plutôt de la sociologie que de la cosmosociologie; mais d'une *sociologie sui generis*, de même que l'association professionnelle, l'association internationale sont des catégories de sociétés particulières de celle-ci. Il y a naturellement autant d'Eglises que de confessions religieuses.

Y a-t-il, en matière d'Eglises, une *théorie organique* qui puisse se vérifier ? On sait en quoi consiste cette théorie. D'après elle, il existe dans le tout quelque chose de plus que les parties réunies. Par exemple, dans la Société ordinaire, il n'y a pas simple juxtaposition et addition des membres. Ces membres entrant en société deviennent des organes, se divisent le travail, se coordonnent et se subordonnent enfin, ils ont une résultante qui possède une personnalité réelle, distincte de celle de chacun d'eux. La société est un tout organique analogue à l'être humain. Nous avons examiné cette question pour la société religieuse interne, ou Eglise, dans un chapitre précédent, et l'avons résolu dans le sens de l'affirmative. Nous la résoudrons à plus forte raison dans le même sens, en ce qui concerne la société religieuse externe qui nous occupe en ce moment et qui n'est qu'une société humaine *sui generis*.

Nous étudierons successivement, quant aux sociétés religieuses externes, leur constitution avec la division des pouvoirs, leurs divers modes de gouvernement, leurs domaines plus ou moins larges, sans, bien entendu, nous attacher à des religions en particulier, mais seulement à ce qui résulte de leur ensemble.

L'origine des différentes Eglises ou religions considérées dans l'association de leurs membres terrestres est en dehors de notre étude actuelle, nous l'avons examinée en discutant la théorie organique et en en déduisant les conséquences. Nous avons en même temps indiqué les principaux actes de la vie des Eglises, leur croissance, leur fin, leur génération ; ce qui va nous occuper ici, c'est d'abord la division des fonctions entre les différents membres.

Dans toutes il faut distinguer, d'une part, les fidèles, d'autre part, les membres dirigeants ; la démarcation est profonde. Non seulement la partie directrice hiérarchise cette société humaine *sui generis*, mais elle a un rôle de plus ; elle la met en rapport avec la société divine, car le simple mortel n'est pas toujours admis à communiquer de plain pied avec la divinité, il faut des degrés intermédiaires.

Dans l'état primitif, celui des non civilisés, chaque croyant entre en communication directe avec son dieu ; souvent même ce dieu n'existe que pour lui seul quand il s'agit du fétichisme. Il en devient même le maître. A plus forte raison, ne se forme-t-il au-dessous de la société religieuse interne, entre lui et son idole, aucune société religieuse externe, aucune Eglise, il n'y a même pas deux personnes se réunissant pour le culte. Cet état ne dure pas très longtemps, pas autant que le fétichisme proprement dit. Bientôt, non seulement plusieurs se réunissent pour prier, mais, parmi eux, il y en a qui sont chargés de diriger les autres, et, bientôt, d'entrer seuls en relation directe avec le dieu. Par un retour remarquable, le point extrême de l'évolution se rapproche de celui primitif. Chez les protestants, ou du moins dans beaucoup de confessions protestantes, chacun est son propre pontife, peut interpréter les livres saints à sa guise, fonde de petites religions nouvelles et n'est tenu de suivre aucune autorité. Mais entre ces extrêmes se place une longue évolution, où les fidèles sont distincts des membres dirigeants.

Les membres dirigeants sont de trois sortes, et il y a évolution entre eux, ce sont, par ordre chronologique : 1° Les *sorciers*; 2° les *prêtres*; 3° les *prophètes*. Il importe de bien définir tous ces termes.

Par celui de sorciers, on entend généralement ceux qui exercent la magie, forçant la divinité ou les âmes des morts à comparaître, qui prédisent l'avenir et qui peuvent guérir ou envoyer des maladies ; il y a la bonne et la mauvaise sorcellerie. Mais tel n'est point leur caractère primitif et essentiel ; celui-ci se traduit dans leur fonction générale, qui consiste à être individuellement inspiré par la divinité à la suite d'une sélection faite par elle. Quant au prêtre, il se distingue du sorcier, en ce qu'il n'est point inspiré, n'est pas l'objet d'une sélection par ce moyen, mais se recrute d'après un mode régulier. Est sorcier qui veut, n'est pas prêtre qui le veut. Enfin, le prophète est, dans son sens vulgaire, celui qui prédit l'avenir, mais telle n'est point sa vraie signification. C'est celui qui n'agit que sous sa propre inspiration, comme le sorcier d'autrefois, sans aucun titre officiel, qui se met en contact direct et personnel avec les dieux et souvent aboutit, par une véritable révélation, à la fondation d'une religion nouvelle plus parfaite.

Nous pouvons maintenant étudier séparément chacun de ces intermédiaires religieux. C'est chez les nègres d'Afrique et aussi chez les Tartares, dans le Shamanisme, que règne le sorcier; la sorcellerie y est même la seule religion connue. D'ailleurs, celle dont l'instrument est l'évocation matérielle des esprits est la conséquence directe de l'animisme, et l'on sait qu'à une certaine époque l'animisme a régné partout. Les sorciers, à l'origine, ne sont pas des charlatans, ils sont eux-mêmes convaincus. Rien, dit avec raison Réville (1), de plus superficiel, que les explications des grands phénomènes religieux, lorsqu'elles n'ont d'autre fondement que l'hypothèse d'une imposture prolongée; d'ailleurs, le métier n'est pas sans danger, car le sorcier paie souvent ses erreurs de sa vie même, on l'accuse, en outre, parfois, d'avoir jeté un sort sur un notable de la tribu et il faut qu'il se justifie dans le *palaver*, l'assemblée de village. Il lui est nécessaire d'être initié et il se prépare par des austérités qui provoquent l'hallucination et l'extase. Le Nègre pense que c'est un esprit qui s'est logé dans un corps humain. Il n'est point nécessairement méchant et il y a des sorciers très bienfaisants; s'ils ne le sont pas toujours, c'est que les divinités ne le sont pas toujours non plus, et qu'il faut bien suivre le maître. D'ailleurs ils guérissent par des moyens d'eux seuls connus, pratiquent, paraît-il, le massage et la médecine. Ce qui est le plus curieux, c'est leur pouvoir de faire passer la maladie d'un corps dans un autre. La fonction du sorcier est, d'abord, surtout médicale, et il guérit en chassant les esprits mauvais; il exorcise. Il peut, par contre, les introduire dans tous les corps et causer ainsi des maladies, d'où la possession ou surincarnation temporaire. Ce traitement n'est jamais qu'un exorcisme. Il peut se transformer en tous les animaux, comme le loup-garou du moyen âge, car sous ce régime religieux, le lien entre le corps et l'âme est partout instable. C'est la période fluide, aussi bien dans la religion interne que dans la religion externe; les esprits flottent partout; l'homme qui est en communication

---

(1) Réville, *Religion des peuples non civilisés*, p. 89.

avec eux est tantôt celui-ci, tantôt celui-là, sans lien hiérarchique avec les autres, et, de plus, il est instable comme les esprits eux-mêmes. Quand le sorcier est malfaisant par suite de sa communication avec des esprits de même nature, il procède déjà à l'envoûtement. Les nègres sont sous la terreur permanente des sorciers, ainsi que des esprits invoqués par ceux-ci, aussi se révoltent-ils contre eux et les sorciers deviennent alors l'objet d'une véritable persécution. De même, chez les Tartares, les Shamans, plus violents que les sorciers nègres. Ce sont des jongleurs, des charlatans ; ils se livrent aux accès convulsifs et à l'épilepsie ; ils ne peuvent opérer qu'après avoir vu les esprits en vision nocturne. Le Shamanisme a pénétré au commencement la religion chinoise. Chez les Finnois, les Lapons, il était dominant aussi. On le retrouve un peu partout à l'origine. Le sorcier est l'Angekok des Esquimaux, l'homme-médecine des Peaux-Rouges, le piace de l'Amérique du Sud. Le premier est très connu. Pour devenir Angekok ou sorcier, il faut qu'un des esprits, non des hommes morts, mais des objets inanimés, suivant la doctrine de l'animisme, devienne son familier, c'est-à-dire son Tornkok. Il doit se retirer dans la solitude, mâter son corps par les austérités, de manière à voir passer devant lui des êtres imaginaires comme êtres réels. Puis, son Tornkok acquis, il rentre dans la Société, réunit des disciples qu'il forme à le devenir à leur tour. Chez les Cafres, la sorcellerie est très puissante ; le sorcier peut ensorceler un homme s'il possède la moindre parcelle provenant de sa personne, et par cette raison il est imprudent de laisser faire son portrait. Il parvient à la vision hystérique. La corporation des Isis-utongas se recrute parmi eux. L'Angekok est aussi et surtout médecin. C'est lui qui offre les sacrifices dans les circonstances exceptionnelles. Les bons sorciers dénoncent les mauvais ; il y a lutte entre eux et ici encore on retrouve l'antagonisme entre le bon et le mauvais principe. Il y a des moyens de reconnaître les mauvais ; on institue dans ce cas des *ordalies*, dont nous reparlerons au chapitre des relations entre la Société religieuse et la Société civile ; les mauvais, s'ils sont découverts, sont brûlés au milieu d'affreuses tortures, cependant, s'ils avouent, ils subissent une simple amende. La sorcellerie a la même influence chez les Peaux-Rouges, il y a aussi des bons et des mauvais sorciers, en relation avec des divinités de même nom. C'est dans l'état d'extase que les sorciers opèrent, et comme ils sont surtout médecins, ils sont connus sous le nom d'hommes-médecines. Il y a des familles de sorciers, où la qualité est héréditaire, mais, cependant, ce métier est libre. Il serait trop long d'indiquer ici les moyens dont ils se servent pour guérir ; un des plus curieux est la fabrication d'une figurine représentant le malade et à laquelle ils appliquent leurs charmes ; un autre, très usité, est le massage, et l'action de sucer pour extraire l'esprit mauvais. Les vomitifs, purgatifs et dépuratifs dont ils se servent ont aussi pour but direct de chasser l'esprit mauvais, c'est une sorte d'exorcisme physique. Les sorciers Caraïbes s'appelaient Piaches, médecins et magiciens ; ils formaient une corporation fermée et recrutaient des novices, jeûnant et vivant avec eux dans les solitudes. Il y avait encore là les bons et les mauvais sorciers, ces derniers étaient mis à mort parmi des supplices. Ils s'exerçaient à l'extase, se servant dans ce but de narcotiques. Chacun avait son esprit spécial, qui n'apparaissait qu'à lui ; c'était un reste de fétichisme ; s'il en avait plusieurs, ceux-ci se disputaient entre eux. Le mauvais esprit était expulsé du corps sous forme d'épine, de caillou, etc. En Australie, des tribus entières sont réputées être des tribus de sorciers. Le sorcier, chez les Fidjiens, avait ce procédé singulier qui rappelle ceux du magnétisme moderne, celui d'entrer en extase en fixant un objet (1).

C'est dans les pays où il n'y a pas encore de sacerdoce que la sorcellerie a sa pleine efflorescence ; cependant, elle a continué de régner parallèlement avec le prêtre, et quelquefois

---

(1) Réville, *Religions des peuples non civilisés*, passim.

même dans les religions supérieures elle conserve le parallélisme dans la religion populaire. Le culte du Pérou avait ses *sorciers distincts des prêtres*, et qui étaient semblables à ceux que nous venons de décrire, mais ce n'était plus que chez les petites gens, le sacerdoce avait fait trop de progrès dans les classes supérieures. L'ancienne religion chinoise avait aussi des habitudes chamaniques, mais les classes élevées et celles supérieures s'en séparèrent aussi au point de vue religieux. La divination subsiste, mais est exercée officiellement.

Dans les religions les plus élevées, la sorcellerie n'est pas absente, mais, ce qui est étonnant, elle se révèle au plus haut point dans la religion chrétienne, surtout dans la branche catholique. Cela vient d'une importance très grande donnée au démon, si grande qu'elle constitue une sorte de *dualisme*. C'est surtout dans les classes inférieures que règne cette préoccupation démoniaque. Pendant tout le moyen âge, les sorciers (il n'y a plus de bons sorciers) sont poursuivis, mis à mort après des supplices. Ils n'existent point en corporation, mais isolés, et sont en rapport avec les esprits, soit ceux des morts damnés, soit ceux des autres esprits, les démons. Ils emploient les mêmes procédés que les anciens. Dès la naissance du christianisme, ils jouent un grand rôle ; il y a beaucoup de possédés que le Christ délivre en chassant le démon. Tandis que le sorcier invoque celui-ci et les différents esprits, et crée leur obsession ou la possession par eux, et leur incarnation au moyen de sortilèges, le prêtre, rival en matière démoniaque, les chasse au moyen des exorcismes. C'est une lutte continuelle qui ne disparaît que dans les temps modernes.

Dans la religion juive, la sorcellerie était aussi très pratiquée. On peut citer les magiciens d'Egypte. Moïse, par ses miracles, faisait de la bonne magie.

Mais dans les temps contemporains, elle renaît sous une autre forme, celle du spiritisme. Les sorciers de ce nouveau genre s'adressent, il est vrai, à la science et ne cultivent pas spécialement les mauvais esprits. Mais les moyens essentiels qu'ils emploient sont, sur beaucoup de points, semblables. Ils exercent par la suggestion une sorte de possession de l'esprit, provoquent son dédoublement, prétendent faire voir et entendre les morts, et ont une doctrine ésotérique complète.

Les sorciers de tous les temps se servent d'objets dans lesquels ils font entrer les esprits et qu'ils rendent sacrés ; ce sont les amulettes et les talismans, qui ont la même vertu que celle attribuée aux reliques par le sacerdoce.

Nous avons décrit plus haut quelques procédés des sorciers qui les font ressembler aux spirites contemporains. D'autres établissent l'identité entre les sorciers des différentes époques. C'est ainsi que l'envoûtement était bien connu de ceux des peuples non civilisés. D'une manière plus générale, il suffit que le sorcier puisse obtenir une parcelle du corps humain, un cheveu, même un portrait, pour agir sur le tout, en n'opérant que sur cette partie seule. Il suffit même de laisser entre ses mains un fragment de ses vêtements ou même de ses aliments pour être en péril. Cela n'est pas même nécessaire, il suffit que le sorcier fasse un simulacre de sa victime ; on enterre une noix de coco sous le foyer du temple ; à mesure que la noix se dessèche, la santé de la personne qu'elle représente se détériore. La possession du nom suffit, aussi certains sauvages cachent leurs noms, de même qu'ils refusent de donner leur portrait. Mais, le plus souvent, il faut la possession d'un objet ayant appartenu à la personne à ensorceler(1).

Les caractères de la sorcellerie qu'il faut retenir sont ceux-ci : 1° culte public préparé par une longue initiation individuelle ; 2° double magie, suivant qu'elle s'applique à des esprits bons ou à des esprits mauvais ; 3° communication avec la divinité par l'extase provoquée ; 4° aucune situation officielle, mais transmission des secrets de maître à disciple ; 5° ni temples, ni autels, ni idoles ; 6° médecine mystique résultant de l'introduction ou de l'expulsion des esprits ; 7° accom-

(1) Lubbosk, p. 240

modation aux besoins des basses classes, et survivance avec cette spécialisation.

L'éclipse de la bonne magie est très remarquable. A un certain moment, dans toutes les religions, il n'apparaît que la magie pour le mal en connivence avec les démons ou les dieux malfaisants. Mais ce n'est pas une illusion si l'on retient bien le caractère essentiel de la magie. Celle-ci consiste en principe à entrer en communication directe avec la divinité sans l'intermédiaire ordinaire du prêtre hiérarchisé. Or, dans ce sens, tout individu assez hardi pour s'adresser directement à Dieu et assez saint pour pouvoir le faire avec succès, peut s'improviser sorcier ; il se met en rapports réels et intimes avec cette divinité ; celle-ci l'inspire, lui fait des révélations, lui accorde le don de guérir par des moyens mystiques ou des procédés physiologiques encore inconnus ; de là les miracles. Dans ce sens, Moïse était sorcier, le Christ l'était aussi. C'est ce que nous verrons en étudiant le troisième mode d'organisation religieuse : le prophétisme.

Le second mode est le *sacerdoce*. Il se distingue du premier en ce qu'il est éminemment social, fondé par la société elle-même, soumis à une initiation régulière, hiérarchisée. Le prêtre régulier, dit excellemment Réville, faisant partie d'un organisme constitué, fonde sa prétention sur son titre et non plus son titre sur sa prétention. Comment de la sorcellerie a-t-on passé au sacerdoce ? Nous trouvons dans plusieurs pays les points de transition.

En Polynésie, le sacerdoce est une transformation de la sorcellerie primitive ; celle-ci se perd par ses impostures qui ont succédé à sa sincérité primitive. Aussi, on aime mieux s'adresser à une classe privilégiée qu'à un homme isolé, sans garantie. Voici le point de transition objective. La sorcellerie peut devenir héréditaire, l'aptitude se transmet aux descendants, elle a une forte tendance à l'héréditarisme. Le sacerdoce est né, mais pendant longtemps le prêtre reste encore devin. Les familles de sorciers héréditaires furent des familles nobles en raison du caractère aristocratique de ces peuples, et souvent on crut qu'ils descendaient des dieux eux-mêmes ; quelquefois, c'étaient les princes qui étaient prêtres. Ces collèges de prêtres avaient aussi la mission de conserver les sciences de cette époque. Le fils héritait, à Tahiti, du pouvoir sacerdotal en appliquant ses lèvres sur la bouche de son père mourant ; il y avait des prêtresses à Hawaï. Ailleurs, aux îles Tonga, le sacerdoce était moins avancé et le sorcier dominait, mais il y avait un pontife, un chef de la religion, le Tui-Tonga, qui avait d'abord réuni le pouvoir temporel au spirituel ; il était considéré comme une incarnation de la divinité, lui seul avait le droit de n'être pas tatoué ; sa dignité était héréditaire dans la ligne maternelle.

Chez les Nègres, le prêtre sort du sorcier, dit Réville, de même que l'idole sort peu à peu du fétiche. Le noyau est le même. La sorcellerie devient héréditaire, surtout celle qui a pour mission de faire parler le fétiche national. Puis, la sorcellerie sacerdotale se régularise. L'état solide succède à l'état fluide de l'institution. Les formes deviennent toujours identiques, les rites en découlent. Une initiative régulière a lieu. Chaque village a ainsi son sorcier, fixe désormais ; tout chef a le sien favori qui devient un pontife. Ailleurs, il y a, comme en Polynésie, deux chefs, l'un sacerdotal, l'autre militaire.

Le sacerdoce régulier est pratiqué dans tous les pays civilisés et seulement dans quelques-uns des non civilisés. Il importe d'en tracer ici en quelques lignes la structure générale.

C'est le prêtre qui domine dans les sociétés religieuses du Mexique et du Pérou, là c'est la nécessité des sacrifices qui amena son institution, car pour sacrifier régulièrement il faut un sacrificateur d'office ; au Mexique, les prêtres font partie des fonctionnaires de l'Etat ; chaque divinité a son clergé spécial dont un membre est attaché à chacun des temples ; le grand temple de Uitzilopochtli était desservi par cinq cents prêtres, mais ils n'avaient pas le pouvoir civil ; le chef du clergé de la divinité que nous venons de mentionner était celui de tout le clergé mexicain, c'était le souverain pontife, il s'appelait *Teo-teculli*, seigneur divin ; il était choisi par les deux plus hauts dignitaires après lui et était le premier consseiller du roi. Il avait cependant un rival dans le grand prêtre de Quetzalcoatl qui vivait retiré dans son sanctuaire. Il possédait un vicaire qui surveillait surtout les convertis. Au-dessous se trouvaient une foule de prêtres, les chantres, les préposés au vin du sacrifice, ceux qui organisaient les cérémonies rituelles, enfin et surtout les sacrificateurs, etc., avec une hiérarchie complète. Les familles nobles avaient des chapelains. Quelques clergés étaient héréditaires. Les prêtres supérieurs étaient gradés après des épreuves dans des séminaires. Ils intervenaient dans toutes les affaires importantes, instruisaient la jeunesse, conservaient les traditions nationales, interprétaient les hiéroglyphes. Ils étaient richement dotés au moyen de taxes spéciales. Chose remarquable et qui rappelle le sacrement de l'ordre chez les catholiques, ils recevaient en entrant en fonctions une onction sacrée, composée en partie de sang d'enfant. Ils faisaient des vœux, mais temporaires, d'autres ne fonctionnaient que par occasion. Ils portaient un costume noir, laissaient croître entièrement leur chevelure. Leurs mœurs étaient pures et ils montraient même une austérité farouche. Leur éducation, dans le but du sacerdoce, commençait dès l'âge de sept ans ; ils se livraient à de longs jeûnes, se scarifiaient la langue, les oreilles et les jambes, et à la fin de cette préparation allaient passer un certain temps en pleine solitude, dans la montagne. Ils étaient continuellement occupés au culte ; il y avait, en effet, quatre offrandes nocturnes et quatre diurnes au soleil ; ils se recueillaient la nuit pour chanter des hymnes. Quelques-uns faisaient le vœu de chasteté. Tous se purifiaient le soir en se plongeant dans l'eau. La veille des fêtes, ils devaient se contenter d'un seul repas. Du reste, dans l'année divine qui revenait tous les treize ans, tout le monde devait jeuner pendant quatre-vingts jours, et les prêtres pendant un temps double. Souvent, le sommeil ne leur était permis que trois heures par nuit et celui qui s'endormait était réveillé par des piqûres d'ajoncs. Quelques-uns se passaient à travers l'oreille tous les jours une fine baguette de bois très dur. Ils dirigeaient les processions et à cette occasion revêtaient une châsuble multicolore ; enfin, ils cherchaient des oracles dans les entrailles des victimes. Ils se procuraient l'extase au moyen d'onctions et de boissons enivrantes. Ce clergé sanguinaire était haï de la population et c'est ce qui porta celle-ci à recevoir avec enthousiasme Pizarre. A ce clergé régulier il faut joindre le clergé régulier très nombreux dont il sera question au chapitre suivant (1).

Le clergé de la religion péruvienne était aussi très fortement constitué, et chargé de rites nombreux que nous avons décrits ; il vivait parallèlement aux sorciers dont l'influence n'était pas détruite. La caste sacerdotale se confondait avec la famille des Incas ; elle portait des vêtements spéciaux. Il y avait au-dessous le bas clergé qui n'avait pas de costume ; certains prêtres étaient mariés, d'autres faisaient vœu de chasteté, plusieurs n'étaient prêtres que pour un temps. Il existait un souverain pontife, Villac-Oumou (le prêtre parlant), c'est-à-dire parlant avec les dieux ; il était le premier de l'Empire après l'Inca régnant ; d'ailleurs, le vrai grand prêtre était ce dernier, fils du soleil ; il était nommé par lui et nommait à son tour tous les autres. Il y avait au-dessous de lui des grands prêtres. Les subordonnés devaient faire partie des Curacas, la seconde caste. Il y avait une divination officielle consistant surtout dans l'inspection des entrailles des victimes, coutume étrange, mais nouvelle et qui mène de l'assimilation de la victime à la divinité elle-même. Il y avait aussi un sacerdoce féminin, les Vierges du Soleil, que nous rattachons au monachisme (2).

En Chine, une distinction s'établit nettement entre le culte

(1) Réville, *De la religion du Mexique*, p. 152.
(2) Réville, *De la religion du Pérou*, p. 363.

des morts, des ancêtres, et celui des autres dieux ; on peut appeler le premier la religion privée. Dans la première de ces sphères, c'est le père de famille qui est lui-même le pontife ; or, comme le culte des ancêtres est le plus important dans ce pays, le sacerdoce proprement dit y a un rôle bien moindre. La famille l'emporte sur l'Etat. Nous avons déjà décrit ce sacerdoce familial que nous retrouverons à Rome et ailleurs. Quant à l'autre, il ne faut pas oublier que plusieurs religions se juxtaposent en Chine. Le Bouddhisme a son sacerdoce spécial ; à côté sont les prêtres taoïstes. Enfin, dans la religion officielle, c'est l'Empereur et ses fonctionnaires qui sont les sacrificateurs ; les fonctions politiques et celles sacerdotales se trouvent ainsi réunies ; il en résulte une hiérarchie, et aussi une distribution du sacerdoce : le chef de famille sacrifie aux ancêtres et aux dieux domestiques, les mandarins préposés aux villes et aux provinces sacrifient aux divinités de la ville et de la province, et l'Empereur aux grands dieux ; il y a donc confusion entre le civil et le religieux ; le *théocrate est laïque*, c'est une constitution que nous ne retrouvons pas ailleurs. Il existe des fonctionnaires spéciaux qui assistent les fonctionnaires publics pour l'observance des rites. Il y a, en conséquence, à certains jours de fêtes, des prédications laïques faites par des mandarins prédicateurs.

Mais il en est autrement en ce qui concerne le bouddhisme et le taoïsme. Dans ce dernier, il existe même une sorte de papauté ; ce pontificat suprême se transmet héréditairement. Il y a eu plusieurs dynasties de ces pontifes ; la première fut celle de Chang-Tao-Ling ; éliminée pendant quelque temps, elle fut réinstallée ensuite par l'Empereur Youen-Tsong et un vaste territoire fut donné à cette famille. Quand le pontife taoïste est mort, ou plutôt est monté au ciel, car on le suppose immortel, on procède à l'élection par la voie du tirage au sort, l'Empereur ratifie cette élection. Les taïstes ont des couvents des deux sexes. Le clergé de cette religion a souvent les fonctions des anciens sorciers et conserve beaucoup d'influence sur le bas peuple ; il se livre continuellement à l'exorcisme. Les prêtres taoïstes sont *séculiers* ou *réguliers*; les premiers se marient, transmettent souvent leur profession à leurs enfants et vivent surtout de leurs honoraires de sorciers-médecins. Ils portent, lorsqu'ils officient, un costume particulier, se rasent les deux côtés de la tête. Les moines, au contraire, sont célibataires. Ils ont un pontife spécial, celui de Loung-Hu, c'est l'exortiste en chef ; il sait incarcérer les esprits autant de temps qu'il le veut dans des objets inanimés. Le recrutement est démocratique et même ne se fait que dans les basses classes, mais il faut des épreuves et une sorte de diplôme. Le clergé taoïste répand un grand nombre de livres de morale destinés à la moralisation du peuple. Il faut remarquer surtout son caractère mixte entre la sorcellerie et le sacerdoce qui en fait un clergé tout particulier, lequel constitue une survivance d'un état antérieur (1).

Dans l'Inde, la constitution du sacerdoce est tout à fait remarquable. Il faut y distinguer soigneusement celui du brahmanisme et celui du bouddhisme. Tout le monde connaît la constitution des hindous en quatre castes, dont l'une est celle des prêtres ou brahmanes. Deux autres castes, celle des Kshatryas et celle de Vaisyas, concourent au culte comme simples fidèles; quant à celle des Soutras, elle est excommuniée, c'est dire le caractère aristocratique de ce sacerdoce. Cette division est d'ailleurs hystérogène, elle n'existait pas à l'époque védique. D'abord, le guerrier, la Kshatria, fut supérieur aux Brahmanes ; il y eut ensuite une longue lutte entre les deux castes, et on en trouve des traces dans les épisodes des livres sacrés. La caste était fermée; aucun Kshatrya, même le plus élevé, ne pouvait faire le sacrifice. Le Bouddhisme détruisit les castes, ce fut-là une de ses réformes radicales.

D'ailleurs, Sakya Mouni n'institue aucun culte, ne prescrit aucun sacrifice ni aucune cérémonie religieuse ; il n'y a même

---

(1) Reville, *Religion de la Chine*, p. 443.

aucune différence entre ses disciples laïques et ses disciples ascètes. Il n'existe pas de clergé proprement dit, mais plutôt un monachisme très développé qui en tient lieu et que nous décrirons au chapitre suivant. Les moines et les prêtres font vœu de chasteté, de pauvreté et d'obéissance ; il leur est défendu de manger de la viande et de boire du vin ; ils jeûnent souvent et habitent en commun dans des monastères appelés *vihâras*. Ils s'occupent d'éducation, de prières, des cérémonies des naissances, des mariages et des funérailles. Le personnel de cette religion constitue une Eglise, appelée Sangha, la réunion de tous les fidèles formant un des trois membres de la Trinité bouddhique. Quelquefois, il y avait, comme dans l'Eglise catholique, des conciles, pour fixer des points de dogme mal définis ; le premier fut tenu à Vaiçali, cent ans après la mort de Bouddha ; le second à Râjâ-Griha, cent cinquante ans plus tard, et c'est là que le canon bouddhique fut définitivement arrêté. Le sacerdoce djainiste est très distinct des fidèles, lesquels portent le nom de Çravaka, auditeurs, ou Grihasta, maître de maison ; il comprend un clergé régulier et un clergé séculier qui portent le nom de Yatis et de Çramanas, et lorsque la sainteté est éclatante, d'arhats ; le prêtre a les mêmes devoirs que les laïques, mais il mène une vie érémitique ou monastique dans des communautés sous la direction d'un supérieur nommé par les moines ou par son prédécesseur.

Le lamaïsme du Thibet n'est qu'une modification du bouddhisme, mais sa constitution sacerdotale est extrêmement curieuse. Il s'agit toujours plutôt du monachisme, mais de celui-ci faisant fonction de sacerdoce. Le Dalai-Lama est le pontife suprême, c'est l'incarnation du Dhyani Bodhisatva Çenresi, et il est infaillible. On l'appelle à juste titre le *bouddha vivant*. Il réunit entre ses mains le pouvoir spirituel et le pouvoir temporel. Nous l'étudierons davantage en traitant du monachisme.

(1) De Milloné, *Les religions de l'Inde*, p. 200.

A Rome, l'organisation sacerdotale renferme trois groupes : le premier est celui des prêtres qui sont consacrés au culte régulier des dieux suprêmes de l'Etat, c'est le roi lui-même qui était d'abord à leur tête, mais il se dessaisit au profit du *pontifex maximus*, c'était une division des pouvoirs ; au-dessus se trouvaient les Flamines ; le second est le collège des augures, préposé à la divination dans les sacrifices ; le troisième consiste dans les corporations religieuses, à l'origine, associations de familles, se recrutant pour compléter le clergé, ne formant pas une caste héréditaire, mais étant choisi à l'élection parmi les patriciens, et le plus souvent parmi les sénateurs et les magistrats qui cumulaient ainsi plusieurs fonctions ; ils formaient des collèges.

Le rôle du clergé en Grèce est peu connu et il ne semble pas que les prêtres fussent bien distincts des fidèles. Mais il y avait des prêtresses, celles d'Hestin et d'Artémise, qui devaient rester vierges. Quelquefois, le sacerdoce était héréditaire. Le prêtre était à la fois sacrificateur et devin ; il donnait l'instruction vulgaire. A côté, existait le sacerdoce privé du père de famille.

En Egypte, on sait quelle était l'importance du sacerdoce. Le clergé était chargé du soin des embaumements, de la conservation des tombeaux, des sacrifices et des offrandes. Dans les Gaules, celle du druidisme n'était pas moins grande. Les druides étaient d'abord, comme tous les prêtres, des sacrificateurs ; ils se consacraient aussi à l'éducation, enfin ils étaient juges. On ignore s'ils formaient une caste ; ils élivaient entre eux un chef dont le pouvoir était absolu. Les Scandinaves, au contraire, ne semblent pas avoir eu de prêtres proprement dits, mais seulement des sorciers, et la sorcellerie était spécialement exercée par des femmes, les *valas*, sortes de sybilles dont l'autorité éclipsa celle des prêtres ; elles guérissaient aussi les maladies. Les Slaves avaient des prêtres formant une caste, mais en concurrence avec les sorciers et les sorcières.

Dans le Mazdéisme, il existe une division en trois castes, celles des prêtres (mages), des guerriers et des laboureurs ; le sacerdoce est héréditaire, mais les castes ne sont pas fermées. Le prêtre est chargé des sacrifices, des cérémonies de purification, de l'éducation.

En Chaldée, le prêtre était surtout un sorcier, mais un sorcier bienfaisant, il conjurait les maléfices des esprits ; vis-à-vis de lui se trouvaient les sorciers proprement dits, qui étaient les sorciers malfaisants (1).

Les deux grandes religions monothéistes ont eu et ont encore leur sacerdoce. Le prêtre des Juifs était le lévite, le sacrificateur, descendant d'Aaron ; les fonctions étaient donc confiées à une tribu spéciale. Mais à l'origine et au temps patriarcal, il n'existait pas ; c'était le père de famille qui était lui-même le sacrificateur. Il le resta pendant longtemps. Mais le cohen prit bientôt un rôle officiel. Ce sacerdoce proprement dit disparut avec les sacrifices, et le rabbin, de nos jours, n'est qu'un prêtre improprement dit qui ne se distingue pas essentiellement des fidèles. Le sacerdoce existe aussi chez les Musulmans. Mais c'est chez les Chrétiens qu'il a pris un caractère dominant. Ici, il n'y a plus de concurrence du pontificat du père de famille ; la religion mortuaire s'est entièrement fondue dans la religion divine, elle a seulement conservé ses jours et ses cérémonies particulières ; quant au culte des saints, il est très développé, et semble laissé aux mains des fidèles plus que le culte de Dieu, mais il a été réglementé par l'Eglise et rentre dans ses attributions. Tout est donc dévolu au clergé, comme intermédiaire nécessaire entre Dieu et l'humanité. Le fidèle ne peut que prier et recevoir les sacrements, mais, quant à ce dernier point, il lui faut l'intermédiaire du sacerdoce. Aussi le clergé, dans l'Eglise catholique, est-il séparé des simples fidèles par une distance énorme. D'ailleurs, il se divise aussi en clergé séculier et en

---

(1) De Milloué, introduction à l'*Etude de religions*, *passim*.

clergé régulier, et ce dernier se subdivise en monachisme et en érémitisme; les femmes ne sont admises que dans le clergé régulier. Le clergé séculier est le gardien et le déclarateur de la doctrine; il fixe la morale, il exerce et fait exercer le culte. Il se recrute suivant les temps par divers moyens que nous observerons bientôt, mais ne forme pas une caste. Une institution spéciale, dont nous avons signalé les amorces dans d'autres religions, lui a donné une énorme influence, c'est celle de la confession, ou, d'une manière plus compréhensive, du sacrement de pénitence. Le prêtre a le pouvoir de lier et de délier, de pardonner les péchés ou de les retenir, et pour l'exercer, il entend la confession auriculaire du pénitent, possède la connaissance de ses pensées les plus secrètes, lui indique, d'après des règles préfixes, il est vrai, mais souvent douteuses et controversées comme dans toutes les jurisprudences, ce qu'il lui est permis ou non de faire, connaît ses actions les plus cachées, notamment tout ce qui a rapport aux faits sexuels. C'est ce point qui le différencie de tous les autres clergés. Dans la personne de ses chefs, il s'attribue le droit de déposer les rois et les empereurs, c'est la conséquence ultime de son autorité pénitentiaire; il l'exerce au moyen de l'excommunication. Enfin, par ses missionnaires, il a tenté la conquête spirituelle du monde idolâtre. Il serait trop long de décrire ici, même en abrégé, la constitution et le rôle du clergé catholique dans l'histoire, et d'ailleurs ce rôle est bien connu; nous verrons plus loin quelle a été son influence sur la société civile. Ce clergé, dans sa hiérarchisation, aboutit à la papauté, dont les pouvoirs sont plus grands encore, puisqu'en matière de doctrine le pape est doué, au moins dans la période contemporaine, du privilège de l'infaillibilité.

La religion protestante, au contraire, n'a pas de clergé proprement dit, c'est-à-dire d'intermédiaire nécessaire avec la divinité. Ce n'est pas une *religion sacerdotale*. Les ministres ne se distinguent pas essentiellement des fidèles, puisque chacun de ceux-ci peut interpréter les livres sacrés à sa guise. Ce n'est qu'un conseiller, qu'un fidèle plus instruit. D'ailleurs, le culte y est réduit à la plus grande simplicité ; or, ce qui crée le prêtre, c'est le culte. Nous verrons que le protestantisme est une religion à organisation démocratique, ce qui suppose soit l'affaiblissement des chefs du clergé, soit celui du clergé lui-même, soit l'admission de chacun au rôle de son propre pontife.

Tels sont les divers clergés ; ils sont l'institution des peuples civilisés, comme les diverses sorcelleries sont celles des peuples non civilisés.

Il faut bien remarquer que l'existence du prêtre et celle du clergé, c'est-à-dire du prêtre hiérarchisé, ne sont pas identiques. Il y a des pays où chaque prêtre reste isolé, sans former un corps ; tel était l'état du sacerdoce en Grèce. Voici maintenant quelle fut la *genèse*. Il y a, comme nous l'avons vu, deux sortes de religions : celle subjective ou mortuaire, celle objective ou divine. C'est la première qui est antérieure. Elle comprend le culte des ancêtres et aussi des dieux domestiques, et est exercée par le père de famille. Lorsque la religion objective fait son apparition, elle est confiée au même. Pourquoi ne l'est-elle pas à tout le monde, c'est-à-dire aux divers membres de la famille ? C'est d'abord à cause de la constitution familiale elle-même, très resserrée et où la personne paternelle absorbe les autres. Donc c'est le père qui est sacrificateur ; le sacrifice, acte extérieur et compliqué, doit venir toujours de lui. Lorsque les familles s'agglomèrent en tribu, c'est le chef de la tribu qui sacrifie à son tour pour la grande famille et qui en est le pontife. A mesure que l'agglomération s'étend, il en est de même, et c'est à ce titre que le chef de la nation, le roi, est le sacrificateur et le prêtre à son tour ; partout on rencontre le roi sacrificateur, il en résulte une réunion dans les mêmes mains des pouvoirs spirituel et temporel. Telle est la première genèse. Le sacerdoce public naît du sacerdoce privé, de même que la religion objective a grandi longtemps sous l'égide de la religion subjective, et la raison initiale du sacerdoce privé fut l'exercice de la fonction de sacrificateur.

Mais il y a aussi chez certains peuples une genèse autre. Le sacerdoce naît de la sorcellerie ; le prêtre est le sorcier devenu officiel, réglementé, hiérarchisé. Sa raison d'être est d'ailleurs la même que celle du sorcier, une aptitude spéciale à se mettre par l'extase en communication avec la divinité et à reporter les résultats de cette communication aux autres hommes.

Bientôt les deux genèses *confluent* ; le monopole du sacrificateur, celui de l'inspiré ; l'un connaît seul les rites compliqués des sacrifices, l'autre a seul le secret de l'inspiration.

Le recrutement du clergé se fait de diverses manières. Il y a des sacerdoces héréditaires, par exemple, celui des Brahmanes, des Lévites, pour le petit sacerdoce et des Aaronides pour le grand ; il y en a d'autres qui se confèrent, comme les autres fonctions publiques, par l'élection, mais en choisissant dans une certaine classe, comme à Rome et en Grèce ; il y en a qui sont ouverts à tous, mais après une initiation par certaines épreuves, comme celui des prêtres égyptiens et des druides.

Au bout d'un certain nombre de siècles, le clergé officiel commet de nombreux abus, comme tous les pouvoirs dominants ; il a le vice plus particulier de se figer dans son monopole, dans son immobilité, et de détruire chez les fidèles toute initiative religieuse. L'instinct de religion indestructible n'en est pas atteint, mais doit chercher d'autres voies. C'est alors que se développe une autre institution qui la remplace en partie, de même que le sacerdoce avait remplacé la sorcellerie : c'est le *prophétisme*.

Nous avons dit ce qu'il faut entendre par un prophète. C'est essentiellement une personne qui cherche à se mettre en rapport avec la divinité et à y mettre les autres *sans l'intermédiaire du prêtre*. Les extrêmes se touchent, et sous certains rapports le prophétisme ressemble à la sorcellerie. C'est une personne plus sujette à l'extase qui se déclare prophète ; elle a du reste des moyens spéciaux d'y parvenir qui s'ajoutent à sa propension : le jeûne, les austérités. Elle devient un voyant, et à ce titre peut, dans une certaine mesure, prévoir l'avenir, mais ce n'est pas là sa fonction nécessaire. L'inspiration reçue, le prophète la communique, il devient prédicateur, parcourt les campagnes, répand sa doctrine. Tout le monde peut devenir prophète, tandis que le sacerdoce est fermé, ce qui rend le prophétisme démocratique, enclin, par conséquent, à critiquer les vices des grands et ceux des prêtres, d'une manière impitoyable, à soutenir le pauvre contre le riche, les principes contre les abus. Il entre souvent en lutte directe avec le sacerdoce. Le prophète est, en définitive, un réformateur et un révolté, en cela il prélude à la philosophie et aux sectes sociales, mais en même temps ses convictions religieuses sont profondes ; sa révolte ne s'adresse pas à Dieu. D'autre part, c'est un descendant de l'ancien sorcier, mais ce n'est qu'un bon sorcier.

Il ne faut pas s'attacher aux mots et il convient de faire entrer dans les rangs des prophètes beaucoup de ceux qui ne sont pas rangés comme tels. Est prophète, tout novateur religieux qui ne se base point sur le raisonnement seul, mais sur une foi distincte et personnelle, à plus forte raison sur une révélation.

C'est chez les Juifs surtout que le prophétisme devint prépondérant à une certaine époque ; de plus, il ne cessa jamais d'exister ; du reste, il est propre aux races sémitiques, et aujourd'hui nous trouvons chez les tribus arabes des prophètes qui surgissent tout à coup et les entraînent à la guerre sainte. Ceux d'Israël ne sont pas de simples voyants ; la force de l'idée religieuse les pousse à des conceptions grandioses ; ils ont aussi des intuitions très claires de la perfection future. Ils s'élèvent contre les sacrifices, et on se souvient de cette parole célèbre d'Isaïe « que me fait le nombre de vos sacrifices, dit Jahveh ; je suis rassasié de l'holocauste des brebis et de la graisse des veaux ; purifiez-vous, cessez de mal faire, recherchez la droiture. » Il en résulte que sa morale devient très élevée. C'est par le prophétisme, écrit Renan, qu'Israël occupe une place à part dans l'histoire du monde. La création de la religion pure a été l'œuvre non pas des prêtres, mais des livres inspirés. Les cohanims de Jérusalem, de Béthel, n'ont été en rien supérieurs à ceux du reste du monde, souvent même l'œuvre essentielle d'Israël a été retardée, contrariée par eux » 1). En même temps, ce qui est remarquable, le prophétisme est un instrument de progrès religieux, et cependant un retour à l'état de pureté primitive de la religion. On sait que chez les Juifs au dieu patriarcal, peut-être d'abord polythéiste, Elohim, avait succédé un dieu national, et même d'un nationalisme très exclusif, Jahvé, d'une divinité moins élevée, plus anthropomorphique, solidarisant sa fortune avec celle du peuple d'Israël, dur aux gentils et sévère même envers les siens ; le retour à un dieu plus cosmopolite, plus général et ne se bornant point à la protection d'un peuple, à un nouvel Elohim, se fit jour peu à peu, et ce fut en partie l'œuvre des prophètes. Du temps d'Achab, le nombre de ceux-ci s'élevait à quatre cents ; ils étaient d'abord, contrairement à ce qu'ils devinrent dans la suite, de fougueux disciples de Jahvé. Ils se formaient en corporations, un peu semblables en cela au clergé régulier, et avaient des novices appelés fils de prophètes. Ils s'excitaient à l'inspiration par des danses et la musique. Ils furent, comme les Bouddhas, investis d'un pouvoir absolu sur la nature et par conséquent pouvaient faire des miracles. Elie et Elisée semblent à un moment leur personnification. Elie conserve quelque chose du caractère démoniaque des anciens sorciers ; il fait peser sur le pays des années de sécheresse et de famine ; il ressuscite, il est vrai, aussi les morts, mais sa présence porte malheur.

(1) Renan, *Histoire du peuple d'Israël*, passim.

Il est insolent envers les rois, porte des défis aux prêtres de Baal. Il ne meurt pas, mais seul des hommes est immortel. Sa légende résume tout le prophétisme (1). Amos et Osée attaquent avec autant de vigueur les pouvoirs existants. A côté du *nebi* ou prophète proprement dit, se trouvaient aussi les *nazirs*. Dans Amos et Osée, l'ancien élohisme triomphe définitivement sur le Jahvéisme; les tendances sont nettement démocratiques; leurs paroles renferment des prophéties terribles contre l'Etat et contre les prêtres. Du reste, les autres nations sémitiques ont aussi leurs prophètes.

Le plus grand de ceux qui apparaissent en Judée est certainement le Christ, abstraction faite de la question de sa divinité. Il se considère lui-même comme celui qui vient clore la série, série que Mahomet déclare rouverte pour pouvoir lui-même s'y placer. Jésus a le caractère des prophètes précédents, mais à un plus haut degré; il censure les vices des grands, se met en lutte ouverte contre le sacerdoce, répudie les sacrifices, prêche une religion cosmopolite, quoiqu'il hésite un moment sur ce dernier point. Il est antipathique en matière de religion à tout ce qui est officiel : c'est bien le continuateur d'Isaïe et d'Elie; ses disciples l'y comparent, et on le prend pour Elie ressuscité. Il emploie les mêmes moyens que les prophètes : l'inspiration directe, le miracle, la prédication. Sa morale est la même, toute pratique et en dehors des prescriptions religieuses écrites; son culte est presque nul quant aux formes; il recommande d'adorer Dieu en esprit et en vérité.

Si le christianisme n'est que le développement d'un prophétisme, il en est de même du mahométisme et du bouddhisme. Mahomet se déclare lui-même un prophète, le successeur immédiat de Jésus, et il a aussi l'allure prophétique et les signes : l'extase, la communication directe avec la divinité, les miracles. De même, Bouddha, homme divinisé,

---

(1) Renan, *Histoire du peuple d'Israël*, passim.

qui, par ses actions, se met d'abord en communication avec le Dieu immanent, qui rapidement fait œuvre de propagande, enseigne aux hommes la vérité, combat le brahmaïsme, comme Jésus, le Judaïsme.

Le prophète est plus rare chez les autres races ; on ne le rencontre ni chez les Chinois, ni chez les Grecs et les Romains, ni dans les civilisations de l'Amérique, ni en Égypte, car la pythonisse n'est pas un prophète dans ce sens, elle entre bien en communication avec le dieu et prononce les oracles, mais elle n'a point le rôle novateur et de contradicteur, du prophétisme. Cependant, à la fin de la religion gréco-latine, on trouve des essais de résurrection, par opposition au christianisme, qui sont tentés par des prophètes, par exemple, Apollonius de Tyane.

Il faut remarquer que les religions nouvelles inaugurées par le prophétisme se sont continuées par le sacerdoce, car celui-ci est tour à tour une sorcellerie ou un prophétisme cristallisés. C'est ce qui est advenu dans la religion chrétienne, dans celles musulmane et bouddique, au moyen du double clergé régulier et séculier. Mais lorsque ce clergé se corrompt, ou même lorsque la doctrine se cristallise outre mesure, que le culte s'ankylose, que les formes pleines deviennent des formes vides, le prophétisme se meurt. Une partie des hérésiarques sont de nouveaux prophètes, et même on retrouve des prophètes sans hérésie dans tous les esprits religieux, mais indépendants, qui veulent secouer le joug de l'homme, tout en gardant celui de dieu, et qui en même temps ont une idée religieuse puissante et affinée qui leur permet d'être ou de se croire en communication directe avec la divinité. Il faut, à ces divers titres, ranger parmi les prophètes, les saints, comme saint François d'Assises, sainte Thérèse et les stigmatisés qui ont substitué aux pratiques classiques du culte chrétien une communion libre et individuelle avec la divinité ; les esprits libres qui, comme Savonarole, ont flétri publiquement les abus du sacerdoce, les hérésiarques, surtout ceux qui, comme Jean Huss et Luther, ont voulu réformer pour remonter à la pureté primitive et ont cherché à substituer la croyance individuelle à la foi collective, les thaumaturges qui ont fait ou cru faire des miracles au nom du dieu dont ils étaient les serviteurs spéciaux, les inspirés, même pour des motifs autres que ceux religieux, comme Jeanne Darc, qui ont été en communication toujours directe avec la divinité, et ont rejeté, pour penser ou agir, la direction imposée par une Église, c'est-à-dire par son sacerdoce.

Le prophétisme a réussi, dans certains cultes, à se constituer en société religieuse permanente et à éliminer le sacerdoce, tandis que, dans certains autres, il n'est resté qu'un succédané. Le premier de ces résultats a eu lieu dans le protestantisme. Là n'existe qu'un sacerdoce improprement dit ; les ministres ne sont pas des prêtres. Chaque fidèle l'est, au contraire. Il n'y a plus d'intermédiaires entre l'homme individuel et la divinité. Ce n'est pas tout. Dans cette religion, il en surgit à chaque instant de nouvelles qui n'ont même point besoin de briser les obstacles d'un sacerdoce ; les fondateurs de ces religions les répandent par la prédication, la propagation de toutes sortes, et il se forme de ce prophétisme nouveau à tout moment des églises nouvelles.

Telle est l'organisation des sociétés religieuses ou églises dans l'ordre chronologique : d'une part, les fidèles en communication plus ou moins indirecte avec la divinité, de l'autre l'élite religieuse, le sensorium qui se constitue en sorcellerie, en sacerdoce ou en prophétisme.

Nous avons à étudier maintenant les divers régimes de sociétés religieuses externes ; comme les sociétés civiles, elles sont aristocratiques, démocratiques ou monarchiques. Elles se caractérisent aussi, soit d'après leur mode de recrutement, soit d'après l'attribution et la distribution des pouvoirs.

C'est d'abord, suivant les religions, l'une ou l'autre de ces formes qui commencent, mais généralement c'est celle aristocratique. En effet, le sacerdoce est d'abord lié à la royauté et ne s'en détache que peu à peu en séparant le spirituel du temporel ; lors de la réunion dans les mêmes mains, le sacerdoce est même monarchique. C'est ce qui est arrivé notamment en Egypte ; à une époque tardive, nous voyons le retour du même état, le pouvoir spirituel et le pouvoir temporel se confondent de nouveau dans la personne du chef temporel, par exemple en Russie, où le tsar est en même temps le chef de l'Eglise.

Le sacerdoce devient démocratique quant à son mode de recrutement lorsqu'il est élu par l'assemblée des fidèles, c'est ce qui est advenu dans l'état premier du christianisme et même au moyen âge où les évêques étaient nommés au suffrage universel ; il l'est encore aujourd'hui par sa composition, les prêtres étant pris pour la plupart dans les classes inférieures, et d'ailleurs l'admission étant précédée d'épreuves et d'une initiation. Il en était de même du sacerdoce égyptien et du druidisme, ainsi que nous l'avons déjà noté.

Enfin au même point de vue, il est aristocratique lorsqu'il ne se recrute que dans les classes privilégiées, et à plus forte raison lorsqu'il est héréditaire, comme celui des Brahmanes et des Lévites.

Mais ce n'est pas le mode de recrutement qui forme le critère le plus exact du caractère du sacerdoce, c'est plutôt le genre et le degré de pouvoirs accordés au clergé et dans celui-ci à chacun de ses membres, ainsi que les divisions hiérarchiques entre eux. Dans toutes, il existe un haut et un bas clergé, et souvent un chef suprême ; au bas clergé on assimile la masse des fidèles. De là trois fractions qui correspondent à l'aristocratie, à la démocratie et à la monarchie des sociétés civiles. Le protestantisme renferme le type le plus parfait de la démocratie chrétienne ; chaque fidèle est un prêtre, et d'ailleurs, entre les ministres il n'existe qu'un lien hiérarchique assez lâche, cependant certaines confessions, comme l'Eglise anglicane, ont reproduit en partie la hiérarchie du catholicisme. Il en était de même dans l'Eglise primitive, où les évêques n'étaient que des surveillants, mais ils devinrent bientôt des prêtres doués d'un caractère tout particulier et les seuls capables d'élever à la prêtrise. Une religion peut prendre un caractère différent suivant les étapes de son développement. Le clergé bouddhique était démocratique aussi, puisqu'il ne fut plus nécessaire d'appartenir à une caste, tandis que le brahmanisme était tout à fait aristocratique, sans cependant avoir une hiérarchisation profonde. Le christianisme, dans sa branche définitive et catholique a, au contraire, une hiérarchisation qui varie de la démocratie à la monarchie en passant par l'aristocratie. Le caractère démocratique des premiers temps est indéniable, il laisse des vestiges dans le mode de recrutement par l'élection, mais cette élection n'avait trait qu'à l'emploi, non au grade; celui-ci était conféré par l'imposition des mains faite par un supérieur. D'autre part, le clergé régulier resta longtemps démocratique par son organisation interne et ses tendances. Il joua même le rôle du prophétisme, dénonçant les abus, rappelant à l'austérité première. Il conserva l'habitude de nommer ses supérieurs à l'élection; ce ne fut qu'indirectement qu'il n'exerça plus ce droit en fait lorsque le recrutement se fit dans l'aristocratie de chaque pays. Comme l'a remarqué Létourneau, la constitution de la société civile fut partout d'abord démocratique. Il en était de même de la société religieuse.

Mais bientôt le caractère devint aristocratique. Il y a une différence fondamentale entre l'évêque et le simple prêtre, non en raison d'une différence de recrutement, mais en raison du titre lui-même. Les évêques seuls ont de l'autorité dans l'Eglise au point de vue de la société terrestre; eux seuls prennent part aux conciles, et par délégation, à l'élection du pape. Il y avait autant de différence entre l'évêque et le prêtre qu'entre le prêtre et le simple fidèle. Cette distinction s'est affermie d'assez bonne heure. Jamais les prêtres ne se réunissent en assemblée délibérante; ils ne peuvent avoir entre eux de rapports officiels, l'évêque peut leur interdire les sacrements et l'exercice de leurs pouvoirs. Il n'est donc pas un simple chef, un simple président, sa nature est différente. Mais entre évêques il y a égalité; les titres d'archevêques, de cardinaux ne sont que secondaires et n'impliquent pas de différence de caractère. Lorsqu'il s'agit de déclarer un dogme, du moins, jusqu'en ces derniers temps, ils délibèrent et votent. Pendant longtemps, de démocratie primitive, l'Eglise catholique est devenue et restée une république aristocratique.

Mais ce caractère s'est modifié peu à peu, et cette Eglise est devenue monarchique, et même sa monarchie, de constitutionnelle qu'elle fut d'abord, est maintenant absolue. L'évêque de Rome n'était originairement qu'un évêque entre tous les autres, mais bientôt il acquit la primauté, du moins en Occident ; il succéda au chef des apôtres Pierre, et finit par devenir, sinon une incarnation, du moins, une représentation vivante de Dieu. Il réunit et préside les conseils, dépose les rois, traite comme chef de la chrétienté, excommunie. Cependant pendant longtemps la déclaration du dogme fut réservée aux évêques réunis en concile. Mais de nos jours la papauté a fait un pas de plus; moins influente auprès de la société civile, elle est devenue plus puissante dans la société religieuse ; c'est elle désormais qui peut déclarer seule les dogmes, et sa déclaration est infaillible Par ce seul fait, l'Eglise s'est convertie en une monarchie, et en une monarchie absolue

Une autre église d'une constitution plus monarchique encore est celle du bouddhisme thibétain ou lamaïsme. Son pape est une véritable incarnation de Creveça, et il partage la nature divine. Il est d'ailleurs immortel. Au-dessous de lui se trouve un clergé puissant qu'il centralise. Nous avons décrit déjà cet organisme très curieux, nous ne voulons pas nous répéter ici.

La tendance la plus générale des Eglises est celle aristocratique marquée par l'existence d'un haut clergé ou d'un épiscopat, et par l'exclusion des fidèles de toute initiative religieuse. L'état démocratique n'est qu'initial et passager, celui de monarchie absolue est assez rare. L'aristocratie convient à ceux qui communiquent avec Dieu, qui mènent une vie particulière éloignée de celle des autres hommes et qui, lorsque l'ignorance existe encore partout, sont les seuls savants provisoires. Du reste, les religions pratiquent le conservatisme, les mêmes idées se font immuables, leur sens n'est connu que des prêtres, et toutes les novations extérieures, même celles civiles, deviennent dangereuses pour la conservation des privilèges; tout cela contribue à ce caractère aristocratique très marqué qu'on a observé partout. Mais il ne s'agit que du sacerdoce proprement dit, car le prophétisme, au contraire, est et restera toujours profondément démocratique. Il en est de même dans une certaine mesure des ermites et des religieux.

Les sociétés religieuses ou Églises se distinguent les unes des autres par un autre caractère très important. Il s'agit de leur extension, non pas surtout matérielle et réussie, mais dans ses tendances. Elles traversent les sociétés civiles et ne leur coïncident pas géographiquement, du moins quelques-unes; elles sont quelquefois plus étendues, quelquefois moins, et d'ailleurs elles jouissent plus ou moins de la faculté d'expansion. A cet égard, on peut les classer en *individuelles*, *familiales* ou *patriarchales*, *nationales* et *internationales*.

Les *Églises individuelles* ne sont pas des églises; c'est religions individuelles qu'il faudrait dire. Le lien n'existe alors qu'entre l'individu et la divinité ou les esprits. On ne s'y réunit pas à d'autres hommes pour prier et adorer. C'est le cas du fétichisme. Chacun emporte son dieu avec soi après l'avoir, pour ainsi dire, créé. L'Église ne commence que quand il y a au moins deux hommes qui se sont réunis pour exercer un culte en commun.

L'Église *patriarcale* est celle qui se compose du père et des autres membres de la famille; le père est sacrificateur, lui seul prie pour tous les autres. C'est une église fermée, si un étranger s'y introduisait, il troublerait le culte. Ce n'est même qu'à l'enfant mâle que cette prêtrise se transmet. C'est ce qu'on peut observer dans la Bible racontant l'histoire des patriarches. Ceux-ci sont constamment en communication avec Dieu. Ce qui est étonnant, c'est que dans un sens la religion y est moins exclusive qu'elle ne va le devenir dans le stade suivant, c'est une religion humaine. Chez les Hébreux, c'est celle de Elohim avec son esprit humanitaire.

L'Église *nationale* lui succède. Elle s'est beaucoup étendue, puisqu'elle comprend presque toujours une nation entière, mais elle se rétrécit en ce sens qu'elle exclut rigoureusement les étrangers, les gentils, les barbares. Elle coïncide avec la société civile. Il est bien rare qu'une même religion comprenne deux nations, même ayant une origine commune. On sait combien celle des Assyriens diffère de celle des Hébreux. Le dieu lui-même prend un caractère chauvin; il entre en concurrence avec ceux des nations étrangères qu'il hait et qu'il convertit en démons. Les victoires de son peuple sont ses victoires, ses défaites sont les siennes. Il se solidarise complètement avec lui. Mais aussi il exige une obéissance absolue; toutes les fois qu'on le néglige, il inflige une défaite, autrement il promet et donne protection. Il crée ainsi la morale par sanction immédiate, la plus touchante de toutes, et bien plus efficace que celle à sanctions différées. Chez les Hébreux Elohim est devenu Jahvé, le dieu national, l'ennemi personnel de Baal, de Moloch, de Camos. Ce dernier, le dieu des Moabites, leur a donné le pays de Moab, comme Jahvé a donné la Judée. Aussi chacun des peuples considère son dieu comme sa propriété. C'est d'ailleurs au même titre que les Arabes revendiquent Allah; c'est celui qui doit les rendre partout vainqueurs; leurs succès sont ses succès; à chaque conquête son culte augmente. Il est impossible de comprendre l'histoire des Juifs si l'on n'a pas toujours présente à l'esprit cette vérité profonde. Le Messianisme prédisait une action éclatante de Jahvé par l'un de ses envoyés; il s'agissait non de sauver le genre humain, qu'importe ce genre qui contient tant d'étrangers, mais de protéger la nation juive, de lui donner la prépondérance, comme Mahomet la procura plus tard aux Arabes. Le Christ, en se plaçant sur un tout autre terrain, devait être incompris d'eux ; il devait être désapprouvé par Jahvé lui-même.

L'Eglise *internationale* succède enfin à l'Eglise nationale dans certains pays. Elle ne coïncide plus avec la société civile ; elle est généralement plus étendue ; elle peut l'être moins, car la tendance surtout est caractéristique. Elle veut régir et convertir le genre humain entier. En général, elle naît d'une religion nationale dont elle efface les limites. Elle semble revenir aux temps primitifs où ces barrières nationales étaient absentes, mais elle ne se concentre pas non plus dans une famille. Pour elle, plus de profanes, plus de gentils. Aussi, elle sort du pays qui lui a donné naissance, quelquefois pour n'y plus rentrer. C'est ce qui est arrivé au bouddhisme qui, après plusieurs siècles, a complètement quitté l'Inde, vaincue par son vaincu, le brahmanisme, mais qui a envahi la moitié du monde, tout l'Extrême-Orient. C'est ce qui est advenu au christianisme qui n'a plus un seul adepte en Judée ni parmi les Juifs et qui embrasse l'autre moitié du monde, tout l'Occident. Telle fut la genèse; l'Eglise nationale, non sans déchirement, a donné naissance à l'Eglise internationale, comme par une sorte de bourgeonnement ou de scissiparité, et l'Eglise nouvelle est allée habiter et évoluer ailleurs.

On peut étudier particulièrement cette genèse en ce qui concerne le christianisme. Son avènement est, pour ainsi dire, pressenti d'avance. Les prophètes ont été vraiment les précurseurs du Christ, car le prophétisme lui appartient en commun avec eux. Nous avons vu que le dieu national succédant au dieu familial était Jahvé succédant à Elohim. Son règne coïncide avec celui du sacerdoce. Mais les prophètes prêchèrent, au lieu de ce dieu exclusivement national et jaloux, un dieu humanitaire, nouvel Elohim, ayant une partie des caractères du premier; ils voulurent substituer aux sacrifices un culte plus pur, au chauvinisme religieux, l'humanité ; ils battirent en brèche longtemps Jahvé. C'est dans le même sens que fut dirigée la doctrine du Christ; cependant, de temps en temps, il revenait à la religion nationale, repoussant durement l'étranger et se demandant s'il fallait jeter le pain au chien, mais retournant à son système plus large lorsqu'il parle à la Samaritaine. Il est vrai qu'il ne s'agit alors que d'une autre fraction d'Israël, mais sa doctrine s'étend bien au-delà. Il meurt pour tous les hommes. Après lui, il se fait dans le christianisme naissant une terrible crise. Va-t-on rester enfermé dans le Judaïsme national englobant d'autres peuples, mais conservant l'hégémonie et les rites juifs ? Faudra-t-il encore circoncire ? C'est alors qu'apparaît un novateur, Paul, qui donne au christianisme son impulsion définitive. De là, le *Paulinisme*. Ce n'est qu'à partir de ce moment que cette religion existe avec son caractère définitif qui est l'*internationalisme*, le *catholicisme*. Dès lors, elle est douée d'une force merveilleuse d'expansion, remplissant en quelques siècles tout le monde romain, ayant les mêmes prétentions que cet empire à la domination universelle, et apportant, à côté de la civilisation politique, celle religieuse. Par ses missionnaires (ainsi du reste que par ceux du protestantisme), la religion chrétienne a continué son œuvre et a vécu en religion indépendante de tout pays et cosmopolite. C'est ce qui la distingue, non pas de toutes les autres, mais de la plupart. Les religions internationales sont supérieures à toutes ; d'ailleurs, elles courent moins de danger d'être absorbées par la société civile.

Cependant, certaines religions chrétiennes dissidentes semblent être revenues en partie au nationalisme. On peut citer surtout dans ce sens la religion russe. Sans doute, elle ne se borne pas à la Russie et on la pratique dans les pays grecs.

Mais au point de vue de la hiérarchie, elle est sous la main d'un monarque absolu. De même, l'anglicanisme se cantonne à l'Angleterre. Enfin, dans le catholicisme même, les doctrines gallicanes tendaient à revenir à l'ancien état de choses et à limiter l'internationalisme religieux. D'autre part, le protestantisme tend à retourner à la religion individuelle.

La religion individuelle est une expression qui ne peut se concilier avec le terme d'Église, comme nous l'avons remarqué, mais elle n'en constitue pas moins un lien avec les puissances supérieures. Elle a son expression bien marquée dans l'érémitisme ; on ne veut pas adorer ensemble. C'est cette religion que nous décrirons dans le chapitre suivant.

La société religieuse externe ou Église ne se compose pas seulement de personnes ; ces personnes, ou plutôt la collectivité, possèdent les biens nécessaires pour les besoins du culte, pour la propagande, pour les aumônes et surtout pour les sacrifices aux dieux. Ce sont les fidèles ou le pouvoir civil qui contribuent à ces dépenses. Mais très souvent aussi l'Église se constitue un patrimoine qui est plus exactement celui de Dieu, et qui pour cette raison devient *taboué*. Ce patrimoine consiste d'abord en les objets du culte, les autels, les temples, mais aussi en terres et autres biens fonds. Au Pérou, le territoire était divisé en trois parties, la première était la propriété du Soleil, c'est-à-dire du sacerdoce, la seconde appartenait à l'Inca régnant, la troisième au peuple. On sait qu'en France le clergé possédait une grande part des immeubles, qu'il avait à son profit un impôt spécial, la dîme. Au point de vue économique, la société religieuse était donc très riche par son clergé séculier. Elle ne l'était pas moins par son clergé régulier ; on peut citer les fortunes des abbayes en France et dans l'Inde, et en Chine celles des monastères bouddhiques. Enfin, on sait qu'au Thibet toutes les terres appartiennent au clergé lamaïque qui les fait exploiter à son gré. C'est le pays où la papauté et le monachisme ont les droits les plus absolus. Mais à cette richesse collective fait contraste la pauvreté individuelle assurée par un vœu spécial.

La société religieuse ainsi constituée agit par les pratiques et les cérémonies religieuses, par ses croyances et par l'observance de sa morale, mais nous examinerons tous ces points dans des chapitres spéciaux.

Comme les autres sociétés, elle naît, croît, décroît, même procrée d'autres religions; nous avons étudié cette vie à propos de la théorie organique en matière de sociétés religieuses internes.

Enfin, elle a des fonctions de relations avec les autres Eglises, avec la société civile, avec ses propres membres. Nous en ferons l'objet des chapitres suivants.

Seules, les relations d'une Eglise avec ses simples membres, c'est-à-dire avec les fidèles ou laïques, pris séparément, mériterait une étude spéciale. Il serait intéressant de savoir quel est le rôle exactement laissé par les clergés aux simples fidèles, mais cela nous entraînerait au-delà des limites que nous nous sommes tracées.

Cependant, il est nécessaire de décrire en quelques mots, dans la constitution d'une société externe de croyants, c'est-à-dire dans une Eglise, quel est le pouvoir de la partie formant le *sensorium*, l'élite sacerdotale, sur les simples fidèles, pour diriger et maintenir non la société interne religieuse, la cosmo-société, mais la société religieuse externe.

Nous avons vu que la société religieuse interne exerce une juridiction sur ses membres par des jugements et des peines spirituelles, par exemple, dans la pénitence, pardonne ou retient les péchés. Elle exerce aussi une juridiction comme société externe ; elle repousse tel ou tel membre et le rejette d'entre les fidèles au moyen de l'excommunication ; elle prononce contre les membres de son clergé des peines canoniques, et dans ce but, elle se constitue non une théologie, ce qui concerne la religion externe, mais un véritable droit canonique qui correspond aux Codes des sociétés civiles et édicte des pénalités tantôt spirituelles, tantôt temporelles, tantôt les deux à la fois ; elle prive de l'usage des sacrements. Ce for n'est pas encore le for extérieur, mais il n'est déjà plus le for intérieur, c'est le for extérieur religieux. C'est à ce for que se rattache l'inquisition.

Ce qui doit dominer l'étude contenue dans le présent chapitre, c'est la distinction profonde entre la *sorcellerie*, le *sacerdoce* et le *prophétisme*, telle est l'évolution exacte de la société religieuse externe. On y observe cette société d'abord à l'état fluide, puis à celui de cristallisation, enfin au dernier stade qui est une association moins serrée. Il y a une alternance de raréfaction et de condensation qu'on retrouve dans le monde physique. C'est aussi l'application d'une autre loi que nous avons formulée ailleurs, celle de la forme spiraloïde de l'évolution.

CHAPITRE IX

DE LA SOCIÉTÉ RELIGIEUSE EXTERNE A LA DEUXIÈME PUISSANCE

Nous venons d'étudier la constitution de la société religieuse externe dans son ensemble, d'abord dans ses deux éléments principaux, l'élite gouvernant, le *sensorium*, représenté tour à tour par des institutions régulières à leurs époques respectives : la sorcellerie, le sacerdoce proprement dit, le prophétisme, puis dans la couche inférieure, celle des simples fidèles. Mais il existe en dehors et au dessus, des sociétés religieuses plus étroites, dont les membres ne se contentent plus d'être unis ensemble par un lien général, mais veulent en contracter un plus étroit dans un but de perfection individuelle et aussi pour améliorer les autres hommes. Ils se séparent de la société humaine, au lieu de se contenter d'y décrire un cercle traversant les autres ; ils veulent s'approcher davantage de la société divine. Cet état est celui qu'on désigne sous le nom générique de *monachisme*. L'adepte de ce système s'appelle le *religieux* par excellence, il est, suivant les lieux et les époques, l'objet d'une grande vénération de la part des fidèles, ou au contraire, d'une haine violente; tour à tour, on le couvre de présents, ou bien on le persécute et on l'expulse ; quant à lui, il pratique les vertus les plus austères et répand les bienfaits, ou il donne l'exemple de la plus grande corruption ; il fait vœu de pauvreté individuelle et l'observe, mais la petite société dont il fait partie s'enrichit beaucoup et n'est pas sans convoitise. On voit quels nombreux contrastes éclatent aux yeux de l'observateur sincère, et qu'il y a lieu de distribuer l'éloge et le blâme. Celui-ci semble pourtant l'emporter sur un point, la perpétuité des vœux, surtout du vœu de chasteté, prononcés dans les couvents, parce que la nature est contraire à cette perpétuité, mais il faut répondre qu'elle n'existe point dans toutes les religions et n'est pas essentielle, quoique la pratique du christianisme ait fait penser qu'elle l'était.

Ces sociétés plus étroites se recrutent dans la société religieuse ordinaire par une sorte de *sélection* ; ce sont les membres les plus savants, les plus pieux, et aussi ceux qui par orgueil tiennent à se séparer du troupeau des fidèles, et même du sacerdoce, qui se retirent ainsi loin des autres et plus près de la divinité. Ils ont des buts différents, tantôt ils se livrent à une vie contemplative, tantôt ils sortent de temps en temps de cette occupation pour entrer en contact avec l'humanité, mais sans se mêler à sa vie ordinaire, pour y semer la prédication ou lui donner l'instruction, ou lui prodiguer leurs soins en cas de maladie. Mais ils s'en séparent aussitôt après pour se rapprocher de nouveau de leur dieu et vivre dans le silence qui est une *conversation intérieure* avec lui.

Ces *spécialistes* du christianisme se distinguent très nettement des membres du sacerdoce, et même souvent une certaine désaffection règne entre eux. C'est qu'au point de vue du personnel, le monachisme est la *quintescence* du christianisme. Il possède en général des idées tout à la fois plus strictes et plus larges que celles du sacerdoce qui deviennent étroites en tous sens. D'une part, en effet, le moine cherche à revenir à la doctrine primitive, d'autre part, il est prêt davantage, pour le triomphe de la religion, à abandonner les idées surannées. Il exerce sur les populations une grande influence et se mêle à la politique intérieure et extérieure de la société civile, fondant lui-même des Etats sur la base communautaire qui règne chez lui. C'est ainsi que les Jésuites établirent autrefois un Etat socialistique au Paraguay. Cette constitution singulière fut un cas remarquable de syncrétisme en matière de politique et de religion. Il dérivait à la fois de la constitution socialiste du Pérou ancien, et de l'organisation de même sens des ordres religieux. En outre, le monachisme exerce directement une influence sur les chefs des États dont il reste indépendant, et sur les organes centraux d'une Église, il forme ainsi un élément de coordination religieuse. Enfin, c'est lui qui réalise l'internationalisme, lequel appartient à certaines religions, par le seul fait qu'il a pour le même ordre des ramifications dans différents pays.

Les sociétés religieuses plus étroites, comprises sous le nom générique de monachisme, renferment trois branches bien différentes : 1° le *moine proprement dit* ; 2° *l'ermite* ; 3° le *missionnaire*. L'ermite se distingue essentiellement du moine, en ce qu'il ne vit pas en commun avec les autres, mais reste isolé ; on peut donc s'étonner que nous le rangions dans les sociétés religieuses, même celles plus étroites. Ce classement est, en effet, impropre, quand il s'agit de la société religieuse externe, mais elle est exacte s'il s'agit de la société religieuse interne, c'est-à-dire de lien cosmique ; l'ermite, en effet, comme le moine, entre en société plus intime avec Dieu. Quant au missionnaire, c'est très souvent un moine, mais non toujours ; il s'isole aussi, lui, mais de sa patrie seulement, pour entrer en communication avec des peuples de religions différentes dans le but de les convertir.

La distinction entre ces trois ordres n'a pas été toujours très nette. Chronologiquement, c'est l'ermite qui a fait le premier son apparition ; dans les siècles du christianisme primitif, par exemple, le chrétien plus parfait se retire seul dans le désert, c'est là le prototype ; mais la nécessité ramène bientôt à une union sociale entre lui et les autres chrétiens isolés dans le même but ; de là la vie conventuelle, mais il faut le remarquer, cette vie en commun n'existe qu'autant que cela est indispensable et pour la satisfaction plus prompte des besoins matériels ; ce n'est nullement le besoin moral de vivre en société qui a rapproché ; ce qui le prouve, c'est la règle du silence ; il n'existe qu'une communication tout économique, chacun s'isole dans sa cellule autant qu'il le peut, c'est ce qui justifie le nom de *moine* (μόνος, *mouni*). S'il y avait une société véritable dans le couvent, il n'y aurait point de vœu de pauvreté, chacun prendrait part à l'administration hiérarchisée, disposerait de ses revenus, il n'y aurait pas vœu de chasteté indispensable, ni non plus d'obéissance absolue. Ces vœux sont nés mécaniquement de la nécessité de conserver l'isolement, autant que possible : pour cela, il faut que le moine n'ait pas de famille et qu'il ne s'occupe de rien. Le lien est donc étroit entre l'*érémitisme* originaire et le *monachisme* qui lui a succédé. Autrement, les deux auraient vécu parallèlement ; or, l'érémitisme pur et simple a presque partout disparu. Quant au missionnaire, en fait, il part presque toujours du couvent ; c'est là qu'il s'est préparé par la méditation afin d'accomplir son œuvre, c'est aussi au couvent qu'il rentre, cette œuvre terminée. Les grands fondateurs de religions ont commencé par l'érémitisme, Jésus dans le désert, Sakya Mouni ; la tentation, par l'esprit du mal, y est d'ailleurs l'épisode nécessaire, ainsi que les austérités et le jeûne.

A côté des couvents d'hommes se trouvent souvent les couvents de femmes, et ceux-ci ne sont nulle part soumis aux mêmes persécutions que ceux d'hommes ; c'est qu'ils n'exercent pas la même influence et que, d'autre part, ils servent de refuge utile à toutes celles qui n'ont pu se marier et par conséquent se classer. Du reste, la femme est généralement réputée inférieure ; elle est admise dans ces ordres, mais soigneusement exclue du sacerdoce proprement dit.

Parmi les buts du monachisme, il n'y en a que deux qui soient primitifs, à savoir : se livrer à la contemplation, puis, cette œuvre suffisamment accomplie, en communiquer le résultat aux autres hommes par la prédication, surtout par celle faite chez les infidèles, c'est-à-dire par les missions ; c'est une œuvre d'égoïsme religieux suivie d'une œuvre d'altruisme plus parfaite. Quelques-uns se contentent de la première. Il y a là la même distinction qu'entre le bouddha ordinaire et le bouddha parfait. Les autres buts, celui de se consacrer à l'éducation de la jeunesse, celui de soigner les malades, sont secondaires.

Le monachisme ne forme point un tout homogène ; il se compose de différents ordres religieux indépendants les uns des autres, ayant chacun un saint pour fondateur, et se spécialisant quant au but.

Tels sont les principes généraux. Décrivons maintenant *in concreto* cette institution chez quelques peuples, en commençant par les non civilisés.

Chez les Nègres d'Afrique, et dans toutes les religions inférieures, c'est la sorcellerie qui domine, on y voit cependant poindre le sacerdoce, mais on n'y trouve pas de vie cénobitique. Il en est de même chez les peuplades de l'Amérique. C'est seulement en Polynésie que nous rencontrons une institution analogue, celle des *Areoï*; chez les autres, on trouve bien des sociétés secrètes, mais qui n'ont aucun rapport avec les communautés religieuses. Au contraire, dans ce pays, il y avait une véritable confrérie répandue surtout dans les îles orientales et jouissant d'une grande influence. Les membres voulaient entrer dans l'ordre divin nettement distingué de l'ordre humain, ils devenaient *tabou*, rattachés à la famille divine. C'était le dieu *oro* qui passait pour en avoir été le fondateur, il avait établi ses propres frères sur la terre en qualité d'*areoi*, en montant lui-même aux cieux ; il existait sept grades dans cette société, se distinguant les uns des autres par des tatouages et des insignes ; chacun avait ses prérogatives, il y avait au-dessous les serviteurs ne faisant pas partie de l'ordre, mais s'y rattachant, semblables à nos frères convers. C'est la septième classe qui était chargée publiquement des jeux, des danses, des chants et des représentations dramatiques tirées des légendes des dieux et faisant aussi la critique des mœurs du temps et des hommes puissants. Il fallait, pour y être admis, un noviciat rigoureux et de nombreuses cérémonies, même une onction avec de l'huile de coco ; on devait donner des preuves d'inspiration divine, d'extase, de visions, d'improvisations poétiques, et d'un degré à l'autre, de nouvelles épreuves étaient imposées. Les Areoi de degré supérieur jouissaient des honneurs divins ; ils pouvaient prendre tout ce qui leur plaisait. Ce qu'ils touchaient devenait tabou par le fait même et faisait désormais partie du domaine divin. D'ailleurs, les hommes de toute classe pouvaient devenir *areoi*, ce qui tranchait sur le régime aristocratique de ces peuples ; c'est encore une ressemblance avec les ordres religieux, mais ce sont les membres aristocratiques qui obtenaient en fait les hauts grades. Nouvelle ressemblance, ils se peignaient le visage en rouge et le corps en noir, ce qui équivalait à un costume, et portaient des vêtements bariolés. Mais ils s'adonnaient à tous les vices et ne remplissaient scrupuleusement que les prescriptions de forme ; les enfants qui naissaient de leurs unions déréglées étaient mis à mort, parce que les deux frères d'Oro, fondateurs de l'ordre, n'avaient pas eu d'enfants ; d'ailleurs, le fils d'un areoi était tabou comme son père, et en l'envoyant au ciel on lui assignait de suite son vrai rang (1).

La religion mexicaine avait ses couvents, et leur ressemblance avec les couvents bouddhistes est si grande que M. de Humboldt en a conclu à une origine bouddhiste de la civilisation américaine. Le but est de se concilier des dieux redoutés, amis des Aztècs, mais non des hommes, qu'on n'apaise qu'avec des victimes humaines et qui se plaisent dans la contemplation de la souffrance ; c'est d'ailleurs une institution pédagogique, tendant surtout à l'instruction de la jeunesse. Ce monachisme est plus ou moins resserré. Tous les enfants de six à neuf ans, de famille libre, doivent recevoir l'instruction dans ces établissements ; on leur apprend l'art des hiéro-

(1) Réville, *Religion des peuples non civilisés*, pp. 40, 52.

glyphes, le calcul, la supputation du temps, les traditions nationales, les hymnes, le rituel; on y enseigne aussi le service militaire et la gymnastique. A l'âge de quinze ans, les enfants rentraient dans le monde, sauf ceux qui restaient au séminaire pour devenir prêtres officiants. D'autres ordres n'étaient pas enseignants, mais contemplatifs, ils pratiquaient l'ascétisme pour satisfaire les dieux qui aimaient la douleur humaine; on plaçait chacun sous la protection d'un dieu; l'un, par exemple, avait pour patron Quetzal-coatl, il comptait des couvents des deux sexes; l'autre était sous le patronage de Tezcatlipoca. Dans le premier, le jeûne était presque constant, et on ne pouvait manger de la chair animale. Chez les Totonacs, il y avait un ordre de vieillards et de veuves voués au service de Centeotl, déesse du maïs, auquel l'usage de la viande était interdit. On en trouvait aussi d'analogues à nos tiers ordres; des jeunes gens, continuant de vivre dans leurs familles se réunissaient tous les soirs au coucher du soleil pour danser et chanter en l'honneur d'un dieu. Il existait, en outre, des religieux mendiants. Enfin, les Mexicains possédaient leurs ermites; les prêtres allaient se perfectionner dans la solitude, et aussi des laïques. Les jeunes filles étaient élevées comme les garçons dans des couvents; on leur coupait les cheveux et elles faisaient vœu de chasteté, vœu qu'elles devaient observer sous peine de mort. Elles jeûnaient souvent, dormaient sans se déshabiller, apprenaient à coudre, à tisser, à broder les ornements des idoles et les vêtements sacerdotaux. Elles se levaient trois fois par nuit pour renouveler l'encens qui brûlait devant les dieux et confectionnaient les gâteaux sacrés. A quinze ans, elles sortaient du couvent pour se marier, ou y restaient, devenant des religieuses, parmi lesquelles on recrutait les directrices de ces couvents et les prêtresses, c'est-à-dire celles qui étaient chargées des services d'ordre inférieur dans la célébration du culte, encensement, entretien des feux sacrés; à côté se trouvaient les religieuses proprement dites, appelées *cuitlamacasquas* qui se soumettaient à une vie très austère. Toute cette organisation curieuse est attestée par les écrivains Torquemada, Acosta, Clavigero, Sahagun, Bancroft. L'analogie avec les ordres religieux catholiques est très étroite, on a pu remarquer ces ressemblances frappantes: couvents d'hommes et de femmes, ordres contemplatifs et enseignants, tiers-ordres, ordres mendiants, érémitisme, éducation cléricale de la jeunesse, ascétisme se réalisant par des jeûnes, dans le but de se rendre les dieux favorables (1).

Au Pérou, à côté du sacerdoce, institution régulière que nous retrouvons partout, se placent les couvents, non d'hommes, mais de femmes, les Vierges du Soleil, qui formaient un sacerdoce féminin ; il y avait des couvents de ces vierges à Cuzco et dans les principales villes de l'Empire des Incas; celui de Cuzco renfermait cinq cents jeunes filles, de familles aristocratiques, mais une grande beauté était un titre pour l'admission. Elles avaient une supérieure qui les choisissait très jeunes; des matrones les surveillaient. Elles vivaient cloîtrées, dans une retraite absolue. Seuls, l'Inca régnant et sa principale épouse, pouvaient entrer dans leur demeure, c'est là qu'il recrutait son sérail. Elles étaient astreintes à une chasteté rigoureuse, mais pouvaient épouser le Dieu ou l'Inca, son incarnation ; celui-ci pouvait même les donner à un *curaca*. Les vierges impudiques étaient enterrées vivantes. Elles ne devaient jamais laisser le feu s'éteindre. Le séducteur, lorsqu'il était connu, était étranglé. Les occupations de ces vierges consistaient en travaux féminins; elles pétrissaient et cuisaient les pains sacrés et préparaient la boisson rituelle (2). Au Yucatan existaient aussi les Vierges du Soleil.

En Chine, le taoïsme avait ses couvents. C'est l'exemple de Lao-Tseu qu'on suivit; il y eut d'abord des ermites, puis ces ermites se réunissaient ; les taoïstes parfaits suivaient une vie

---

(1) Réville, *Religion mexicaine*, 163, 167.
(2) Réville, *De la religion du Pérou*, p. 233, 366.

régulière, disciplinée. Il y avait aussi des couvents bouddhiques, ou plutôt des couvents qui constituaient le Sangha. Dès l'âge de huit ans, un enfant peut être admis comme novice, et doit prononcer dix vœux, parmi lesquels ceux de ne tuer aucun être vivant, et celui de pauvreté. A vingt ans, il reçoit les ordres complets, renouvelle ses vœux, est tonsuré et revêt l'habit de l'ordre ; il peut choisir son couvent, car dans chacun la vie est différente, suivant les diverses écoles bouddhistes ; par exemple, il existe une école bouddhiste entièrement contemplative, répandue dans la Chine méridionale, et dont le fondateur est Bodhi-dharma, ennemi des livres et de tout travail, et ne voulant que la méditation mystique ; une autre école, qui s'attache à l'étude de la science, celle de Tien-Taé ; une autre, celle des Liou-men, qui recommande l'étude des livres bouddhiques, et ordonne de nombreuses prescriptions et cérémonies qui absorbent la vie d'une manière pratique. Les moines répandent de nombreux traités bouddhiques, qui contiennent souvent des légendes ou moralités et des formules de magie. Le Grand-Lama du Thibet n'exerce pas sur eux de juridiction ; les bonzes chinois sont distincts des Lamas thibétains et mongols. Les moines chinois vivent d'aumônes, en Bikchous (mendiants). Ils ne possèdent que trois pièces de vêtements, une ceinture, un rasoir, une écuelle pour mendier, un pot à eau et une aiguille. Ils doivent frapper à toutes les portes, excepté à celle des veuves, des femmes non mariées, des rois, des hauts fonctionnaires et des maisons de débauche. On s'adresse à eux pour les exorcismes, les cérémonies funèbres, la célébration de certaines fêtes publiques. On leur fait quelquefois des dons considérables, et les monastères sont très riches. Leurs communautés cultivent avec soin leurs terres. Ils ont pour vêtement une robe de bure grisâtre, ils marchent nu-tête, une écuelle à la main et leur chapelet passé autour du cou ; quand ils officient, ils ont une soutane jaune à larges manches. Il y a aussi des couvents de nonnes bouddhistes, qui portent le même costume et parcourent les rues, l'écuelle à la main. Le supérieur exerce une autorité absolue. Le ministre des rites, à Pékin, tient les couvents sous sa surveillance, mais ne s'immisce pas dans leur administration. Chaque moine possède une cellule où il se retire pour méditer ; le supérieur a seul un appartement tout entier fort luxueux. On y exerce l'hospitalité, on y trouve le logement et la nourriture à bon marché ; des personnes riches viennent s'y reposer et y faire une sorte de retraite dans un but de villégiature ; les couvents sont établis, en effet, dans des sites pittoresques et sur des points élevés, comme chez nous les Chartreuses, mais ils attirent aussi beaucoup de mendiants vivant aux dépens des touristes riches. Ils sont munis d'une imprimerie. Les moines bouddhistes sont médiocrement estimés, mais on recourt souvent à eux. Ce qui est très curieux, c'est qu'on y met des animaux en pension, on les leur confie pour qu'ils soient à l'abri des mauvais traitements ; il y a des étables pour les quadrupèdes, surtout pour les porcs, et des viviers pour les poissons ; les jours de fête, beaucoup de dévots viennent les visiter pour leur jeter des aliments ; au-dessus de l'enclos on lit cette devise : *épargnez la vie*. Nous avons emprunté toute cette description intéressante au livre de M. Réville, sur les *Religions de la Chine*, où ces couvents sont étudiés avec soin (1).

Le Brahmanisme ne connaît pas les ordres religieux proprement dits ; le sacerdoce, au contraire, y est fortement constitué. Mais il y a dans l'Inde des ascètes ; lorsque le brahmane ou le Kshatrya a rempli son devoir ordinaire, qui est d'avoir un fils et d'élever sa famille, dès que ce fils est marié, il donne à ses enfants une partie de ces biens, distribue l'autre aux pauvres, et se retire au fond des bois ou sur le sommet d'une montagne pour se livrer à la méditation et aux austérités religieuses et parvenir enfin au paradis suprême, le Moksha. Cet ascète porte les dénominations de Sanyasi, Yogi ou Mouni. Les austérités consistent à jeûner, observer la

(1) Réville, *Les religions de la Chine*, p. 419, 542.

chasteté, s'exposer sans vêtement aux intempéries, garder pendant des années entières une posture gênante et méditer sur la divinité, l'origine du monde ; l'ascète peut devenir l'égal des dieux et les rendre jaloux ; mais ceux-ci leur suscitent des tentations pour lui faire perdre le fruit de ses austérités. Le Kshatrya s'assure ainsi, pour une nouvelle vie, le rang de brahmane. L'ascète parfait peut suspendre les lois de la nature, créer des mondes nouveaux avec leurs habitants, détruire une partie de l'univers, détrôner les dieux ; rien ne peut résister à sa malédiction, même pas le roi des dieux, et Bouddha a été sur le point de détrôner Indra.

Le Monachisme Bouddhique se fonde, du vivant même du Bouddha, à partir de l'initiation des cinq ascètes d'Ourouvilva, sans qu'il y eût d'abord de règle conventuelle ; tous les initiés vivent ensemble sur le pied de l'égalité. suivant le maître dans ses voyages ; ils ont un uniforme, consistant en une robe de coton teinte en jaune ou en rouge brun, costume des mendiants ; ils doivent vivre de mendicité, s'en vont en troupe de ville en ville pendant la belle saison et en hiver logent chez les habitants pieux, et catéchisent leurs hôtes. Plus tard, le Bouddha, grâce à la libéralité d'Amthapindada, fit construire dans le parc de Jetevana, le premier couvent, nommé Vihara ; ces monastères n'étaient d'abord que des lieux d'abri pendant la mauvaise saison, se composant d'une salle commune pour les repas et de cellules pour les moines, avec une chapelle et une bibliothèque. Bouddha avait institué entre eux un enseignement mutuel et établi parmi les initiés quatre classes, les crotapatti, les sakridagamin, les anagamin et les arhats ; ceux-ci s'approchaient du nirvâna. L'Église bouddhique porte le nom de Sangha, l'assemblée. Cette organisation monacale devint formidable. Mais bientôt, comme dans notre Occident, les monastères donnèrent lieu à beaucoup d'abus, leur richesse devint immense, et ce furent leurs excès qui causèrent la création du néo-brahmanisme ou indouisme (1).

(1) De Milloué, *Les Religions de l'Inde*, p. 176.

Le Bouddhisme chinois a fortement développé le monachisme. Dès l'âge de huit ans, un enfant peut être admis comme novice, et à vingt il reçoit les ordres, on le tonsure et on le costume ; il y a des ordres contemplatifs et d'autres savants, d'autres s'occupent de l'étude des livres sacrés. Ils portent le nom de bonzes et ont leur chef spirituel au Thibet, le Grand Lama. Ils vivent d'aumônes et ne possèdent qu'une ceinture, une écuelle, un rasoir, un pot à eau et une aiguille. Il y a aussi des couvents de nonnes bouddhistes. Les supérieurs ont un pouvoir absolu.

Ce qui domine dans l'indouisme, ce ne sont plus les couvents, mais les ermites, les ascètes ; ils se divisent en trois catégories : les Mounis, les Yogis et les Sannyasis. Le Mouni fait vœu de pauvreté et de mendicité, il vit d'aumônes ou de l'élevage de quelques animaux domestiques ; il est sans cesse en butte aux attaques du démon, surtout des Râkshas. Il est entouré de disciples ; le Bouddha était lui-même un Mouni et il y en avait déjà à l'époque védique. Le Yogi est un religieux qui se livre à la pratique du Yoga, système mi-philosophique, mi-religieux, basé sur l'extase, il entre en communication avec la divinité ; il s'astreint à des jeûnes, abstinences, veilles et macérations de toutes sortes. Il s'occupe des sciences occultes, et possède une puissance surnaturelle qui lui fait connaître le présent, le passé et l'avenir, et lui permet de suspendre les lois de la nature. Le Sannyasi est le plus parfait des ascètes. Il est prêt à se fondre dans la divinité, ne peut plus pécher et n'est plus soumis à aucune loi divine ou humaine, c'est presque un dieu. Il fait aussi des miracles, se livre à l'hypnotisme, à la catalepsie volontaire.

Mais c'est surtout le Thibet qui est par excellence le pays du monachisme. C'est la religion du Lamaïsme dérivée du bouddhisme qui y règne. En 1417, le lama Tsonkhapo, supérieur du monastère de Galdan à Lhassa, voulut délivrer la religion des superstitions et des abus ; il fut considéré comme l'incarnation de Cenresi, le Bodhisattva, protecteur du Thibet et à sa mort ce caractère se reporta sur ses successeurs, qui prirent le titre de Dalai-lamas, Cenrési se réincarnait dans chaque Dalai-Lama. Le pouvoir du Grand-Lama fut absolu sur tout le clergé et bientôt, avec les Mongols, il parvint à déposer le roi et à réunir entre ses mains le pouvoir spirituel et le pouvoir temporel. Tout appartient au clergé qui loue les terres ou les fait cultiver lui-même. Le Dalai-Lama est infaillible. Au-dessous de lui sont les Khampos, sorte de cardinaux qui forment sa cour et dirigent les grands monastères. Les autres couvents élisent leurs supérieurs. Il y a d'autres moines qui vivent en ermites dans les montagnes ou dans les villages comme prêtres libres, mais ils doivent être immatriculés à un monastère où ils se présentent pour rendre compte de leur conduite. Ils doivent garder le célibat. Le Thibet est un pays absolument monacal ; même, en dehors, on compte, à Pékin, dix-huit monastères lamaïques, renfermant 12.000 moines. Cette organisation est des plus curieuses ; on peut y relever une analogie remarquable avec la papauté (1).

À Rome, il faut, dans le même ordre d'idées, citer les Vestales, et dans la religion druidique, les collèges des druidesses ; le monachisme ou ses traces pouvaient être observés dans beaucoup d'autres pays.

Que dire du monachisme chrétien ou plutôt catholique, car il n'existe ni chez les protestants ni chez d'autres sectes ? Il est bien connu et le nombre des couvents d'hommes ou de femmes est innombrable. Il se divise en deux groupes distincts : le *monachisme* et l'*érémitisme*. C'est le second qui précède chronologiquement. L'homme, dégoûté du monde, s'est retiré dans le désert, les bois ou sur les montagnes, il voulait rester seul en présence de la divinité, peut-être expier ses fautes et enfin se mettre en communication directe avec elle. Il lui fallait s'abstraire pour cela de toutes sociétés humaines. D'ailleurs, il y avait des révoltés, même contre les

(1) De Milloué, *Les religions de l'Inde*, p. 200.

habitudes de la religion qui était pourtant la leur. Mais bientôt ces ermites se rencontrèrent, puis se réunirent dans un lieu commun, pour prendre le repos et le repas, ce qui les délivrait encore des soucis matériels, mais ils restaient indépendants pour leurs prières et leurs études. Cependant cette vie commune devint plus étroite, ils adoptèrent une règle ; d'ailleurs ils faisaient des vœux et s'astreignaient aux trois qui sont classiques. Les couvents se livrèrent, les uns à l'enseignement, les autres à l'éducation, les autres au soin des malades. Ceux de femmes s'établirent à leur tour, par imitation des couvents d'hommes. Tout le monachisme apparut, il devint parallèle au sacerdoce, aussi puissant, plus puissant que lui. De là partirent la haute direction, les essais réformistes. On ne peut oublier que Luther était un moine et qu'il sépara l'Église en deux. Il serait intéressant, si l'espace ne nous manquait, d'étudier avec quelques détails le monachisme catholique.

Ce fut une société religieuse dans la société religieuse plus vaste ; elle fut plus étroite, et en fait mieux ressortir le caractère social.

A côté des moines se placent les ermites et les missionnaires.

L'érémitisme ne se rencontre pas, sous ce nom au moins, dans autant de religions que le monachisme ; c'est qu'il survit, en réalité, dans ce dernier, et que, comme nous l'avons observé, le couvent est plutôt, en réalité, une réunion d'ermites demeurant tels, et ne mettant en commun de leur esprit que ce qu'il est indispensable d'y mettre pour vivre ; à ce point de vue, le caractère social du monachisme disparaît, et vis-à-vis de la société humaine, il est en quelque sorte *antisocial*, ce qui justifie jusqu'à un certain point l'éloignement que certains éprouvent pour lui. Le critère certain de l'exactitude de cette appréciation, c'est l'obligation au silence, car le silence est anti-social aussi, c'est l'isolement moral dans la réunion matérielle. Cependant l'érémitisme absolu apparaît quel-

20

quefois. Dans les premiers temps du christianisme, beaucoup de chrétiens vivaient seuls dans le désert, et une touchante légende nous raconte que lorsqu'un des saints isolés ainsi venait à mourir, un autre ermite averti par dieu apparaissait pour l'inhumer, ou qu'à défaut ce soin était confié au lion du désert qui grattait de ses ongles le sol qui devait le recouvrir ; tout le monde a présent à la mémoire Siméon Stylite sur sa colonne. La vie des ermites se passait dans des exercices d'ascétisme et de mysticisme. Il en était de même chez les Indous de ceux qui voulaient devenir Bouddhas ou par leurs austérités parvenir au Nirvana ; par leur nombre, par leurs austérités excessives, leur caractère religieux, ils sont aussi connus que les ermites chrétiens ; cependant le bouddhisme surtout fut monacal. Le brahmanisme, au contraire, ne connaît que les ascètes ; surtout dans sa période de l'insdouisme, ils sont très nombreux. Nous les avons décrits plus haut avec leur répartition entre les Mounis, les Yogis et les Sanyasis. Les Mounis font vœu de pauvreté et de mendicité. Leur isolement n'est pas complet, en ce sens qu'ils vont et viennent, évangélisent les habitants et sont accompagnés de nombreux disciples. En Chine, dans la religion taoïste, l'évolution fut la même que dans le christianisme : on commença par les ermites qui se réunirent dans des couvents et devinrent des moines, puis du monachisme naquit le sacerdoce, il y a là une genèse très ancienne, d'autant plus que le fondateur Laô-tsé, très individualiste, ne voulait aucune de ces institutions. Il en était d'ailleurs de même de Sakya-Mouni, qui était contraire à toute fondation monacale que sa religion développe cependant à l'extrême. C'était l'érémitisme qui était seul conforme à leurs vues. Au contraire, au Mexique et au Pérou, il y a des couvents, mais peu d'ermites. Dans un cas particulier, le moine se rapproche de l'ermite, c'est lorsqu'il s'agit d'un ordre cloîtré, c'est-à-dire sans communication avec le monde extérieur.

Entre le monachisme et l'érémitisme, il y a la même

différence que dans la doctrine de la société politique entre le *collectivisme* et l'*anarchisme* ; la ressemblance est frappante. Comme le collectiviste, le moine renonce à la propriété individuelle et ne reconnaît que celle collective de sa petite société, il n'a pas même la jouissance de ses revenus ; on les répartit à chacun suivant ses besoins ; il obéit comme lui aux ordres donnés par le pouvoir directeur, effaçant sa personnalité, perdant jusqu'à son nom, n'étant qu'une pure unité dans l'ensemble ; la famille abolie par le collectiviste au profit de l'Etat l'est aussi pour le moine ; il est impossible de pousser plus loin la similitude ; même division de travail, même anonymat. Au contraire, l'ermite est un anarchiste ; il exalte son individualité, repousse tout joug social, et c'est en effet par dégoût de la société civile que les premiers ermites chrétiens se réfugièrent dans le désert, ils ne pensent d'abord qu'à leur propre salut, et lorsqu'ils rentrent un moment dans le monde, c'est pour en critiquer violemment les abus. Cependant, entre les moines et les ermites si différents par leurs principes, le rapport historique est très étroit et l'un est issu de l'autre. Il en est de même du collectivisme et de l'anarchisme, ces deux doctrines extrêmes dont les principes sont aux antipodes l'un de l'autre ; historiquement, ils se sont engendrés. Les premiers socialistes furent des isolés, qui voulaient demeurer tels ; c'est au nom de l'individualisme qu'ils réclamèrent, leur personnalité se détachant vivement ; puis, lorsqu'ils obtiennent un certain triomphe, ils se groupent déjà, tendent à former une société nouvelle. L'isolement extrême conduit ainsi à la société la plus étroite. C'est un fait singulier, mais incontestable.

Le missionnaire vient compléter l'ermite et le moine. On le rencontre ailleurs que dans le christianisme ; cependant, il n'est pas très fréquent quand il s'agit d'aller à l'étranger porter la bonne parole. On ne trouve guère à côté du catholique et du protestant que le missionnaire bouddhiste. Celui-ci, moins connu, doit être signalé ; ce sont les missionnaires bouddhistes qui ont convertit la Chine, l'Indo-Chine, le Thibet, le Japon. La conquête de la première est d'une extrême importance. Les caravanes comptaient toujours quelques missionnaires, et il est à remarquer que, comme dans les missions protestantes, c'est l'expansion du commerce qui a servi de véhicule à la propagation de la religion ; ce furent aussi les campagnes de la Chine dans les pays bouddhiques qui firent connaître ce culte, le moyen de propagation militaire vint se joindre au premier. Les catholiques, par leurs missionnaires, partis la plupart des couvents, ont essayé d'évangéliser le monde entier ; cette propagande est très remarquable dans l'Inde et dans la Chine. Dans cette dernière, les premières missions remontent au viie et au viiie siècles, elles étaient dues au Nestorianisme. Ce sont les Jésuites qui furent sur le point de réussir dans la conversion de ce pays. François-Xavier avait déjà remporté de grands succès dans l'Inde et au Japon, mais il mourut en 1552 avant d'avoir pu entreprendre la conquête spirituelle de cet empire. Son œuvre fut reprise par des augustins et des franciscains sans succès, mais ensuite par des Jésuites, surtout par le Père Ricci qui, par adresse, se contentait d'enseigner le monothéisme sans entrer dans d'autres croyances, mais à la suite de malentendus, les chrétiens qui avaient fait baptiser plusieurs princes de la famille impériale, furent persécutés et expulsés. Depuis, des essais de propagande nouvelle ont amené des persécutions et des martyres sans produire un grand profit.

Le martyre est, en effet, le résultat presque inévitable des missions. Beaucoup de nations qui ont solidarisé leur nationalité et leurs dieux considèrent comme une offense toute introduction d'un dieu nouveau et celle-ci ne réussit qu'à condition d'assimiler en quelque manière ce dieu au dieu ancien. C'est ce que les Jésuites essayèrent de faire en Chine et ce qui fut cause de leur premier succès, mais le Pape les désavoua, n'admettant pas cette sorte de syncrétisme, et c'est ce qui fit alors que la Chine fut perdue pour la religion chrétienne. Le missionnaire poursuivi pourrait se défendre les armes à la main, mais loin de son pays, il serait certain de succomber, et cependant, comme tout militant, il ne doit pas prendre la fuite ; il ne peut pas non plus renier, ce serait un acte de lâcheté. Ainsi, tout s'enchaîne dans les processus sociaux. La même personne qui persécuterait et ferait subir le martyre, si elle avait la force, le subit sans murmure, si elle ne l'a pas ; ainsi le soldat sur le champ de bataille tue et meurt successivement avec le même sang-froid.

Mais la mission ne s'exerce pas seulement à l'étranger, elle peut se faire aussi à l'intérieur, car tel est le côté altruiste du monachisme. Il faut d'ailleurs, pour porter la parole, des hommes à ce exercés, plus que le sacerdoce ne saurait l'être, et continuant, en quelque sorte, la mission des prophètes.

Les moines, les ermites, les missionnaires représentent, vis-à-vis de la société religieuse externe et dans leur ensemble, les droits de l'individualisme ; ils conservent, vis-à-vis du clergé et de son chef, une indépendance relative, suivant en cela la tradition du prophétisme ancien. Ils sont à l'armée religieuse ce que les corps francs peuvent être à une armée régulière, et par conséquent, remplissent une fonction utile, n'étant pas en opposition avec les religions, mais y demeurant excentriques. Aussi c'est de leur sein que sont partis les réformateurs. On n'en peut fournir un exemple plus frappant que celui de Luther. C'est du monachisme qu'est sorti le fondateur d'une religion qui exclut le monachisme et qui a ébranlé dans ses fondements l'Eglise ancienne. Avant lui, un de ses précurseurs, Savonarole, qui avait critiqué si vigoureusement les abus de la Cour de Rome, était un moine aussi. C'est que chacune de ces rénovations est sortie d'une protestation de l'individualisme contre un collectivisme religieux devenu écrasant. Comme toute autre société, dans cette religion, l'individualisme et le socialisme sont les *deux pôles opposés* entre lesquels on oscille incessamment. Lorsque le socialisme resserre par trop le lien social, il faut que celui-ci se relâche, et les individualités comprimées tendent de nouveau leur ressort ; dans les Eglises, le double mouvement a lieu aussi, et les sociétés religieuses plus étroites, mais qui ne se sont pas fondues dans l'ensemble, jouent un rôle dans ce mécanisme sociologique. Nous avons essayé de le décrire.

Ainsi, contrairement à l'apparence, le monachisme se réduit en dernière analyse en érémitisme, et par conséquent en individualisme, mais cet individualisme outré aboutit à un collectivisme absolu. On peut donc classer comme il suit les divers degrés des sociétés chrétiennes : 1° au centre, l'Eglise composée du sacerdoce et des fidèles qui tient le milieu entre l'individualisme et le sociétarisme, comme dans nos sociétés politiques, la constitution sociétaire actuelle ; 2° à l'un des pôles que l'on pourrait appeler le pôle positif, le clergé régulier d'hommes ou de femmes, correspondant au collectivisme ; 3° à l'autre pôle que l'on pourrait appeler le pôle négatif, l'érémitisme, correspondant à l'anarchisme au sens étymologique du mot, ou à l'individualisme.

CHAPITRE X

DES RAPPORTS ENTRE LES SOCIÉTÉS RELIGIEUSES

La société religieuse externe, lorsqu'elle est constituée et pourvue de ses organes, se trouve immédiatement en rapport avec d'autres sociétés religieuses externes et avec les diverses sociétés civiles et est appelée à exercer ses fonctions de relation. Les premiers de ces rapports font l'objet du présent chapitre, les seconds seront décrits au chapitre suivant.

Les diverses sociétés religeuses externes se contredisent naturellement, ce n'est que par exception que dans une confession on estime qu'on peut également prendre la voie du salut par une autre ; généralement, une religion est exclusive ; autrement, la conviction profonde de la foi, la dévotion dans le culte ne se comprendraient guère ; ce serait le règne de la philosophie, ce ne peut être l'idéal d'une religion. Elle désire, au contraire, faire prévaloir ses principes chez ceux qui pensent autrement, les attirer par la persuasion ou la violence. Cependant, il existe des religions libérales qui peuvent vivre côte à côte avec une autre, sans chercher à la troubler. Il y en a même d'amies entre elles, comme le seraient des nations alliées dans la sphère politique. Même il advient parfois que ces religions fusionnent, quoique ce soit extrêmement rare ; plus souvent elles s'influencent soit par imitation voulue, soit par induction inconsciente, et retiennent quelques-unes des idées les unes des autres. Enfin, les membres qui en font partie peuvent appartenir à différents peuples, ou à l'inverse un membre d'une famille être l'adepte d'une religion, et un autre membre de la même d'une autre ; de là des conflits personnels qui sont au droit religieux ce que les rapports entre nations sont au droit international privé. Il y a là des relations nombreuses amenant des conflits, des guerres, des cruautés, comme entre les diverses sociétés ethniques ; souvent même la lutte se double de celle entre le pouvoir religieux et le pouvoir civil, de manière à causer les querelles les plus sanglantes et les haines les plus cruelles qui aient jamais entraîné le genre humain. Il nous faudra, dans un si vaste sujet, nous condenser en quelques lignes et nous borner à l'essentiel.

Nous examinerons successivement :

1° La propagande exercée par une religion sur les fidèles de l'autre, les missions, les conversions, les apostasies ;

2° Les persécutions religieuses, en distinguant celles dirigées contre les religions étrangères et celles contre les dissidents ;

3° L'appel au pouvoir civil comme allié dans les luttes entre les religions ;

4° Les guerres de religion ;

5° Les traités entre les religions et les juridictions entre elles au moyen des conciles ;

6° L'exclusion des autres religions et leur réprobation par l'attribution d'un caractère démoniaque ;

7° La superposition, la juxtaposition des diverses religions ; l'exercice simultané de plusieurs religions par les fidèles ;

8° L'équivalence des dieux des diverses religions ;

9° La fusion totale ou partielle de plusieurs religions en une seule, l'hybridité religieuse ou syncrétisme ;

10° L'action et la réaction réciproque de plusieurs religions ;

11° Les rapports entre les personnes de religions différentes au point de vue religieux.

Il est presque impossible qu'une religion ne cherche pas à étendre son domaine en acquérant des adhérents nouveaux, et elle ne peut prendre ceux-ci qu'en les recrutant dans le personnel d'une religion autre; son succès sera d'autant plus grand qu'elle agira sur celui d'une religion très inférieure, car s'il n'existe pas cette infériorité marquée, le résultat sera presque nul. Les catholiques cherchent moins à convertir les protestants et les protestants les catholiques. L'exemple du prosélytisme des catholiques aux Etats-Unis semble contraire, mais il ne faut pas oublier les origines diverses de la population nouvelle de ces Etats, ce qui est le principal facteur des progrès du catholicisme ayant pour amorce les populations catholiques immigrées ; au contraire, tous les deux envoient des missionnaires chez les peuples non civilisés, par exemple, chez ceux adonnés au culte fétichiste et réussissent dans une certaine mesure. Leur succès est beaucoup plus difficile lorsqu'elles s'adressent à des peuples civilisés, quoique de civilisation très différente, par exemple, la Chine ; aussi l'office religieux de propagande a-t-il presque échoué de ce côté. Le Judaïsme, le Mahométisme, le Christianisme dans ces deux branches, celle catholique et celle protestante, ont essayé d'entamer les religions chinoises. Sur une population de plus de trois cent millions d'habitants, les missions protestantes ne comptent guère plus de vingt à trente mille convertis, celles catholiques que deux millions. Cependant, le catholicisme a eu autrefois plus de succès, mais il a décru. Les Musulmans et les Juifs sont en nombre insignifiant. François-Xavier réussit autrefois davantage dans l'Inde et le Japon, mais son œuvre a été presque complètement détruite. Il serait très intéressant d'observer l'histoire des missions ; on y trouverait plus d'un enseignement précieux en matière de sociologie religieuse. Au contraire, les missions chrétiennes ont entièrement réussi dans l'Occident lors de l'invasion des Barbares ; les prêtres romains furent bien reçus et substituèrent facilement le Christ aux idoles, sans qu'il y ait eu à subir des persécutions. De même, les bouddhistes partis de l'Inde ont converti la Chine, le Thibet, l'Indo-Chine, le Japon, en expulsant ou en refoulant des religions tout à fait différentes. C'est que dans les seconds cas et parmi la lutte entre diverses civilisations, il y avait une certaine affinité entre les mœurs des deux peuples, le convertissant et le converti, tandis que dans les premiers cette affinité n'existe pas. Le Chinois préférait ce qui lui vient de l'Indien à ce qui lui vient de l'Européen. Cette antipathie n'a pas lieu de la part de non civilisés. Le nègre, par exemple, recevra plus docilement l'enseignement chrétien ; cela tient aussi à la supériorité très grande d'une religion sur l'autre. Cette supériorité est si bien en jeu que jamais un fétichiste ne s'avisera de vouloir convertir un monothéiste. Il y a des déchéances et des *mésalliances* en matière religieuse, comme en toute autre.

Les missionnaires qui se chargent de convertir les infidèles sont détachés du sacerdoce ; ils en forment l'avant-garde, et ils se rapprochent de l'état de foi et des mœurs primitif, ils appartiennent presque tous à la sélection monastique. Ils renouvellent les martyrs glorieux de l'origine. En effet, quelques hommes envoyés dans un pays lointain, chez des peuples nombreux, ne peuvent implanter leur religion par la force ; la révolte, en cas d'injustice à leur égard, leur est impossible ; ils ne peuvent que souffrir et mourir, de là le martyre des missionnaires et leur héroïsme qu'on ne peut qu'admirer. Cependant, il est digne de remarque que dans les pays où ils sont accompagnés d'une force armée, comme lors de la découverte de l'Amérique, le *processus* change entièrement, ce sont les indigènes qui deviennent les martyrs, et les missionnaires, s'ils ne sont pas persécuteurs eux-mêmes, agissent avec le concours de ceux-ci et se rendent solidaires des atrocités commises ; ils cherchent bien, sans doute, à les diminuer, ainsi que le fit Las-Cases à l'époque précitée, mais leur propagande en profite. Voilà des faits étonnants et qui appellent une interprétation sociologique. Toutes les religions de propagande ont été tour à tour persécutrices et persécutées à des époques différentes, et ce qui est plus curieux encore, elles ont joué ces deux rôles à la même époque chez des peuples différents et suivant les circonstances. L'explication est simple; c'est le résultat mécanique d'une forte conviction ; le bien doit être imposé, et il vaut mieux faire souffrir en ce monde que de laisser souffrir beaucoup dans l'autre ; que si l'on n'a pas la force nécessaire pour obtenir ce résultat, il faut se borner à la persuasion, seule arme laissée, et subir alors les violences de la part des religions hostiles, car la rébellion ne servirait pas la cause de la vérité. Le dilemme est en règle. D'ailleurs le sang, soit que nous le répandions, soit que le nôtre soit répandu fut toujours une rosée féconde, il fait germer merveilleusement les idées dans la terre choisie.

Il faut noter qu'une religion se plaît à évangéliser les adeptes d'une autre, quand cette autre est différente par son origine, mais non quand elle n'est que dissidente. Ceux-ci sont des rebelles qu'il y a plutôt lieu de corriger que de convertir. C'est le cas d'exercer la persécution et non la propagande. Ce n'est que lorsque l'hérésie dure depuis très longtemps qu'elle a acquis, pour ainsi dire, le droit de nationalité distincte, et qu'on peut la traiter comme une religion différente; mais au moment de la sécession, elle n'a pas celui de belligérante, et il faut la combattre simplement par l'exécution.

Ce ne sont pas toutes les religions qui sont entraînées par ce prosélytisme externe allant jusqu'au martyre, beaucoup d'entre elles répriment bien les hérésies et les schismes, qui tendent à les démembrer c'est ce que firent les autres religions contre les tentatives faites sur la foi de leurs propres fidèles, mais elles n'essaient pas de convertir. Il faut distinguer sous ce rapport les religions en deux groupes : les *nationalistes* et les *internationalistes*. Les premières identifient une religion avec un peuple, repoussent les autres dieux parce qu'ils sont étrangers, et ne cherchent pas à imposer les leurs ; ils admettent très bien que les autres nations en fassent autant. Un des types les plus nets de ce système est dans la religion juive. Jahvé est jaloux, mais il n'est pas entreprenant ; il ne veut pas que son peuple adore un autre dieu, mais il préfère ne pas être adoré lui-même par une autre nation ; il solidarise sa fortune avec celle du peuple juif, et ne demande rien au-delà. Plus tard sans doute il y a des Juifs prosélytes, mais c'est qu'alors Jahvé a pâli devant le retour d'Elohim, le dieu des pasteurs, cosmopolite comme eux. D'autres religions ne sont pas moins renfermées dans le cercle d'une nation. Ni les Egyptiens, ni les Grecs, ni les Romains, ni les Brahmanes n'ont essayé d'imposer leurs dieux au dehors ; bien plus, les Romains les ont tous adorés dans leur Panthéon, en conservant pour eux les leurs. On peut penser que la plupart des religions sont nationalistes ; il y a alors coïncidence de la société religieuse et de la société civile, ce qui donne à chacune une plus grande force ; être irréligieux ou religieux d'une religion différente, c'est alors faire acte d'anti-patriotisme, dans ces pays, il y a une religion d'Etat, dans le sens primitif de ce mot et non dans le sens hystérogène, qui signifie une préférence donnée à l'une des religions sur les autres. Au contraire, certaines religions sont internationalistes ; ce sont, en général, celles qui se basent davantage sur la morale que sur la doctrine, elles sont par là même politiques et plus exactement sociales, ce qui leur donne plus d'expansion. Les deux principales sont le Bouddhisme et le Christianisme ; il faut pourtant y ajouter le Mahométisme, quoiqu'il emploie des moyens un peu différents. C'est le bouddhisme qui a propagé l'idée moniste dans tout l'Orient, de même que c'est le christianisme qui a propagé l'idée monothéiste dans tout l'Occident. C'est que les deux n'ont point borné le salut aux gens de leur race, mais ont entendu l'apporter à tout le genre humain, ils sont internationalistes au plus haut degré, ils en prennent le titre, mais le mot catholique est équivalent, et en ce sens le protestantisme est catholique lui-même, car son prosélytisme n'a pas de borne dans l'espace. Ils ont proclamé la fraternité de tous les hommes, de même que dans chaque nation l'abolition de toutes les castes ; ce sont les ennemis de l'esclavage et c'est là un de leurs meilleurs titres. Ils possèdent une langue internationale. Les bouddhistes du Japon, de la Chine, de l'Indo-Chine et ceux qui restent dans l'Indoustan ne peuvent se haïr ; ils forment comme une race intellectuelle au milieu des races ethniques, et par conséquent sont un élément de paix. Il en est ainsi de tous les coreligionnaires de pays différents. Les protestants de France, d'Angleterre, d'Allemagne ont les uns pour les autres une secrète sympathie qui l'emporte sur les antipathies nationales. De même, les Juifs, depuis qu'ils ne forment plus une nation, mais une religion et une race, se correspondent ; qu'ils soient Juifs allemands ou Juifs russes. Le coin est dès lors enfoncé dans le nationalisme étroit, et l'humanitarisme apparaît au jour. C'est lui qui plus tard détruira la guerre, il parut de bonne heure dans certaines religions. Quant au Mahométisme, il est animé du même esprit de propagande, mais au lieu d'agir en principe par la persuasion, il agit en principe, non par la persécution proprement dite, mais par la conquête. C'est la force des armes qui entraîne la conviction. Ce moyen lui a réussi et l'Islam a étendu avec son empire sa religion depuis l'Indoustan jusqu'à l'Espagne ; il a converti des peuples, les Turcs, qui sont devenus ensuite ses plus fervents adeptes ; il a étendu son influence jusque sur l'Afrique et l'Océanie, faisant de ses marchands les auxiliaires de ses armées ; de même grâce à la polygamie, il a été facilement reçu par les peuples de civilisation inférieure auxquels il plaisait par quelques-uns de ses dogmes matériels. Le christianisme, le bouddhisme, l'Islamisme sont les trois religions d'internationalisme et de propagande.

Si les religions cherchent à étendre leur domaine, elles ne

souffrent pas qu'on entame le leur, même par la persuasion, et sur ce point elles se ressemblent toutes et sont prêtes à se défendre, même par la force. Elles couvrent d'infamie ceux de leurs adeptes qui les ont abandonnées, et le titre d'apostat, de renégat, est à leurs yeux le plus infamant de ceux qu'on peut mériter. De même pour les différentes nations la dénationalisation est toujours vue défavorablement, surtout entre celles rivales, il semble qu'il y ait là un acte de demi-trahison. Cependant elles-mêmes répudient quelquefois un de leurs membres par l'excommunication, ainsi que nous l'avons vu au chapitre précédent et le voilà condamné à être sans religion, mais même alors, s'il se rattache à une autre, il n'en est pas moins soupçonné de trahison.

La conversion ne peut pas être toujours acquise par la *persuasion*, nous avons vu qu'elle est quelquefois le résultat de la *conquête*, mais souvent le moyen employé est plus violent encore, c'est la *persécution* religieuse. Cette persécution peut être *défensive* ou *offensive*, elle peut s'exercer contre une *religion différente* ou contre les *sécessionnistes* par *hérésie* ou par *schisme*.

La persécution défensive a lieu contre une religion différente qui veut envahir notre domaine. C'est dans ce sens que se firent, autrefois dans l'empire romain et aujourd'hui en Chine, celles contre les chrétiens. En effet, ceux-ci prenaient une attitude agressive. A Rome ils renversaient les idoles et ne se contentaient pas de pratiquer leur culte ; cette rebellion était réputée méritoire. Il est vrai qu'ils ne se révoltaient pas personnellement et subissaient, au contraire, courageusement et passivement les tortures, parce que leur agression restait tout intellectuelle et n'avait lieu qu'au profit de leur dieu et non d'eux-mêmes. En Chine, c'est comme étrangers surtout ou comme adhérents à des étrangers que les catholiques sont persécutés. C'est la persécution défensive qui est la plus cruelle, car l'homme qui a peur ne connaît plus de bornes dans sa cruauté, cruauté inutile cependant, en général, car le sang répandu fait toujours germer les idées nouvelles, même abstraction faite de leur qualité.

La persécution, généralement agressive, a lieu contre les dissidents ; elle correspond aux guerres de sécession. C'est celle, par exemple, dirigée par les catholiques contre les protestants, soit qu'il s'y joigne une différence ethnique, comme dans celle exercée par Philippe II contre les Pays-Bas, soit dans le cas contraire, comme en France sous les successeurs de François Ier. Il s'agit d'exterminer des rebelles qui sont beaucoup plus odieux que des ennemis étrangers. Alors la persuasion n'est pas même essayée, on écarte la discussion et lorsque le dissident appelle sur ce terrain, on refuse généralement de l'y suivre. C'est ce qui eut lieu entre les protestants et les catholiques en France à cette époque. Il n'y a même aucune indulgence permise, et c'est de très bonne foi que l'orthodoxe condamne l'hétérodoxe à être brûlé vif ; il le fait avec une conscience aussi tranquille que celle du juge qui condamne l'assassin à l'échafaud ou à l'emprisonnement. Il croit même accomplir une œuvre pie, ni les femmes, ni les enfants, ne peuvent trouver grâce devant lui, car ce sont des germes d'hétérodoxie qu'il faut détruire, comme dans une épidémie de peste, les objets contaminés. La Saint-Barthélemy n'est qu'une exécution collective plus rapide et plus bienfaisante. Y a-t il lieu de s'en étonner quand les partis politiques et sociaux agissent de même les uns à l'égard des autres, chacun croyant posséder seul la vérité, la justice, qui ne sont souvent, en réalité, que le reflet de leurs intérêts personnels, mais qu'ils croient avoir une origine plus élevée ?

La persécution atteint rarement son but ; cependant, elle y réussit parfois ; celles contre le protestantisme dans les pays étrangers n'ont contribué qu'à le répandre ; en France, elles l'ont écrasé ; le nombre des protestants dans notre pays n'est pas nul, mais il est minime, et certainement ce résultat est dû à une pression constante. Mais pour pouvoir obtenir ce triomphe, la religion persécutrice fait appel au pouvoir civil, au bras séculier. C'est grâce à ce concours que la religion chrétienne extirpa les diverses hérésies dont quelques-unes étaient fort importantes, et vers le temps de l'apparition du protestantisme, elle avait détruit les Hussites, les Vaudois, plusieurs siècles auparavant les Albigeois, elle pouvait se croire maîtresse de l'Occident lorsque le protestantisme lui en enleva la moitié. Cet échec était dû à ce fait que le pouvoir civil, en Allemagne et en Angleterre, prit fait et cause pour la nouvelle doctrine, de même qu'en France il se déclarait pour le catholicisme. Cette alliance pesa dans la balance de tout son poids. De même, en Espagne, l'inquisition s'appuyait sur le pouvoir civil ; elle posait les principes et jugeait s'il y avait hérésie, mais c'était celui-ci qui condamnait et exécutait lui-même. La persécution complète, résultat extrême de la lutte pour la vie entre les sociétés religieuses n'est efficace qu'à cette condition ; en dehors de cette immixion, la lutte aboutirait, plutôt qu'à une persécution unilatérale, à des massacres réciproques qui n'auraient pas le même résultat éliminatif.

Quelquefois, les deux religions sont dans le même pays à peu près d'égale force, et celle sécessionniste est tellement nombreuse qu'il faut bien la considérer non plus comme un rebelle, mais comme un belligérant, alors ce n'est plus la persécution militante, c'est la guerre religieuse. Ces guerres sont presque aussi cruelles que les persécutions, mais elles laissent à chaque parti l'espoir du triomphe. En France, celles de religion sont trop connues pour qu'il soit besoin de les décrire. Elles se doublent souvent d'une querelle personnelle dynastique. Elles aboutirent au règne d'Henri IV et à l'édit de Nantes qui fut pour les protestants un succès incomplet, suivi plus tard de la révocation de cet édit et de persécutions nouvelles, parce qu'il n'y avait plus de guerre civile, et que le christianisme triomphant redevint persécuteur. En Allemagne, la guerre de religion, la guerre de Trente ans se doubla de la compétition entre le Nord et le Sud. La guerre de religion est un grand progrès pour les dissidents ; elle conduit à la sécession religieuse et quelquefois en même temps à la sécession politique.

Cette guerre a lieu aussi non plus contre les sécessionnistes, mais contre les infidèles ; elle peut être l'exercice normal du culte ; elle est à celle que nous venons de décrire ce que la guerre étrangère est à la guerre civile. C'est l'Islamisme qui représente l'idée de cette guerre spéciale incessante ; il convertit par la force des armes, et à défaut de cette conversion, tend à l'extermination des religions étrangères. C'est ainsi qu'il a guerroyé contre tous les peuples de l'Orient, envahi l'Occident par l'Espagne et par les pays danubiens. Par contre, au moyen des Croisades, l'Europe a plusieurs fois envahi la Palestine et la Syrie et fait la guerre sainte, sans autre motif qu'un but religieux, celui de conquérir le Saint-Sépulcre. Les croisades sont restées le type de ce genre de guerre où la chrétienté et l'islam étaient aux prises. C'était faire œuvre pieuse que d'y tuer et d'y mourir.

Quelquefois ces guerres étaient suivi de traités, aussi peu observés d'ailleurs que les traités politiques. Ceux faits avec les nations étrangères en suivaient les errements. Quant à ceux contractés avec les dissidents, ils se préparaient par les conciles ; on y convoquait tous les intéressés, mais rarement les dissidents s'y rendaient ou s'y soumettaient. A chaque hérésie nouvelle, l'Eglise chrétienne tint un concile ; celui de Nicée d'abord, celui de Trente enfin. De même, le bouddhisme en eut plusieurs pour décider les points controversés. Mais ils ont plutôt, en général, pour but d'arrêter la sécession naissante.

L'hostilité entre les diverses religions se manifeste parfois par une simple antipathie et une réprobation continuelle. Les dieux étrangers sont des démons, les infidèles sont des réprouvés. Nous sommes des chiens de chrétiens pour les Musulmans, et nous les accueillons d'épithètes du même genre.

Ils sont tous pour nous des criminels et des félons. Même des religions plus rapprochées nous semblent non seulement fausses, mais de mauvaise foi ; pour les catholiques, les protestants sont de véritables mécréants et ils nous renvoient l'expression méprisante de papistes. Quelquefois cette antipathie devient une haine ouverte, et cela en raison d'un souvenir lointain, mais toujours religieux. Entre le Nouveau Testament et l'Ancien, il y a un trait d'union historique, et le Christ est venu non briser la loi ancienne, mais l'accomplir. Cependant les Juifs répudièrent le Christ et le mirent à mort. La nation juive a été persécutée ; ses membres ont dû se disperser chez les différents peuples, et pour combattre l'effet de cette dispersion, il leur fallut devenir très unis ; en vertu de ce secours mutuel, ils purent acquérir de grandes richesses. On les en dépouillait et les persécutions périodiques les décimaient. Ils portaient toujours la responsabilité de leurs fautes et c'était une aversion religieuse qu'il s'agissait de satisfaire ; cela ne se justifiait pas, s'expliquait cependant. Mais le dix-neuvième siècle s'est affranchi de toute superstition, et souvent même de toute idée religieuse ; il avait plutôt par contradiction une tendance à favoriser tout ce qui est antichrétien. La conséquence logique, c'est que la persécution contre les Juifs va cesser. Nullement, c'est maintenant surtout que l'antisémitisme éclate dans toute son ardeur, et cela non seulement dans les pays peu éclairés, mais dans ceux de pleine civilisation, en Autriche, en Allemagne, en France ; on reproche aux Juifs leur religion et jusqu'à leur race, en même temps, il est vrai, que leur argent ; on s'attaque même à leur personne ; on se croirait en plein moyen-âge dans certains moments de paroxysme antisémitique. Dans le Parlement autrichien, en 1896, un député proposait de confisquer en masse tous leurs biens pour couvrir les charges publiques. Ainsi, dans un siècle de pleine indifférence, la haine religieuse se rallume, comme un feu qui couvait sous une cendre trompeuse ! L'antipathie religieuse est peu à peu devenue ethnique et s'est conservée sous cette forme ; on ne sait pourquoi cette persécution, on se récrierait si l'on remontait à la véritable cause, mais on la veut avec une obstination aveugle, et le libre-penseur agit comme le fanatique.

Un très curieux résultat de cette partialité religieuse, c'est le sort qu'on fait subir aux dieux étrangers. Un fait analogue se produit en linguistique. Par exemple, un certain nombre de mots ont été empruntés par le français à l'allemand, mais le sens en a été dévié sous une acception défavorable. *Ross*, le cheval d'apparat, est devenu la *rosse*; *gemein*, commun, est devenu *gamin*; *land*, le pays, devient la *lande*; *manneken*, le petit homme, *mannequin*.

Tous ces mots sont abaissés et adoptés dans un sens ironique. Il en est autrement quand de la langue-mère le mot passe à la langue dérivée, le sens, au contraire, est relevé ; *testa*, le pot, le têt, devenant la *tête*.

De même, les *dieux étrangers descendent*. Astarté, la déesse des Phéniciens et des Assyriens, Baal, leur dieu, qui ne sont que des divinités solaires, sont considérés par les Hébreux avec abomination, et bientôt ils en font des démons. De même, Mahomet n'est pas seulement pour les chrétiens le fondateur d'une religion qu'ils estiment fausse, mais c'est un imposteur, presqu'un criminel ; les idoles romaines deviennent pour eux démoniaques ; c'était faire œuvre pie à leur estime que de les renverser.

Tel est l'*état hostile* entre les sociétés externes religieuses ; c'est la situation la plus fréquente, et si, en général, les religions ne coïncidaient pas à peu près avec les sociétés civiles et les nations, la lutte serait plus directe et plus aiguë. Si l'Etat est tolérant, il devient neutre et impose sa propre tolérance. Mais souvent aussi il y a une *indifférence interreligieuse*. Les religions diverses se soudent, se superposent ou se juxtaposent sans qu'il surgisse aucun conflit. Quelquefois même, ce qui est plus étonnant, la même personne appartient à la fois à plusieurs religions.

Le fait qu'une religion succède à une autre dont elle est dérivée sans aucun conflit, est assez rare ; le christianisme succédant au judaïsme, le bouddhisme au brahmanisme ne l'ont pas fait sans des luttes très vives ; il en est de même du protestantisme s'élevant contre le catholicisme; cependant, le contraire arrive, le schisme grec s'est produit sans animosité, il y a eu scissiparité naturelle, de même le bouddhisme qui a presque supplanté au Japon l'ancienne religion, le sintoïsme, l'a fait sans difficulté apparente.

L'absence de conflit est plus fréquente quand il y a juxtaposition de religions, même quand celles-ci se contrediraient. L'exemple le plus remarquable est celui de la Chine qui professe jusqu'à trois et même quatre religions dont chacune a ses sectateurs : le culte impérial ou officiel, le confucéisme, le taoïsme, la religion populaire, et le bouddhisme chinois; ce dernier est une importation, mais a fini par devenir la religion dominante ; les autres se conservent à côté. Il y a là un fait unique dans l'histoire des religions et qui fit accuser la Chine d'athéïsme. La religion populaire est animiste et remplie de superstition ; le confucéisme y est très contraire et forme une religion abstraite ; le taoïsme est éclectique et admet en même temps les superstitions populaires, mais son clergé ne jouit d'aucune considération ; la religion officielle est celle des lettrés et des mandarins. Le bouddhisme apporte sa morale généreuse, tandis que celle des religions indigènes est étroite et égoïste. Beaucoup de personnes participent à toutes ces religions, en particulier, les non bouddhistes, aux cultes bouddhistes. Il se fait d'ailleurs tout mécaniquement *répartition* de ces religions entre les diverses classes de la société, chacune acquiert la sienne par une sorte d'élection. En outre, il règne un éclectisme particulier au caractère de ce peuple et qui permet à chacun de tirer de chaque religion tout le profit possible. Ainsi, il y a des pagodes bouddhistes dans tous les villages, et elles sont fréquentées moins par les bouddhistes que par des Chinois qui y cherchent des charmes ou la guérison ; le même va faire ses dévotions successivement dans un temple de Confucius, dans un autre taoïste et dans un sanctuaire bouddhique, suivant une expression vulgaire, on prend et on laisse de chaque religion ; c'est ainsi que le bouddhisme défend les sacrifices sanglants, mais le Chinois bouddhiste n'en continue pas moins d'en faire à ses dieux. C'est par son occultisme que le bouddhisme retient le Chinois, quoique l'aristocratie ait une grande répugnance pour ce culte. Enfin, à toutes ces religions il faut joindre le culte des ancêtres qui, dans ce pays, a pris un grand développement. En linguistique, il y a des pays essentiellement polyglottes où toutes les langues confluent ; il en est ainsi en Suisse, mais d'une manière bien plus remarquable, dans le bassin du Danube, là se rencontrent l'allemand, le magyare, plus d'une dizaine d'idiomes slaves, y compris le serbe et le bulgare, le roumain, l'albanais, le turc. Il en est de même en matière religieuse de certains pays, comme la Chine, qui est un confluent de cette nature.

On peut citer d'autres pays à religions juxtaposées, comme le Japon, où règne encore le sintoïsme à côté du bouddhisme ; l'Allemagne, où le catholicisme coudoie le protestantisme ; la Turquie d'Asie, où se trouvent à la fois de nombreuses religions ; mais si l'on consulte l'histoire, on y découvre un pays où successivement toutes reçurent le droit de cité ; il s'agit de l'Empire romain ; à côté de la mythologie latine, nous voyons apparaître la mythologie grecque, et même toutes les deux entrent dans une intime alliance, si bien que dans nos études classiques nous sommes arrivés à les confondre, l'introduction de la seconde est très ancienne et remonte à l'époque des Tarquins ; plus tard vinrent s'y joindre les cultes des religions orientales, d'abord le culte Egyptien, sous Commode et Caracalla, modifié par la philosophie alexandrine, mais procédant des principaux dieux, surtout Isis, Sérapis, Horus, Anubis, ce culte devint très répandu et fut pratiqué sur les grands fleuves, le Rhin, le Rhône et le Danube, grâce aux bateliers dont Isis était la patronne, puis les cultes syrien, phénicien, chaldéen et phrygien, dont le plus important était celui de la Grande-Mère, avec leurs principaux dieux, la Bellone asiatique, Attis, Astarté, Mylitte ; enfin, le culte du grand dieu persan Mithra. Le panthéon romain résumait ce système. Il ne faut pas y ajouter le christianisme parce qu'il n'était pas admis, mais fut, au contraire, persécuté.

L'assimilation fut faite aussi entre les dieux romains et les dieux étrusques. Le premier des neuf dieux de l'Etrurie est Tinia, assimilé à Jupiter ; viennent ensuite Thelma ou Cupra, assimilée à Junon, Menerva, la Minerve latine, Vejovis, un anti-Jupiter, Sethlan, analogue à Vulcain, Maris à Mars, et Summanus (Summus manium), assimilé à Pluton ; quelques-uns de ces dieux ne sont connus que par leur nom d'assimilation romaine : Aptu (Apollon), Turnis (Mercure). Ainsi souvent une mythologie en masque une autre qu'elle recouvre. Au Mexique, il y avait aussi juxtaposition de religions, les Aztèques avaient respecté celles des peuples conquis.

A côté des religions juxtaposées se trouvent celles superposées. Cette superposition se rencontre en Chine où la religion officielle ou impériale domine toutes les autres ; au-dessous vivent juxtaposés : le bouddhisme, le confucéisme et le taoisme, et même on peut dire que ce dernier est infràposé, c'est la religion populaire. De même, au Mexique et au Pérou, la religion du conquérant, celle du Soleil, est superposée aux autres. Il faut comparer à la superposition de religions, celle de races, qu'on observe dans plusieurs pays : en Chine, les Mandchoux sur les Chinois ; en Hongrie, les Magyars sur les Slaves ; dans l'Inde, les Aryens sur les Dravidiens.

Au Pérou notamment, la religion, dit Réville, page 369, se composait pour les Incas de trois étages superposés : au sous-sol, toutes les superstitions du premier naturisme avec leurs tendances animistes et fétichistes, la sorcellerie et le culte individuel ; au-dessus, de grands dieux étrangers aux Incas, dieux des vaincus, mais civilisateurs, Viracocha, Pachacuna, avec leurs sanctuaires et leur sacerdoce ; enfin, au-dessus, la religion solaire des Incas. Cette religion naturiste reste au-dessous dans ce partage.

Il est donc possible que plusieurs religions vivent paisiblement dans un pays, et leur antagonisme n'est pas un principe, pas plus que l'état de guerre n'est indispensable entre nations.

Quelquefois même, il n'y a pas seulement juxtaposition, mais les religions entrent en rapports, se rapprochent, tendent à s'unir ; cet état a deux degrés que nous appellerons celui d'*équivalence* et celui de *syncrétisme*.

Celui d'équivalence est remarquable, il est fondé sur l'unité de l'esprit humain. Surtout chez des races congénères, il est possible que sans s'entendre des hommes aient fait les mêmes créations religieuses ou à peu près. Tant qu'elles restent isolées, ces religions évoluent séparément, mais lorsqu'elles se rencontrent, elles sont frappées des similitudes. Tel dieu répond exactement à tel autre ; il a les mêmes fonctions naturistes ou religieuses, la même représentation anthropomorphique. Dès lors, quoi de plus simple que de n'en faire qu'un seul et même dieu qui possèdera deux noms ? Si la même opération se pratique sur un certain nombre de dieux, voilà les deux religions bien près de se confondre. Cette ressemblance est favorisée par deux circonstances ; les deux peuples peuvent être issus d'une même souche et avaient peut-être originairement la même religion qui, après leur séparation, s'était différenciée ; d'autre part, dans l'état peu avancé de la science religieuse, on prend facilement des ressemblances superficielles pour des ressemblances véritables. Ce principe de l'*équivalence* fut, en vertu de ces deux tendances, appliqué une fois très exactement par les Romains et une autre fois très inexactement. L'application exacte fut l'équivalence entre les dieux de la Grèce et ceux de Rome. C'est ainsi que Zeus et Jupiter, Aphrodite et Vénus, Athènè et Minerve, Dionysos et Bacchus, Hermès et Mercure, Phoibos et Apollon, Eros et Cupidon, Demeter et Cybèle, Héra et Junon, Héphaestos et

Vulcain, ne furent plus qu'une seule et même personne, quoique originairement ils aient été des dieux tout à fait distincts. Certains dieux restent cependant exclusivement romains, Janus par exemple, Saturne, le dieu Terme; d'autres dieux grecs introduits à Rome restèrent sans équivalents romains. Mais ceux dont l'équivalence est déclarée ne nous sont parvenus que sous les noms latins. Une autre équivalence, inexacte probablement, fut établie par César dans ses commentaires entre les dieux romains et les dieux gaulois, par exemple entre Boros et Apollon, Cernumos et Jupiter, Esus et Mars; rien de si douteux que les analogies superficielles relevées. D'autres furent tentées, en ce qui concerne les religions orientales, par exemple, entre Vénus et Astarté. Une fois les équivalences établies, il n'y a plus d'inimitié entre les dieux, et il devient possible de pratiquer à la fois l'une et l'autre religion; d'ailleurs, chacune d'elles s'enrichit ainsi.

Le second mode de fusion est bien connu sous le nom de *syncrétisme*. Il n'y a plus d'équivalence entre les dieux respectifs, chacun reste bien différent, mais on les cumule, ou plutôt on fait un *triage* entre eux, on prend les plus importants ou les meilleurs de chaque religion. Mais, ce qui est facile en ce qui concerne les dieux est plus difficile quand il s'agit des doctrines, car elles se contredisent souvent; aussi, le *syncrétisme intégral* est impossible, il ne se réalise guère que partiellement. Cependant, il y a des époques où, l'indifférence religieuse étant plus grande, des esprits philosophiques ont essayé de la réaliser, mais l'existence des religions syncrétisées est fragile, comme celle de tous les hybrides; c'est, en effet, à l'*hybridité* qu'il faut comparer le *syncrétisme* qui n'est autre chose que l'hybridité religieuse. Les hybrides anthropologiques et biologiques sont bien connus; les races très mêlées en sont un exemple. On sait que, pour qu'elles réussissent, il faut que les races ne soient pas trop hétérogènes, sans quoi on arrive à des monstruosités et à une véritable incohérence dans le caractère. Il y a aussi des hybridités linguistiques; l'anglais, par son mélange d'éléments latins et germaniques, est un véritable hybride, il a réussi parce que les deux familles qui le composent sont apparentées. Les jargons nègres sont aussi des hybrides, mais ayant une apparence tératologique. Les religions hybrides ou syncrétiques ne doivent pas réunir non plus des éléments trop opposés. Il ne faut pas du reste confondre avec l'hybridité, ni la juxtaposition de diverses religions, ni la participation du même fidèle à plusieurs, ni l'équivalence entre les dieux.

Le syncrétisme a eu lieu surtout vers la fin du monde gréco-romain lors de la décadence des cultes nationaux ; on chercha à interpréter la mythologie et à en dégager des principes communs pouvant former une sorte de religion universelle ; ce système procède de deux manières différentes, au négatif et au positif. Au négatif, on obtient ainsi l'*évhémérisme*, et au positif le *syncrétisme* proprement dit.

Par l'évhémérisme, on se proposait de réduire les faits divins à des faits humains ; c'était mettre entièrement de côté l'origine vraie qui est presque toujours le naturisme. Cette doctrine était favorisée par le dégoût des philosophes pour les religions populaires, par l'instinct dominant qui avait créé les demi-dieux, enfin par la haine des chrétiens pour les religions païennes, haine partagée par les Juifs monothéistes. Suivant eux, Saturne et Jupiter étaient des hommes qui avaient vécu et qui avaient été divinisés après leur mort. Mais l'évhémérisme était surtout le fait des esprits élevés, malgré son inexactitude, il convenait à leur penchant athéistique.

Le syncrétisme était différent, il prenait son point d'appui dans le système de l'équivalence, mais une équivalence non plus entre les dieux, mais entre les doctrines, et il continue par l'introduction dans une religion d'un dogme trouvé dans une autre différente ou dans une secte philosophique. C'est ainsi que le juif Philon, dont l'œuvre fut très remarquable, fit fusionner l'Ancien Testament et la doctrine de Platon ; sans connaître le christianisme, il introduisit dans le Judaïsme la théorie du *logos*, fils de Dieu, intermédiaire entre le créateur et la divinité absolue, pensée divine, sorti de l'Etre absolu par une génération ineffable, ce *logos* était emprunté à Platon. Cinquante ans plus tard, le *logos* passait à son tour du syncrétisme Philonien dans la religion chrétienne ; telle est du moins l'opinion généralement reçue chez les mythologues ; ce principe donna lieu à la grande controverse entre les chrétiens et les ariens et fut tranchée par le concile de Nicée. Le néoplatonisme alexandrin fut un essai de syncrétisme, non seulement de plusieurs religions, mais aussi des religions et de la philosophie. Il en est de même du gnosticisme qui fond l'ancienne religion égyptienne avec des idées philosophiques nouvelles.

Mais il existe un syncrétisme plus ancien, bien différent de celui que nous venons de décrire. Il consiste dans la réunion des dieux de diverses religions, sans établir entre eux d'équivalence, mais en les cumulant, soit que ces religions soient celles de pays différents, soit qu'elles soient celles de diverses provinces. Il s'agit surtout des dieux majeurs. On les réunit dans une dyade ou une triade. C'est ce qui a lieu dans l'Indouisme par la fusion du vishnouisme et du civaïsme. Civa était le dieu du Sud, celui importé par les populations dravidiennes ; Vishnou était le dieu aryen ; quant à Brahma, sorte d'abstraction, il était commun et servait de trait d'union. On eut ainsi la trinité indienne de Brahma, Vishnou et Civa ; cette trinité est un fait de syncrétisme. Il en est de même d'une manière un peu différente dans la religion égyptienne ; chaque province avait ses dieux, chaque nome possédait sa triade que nous avons déjà indiquée : à Thèbes, Ammon, Maout et Khons, à Abydos, Osiris, Isis et Horus, à Memphis, Phtah, Secket et Nofra-Tounn ; tous ces dieux étaient admis ensemble. Plus tard, Phtah se confond avec Osiris ; Shon devient le fils de Ra, il y a hiérarchisation, même il y a filiation. Ces *triades* se combinent et deviennent des neuvaines.

Quelquefois, le syncrétisme est tout à fait partiel, il consiste seulement dans l'influence qu'une religion exerce sur l'autre, influence qui dérive en partie de l'imitation. C'est ainsi que les doctrines Mazdéennes ont certainement influé sur le Manichéisme en ce qui concerne le dualisme. Il est probable que celles égyptiennes sur la métamorphose n'ont pas été ignorées de Pythagore et de Platon ; il est possible, quoique peu probable, que le bouddhisme ait été connu en Judée lors de la naissance du Christ, et les doctrines de l'Orient n'ont pas été sans action sur la mythologie grecque. Certaines idées fondamentales ont franchi le cercle de la famille religieuse qui les avait conçues et se sont répandues au dehors. C'est ainsi que celle du *logos* a peut-être été transmise au christianisme, par l'école platonique. En général, l'imitation n'est qu'instinctive. Le christianisme s'est imprégné à son tour de beaucoup de superstitions païennes.

Ce ne sont pas seulement deux religions qui se trouvent en présence, mais aussi les fidèles de deux religions, et cela de deux manières. Ils peuvent se rencontrer dans le corps de la même nation. Les rapports sont assez tendus, car le souverain temporel commun a beau promettre la neutralité, il appartient à l'une d'elles et semble la favoriser. C'est ce qui arrive en Allemagne où l'empereur est protestant et a beaucoup de sujets catholiques ; on voit quelles difficultés en résultent en ce moment pour sa politique en Palestine ; il faut qu'il se dédouble, pour ainsi dire. Souvent, l'adhésion du souverain fait pencher entièrement la balance, et l'autre religion décroît et disparaît ; c'est ce qui est arrivé en France lors de l'abjuration d'Henri IV. Mais les adhérents de deux cultes peuvent se trouver dans la même famille, par exemple, le mari et la femme. Dans ce cas, celui des mariages mixtes, les deux religions sont appelées à régler, ainsi que la loi civile elle-même, et peuvent ne pas se mettre d'accord. Pour certaines mêmes, une telle alliance forme une race impie, c'est une mésalliance religieuse, pire que toutes les autres, surtout si l'autre époux appartient à une religion inférieure. Cette situation se complique de celle de la religion qui sera attribuée aux enfants, quelquefois des stipulations existent. Sont-elles valables? Est-ce que chaque culte n'est pas exclusif et ne va pas revendiquer l'enfant? Quelquefois on en divise le nombre et on les répartit entre les diverses confessions, les uns suivent la religion du père, les autres, celle de la mère.

Tels sont les rapports des diverses sociétés religieuses entre elles, on voit combien ils sont nombreux. Comme entre les sociétés civiles, il n'existe aucun juge commun en cas de conflits. C'est la lutte pour la vie qui s'établit comme dans l'ordre naturel. Elle a pour résultat l'élimination de beaucoup de cultes, dont une quantité innombrable disparaît dans le cours de l'histoire, ainsi que les peuples, ainsi que les langues. Ces religions inférieures se sont évanouies ou sont destinées à périr; les plus élevées restent seules, la lutte entre elles n'en devient que plus active, elles demeurent en petit nombre. Ce n'est pas toujours la moins nombreuse qui cède, car la religion juive, par exemple, est douée d'une grande vitalité ; c'est la moins intense, celle dont la foi est moins ardente. Il ne restera dans un certain temps qu'un nombre très limité de religions.

Cette lutte conduit à des perfectionnements. Le catholicisme doit au protestantisme d'avoir réformé ses erreurs, ce qu'il n'aurait peut-être jamais fait sans cette contradiction. Le brahmanisme devient plus humain, il abolit lui-même ses castes après l'apparition du bouddhisme, et ce sont les persécutions qui ont élevé le christianisme à une grande hauteur. Elles corrigent les défauts, comme toute sévère critique.

Mais elle écrase les religions moindres, celles éparses; elle a pour résultat de concentrer le sentiment religieux dans quelques-unes seulement, savamment organisées et qui enlèvent à l'initiative religieuse de l'individu son effort puissant.

CHAPITRE XIX

DES RAPPORTS ENTRE LA SOCIÉTÉ RELIGIEUSE ET LA SOCIÉTÉ CIVILE

Les sociétés religieuses et les sociétés civiles ont été à l'origine réunies ; cette idée d'une société avec certaines personnes dans un but et avec d'autres dans un autre but était trop complexe pour être d'abord comprise. On confondait ensemble soit la patrie, la religion nationale et la propriété collective, soit la famille, la religion familiale et la copropriété. Il faut, en effet, dans tous les cas, bien séparer ces deux unités : la famille et la nation, mais dans l'intérieur de chacune d'elles, ne pas diviser ces trois institutions individuelles, le pouvoir, la propriété et la religion. A Rome, par exemple, la famille était un petit Etat dont le *pater familias* était le chef ; mais celui-ci était en même temps le pontife du culte mortuaire et ancestral, et l'administrateur de la copropriété familiale ; de même, l'Etat, unité supérieure, renfermait le gouvernement de la tribu, la religion d'Etat et la propriété collective. Dans cette indivision, il n'y avait pas de distinction entre le pouvoir temporel et le pouvoir spirituel, ils étaient tous les deux entre les mêmes mains.

Le père de famille resta toujours le prêtre de la religion domestique, il conserva le droit de sacrifier et il le posséda seul ; en outre, dans beaucoup de religions, même après l'établissement du sacerdoce, le droit fut maintenu à chaque fidèle de faire le sacrifice public, mais ailleurs les prêtres eurent ce monopole. Si le père dans la famille sacrifiait, dans la tribu par la même raison, cet fut le chef de cette tribu, et dans la nation le chef de la nation, il n'y avait pas besoin d'un fonctionnaire spécial. Plus tard, occupé outre mesure par ses fonctions militaires et civiles, il délégua ses attributions religieuses à un pontife ; alors naquit la séparation des pouvoirs entre le temporel et le spirituel.

A Rome, le roi est d'abord le pontife suprême, il n'y avait point là une réunion de fonctions, mais une indivision, lorsque la séparation n'était pas encore née. C'est Numa qui délégua la dignité sacerdotale au *pontifex maximus*. Lorsque la royauté fut abolie, les deux pouvoirs furent séparés définitivement ; il y eut un *rex sacrorum* à côté des deux consuls ; c'est religieusement que la royauté survivait, ensuite venaient les Flamines. Il en fut ainsi en Egypte, les prêtres étaient rois ; même à l'origine c'était, plus exactement, le dieu qui régnait en personne. Au Pérou, l'Inca était pontife et roi, même il était dieu, fils du Soleil. Au Mexique, il y avait un chef spirituel et temporel à la fois par chaque groupe de vingt familles, ce qui n'empêchait pas l'existence d'un clergé, mais ce qui en indique les origines ; à la guerre, la charge de grand-prêtre se confondait avec celle de chef militaire. Ce fut partout le commencement.

Mais il y eut émancipation du pouvoir civil qui resta cependant quelque temps sous la tutelle du pouvoir sacerdotal, cependant cela n'eut pas lieu partout. Quant à celui-ci, il se recruta dans la classe privilégiée, aristocratique, et par cela encore il se trouvait en relation avec la constitution de la société civile. A Rome, le prêtre était élu, mais pendant longtemps par les patriciens ; dans l'Inde, la caste des brahmanes constituait un clergé héréditaire, mais le sacerdoce n'en était pas moins séparé de la royauté; il continuait d'exercer sur lui une grande influence; aucune entreprise guerrière n'avait lieu en Grèce et à Rome sans l'assentiment des dieux représentés par les augures. C'est dans les pays européens, lors de l'abolition des royautés, que le démembrement eut lieu, les rois et les pontifes se confondaient ; plus tard, et comme souvenir de cette confusion, les prêtres ajoutaient à leur nom le titre honorifique de roi βασιλευς, ce qui avait lieu à Athènes. Il y avait l'archoute-roi qui n'avait que le second rang, mais qui était chargé de tout ce qui concernait la religion ; sa femme portait le nom de βασιλισσα. Ce n'est que très tard que les familles plébéiennes arrivent au sacerdoce (1).

Cette séparation des deux pouvoirs est un fait insensible dont on ne peut marquer l'époque précise dans chaque histoire, elle se fait plutôt par un dédoublement du personnel gouvernant par lequel l'un est chargé plus spécialement de certaines fonctions et l'autre de certaines autres sans exclusion, puis la spécialisation devient complète, mais le mode de sélection est longtemps le même. Ainsi à Rome, on continue de nommer les chefs religieux comme les chefs civils à l'élection. Enfin, le sacerdoce est institué comme corps distinct. Il demeure le conseiller obligatoire du chef civil qui est presque toujours un guerrier, de sorte que la distinction existe plutôt entre le pouvoir religieux et le pouvoir militaire, l'un représente le droit et l'autre l'exécution du droit, la force.

Mais la force est bientôt tentée de secouer le joug du droit et elle le peut. Nous assistons dans l'Inde a une lutte assez longue du Kshatrya contre le brahmane et cette lutte sociale aboutit au bouddhisme qui abolit les castes. L'indépendance devient partout absolue, et il existe déjà deux pouvoirs parallèles entre lesquels il peut y avoir accord, mais aussi très souvent conflit.

L'accord s'établit entre le sacerdoce et la monarchie aristocratique facilement, par une communauté d'intérêts contre les classes inférieures. Le guerrier et le prêtre ont besoin, les uns de soldats, les autres de fidèles assez soumis pour assurer leur domination ; or, ces soldats sont les chefs de famille des fidèles. Aussi on confond en pratique ces deux idées d'aristo-

(1) Letourneur, *L'évolution politique, passim*.

cratie et de clergé, quoique ce dernier se recrute d'une manière différente, par des épreuves et des initiations, non par la naissance, mais, une fois promus, les uns et les autres sont conservateurs par intérêt et par caractère, munis de l'esprit directeur et ayant une somme de connaissances qui manque aux autres, destinés à obéir. A l'opposite, les classes inférieures, lorsqu'elles ne sont pas comprimées, au moins les plus élevées d'entre elles, les vaisyas dans l'Inde, les commerçants en tout pays, sont d'un caractère novateur et prêts à changer la Société à leur profit.

Mais cet accord n'est pas parfait, car si l'on s'entend contre les couches inférieures pour conserver le pouvoir, chacun voudrait bien en retenir la plus grande part. Le guerrier trouve d'ailleurs le formalisme religieux ridicule et veut vivre dans une plus grande liberté de mœurs ; il recourt plutôt à la décision de la force qu'à celle du droit. Le prêtre s'indigne, n'ayant pas perdu le souvenir du cumul ancien et voulant reprendre le plus de pouvoir civil possible. Le conflit s'accentue, et il ne se calme par moment que lorsque les classes moyennes ont acquis assez de richesses pour pouvoir les combattre tous les deux. Cependant, quelquefois, le sacerdoce parvient à ressaisir en tout ou en partie le pouvoir temporel, et à confondre de nouveau le pontife et le roi.

L'histoire confirme l'énoncé de ce *processus*: Nous allons en apporter quelques exemples.

Chez le peuple juif, on voit de temps en temps apparaître le conflit entre les deux pouvoirs, lesquels étaient autrefois réunis, non seulement aux mains des patriarches, mais plus tard en celles de certains prophètes, parmi lesquels Samuel et de quelques grands prêtres ; plus tard ce sont les prophètes qui s'élèvent contre les rois. Enfin, ce qui est remarquable, l'espoir Massianique a trait à un envoyé de Dieu qui, possédant le pouvoir temporel, remportera des victoires. Chez les Indous, le bouddhisme est une victoire des Kshatryas ou guerriers contre les brahmanes et l'indouisme une revanche de ceux-ci contre ceux-là. En Chine, ce qui est très remarquable, c'est la concentration du pouvoir spirituel entre les mains de l'Empereur et des mandarins dans le culte officiel, qui constitue le seul culte primitif et définitif; mais il n'y a pas lutte avec le sacerdoce des autres cultes, seulement ce sacerdoce descend au rang d'institution privée ; on ne persécute que les religions étrangères qui, comme le Christianisme, sont réputées faire brèche à l'autorité de l'Empereur. Au Japon, la distinction entre les deux pouvoirs est très remarquable; il y a ou plutôt il y avait deux Empereurs, l'un spirituel, l'autre temporel, le Taïkoun et le Mikado ; nulle part le parallélisme ne s'était présenté aussi net. Chez les Musulmans, le Khalife réunissait aussi les deux pouvoirs, il était le successeur du prophète, il y avait union entre le spirituel et le temporel, ce qui n'empêchait pas l'existence d'un clergé spécial. Il faut noter que c'est surtout au sommet et dans la personne des chefs suprêmes que les pouvoirs temporels et spirituels se réunissaient ; il y a eu presque toujours séparation du clergé inférieur qui exerçait en réalité les fonctions, mais non le pouvoir proprement dit.

C'est surtout dans le christianisme que la lutte a été vive entre les deux pouvoirs, d'autant plus que cette religion n'est pas primaire et ne les a jamais confondus à l'origine ; les persécutions l'en ont garanti, cependant, l'empereur romain, devenu chrétien, essaya de la dominer et présida les conciles, mais elle avait trop grandi pour tomber sous le joug, et la papauté contribua à assurer l'indépendance de l'Église. Il y eut désormais dans la vaste chrétienté deux souverainetés, celle temporelle exercée par différents princes et celle spirituelle exercée par le pape et les évêques. Mais il n'y eut point de parallélisme exact ni ce froissement continu qui existe entre un gouvernement national et une Église strictement nationale, circonstance qui amène forcément une fusion. Il y avait en présence, ce qui est bien différent, d'une part, une société civile nationale et d'autre part une société

22

religieuse internationale ; point de coïncidence et par conséquent, moins de conflit direct. Mais la société religieuse plus étendue, plus civilisée, essaya de dominer la Société civile et d'abord de se mettre dans un lien de solidarité et d'interdépendance avec elle. Pour cela, il fallait avoir affaire, non à une foule de rois qu'il était trop difficile de diriger uniformément, mais à un roi unique, à un Empereur qui les représenterait tous et qui résumerait le monde temporel, comme le faisait l'Empereur romain. Aussi le Pape en créa un, ce fut Charlemagne, puis ses successeurs jusqu'à Charles-Quint ; l'Empire, pendant cet espace de temps, passa d'ailleurs de la France à l'Allemagne. Le pape était l'Empereur spirituel et l'Empereur le pape temporel ; c'étaient le Mikado et le Taïkoun. Leur force fut dès lors irrésistible ; le pape sacra l'Empereur qui lui donna un territoire. Mais qui peut sacrer peut excommunier et déposer, le pontife, ayant la suprématie, en use, il en abuse ; les deux pouvoirs se trouvaient désormais exactement sur la même ligne, ce qui rendit inévitables les conflits. De là la querelle du sacerdoce et de l'Empire qui remplit toute l'histoire du moyen âge et qui affaiblit à la fois les deux. L'Empire fut cependant vaincu, et après cette victoire, la Papauté dirigea sa lutte contre les rois, avec moins de succès ; il suffit de citer celle contre Philippe-le-Bel. L'arme employée était surtout celle de l'excommunication et de l'interdit, les rois étant en même temps, en effet, au nombre des fidèles.

A son tour, la papauté fut vaincue, et elle ne conserva plus de suprématie que la possession d'un territoire qui, à son tour, finit par lui être enlevé. Elle dut traiter d'égal à égal avec les souverains de chacun des pays de chrétienté, par des traités spéciaux appelés concordats, réglant les rapports entre le spirituel et le temporel ; c'est le système en vigueur aujourd'hui. Il suppose, non pas l'indépendance, mais, ce qui est bien différent, l'interdépendance des deux. Le pouvoir temporel assure à la papauté les biens de l'Eglise, ou paie un traitement à ses membres, il accorde, en outre, certaines dispenses de charges ; de son côté, le pouvoir spirituel s'engage à ne pas dépasser ses propres limites et à n'exercer aucune juridiction sur les laïques. Telles sont les conditions normales, elles peuvent être plus favorables à l'une ou à l'autre des parties.

Au contraire, la lutte entre les deux pouvoirs peut se poursuivre ; elle peut même continuer malgré les concordats sur tout ce qui n'aura pas été prévu par eux. Dans cette lutte, le clergé use des moyens spirituels et le pouvoir civil des armes matérielles ou juridiques. C'est surtout le clergé régulier qui est attaqué, parce qu'il est excentrique à la hiérarchie. L'ostracisme, la spoliation des biens, la soumission aux charges communes, répondent aux excommunications et au refus des sacrements.

Dans certains pays, surtout dans ceux où le catholicisme n'est pas seul pratiqué, l'*interdépendance* disparaît devant un principe nouveau, celui de l'*indépendance* complète, d'après la fameuse formule : l'Église libre dans l'État libre. Il n'y a ni mutuel soutien, ni conflit et l'on retourne ainsi à l'état primitif des Églises.

Telle a été dans ses grands traits, aux différentes époques et dans tous les pays, la situation respective des sociétés civiles et des sociétés religieuses. Le point de départ est une confusion, une indivision des deux, puis ils se séparent, mais conservent de l'influence l'un sur l'autre, ou, plus exactement, la société religieuse domine la société civile, puis celle-ci devient de plus en plus indépendante ; puis leurs rapports se règlent de puissance à puissance par une convention librement consentie ; enfin, il n'y a plus ni règlement ni rapports, mais une indépendance absolue. Dans ces phases successives, tantôt il y eut soutien mutuel, tantôt il se produisit des guerres violentes.

Mais quelquefois la confusion s'est reproduite d'une manière hystérogène, tantôt au profit du pouvoir civil, tantôt à celui du pouvoir religieux.

Le premier résultat a eu lieu lorsque l'Eglise internationale ou catholique devint une Eglise nationale, se resserrant quant à l'espace. Les deux sociétés se trouvèrent alors à coïncider exactement et suivant la loi ci-dessus indiquée, l'une dut tendre à absorber l'autre. Il y eut alors une véritable sécession, et une naissance sociale par scissiparité. Telle est l'origine des schismes et de quelques-unes des hérésies. Le schisme grec eut pour résultat de rejeter l'autorité de la papauté, elle n'y substitua pas celle du patriarche de Jérusalem et l'Eglise d'Orient fut sans chef; aussi, lorsqu'elle fut adoptée par les Russes, l'Empereur fut naturellement le chef effectif de la religion devenue nationale, dès lors il réunit entre ses mains les deux pouvoirs. Il en aurait été de même en France sous Louis XIV si le gallicanisme eût triomphé ; l'Eglise gallicane se serait séparée de celle internationale, serait devenue nationale et aurait pris fatalement pour chef le roi absolu. Lorsque le protestantisme fut reçu en Angleterre par la volonté d'Henri VIII, l'Eglise d'Angleterre se sépara de l'Eglise internationale de Rome, et devint nationale ; par cela même, le roi et ses successeurs en furent les chefs; on pourrait multiplier ces exemples. Cette confusion du spirituel et du temporel au profit de celui-ci est aussi fâcheuse que celle au profit de l'autre ; ces deux pouvoirs doivent rester distincts. Une nouvelle tentative, dans ce sens, a été faite en faveur du pouvoir civil en France pendant la Révolution, par la constitution civile du clergé ; elle ne réussit pas, mais fut la cause de longues persécutions et alluma des haines que le Concordat qui mit fin à cet état ne parvint pas à calmer.

Quelquefois, au contact, ils redeviennent confondus, mais entre les mains du chef spirituel. Ce résultat se produisit déjà lorsque le pape était investi du gouvernement temporel d'un territoire, mais celui-ci était restreint, et c'était plutôt une sorte de ressource hypothécaire qu'on lui accordait. Mais une confusion complète dans ce sens existe au profit du chef de la religion lamaïque, lequel, après s'être divinisé, renversa, comme nous l'avons raconté, le chef du pouvoir civil, et depuis ce temps a toujours conservé les deux pouvoirs; c'est le gouvernement de la *théocratie intégrale*.

Dans leurs rapports respectifs, lorsque les pouvoirs coexistent et sont en relations, sans prédominance absolue et sans conventions spéciales, il arrive ordinairement que chacun commet des empiètements sur l'autre et en même temps lui accorde certaines faveurs; ce sont ces rapports moyens que nous devons maintenant étudier.

D'abord, de la part de l'Eglise, les empiètements sur le gouvernement de la société civile sont fréquents et forcés. Pour elle, la morale tout entière fait partie de la religion, or, la morale est la partie générale et principielle du droit. Quoi d'étonnant à ce que l'Eglise prétende régler le droit entier ou en partie ! Tous les péchés deviendront bientôt des délits et seront punis par elle de peines corporelles. La politique sera dirigée suivant les intérêts de l'Eglise qui ne veut que le triomphe du bien, toute la société civile sera bientôt absorbée. Cependant la logique n'est pas toujours appliquée jusqu'à l'extrême. Voici les principaux points :

La société religieuse prétend ériger en délits ou en crimes les péchés qui l'ébranlent comme société externe, ou qui s'attaquent aux principes essentiels de sa société interne. C'est ainsi qu'elle fait introduire les incriminations d'hérésie, de schisme, d'apostasie, de sorcellerie, et aussi, dans le second sens, de blasphème. Elle les réprime bien, comme nous l'avons vu, par des peines canoniques, mais celles-ci, toutes immatérielles, ne peuvent suffire, il faut que le Code pénal vienne à son aide. Ce n'est pas tout, elle revendique aussi une part de la juridiction civile. Elle a fait de certains contrats, par exemple, du mariage, de l'ordre, des sacrements, il faut bien qu'elle décide en pareille matière.

Le fond emporte la compétence et la forme. Il ne suffit pas que la société civile punisse ces péchés ou sanctionne ces sacrements. Il faut que, conformément à la loi édictée, ce soit l'Eglise elle-même qui déclare la culpabilité et applique la peine. En outre, elle devra suivre sa procédure propre et non celle ordinaire, procédure très sévère et qui a pris le nom d'inquisition ; celle-ci entraîne un système particulier de preuves et de recherches.

Ce n'est pas tout, pour les crimes et les délits de droit commun, la compétence restera à la société civile, mais à une condition, c'est qu'il s'agisse d'un laïque; si, au contraire, il s'agit d'un membre du clergé, sa personne étant consacrée à Dieu, Dieu seul peut le juger, ou ses représentants. On assimile d'ailleurs à l'ecclésiastique une foule d'autres personnes. En même temps, il jouit d'un grand nombre d'immunités pénales.

Telles sont les usurpations directement commises contre les membres de la société civile et qui se répercutent sur celle-ci dans son ensemble ; mais il y en a d'autres dirigées contre les chefs. L'Eglise a le droit de les excommunier, de les mettre en interdit, de les déposer, en déliant leurs sujets du serment de fidélité. En effet, telle fut sa longue pratique au moyen âge ; par là elle exerça indûment le pouvoir temporel dont elle eut la haute surveillance, mais sur ce point se manifestèrent d'énergiques résistances où le pouvoir spirituel succomba.

Par contre, la société religieuse a accordé ses faveurs et son aide à la société civile de diverses manières et surtout par une cérémonie bien connue qui donnait au chef civil une origine quasi-divine, le *sacre*. A partir de ce moment le monarque était soustrait à toute révocation de la part de l'aristocratie qui l'avait choisi ; son droit ne pouvait plus être détruit que par une sorte de sacre contraire, il était mis au-dessus de toutes les vicissitudes sociales ; aussi y attachait-on le plus haut prix. On peut en donner pour exemple frappant le sacre de Charles VII à Reims ; ce fut le couronnement de l'œuvre de Jeanne d'Arc, et la défaite morale des Anglais succédant à leur défaite matérielle ; de ce jour le droit dynastique de ce prince fut incontesté. Il est curieux d'en rapprocher le sacre de Napoléon Ier. Un monarque issu du mouvement révolutionnaire, mais qui, suivant une spirituelle comédie, eut pu revendiquer Louis XVI comme son oncle par alliance, voulut aussi être sacré à l'instar des vieux rois, il l'obtint, et à partir de ce moment changea d'origine et se crut de droit divin. Le droit, en effet, est le résultat du sacre ; c'est une sorte d'apothéose ; le monarque devient le représentant de la divinité.

Ce ne fut pas le seul prêt utile que l'Eglise fit à l'Etat. Il y en eut d'abord un second qui ne fut que la conséquence du premier. Il y avait eu après la séparation des deux pouvoirs indépendance entre eux. Le fidèle était tenu par la contrainte morale de rester attaché à son Eglise ; le sujet par la contrainte matérielle devait obéir à l'Etat, mais le fidèle n'était pas tenu de se conformer aux lois religieuses par une contrainte matérielle, ni le sujet aux lois de l'Etat par une contrainte morale. Il existe encore des vestiges de cette situation dans certains préjugés ; il est considéré comme licite, moralement, de frauder le fisc, tandis que la moindre indélicatesse envers les particuliers est sévèrement improuvée, c'est que l'on considère que le sujet n'est pas tenu envers l'Etat par un lien religieux et que la contrainte extrême, souvent draconienne, dispense de toute autre. Mais, sauf des vestiges, cette situation ne dura point. L'Eglise obligea les fidèles en conscience à obéir aux autorités constituées, même oppressives ; dans le cas seulement où les chefs agiraient contre Dieu, elle pouvait délier de l'obéissance. Une telle conduite eut des avantages au point de vue de la hiérarchie et de la discipline générale, et dans une période sociale chaotique, elle put être civilisatrice, mais, cette période passée, elle eut de grands inconvénients ; elle déprima les caractères, habitua à l'obéissance passive qui facilite toutes les tyrannies, et l'on put accuser plus tard les Eglises d'avoir embrassé par intérêt le parti du plus fort. Ce reproche ne fut pas toujours fondé, car elles prenaient souvent le parti du pauvre et du faible, mais même alors elles ne le faisaient qu'à titre de charité et non de protection d'un droit.

La société religieuse fit encore d'autres prêts à la société civile dans ses membres, en lui laissant appliquer quelques-unes de ses institutions, mais comme ce fut la société civile qui se les assimila sans qu'ils aient été demandés ou imposés, il s'agit plutôt d'une action par simple influence que nous décrirons bientôt.

De son côté, la société civile a fait fréquemment des incursions dans le domaine religieux, et y a pratiqué des usurpations et même des actes de violence. Par contre, elle a aussi prêté à l'Eglise des secours importants.

Dans le premier de ces ordres d'idées, l'Etat s'est souvent ingéré dans le domaine spirituel, quelquefois sous le prétexte de venir en aide, comme les Empereurs romains qui présidaient les Conciles, et en faisaient exécuter les arrêts par la force, mais le plus souvent par voie d'attaque. C'est ainsi que, fréquemment, il s'est arrogé le droit de dissoudre des ordres religieux en général, ou seulement certains d'entre eux et de les expulser du territoire; il a prétendu avoir le droit d'approuver ou de désapprouver leurs statuts. Nous n'avons pas à discuter ici cette question, encore toute contemporaine; elle tient à celle plus large de la liberté d'association d'une part et de l'autre à celle de la légitimité ou de l'illégitimité des vœux perpétuels. Quelquefois l'Etat s'est contenté de ne pas tolérer l'ordre international dont le chef serait un étranger ou demeurerait à l'étranger, ou celui dont la plupart des membres résidant dans son ressort seraient des étrangers. Vis-à-vis du clergé séculier, il s'est réservé aussi, en vertu du concordat, le droit de nommer les évêques, celui d'empêcher les conciles nationaux, de frapper dans l'appel comme d'abus les actes des prélats lésant le pouvoir civil, droits qui ont été toujours contestés par l'Eglise. Enfin, dans le domaine du culte, il a sécularisé le mariage qui avait été longtemps considéré comme un sacrement absorbant le contrat.

Par contre, l'Etat a toujours accordé aux Eglises une protection efficace. S'il a fréquemment persécuté et expulsé les religieux, même confisqué leurs biens, il a, par une ingérence contraire à la séparation des deux pouvoirs, sanctionné les vœux religieux en les rendant obligatoires même dans le for extérieur; il a donné au clergé soit un traitement, soit un impôt spécial à son profit, la dîme. Enfin il a remis les moyens d'exécuter dont il disposait au service des arrêts rendus par elle pour les péchés religieux devenus crimes ; ce dernier procédé constitue l'Inquisition. Là se manifeste le *summum* de l'alliance entre les deux sociétés. Il constitue le plus haut degré d'oppression, car c'est lui qui écrase à la fois le corps et l'esprit, c'est la *double prison* à laquelle aucune parcelle de liberté humaine ne peut plus se dérober.

Telles sont les actions volontaires et réciproques de l'une des deux sociétés sur l'autre, soit pour empiéter sur les domaines respectifs, soit pour se secourir mutuellement. Mais il existe aussi des *influences inconscientes,* des actions par *simple induction* et à distance. Il nous faut les relater à leur tour.

La société civile exerça toujours une influence sur la société externe religieuse, car les membres de l'une sont aussi les membres de l'autre, comme l'eau d'un fleuve prend la couleur du lit sur lequel elle coule. Aussi la nature aristocratique, démocratique, monarchique du gouvernement civil se retrouve dans le clergé ; à une certaine époque historique, celui-ci devint même féodal. Lorsque l'aristocratie régnait dans tous les Etats, le gouvernement de l'Eglise était aristocratique, en ce sens que les évêques y dominaient, en ce sens aussi qu'ils appartenaient presque tous à la noblesse, tandis que les simples prêtres, au peuple, de sorte que l'organisation était partout uniforme. Plus tard, lorsque le monarchisme devint maître, réduisant et subalternisant l'aristocratie, la papauté domina aussi de plus en plus l'épiscopat et finit par se substituer aux conciles. La constitution des castes dans les Indes qui avait pour but d'empêcher le mélange du sang inférieuravec le sang supérieur, créa la constitution aristocratique des brahmanes. Il y eut là une cause de déviation de telle ou telle religion de son esprit primitif ; lorsque les empereurs romains furent devenus chrétiens, la tendance du christianisme se modifia.

C'est en vertu de cette influence que l'Église chrétienne adopta la première le droit romain dont elle fit son droit canonique destiné à régler la société religieuse externe. Il lui aurait fallu créer un droit de toutes pièces ; elle en trouvait un formé depuis longtemps et réputé parfait ; elle se l'assimila. Il y eut à cela des avantages, car l'adoptant le premier dans des temps de barbarie, elle acquit d'un coup une grande supériorité, mais aussi elle s'imprima à elle-même cette forme casuistique minutieuse du droit romain qui devait plus tard passer dans sa théologie et y former la scholastique.

Mais l'influence fut plus grande du religieux au civil. Tout d'abord la société civile emprunta précisément à l'Église non son droit canonique tout entier, mais sa procédure canonique, surtout sa procédure criminelle. Ce fut un grand progrès, car elle n'en possédait encore qu'une barbare et cruelle, mais ce ne fut pas sans inconvénient, car celle-ci était inquisitoire, elle employait la torture, provoquant l'aveu de l'accusé, n'était pas contradictoire et restait secrète. Elle a duré en France jusqu'à une loi récente qui ne l'a pas entièrement éliminée, et après avoir été un progrès, elle est devenue un regrès. Les Anglo Américains ayant sans doute subi de la part de la société religieuse une influence moins profonde, l'ont depuis longtemps abandonnée.

Deux institutions tout à fait religieuses ont dominé le droit dans la société civile, l'une au commencement et l'autre toujours ; il s'agit des *ordalies* et du *serment*.

Tout le monde connaît les ordalies, les épreuves du feu, de

l'eau, etc., et plus tard même le duel judiciaire qui s'y rattache. Elles ne sont pas spéciales au christianisme ; on les retrouve partout, spécialement parmi les peuples de l'Afrique, et toujours avec le caractère religieux et l'intervention supposée de la divinité. C'est celle-ci qui juge ou plutôt qui fournit les preuves ; *la divinité est témoin*. Par une sorte de miracle, elle intervient à l'appel du juge. Si le coupable résiste à la morsure du feu, par exemple, c'est qu'il est innocent ; s'il y succombe, il est coupable. C'est comme si Dieu avait approuvé et désigné. La condamnation ou l'acquittement n'est plus qu'une affaire de pure forme. Cet emprunt volontaire à la religion est très important. Il est né mécaniquement de l'impossibilité d'avoir d'autres preuves à une époque où le témoignage n'était ni sûr, ni libre et où l'on ne pouvait guère avoir de preuves par écrit. Aussi était-il employé tant au civil qu'au criminel. Cependant les ordalies devinrent à leur tour suspectes ; il était trop facile de les diriger, et l'on employa un autre moyen religieux, mais où Dieu intervenait sans l'intervention du juge ou du prêtre, c'était le duel judiciaire ; Dieu favorisait l'innocent, il lui donnerait la force, l'adresse ou la chance nécessaires. Plus tard, ces moyens héroïques disparaissent, et l'on remercie la société religieuse de son prêt en le lui restituant, lorsque le progrès des mœurs a rendu le témoignage possible.

Mais avant de recourir aux ordalies, on avait eu recours à la divinité par un moyen plus naturel, emprunté aussi à la société religieuse. Il s'agit du *serment*, dont nous n'avons pas parlé jusqu'à présent, parce que c'est ici sa place principale. Le serment est un acte religieux, non pas par lequel on atteste la divinité, car la divinité ne doit pas répondre, mais par lequel on engage *conventionnellement* son salut d'outre-tombe ; l'idée d'attestation est inexacte, ou, en tout cas, indirecte.

La destinée d'outre-tombe est engagée, en effet, par le résultat objectif de l'action, *Karman*, du péché ou du bienfait, mais elle peut l'être aussi d'une manière conventionnelle par *un contrat avec la divinité* ou par une déclaration faite à celle-ci. Par exemple, je promets d'accomplir telle action qui n'est pas obligatoire, mais qui est agréable à Dieu ; la rupture de cette promesse, si le promettant consent à une sanction pour le cas de non-accomplissement, donne lieu à cette sanction : c'est le vœu. La pauvreté n'est pas obligatoire, mais si je la promets sous la sanction qui s'attache ordinairement au péché, j'encourrai les peines ordinaires en cas d'enrichissement volontaire. Lorsque la déclaration n'a pas trait à l'avenir, mais au présent et au passé, et qu'elle est faite en se soumettant, en cas de fausseté, aux peines du péché, elle a le même effet ; le mensonge, déjà punissable, est aggravé et devient un parjure, il est puni alors de peines plus fortes. Dès lors, le témoin qui déclare la vérité sous serment ajoute volontairement aux peines civiles de faux témoignage celles religieuses de faux serment. On comprend combien la véracité en est garantie lorsque les fidèles ont une foi profonde ; c'est ce qui explique l'universalité de cet emprunt fait par la loi civile à la loi religieuse. Aussi resterait-il à l'individu comprimé à la foi par l'atmosphère extérieure et l'atmosphère intérieure qu'il sent peser sur sa conscience, une seule ressource, celle de refuser le serment, lorsqu'il est appelé comme témoin, car la religion ne le force pas à le prêter, mais la loi civile l'y contraint, il doit le faire sous peine d'une amende ou d'autres pénalités et se trouve désormais sous le double étau. Où l'injustice commence, c'est lors que le témoin se trouve placé ainsi entre son intérêt personnel et son devoir, ou lorsqu'en disant la vérité il s'accuse lui-même. Elle est plus forte et devient une iniquité lorsque, comme jusqu'au siècle dernier, le serment est exigé de l'accusé. C'est même par ce serment qu'on a commencé dans le cours de l'évolution ; celui des témoins n'est apparu que beaucoup plus tard. Il s'agissait précisément, en l'absence de tous témoins possibles, de faire décider le litige par la seule présence de l'accusateur et de l'accusé. Le premier ne pouvait avoir aucun moyen de preuves, c'était au second de prouver son innocence, ce qui nous semble bien singulier aujourd'hui, ce qui cependant était logique, mais il pouvait le faire par son serment, serment sincère, car, en se parjurant, il s'exposait à des peines d'outre-tombe beaucoup plus graves que celles qu'il pouvait assumer de son vivant par la reconnaissance d'un crime avoué ; cette situation était garante de sa sincérité. Cependant, alors même, elle parut quelquefois suspecte et il fallait y trouver des adjuvants. C'est ce qu'on fit, sans s'éloigner pourtant du moyen déjà employé, en exigeant en même temps le serment d'autres personnes, de là l'institution des *cojuratores;* d'autres engagent aussi leur salut éternel pour le cas où ils connaîtraient la culpabilité en affirmant le contraire. C'est la *solidarité conventionnelle* devant Dieu, et le *summum* de l'effet du serment. Quelle preuve peut être plus forte que celle résultant de tant de saluts éternels engagés pour un intérêt temporel quelquefois médiocre ? Le secours apporté par la religion a été ici très important. Il l'est tellement que le serment non des parties, mais des témoins, s'est conservé jusqu'à nos jours dans toutes les législations, quoique suranné et inefficace ; en effet, il suppose une foi parfaite et une religion sincère ; si elles n'existent pas, le serment n'a plus aucune valeur ; la crainte des peines d'outre-tombe le rend seule efficace. D'ailleurs est-il licite à la société civile d'emprunter à la société religieuse des qualités qui sont exclusivement du ressort de celle-ci et de pénétrer dans le for intérieur malgré la résistance de l'individu ?

Trois objections ont été faites contre le serment et son emploi civil forcé. Quelquefois, la religion s'est refusée à faire ce prêt. Certaines confessions interdisent le serment lui-même comme illicite ; il est défendu d'invoquer le nom de Dieu ; on se fonde surtout sur des textes bibliques ; la véritable raison est la protestation de l'autonomie humaine, de l'individualisme. Dans ce cas, la loi civile devient perplexe. Peut-on forcer l'individu à faire un acte religieux, mais que sa religion réprouve ? La question a été diversement résolue ; on se contentait quelquefois d'une déclaration solennelle, mais c'est un subterfuge, car alors l'existence du serment disparaît. Les religions qui interdisent le serment ont raison, non pas tant pour les motifs formels qu'elles donnent que pour le grand principe d'individualisme qu'elles protègent.

Quelquefois, c'est contre la religion que le serment est refusé. Il suppose, en effet, l'existence de Dieu, d'un dieu personnel et des sanctions religieuses. Si l'on croit que ces sanctions n'existent pas, ou qu'il n'y a pas de dieu personnel, le serment est une vaine formule, il devient même une hypocrisie, car on ne jure pas par le néant. C'est dans ce sens qu'une campagne a été dirigée il y a quelques années contre le serment. C'étaient surtout les jurés qui le refusaient, en contradiction avec l'étymologie de leurs noms ; c'étaient des jurés non jurants ; leur prétention ne fut pas admise, il est vrai qu'il n'agissaient ainsi que par mode et par ostentation d'un athéisme qui se trouvait bien porté ; depuis, la mode a passé et les libres-penseurs prêtent sans difficulté le serment. Mais, au fond, l'objection est juste ; *on ne doit jurer que volontairement*. Certaines religions se rencontrent sur ce point fondamental avec ceux qui déclarent n'en avoir aucune.

Aussi la troisième objection nous semble surtout fondée ; l'homme ne doit pas être contraint par la société à conclure une convention avec la divinité aggravant sa situation, ni s'il ne croit pas à cette divinité, ni surtout s'il y croit. Une telle pratique est la violation du for intérieur, une atteinte à l'individualisme, une oppression sociale.

Telle est l'influence réciproque exercée par la société civile et la société religieuse. Mais ce ne sont pas seulement les diverses nationalités qui exercent une action sur les Eglises ; ce sont aussi les diverses races; ces facteurs contribuent à les différencier. Le christianisme du nord a beaucoup de caractères différents de celui du midi, parce qu'il s'adresse là à la race germanique, ici à la race latine ; et ce fut une des principales causes du démembrement religieux réalisé par le protestantisme. De même, la race slave greffée en un certain sens sur la race hellénique a son christianisme modifié qui est devenu le schisme grec. Le civaïsme du sud de l'Inde diffère du vichnouisme du nord. Les races sémitiques ont leur tendance très originale et le monothéïsme rigoureux leur appartient en propre. Il serait intéressant de poursuivre l'étude de cette correspondance entre la religion et la race, mais elle nous entraînerait ici trop loin.

La force sociale de la religion est très grande ; il n'est donc pas étonnant qu'elle ait pénétré la société ordinaire et qu'elle y laisse encore aujourd'hui son empreinte. Celle-ci fait les plus grands efforts pour se laïciser complètement, mais l'instinct religieux la ressaisit à son insu, même lorsque les croyances diminuent. Cela provient, croyons-nous, de cette force sociale de la société religieuse. C'est elle qui a favorisé la naissance de la société civile et l'a mise longtemps sous son égide, tous les principes de celle-ci ont été puisés dans celle-là. Cela n'est pas fait pour nous surprendre. La religion est essentiellement société elle-même et société supérieure, cosmosociété ; tandis que la société proprement dite ne comprend que les hommes vivants, la religion englobe avec ceux-ci tous les morts qu'elle ressuscite, les esprits des choses, les dieux, les demi-dieux, héros ou saints, les anges et les démons, les êtres inférieurs, les humanise, les met en rapport, les gouverne, elle est internationale, internaturelle, interdivine ; c'est la grande société cosmique dont la société humaine est l'infime réduction.

CHAPITRE XII

DE LA CLASSIFICATION DES RELIGIONS

Les religions peuvent se classer de plusieurs manières suivant les divers points de vue auxquels on se place successivement ; cette classification a une grande importance, d'abord au point de vue pratique, parce qu'elle sert à mieux connaître leur caractère, puis à celui de la théorie, parce qu'elle montre comment l'esprit humain les a envisagées à différentes époques et dans différents pays. On sait d'ailleurs combien une classification exacte est recherchée dans toutes les sciences naturelles ; c'est la taxinomie. Après les chapitres qui précèdent où la plupart des signes distinctifs ont été indiqués, nous n'aurons plus qu'à en faire la synthèse rapide.

1° Un des principaux classements, parce qu'il est intrinsèque, est celui que nous avons indiqué au chapitre Ier. Les religions sont humaines ou divines, c'est-à-dire objectives ou subjectives, suivant que le culte s'adresse à l'homme plus ou moins divinisé ou à des dieux plus ou moins humanisés. Le premier culte comprend, avec celui des ancêtres et des morts en général, celui des saints, des héros et des demi-dieux, enfin d'une part et au sommet de la série, du dieu devenu homme par l'incarnation, et en bas de cette série, de l'homme encore vivant par l'apothéose. On voit qu'il y a de nombreux degrés, mais le principe est partout identique. L'homme s'adore lui-même, ou plus exactement il adore l'humanité dans ses membres les plus illustres. La religion bouddhique est celle de l'homme divin lorsqu'il devient successivement bouddhisattva ou bouddha, alors il peut changer l'ordre de la nature et il a sous ses pieds les dieux eux-mêmes, de même que le voyageur parvenu au haut de la montagne voit les nuages au-dessous de lui. Les religions objectives, au contraire, s'adressent aux objets de la nature auxquels elles supposent un esprit et qu'elles divinisent; c'est le naturisme devenant l'animisme, ayant souvent une nature solaire. Du reste, les deux cultes coexistent chez le même peuple, mais l'un d'eux a la préférence. Presque toujours, d'ailleurs, c'est la religion humaniste qui est le point de départ et pour laquelle on dresse les premiers autels qui serviront de modèle. Enfin la religion objective se rapprocha bientôt de celle subjective en donnant aux esprits issus des objets matériels y compris ceux des astres une forme, et surtout une action humaine. De là l'anthropomorphisme qui est la *subjectivisation de la religion objective*. Cette division est donc tripartite : *religions humanistes ou subjectives, religions divinistes ou objectives*, enfin *religions divinistes* se rapprochant de l'*humanisme* ou *anthropomorphiques* ;

2º Un autre classement qui distingue encore l'homme de la divinité, mais dans un tout autre sens, est celui en religions qui sont le résultat de l'instinct de l'homme, et celles qui lui viennent de la divinité elle-même, en d'autres termes, en religions *révélées* et en religions *non révélées*. Tantôt, et cela forme un degré supérieur, c'est Dieu lui-même qui indique à l'homme le culte qu'on lui doit, ce qu'il faut faire, ce qu'il faut croire; la religion a beaucoup d'autorité alors, d'autant plus qu'elle l'appuie par des miracles; quelquefois il lui suffit d'inspirer les livres saints. Mais souvent l'homme va chercher la vérité religieuse seul, sans secours ; il la découvre ou croit la découvrir ; à l'origine, c'est après beaucoup de tâtonnements ; ce sont les religions issues de la coutume, lentes à se former, mais résistantes, parce que rien ne peut venir battre en brèche le fait qui leur sert de base. Ce sont les plus anciennes, car l'homme n'a pu supposer que la divinité lui apparaîtrait et lui répondrait tout de suite. Plus tard enfin et postérieurement aux révélations, la religion révélée est réformée par un homme, divinisé ou non, qui veut l'interpréter, la transformer ; c'est plutôt un sage, mais un sage travaillant sur les choses divines ; c'est l'homme qui crée encore le culte, non plus avec son instinct cette fois, mais avec sa raison ; cette religion est plus parfaite, plus indulgente en même temps ; elle ne tient plus compte de l'intérêt de Dieu seul, comme lorsque celui-ci commande, mais aussi de l'intérêt bien compris de l'homme. Ces trois classes de religions dans les pays où elles apparaissent suivent un ordre chronologique, qui est le suivant : 1° religions *coutumières ;* 2° religions *révélées ;* 3° religions *humaines* ou *réformées.* Il est possible que cette dernière classe soit à plusieurs degrés, et qu'il se produise *une réforme de réforme.* C'est ainsi que le christianisme réforme le judaïsme et qu'à son tour le protestantisme réforme le christianisme. La plupart des religions sont coutumières et toujours demeurées telles, notamment celles des peuples non civilisés. Le judaïsme repose sur les révélations faites aux patriarches et à Moïse, le mazdéisme sur une révélation faite à Zoroastre, et l'islamisme sur les visions de Mahomet; enfin le bouddhisme, le christianisme, sont des religions greffées sur d'autres et qui les ont réformées ; elles se basent sur le bon sens et la raison. Nous avons déjà noté les mêmes différences sur l'origine du droit dans les sociétés humaines ; tantôt il est purement coutumier, tantôt il est édicté par le législateur.

3. Un des classements les plus essentiels des religions a trait à l'étendue des groupes humains qui les pratiquent ; la sphère va toujours en s'élargissant, et cette extension croît peu à peu sans qu'il y ait de degrés omis. Les religions, à ce point de vue, sont individuelles, familiales, nationales ou internationales (catholiques). Les plus anciennes sont les religions individuelles ; chaque dieu a pour adorateur un seul homme;

cette situation, qui semble d'abord invraisemblable, se réalise dans le fétichisme. Ce culte que nous avons décrit consiste à se forger soi-même un dieu avec un objet quelconque dans lequel on suppose qu'un esprit supérieur s'est incarné. On le garde tant qu'il est docile et favorable, le rejetant dans le cas contraire et le remplaçant par un autre fétiche. Du reste, il n'est pas très exact de dire qu'on l'adore, car on veut plutôt le maîtriser, comme dans l'exercice de la magie. Ce dieu n'est même pas celui de la famille, mais seulement celui de l'individu ; ce n'est que par extension qu'il devient plus tard familial, puis national, mais c'est qu'alors chacune de ces collectivités est considérée comme un seul homme. La religion individuelle, avec cette extension, reste celle de tous les peuples non civilisés.

Avec la civilisation commence la religion familiale, qui persiste encore de nos jours à travers les autres. Le dieu de la famille c'est l'ancêtre ou l'ensemble des ancêtres, en y joignant tous les esprits qui gravitent autour du foyer domestique et qui le protègent, les lares, les pénates, ceux qui président à chaque événement de la vie, et enfin les hommes illustres de la race. Cette religion est mortuaire dans son principe. Le père de famille, le patriarche y est le prêtre, le sacrificateur ; la pierre tombale est celle de l'autel. C'est sous sa protection, sous son incubation qu'éclosent les autres cultes. En vigueur d'une manière plus remarquable chez certains peuples, les Romains, les Egyptiens, les Chinois, il a partout de très profondes racines et même l'incroyant conserve cette religion du sentiment.

Au-delà de la religion familiale apparaît celle nationale. Plus étendue, elle est cependant très étroite encore dans son caractère. Le dieu ou les dieux se solidarisent avec la nation qu'ils protègent ; ils ne souffrent point le partage avec d'autres dieux, ce sont des divinités jalouses. Quand sa nation lui est infidèle, son dieu la punit. Le type du culte national est certainement le Judaïsme ; Jahvé vit avec le peuple Hébreu, ne le quitte pas pour ainsi dire, et la dévotion y devient du patriotisme.

Enfin, le cercle le plus large appartient aux religions *internationales* ou catholiques. Elles comprennent à la fois plusieurs nations et ont pour objectif de les englober toutes; elles sont bien encore hostiles aux autres, mais d'une manière offensive et non plus simplement défensive, elles ont leurs nombreux prosélytes, leurs missionnaires. Par leur ubiquité, comptant partout des adeptes, elles réunissent par leur lien des nationaux de pays différents, elles aplanissent la voie à la pacification. Aussi cherchent-elles à favoriser parallèlement la formation d'Empires internationaux ; elles ont pour chefs le pape et l'empereur, tous deux à la tête de la chrétienté, et cherchent à s'étendre encore par des conquêtes. C'est quelquefois par la force des armes que la propagande a lieu, mais le résultat est le même. Les religions internationalistes ou catholiques sont les moins nombreuses, mais elles appartiennent aux plus élevées; elles comprennent le bouddhisme, le mahométisme et le christianisme dans ses deux branches : catholicisme et protestantisme.

4. Le classement des religions en *non légalistes* et *légalistes* a trait à l'introduction de la morale dans la religion; on sait que cette apparition est tardive, mais à sa place existait auparavant une morale cultuelle consistant en l'observation d'un grand nombre de formes, aussi faut-il élargir la division et y ajouter les religions *formalistes*. Les unes ne se préoccupent pas de la morale, les autres mettent au premier rang la morale cultuelle, d'autres enfin la morale naturelle ; ce sont ces dernières qui sont dites légalistes. Les religions non civilisées sont non légalistes, celles civilisées se répartissent entre les deux autres catégories ; on peut compter parmi les religions formalistes le brahmanisme et en Chine la religion officielle, le confucéisme et le taooisme; les formalités y sont devenues le but principal et leur juste observation est la condition maîtresse du salut. Les religions légalistes, ou celles dans

lesquelles la morale domine, sont le bouddhisme et le catholicisme, il y en a d'autres, mais à un degré très inférieur, par exemple, le judaïsme et l'islamisme, où l'observation des préceptes de la morale est sévèrement sanctionnée, mais où cependant celle-ci est subordonnée à la doctrine qui demeure la partie essentielle de la religion, tandis que dans les deux précitées, la morale domine et a même été le seul motif de la réforme religieuse. Mais il existait des religions plus légalistes que le bouddhisme et le christianisme, c'est-à-dire mettant davantage le bien en vedette et même au dessus du vrai. Ce sont les religions dualistes, dont le type le plus parfait est le mazdéisme. La lutte du bien et du mal y est incessante et c'est sur elle que se concentre toute l'attention religieuse. D'où le classement suivant : religions *séparées de la morale*, religions à *morale rituelle*, religions à *morale naturelle*, religions où la *morale prime le dogme*, religions *dualistes*.

5. Les religions peuvent être *concrètes* ou *abstraites*, et si elles sont abstraites, le devenir à divers degrés. Les religions primitives sont toujours concrètes. L'abstraction se produit de plusieurs manières : ou l'on sépare l'esprit des objets naturels que l'on adorait et on n'adore plus que lui, c'est ce qui a lieu dans l'animisme, où l'on prend une qualité à divers objets qui la possèdent et l'on personnifie cette qualité sans encore lui donner une forme humaine ; on fait des entités de la bonté, la beauté, la force, etc., il y a le dieu de l'amour, la déesse de la beauté, le dieu de la force ; enfin, il existe un autre genre d'abstraction qui constitue le symbolisme ; le sacrifice, par exemple, qui était autrefois matériel, devient chez les chrétiens tout idéal, les formes qui avaient autrefois une signification la perdent et deviennent de pures formules. Dans tous ces cas, il y a abstraction et les religions qui les multiplient sont des religions abstraites.

6. Les religions sont ou ne sont pas *anthropomorphiques*, mais nous avons compris cette division dans celles en subjectives et en objectives ; une division qui touche de près à

celle-là est celle en religions *idolâtriques* et religions *non idolâtriques*, l'idolâtrie étant un certain anthropomorphisme, mais distinct cependant, car elle peut être aussi zoomorphique. L'idolâtrie est à plusieurs degrés, elle peut consister seulement à enfermer le dieu invisible dans un temple, alors on ne le voit pas, mais on voit déjà sa demeure ; les peuples qui ne sont pas du tout idolâtres ne veulent même pas élever de temple, à peine un autel en plein air, sur les montagnes. Le second degré consiste à faire des peintures et surtout des statues du dieu. On passe vite de les honorer à les adorer, croyant que le dieu vient s'incarner dans sa statue, comme il venait habiter dans son temple. Certaines religions réprouvent non seulement l'adoration des dieux, mais même leur représentation, depuis les iconoclastes jusqu'aux protestants, certains chrétiens sont de cet avis, certains autres, par exemple les schismatiques grecs, ont pour les images, les icones, un culte véritablement idolâtrique. Les pèlerinages, le culte des reliques reposent partout sur une demi-idolâtrie. Il est difficile en cette matière de fixer les limites et le moment où l'on croit que le dieu vient animer la statue. Les peuples païens n'étaient point tous idolâtres. Non seulement les Juifs et les Musulmans repoussent énergiquement la représentation de la divinité, mais il en était de même des Mazdéens qui n'avaient ni images ni temples, et qui ne possédaient pour seul représentant de la divinité que le feu. Il en fut originairement ainsi en Grèce et à Rome où l'idolâtrie se développa si complètement plus tard. A Rome surtout, elle fut tardive, ce fut Numa qui construisit le premier temple et Servius Tullius la première image, une statue de Diane. Les Celtes n'avaient à l'origine ni temples, ni images. L'idolâtrie n'est donc pas primitive et la statue, lorsqu'elle existe, a pu être la simple représentation de Dieu ;

7° Une des grandes divisions des religions, c'est celle en panthéisme et théisme ; elle a besoin d'être bien comprise ; le premier repose sur la croyance en un dieu immanent, le second sur celle en un dieu ou dans des dieux personnels ; car le théisme peut être polythéiste ou monothéiste, et le panthéisme, assez mal dénommé, peut être polypanthéiste ou monopanthéiste, mots nouveaux qui semblent impliquer contradiction, ce qui n'est pas en réalité. Il faudrait changer ces expressions ; la croyance en un dieu personnel pourrait s'appeler l'extrathéisme et celle en un dieu impersonnel et immanent l'intrathéisme, et pourtant cette dernière dénomination ne serait pas tout à fait exacte, car elle ne convient qu'à une sorte de panthéisme. Tout le monde sait ce qu'est le théisme ou l'existence d'un dieu personnel externe au monde ; le sens exact du panthéisme est moins connu. Nous en avons distingué deux : le *panthéisme ascendant*, lequel est l'existence du dieu immanent au monde, en étant la résultante et ne pouvant s'en détacher, c'est bien alors l'intrathéisme. Mais il y a aussi le *panthéisme descendant* qui laisse en dehors la matière, mais fait dériver tous les esprits de la substance divine, non par une *création*, mais par une *procréation* temporaire, au bout de laquelle les esprits émis font retour à la divinité, alors le terme d'intrathéisme ne convient plus. C'est le système des Indous que nous avons exposé. Enfin, ces deux panthéismes se réunissent dans un troisième, le monisme, qui admet d'une part l'unité de la matière, d'autre part celle de la force, force qui représente la divinité, et finalement par une analyse plus profonde l'unité de tout, ce qui justifierait cette fois le nom de *panthéisme*. Pour établir une terminologie cohérente et complète, nous proposons d'appeler la *religion* du dieu personnel, externe au monde et créateur, religion *personnaliste*, et celle du dieu impersonnel religion *impersonnaliste* ; la définition se trouverait contenue dans l'appellation. Le personnalisme pourrait être *polythéiste*, *oligothéiste* ou *monothéiste* ; l'impersonnalisme serait *cosmothéiste*, *psychothéiste* ou *holothéiste*. Le cosmothéisme serait le nom du panthéisme ascendant, partant du monde et représentant l'immanence absolue, il s'approche de l'athéisme ; le psychothéisme serait la doctrine de l'émanation, du dieu émanant au lieu du dieu immanent ; l'holothéisme serait le monisme ; l'appellation vague du panthéisme disparaîtrait.

Cette division entre le théisme et le panthéisme (termes anciens) est bien plus essentielle que celle du monothéisme et polythéisme à laquelle nous arrivons. Cette dernière n'est pas cependant une subdivision de l'autre, c'est une autre division qui se croise avec la première. En effet, une religion cosmothéiste peut être à son tour polythéiste ou monothéiste.

Cela rend notre terminologie nouvelle un peu inexacte, mais elle suffirait en pratique, parce qu'on ne connaît pas de panthéisme monothéiste, du moins dans les systèmes religieux. Que si l'on voulait une exactitude absolue, on pourrait désigner les systèmes de la divinité *personnelle* par le mot de *théisme*, et ceux de divinité plus ou moins *immanente* par celui de *déisme* ; on aurait ainsi d'une part le *polythéisme*, l'*oligothéisme* et le *monothéisme* ; d'autre part, le *polydéisme*, l'*oligodéisme* et le *monodéisme;* le premier et le second de ce second groupe serait celui du panthéisme ascendant ; le troisième, celui du panthéisme descendant ou d'émanation ; enfin, on conserverait l'appellation de monisme à la doctrine de ce nom.

En dehors, se trouve l'*athéisme*, c'est-à-dire la doctrine qui rejette à la fois la divinité personnelle et la divinité immanente. Elle pense que le monde n'a pas été créé, ni procréé, qu'il est le résultat du hasard. L'athéisme est certainement rare. Il est né par opposition à la doctrine du merveilleux qui suspendait à chaque instant les lois de la nature et qui semblait impossible, qui se mêlait souvent à l'imposture, et que rien ne saurait contrôler. En présence de la nature, muette, impassible et régulière, on se mettait à penser qu'elle seule agissait sans règles et sans ordre. On invoquait bien, en sens contraire, l'harmonie des causes finales, mais précisément ces causes, après examen, étaient rejetées ; on pensait que tout était le produit de causes efficientes, mécaniques, aveugles. Il ne restait donc que le hasard, ce qu'il y a de plus irréligieux. Mais en même temps le hasard est ce qu'il y a de plus antiscientifique. S'il n'existe pas de mystères ni de miracles, on s'aperçoit qu'il reste les merveilles de la nature, que ces merveilles sont l'application de lois régulières, ou plutôt de forces invisibles, mystérieuses aussi, réversibles les unes aux autres, étrangères à la matière, de véritables esprits dans le sens large du mot, esprits qui, par leur rapidité (l'électricité, la lumière), jouissaient d'une sorte d'ubiquité, traversaient le nature, se répandaient en une seconde d'un bout du monde à l'autre, et ces nouvelles âmes étaient cependant des âmes réelles ; elles agissaient suivant des règles mathématiques, intelligentes, que le désordre et le chaos n'ont pu produire. La science enfanta donc une religion hystérogène, embryonnaire, il est vrai, mais qui chassait invinciblement la croyance au hasard. Dès lors, l'athéisme pur déclina ; les athées vaincus par la logique, s'ils ne sont pas devenus des théistes, ont dû devenir des monistes. Le même processus a eu lieu dans le monde social. La doctrine communiste, consistant à laisser tous les biens en commun et qui correspondait à l'athéisme en religion, a disparu devant le développement de la sociologie, et ses adhérents, s'ils n'ont pas voulu devenir propriétaristes ou individualistes, ont dû se faire socialistes et collectivistes, parce que le hasard ne doit régner nulle part, mais la loi, c'est-à-dire la conséquence logique qui, d'ailleurs, peut varier dans son point de départ ou son point d'arrivée.

Cependant, l'athéisme peut se soutenir dans un autre sens, lorsqu'il s'agit de détruire la croyance aux dieux existants, c'est une œuvre négative, et elle est en religion ce que le nihilisme est en sociologie. C'est une méthode jugée quelquefois nécessaire. C'est dans ce sens que le bouddhisme a été athéistique, il ne l'a pas été complètement ; il a conservé les dieux, mais il les a fait descendre au-dessous de l'homme.

8° Une division classique des religions est celle en *poly-*

théistes et *monothéistes ;* nous avons vu qu'elle se croisa avec la précédente. Nous y ajoutons un terme, celui d'oligothéisme. L'analogie de ces termes avec ceux employés en sociologie est frappante : polycratie ou démocratie, oligoocratie ou aristocratie et monarchie. C'est que l'analogie existe dans les choses elles-mêmes. En cosmosociologie, le polythéisme est entre les dieux un état constitutionnel démocratique dont le caractère s'accroît avec leur nombre et qui devient une sorte de gouvernement démocratique direct dans le cas de l'animisme ou lorsqu'un objet matériel est venu d'un esprit quasi-divin ; l'oligothéisme est une aristocratie divine et le monothéisme une monarchie, Tout le monde sait ce que signifient les termes de monothéisme et de polythéisme. Mais qu'est-ce que l'oligothéisme ? C'est la transition entre les deux autres qui n'a pas été assez remarquée ; en raison de cet intermédiaire, l'antithèse nette entre les deux extrêmes s'atténue, et en même temps leur importance. Il suffit de considérer le panthéisme indien ; on voit que le nombre des dieux diminue peu à peu, que les inférieurs s'effacent, que les supérieurs se groupent, et que surtout il en reste seulement quelques-uns au sommet, par exemple, Brahma, Siva, Vichnou, et que d'ailleurs ces dieux ont été formés par des religions différentes fusionnées. Les divinités supérieures se réunissent bientôt en une seule au moyen des triades, de sorte que voilà un véritable monothéisme, et beaucoup au-dessous une foule de dieux devenus des demi-dieux, qui ne sont même pas toujours immortels. Dans la mythologie gréco-latine, Jupiter prend une telle hégémonie qu'il devient presque le dieu unique ; en tous cas, c'est le dieu souverain. On se fait donc une très fausse idée du polythéisme quand on croit qu'il s'oppose radicalement à l'idée de la divinité unique ; cette qualité, ou plutôt ce défaut, n'appartient qu'à l'animisme. D'ailleurs, tout le monothéisme a commencé par le polythéisme, au moins indirectement, si, comme beaucoup le soutiennent, les Juifs ont été polythéistes à l'origine, mais cette opinion n'est nullement certaine.

9° Les religions se divisent en égoïstes et altruistes ; il faut bien l'avouer, la plupart sont égoïstes, et la seconde nature n'appartient qu'aux plus élevées. Il s'agit du but de la religion. Le premier et le principal est de faire son salut, mais est-ce qu'il n'est pas plus parfait d'essayer aussi de faire le salut des autres, et à défaut, de faire du bien à son prochain ? Le plus pressé, sans doute, c'est le sien propre, mais lorsqu'il est assuré, n'ira-t-on pas au-delà ? La doctrine bouddhique a très nettement distingué ces deux degrés qu'elle personnifie dans le bouddha ordinaire et le bouddha parfait. Le premier se contente de son propre salut, aussi n'a-t-il pour récompense que l'anéantissement ou la confusion avec Dieu, avec perte de conscience. Le second, lorsqu'il a travaillé pour lui, travaille pour les autres ; ses austérités s'appliquent à procurer leur bonheur ; c'est le bouddha charitable ; aussi aura-t-il une récompense plus haute, il ne sera point anéanti, ce qui était déjà un grand bienfait, mais il se confondra avec Brahma, en conservant conscience de son existence ; il continuera même de s'intéresser à l'humanité. Les religions altruistes sont surtout le christianisme dans ses trois branches, le bouddhisme et l'islamisme.

10° Les religions sont mythiques ou non mythiques ; les unes racontent la génèse et l'histoire de leurs dieux, leur généalogie, l'origine de l'homme ; à ce point de vue, l'une des plus riches est la mythologie grecque ; mais il ne faut pas croire que les religions mythiques coïncident avec les plus civilisées, car précisément certaines religions monothéistes, le judaïsme, l'islamisme, ont peu de mythes, et lorsqu'elles en possèdent, elles leur donnent une tournure franchement historique ; du reste, ils sont simples et cette simplicité des histoires bibliques est précisément ce qui fait leur force et leur attrait ; d'autre part, les religions des peuples non civilisés, celles océaniennes sont très riches en mythes.

Du reste, les mythes sont souvent extravagants. Ils ne commencent à être en vigueur qu'à partir de l'anthropomorphisme. Cependant, il y a déjà en plein naturisme des *mythes solaires*, mais ils sont peu compliqués. Ce sont les religions tout à fait informes ou celles très parfaites et par là plus sobres qui se font remarquer par leur défaut de mythe.

11° Nous avons observé qu'il existe des religions d'où la morale naturelle est absente, d'autres où elle s'annonce tardivement, d'autres enfin où c'est l'élément moral qui domine et qui a été presque la seule cause du changement de religion. De même, il est des religions qui ont une tendance sociale très marquée, et qui sont non des systèmes politiques, mais de véritables systèmes socialistiques. Il faut noter en même temps que certaines écoles sociales sont presque des religions. Au contraire, la plupart sont étrangères à ces idées de sociologie humaine, et se cantonnent dans la cosmosociologie divine. Parmi les religions sociales apparait d'abord le bouddhisme; un de ses principaux objectifs a été la prédominance des Lshatryas sur les brahmanes, puis l'égalisation et la destruction de toutes les castes. Son œuvre fut si définitivement accomplie sous ce rapport que l'indouisme n'osa même plus rétablir l'état ancien. La charité fut la sublime inspiratrice de Sakya-Mouni. Elle était surtout celle du Christ et de la primitive Église; il est vrai qu'il déclare que son royaume n'est pas de ce monde, mais cela signifie seulement que sa religion n'est pas politique; elle était sociale. L'affranchissement des esclaves, la communauté de biens entre les premiers chrétiens, la confusion entre les Juifs et les Gentils, l'admission de tous aux dignités religieuses en furent la conséquence.

Par contre, beaucoup de doctrines sociales ont une tournure religieuse, au moins, à leur origine. Il suffit de citer le Saint Simonisme et le Fouriérisme qui durent leur vogue momentanée, mais très grande, à cette allure. De même, la Franc-Maçonnerie a reproduit dans ses rites une partie des cérémonies religieuses. Enfin les écoles sociales externes sont celles qui sont animées aujourd'hui seules de l'antique enthousiasme religieux.

12° Les religions se divisent aussi en *apparentes* et *occultes* ; ce qui est plus curieux, c'est qu'il y a là plutôt des compartiments internes de la même religion. Dans ce cas, la religion apparente, en général, symbolique, est pratiquée par la foule qui n'en comprend pas le sens intime ; la religion occulte qui fournit leurs explications et s'épure des superstitions grossières, est réservée aux prêtres et aux autres initiés. Cette double religion existe en Égypte et aussi dans d'autres pays où elle constituait les mystères, par exemple, en Grèce ; nous avons déjà signalé ces faits et nous ne les rappelons ici que pour ordre. Il y avait ainsi une religion aristocratique et une religion populaire bien distinctes ; la première restait cachée ; c'était un crime religieux de la dévoiler. On ne peut encore s'empêcher d'établir une comparaison avec le droit dans la société civile. A Rome, les formules à employer dans les procès n'étaient connues que de quelques privilégiés ; elles formaient une science secrète qui ne fut divulguée que très tardivement, ce qu'on n'obtint que par une sorte de révolution.

13° Les religions différentes, lorsqu'elles coexistent dans le même pays, se polarisent : l'une devient celle des classes lettrées ; l'autre, celle des classes populaires. C'est ce qui a lieu en Chine, les lettrés pratiquent la religion impériale, sorte de religion sans religion, assez semblable au culte de l'Etre Suprême qu'on avait voulu introduire en France pendant une période de la Révolution ; lorsqu'ils veulent avoir une religion plus réelle, ils pratiquent le confuscéisme. Le peuple a pour lui le taoïsme. Tous se rencontrent dans le bouddhisme qui leur offre des ressources par la divination et les faveurs divines. De même, en France, pendant les guerres de religion, le catholicisme étant resté la religion populaire, le protestantisme était celle des lettrés, des intellectuels de l'époque. Au dix-huitième siècle, ce fut l'athéisme qui devint aristocratique, tandis qu'au dix-neuvième le résultat inverse s'est produit, ce sont les classes populaires qui sont devenues les plus antireligieuses. Cette polarisation des religions est un des phénomènes remarquables de l'esprit humain. Elle explique en même temps la continuation de leur coexistence.

14° Dans un ordre d'idées rapproché, les religions se classent en celles des peuples non civilisés et celles des peuples civilisés, les premières ne dépassant guère le naturisme et l'animisme, les secondes pratiquant l'anthropomorphisme et l'idolâtrie pour parvenir ensuite à des degrés plus élevés ; les premières n'ayant pour intermédiaire avec la divinité que le sorcier, tandis que les secondes possèdent des sacerdoces réguliers, les premières n'ayant de la divinité qu'une idée démoniaque, tandis que les autres s'élèvent jusqu'à l'idée du bien ; cette classification, dont les compartiments ne sont pas toujours nettement tranchés, est plus importante pour l'exposition des différentes religions dans un ordre commode qu'elle n'est essentielle. Cependant, elle a une certaine valeur en ce qu'elle distingue les religions purement naturelles de celles qui sont un peu artificielles. De même en linguistique, on distingue avec soin les langues restées à l'état sauvage et celles qui ont été cultivées et qui ont produit des œuvres littéraires, les premières sont plus naturelles et on peut mieux y étudier la botanique du langage que dans les secondes. On n'a pu, en effet, bien profondément comprendre les religions que lorsqu'on a abordé celle des peuples non civilisés, c'est là seulement qu'on pouvait en surprendre la genèse.

15° Les religions peuvent avoir un caractère politique ou être dépourvues de ce caractère ; le premier cas est le plus rare ; la religion est alors ouverte à une certaine classe de personnes et fermée aux autres. C'est ce qui a lieu dans le brahmanisme, où les Soudras sont mis hors la religion, qui n'est accessible qu'aux trois premières castes, en Judée où les Samaritains étaint exclus. Un effet etrè sremarquable de cette distinction se poursuit jusque dans la vie future. Les Polynésiens n'admettent la survivance de l'âme que pour les nobles et les riches ; les autres ne sont pas plus dignes de cette seconde vie qu'ils ne l'étaient de la première, ils meurent tout entiers.

Il ne faut pas confondre cette division en politiques et non politiques avec celle ci-dessus décrite en sociale et non sociale. Il s'agit ici non de délivrance de certains hommes ni de la distribution des richesses, mais de classes politiques.

16° Les religions se divisent dans un autre sens d'après le sexe, ou plus exactement la même religion diffère dans son application suivant cette distinction. Nous trouvons encore ici un point de comparaison dans la linguistique. En certains pays, il y a une langue spéciale pour les hommes et une autre pour les femmes, chacun doit exclusivement employer la sienne. Dans les pays non civilisés, cette séparation n'a pas lieu, mais elle apparaît dans les autres, et il y a un profond désaccord entre l'homme et la femme, même entre les époux; tandis que la femme, en général, suit exactement les pratiques religieuses du catholicisme, l'homme les a abandonnées ou n'en prend ou reprend l'exercice qu'aux deux points extrêmes, pendant l'enfance par le baptême qu'il reçoit sans le comprendre, et la première communion à laquelle il participe sans l'avoir voulu, et pendant la vieillesse ou *in extremis* par l'extrême-onction qui ne s'adresse plus qu'à un demi-cadavre. Dans tout le temps intermédiaire, il est catholique, par exemple, comme il serait mahométan ou bouddhiste, de nom seulement; il penche vers un athéisme pratique ou plutôt une indifférence profonde. Cependant, il regretterait de voir la même disposition d'esprit chez sa femme, parce qu'il perdrait les garanties de la moralité instituée à son profit, et tous les deux s'efforcent d'inculquer à leurs enfants une religion provisoire à titre d'échafaudage de leur éducation. Les religions dont la pratique est moins gênante sont suivies un peu plus sincèrement. Du reste, cette distinction entre la religion de l'homme et celle de la femme tend à s'effacer à mesure que celle-ci prend plus d'autonomie et qu'elle adopte à son tour l'indifférence religieuse de son mari. L'enfant reste alors le seul être religieux pendant une période de protection, mais par l'effet mécanique de la logique, cette période devient de plus en plus courte.

17° Les religions sont *primaires* ou *dérivées*; les primaires sont celles dont l'origine est inconnue, comme coutumières, ou qui se rattachent à une révélation, mais qui n'en supposent pas une antérieure ; les dérivées sont celles qui n'étaient à l'origine qu'une déviation importante d'une autre. Ainsi, sont des religions dérivées, le christianisme issu du judaïsme, le bouddhisme issu du brahmanisme.

18° Les religions sont pures ou mélangées, c'est-à-dire *hybrides* à quelque degré ; nous avons décrit l'hybridité spéciale aux religions et connue sous le nom de *syncrétisme*. Les religions syncrétiques sont les plus rares, nous avons signalé le syncrétisme très curieux entre celle des Dravidiens et celle des Aryens dans l'Inde qui aboutit au partage de l'Empire céleste entre Vishnou et Civa; de même, le syncrétisme égyptien entre les dieux des différents nômes, mais en général, les religions sont exclusives et n'admettent pas ce partage.

19° A un autre point de vue, les religions sont *indigènes* ou *importées*. La plupart sont indigènes ; elles sont nées sur le sol même, soit de la coutume, soit d'une révélation faite à un homme de la nation ; mais quelques-unes sont venues de toutes pièces d'un pays voisin. C'est ainsi que pour l'Empire romain le christianisme était une religion importée ; de même le bouddhisme pour la Chine, l'Indo-Chine, le Thibet et le Japon; de même, le mahométisme pour l'Inde, la Perse, la Turquie, et les pays d'Afrique et d'Océanie, où il s'est répandu. Les religions importées ont été accueillies avec plus de faveur souvent que les autres ; c'est une application du principe des imitations.

Ce qui est remarquable, c'est qu'en cas d'importation d'une

religion toute la civilisation concomitante la suit. C'est ainsi que la littérature, les sciences, les arts, l'architecture, en particulier, de l'Islam, l'ont partout accompagné. Avec la civilisation et la religion, la langue s'est répandue ; c'est ainsi que l'arabe est devenu une langue internationale pour toute l'Asie occidentale, et le latin pour toute l'Europe.

20° Il faut distinguer encore les religions à littérature sacrée, c'est-à-dire possédant des livres saints et les autres. Les premières acquièrent ainsi une incontestable supériorité ; de par cette littérature, elles deviennent des langues littéraires et exercent une plus grande influence ; elles ont des points de repère fixes qui manquent aux autres, s'organisent et se cristallisent ; enfin, elles peuvent parvenir à un état théologique ; elles s'ouvrent, par contre, à l'exégèse et aux disputes dogmatiques.

21° Quant à leur organisation extérieure, les religions sont ou ne sont pas sacerdotales. Celles qui ne le sont pas, sont exercées sans guides par tous les fidèles, au moins, sans guides autres que ceux que l'inspiration spontanée fait surgir en général, les sorciers, plus tard les prophètes, et souvent même chaque fidèle, désormais religieusement adulte, a la force de se diriger lui-même entièrement, c'est ce qui a lieu dans la religion protestante.

22° Enfin, les religions sont individualistes ou sociétaristes ; en cela elles suivent d'ailleurs souvent le caractère des peuples où elles ont pris naissance. Il suffit d'en citer deux qui font contraste. Tandis que le catholicisme est essentiellement sociétariste, le protestantisme est individualiste. Chacun s'y fait sa doctrine en interprétant la Bible à son gré et n'a aucun joug à supporter, même en son for intérieur. Au contraire, le catholique est entouré d'un réseau cosmosociologique très serré.

Tels sont les classements principaux qu'on peut faire des religions à différents points de vue ; ces classements se croisent entre eux et la même religion rentre dans plusieurs. Cependant, grâce au principe de la subordination des caractères, on pourrait les classer ensemble dans des catégories embrassant la plupart de ces ordres d'idées à la fois. C'est ce qu'on avait cru faire au moyen de la division classique en monothéisme et polythéisme, nous avons démontré qu'il s'agissait là, au contraire, d'un caractère de moindre importance. Suivant nous, le véritable classement principal serait en religions théistes, admettant la divinité personnelle et déistes, n'admettant que le dieu immanent au monde. Les premières seraient représentées à leur sommet par le christianisme ; les secondes par le bouddhisme, religions, qui, en effet, se partagent numériquement presque par égales portions le monde civilisé. Les autres divisions, dont quelques-unes très importantes, leur seraient subordonnées.

CHAPITRE XIII

CONCLUSION. — DE L'AVENIR DES RELIGIONS

Il faut maintenant conclure, autant que cela est possible et nécessaire pour une étude de pure sociologie, ou plutôt de pure cosmosociologie. Deux conclusions sont à tirer, l'une pour le passé, l'autre pour l'avenir ; la première peut être nette, la seconde seulement obscure. Ce qui résulte de l'observation des sociétés religieuses internes et externes, c'est que la religion est une véritable société, une société supérieure qui domine l'autre, en contient toutes les racines, et englobe tous les êtres cosmiques, c'est une *cosmosociété*, et la *science des religions*, science naissante malgré les remarquables travaux qui l'ont déjà illustrée, est une *cosmosociologie*, que cette société, est soumise, comme l'autre, à certaines lois fixes qui se retrouvent dans toutes et qui sont les mêmes que les lois générales de la sociologie, de la psychologie et même de la biologie, dont l'une des plus importantes est celle de l'unité de l'esprit humain et aussi celle de l'unité des phénomènes de la nature, puisque toutes les religions ont un même fond commun et sont beaucoup moins éloignées les unes des autres qu'elles ne le paraissent ; enfin, que l'instinct religieux est un des plus impérieux de l'homme, tel que rien ne peut le satisfaire sur ce point, en dehors de la religion elle-même, ni la philosophie, ni la science, celle-ci, au moins dans ses poursuites analytiques. Beaucoup d'autres vérités s'en dégagent, par exemple, celle de l'indépendance originaire de la morale, mais les premières sont les plus essentielles. Elles ressortent, du reste, de chacun des chapitres de ce livre, et il ne paraît pas utile de les reprendre ici, même pour les résumer.

Les conclusions sont beaucoup plus incertaines en ce qui concerne l'avenir, et nous nous bornons à indiquer les prévisions possibles des transformations que les religions pourront subir et de leur aboutissement. Deux points sont hors de doute ; le premier est qu'il serait désirable de mettre fin aux haines religieuses, tant celles de religion à religion que celles qui se produisent entre les amis et les adversaires de toute religion. L'intolérance est, suivant nous, un des plus *grands crimes sociologiques* ; il est impossible de calculer tous les maux qu'elle a produits et qu'elle produit encore en ce moment, elle semble loin de disparaître. Le second est que ce résultat ne saurait être définitivement obtenu qu'en accomplissant l'unification totale ou au moins partielle des religions existantes, si cette unification est possible. Un Congrès des religions a été tenu à Chicago en 1893, et on dit qu'il sera renouvelé lors de l'exposition à Paris en 1900 ; s'il pouvait réussir, ce qui est douteux, ce serait, avec l'abolition de la guerre, le plus beau commencement de siècle qui aurait jamais brillé. Le but principal à Chicago a été l'unification ; on y a mis en vedette les éléments communs. Toutes les religions pourraient devenir des points d'attraction et d'assimilation respective : en attendant, leur méditation empêcherait tous antagonismes trop vifs. On y a vu ce curieux spectacle de ministres de presque tous les cultes y exposant avec calme leur doctrine et affirmant parmi tant de dieux divers un dieu commun.

Pour nous, il y aurait deux buts distincts à atteindre, dont l'un provisoire, celui d'amener définitivement la tolérance, de mettre fin à l'état de guerre entre les religions comme entre les nations, et l'autre définitif, celui de parvenir à une religion universelle. Le premier correspond à ce qu'est l'état de guerre ou de paix ou les traités entre les différents peuples ; ce serait un droit international public ou privé entre les religions, ces sociétés *sui generis*. On fait bien des *concordats* entre le *pouvoir religieux et le pouvoir civil*. Pourquoi n'en ferait-on pas entre *deux pouvoirs religieux* ? Ils régleraient non seulement les conflits pouvant exister entre l'ensemble d'une religion et l'ensemble d'une autre, mais aussi ceux entre fidèles de diverses religions, par exemple, dans les mariages mixtes. Les différents clergés négocieraient ainsi entre eux, et les dieux de l'étranger ne seraient plus assimilés à des démons, au détriment de tous les dieux, y compris ceux au nom desquels cette profanation est accomplie.

Mais le but définitif, l'unification, est le plus important, c'est sur lui que nous voulons concentrer l'attention. Il s'agit d'obtenir, soit qu'il n'existe plus qu'une seule religion, soit que toutes soient réduites à un petit nombre.

Mais ce but est-il si évidemment utile ? Ne vaut-il pas mieux que chacun conserve la sienne, à laquelle il croit, et la transition de la religion particulière, même à la religion universelle, ne serait-elle pas une source de troubles et de doutes, et finalement une cause d'abolition de toute religion ? Puis, est-elle possible ? Enfin, par quels moyens pourrait-on y atteindre ?

Ce but nous semble utile au plus haut point, et même nécessaire, si l'on veut que les barrières tombent enfin, qui rendent l'union impossible entre les peuples. Ces barrières sont les différences de langage, de loi, de gouvernement ; nous en parlerons tout à l'heure, et aussi les différences de religion. Comment pourra-t-il s'établir des relations familiales solides entre le chrétien monogame et le musulman polygame ; en vain pour les rapprocher, la loi civile musulmane introduirait-elle la monogamie, ou la loi européenne permettrait-elle la polygamie. Les lois religieuses sont plus fortes. Il en est de même entre la famille protestante et la famille catholique, en ce qui concerne le divorce. Le musulman qui veut la guerre sainte et les sectes qui prêchent le défaut de résistance à l'oppression, s'ils se rencontrent, amèneront les actes les plus cruels. Certaines institutions extérieures dépendant des religions rendent celles-ci incompatibles, non seulement entre elles, mais avec les autres sociétés civiles. Du reste, les divergences sur des points essentiels font tomber en discrédit toutes les religions; ce qui là est une vertu, se trouve un vice ici; la conclusion est qu'il n'y aurait intrinsèquement, ni vertu, ni vice. D'autre part, le fervent d'une religion se croit obligé d'avoir pour les dieux d'un autre le plus profond mépris, et ce qu'il affirme ainsi peut être retourné immédiatement contre lui par le sectateur d'une autre religion, et par l'athée ; il a édicté lui-même le principe et l'habitude qu'on emploie à son égard. Les religions devraient se respecter réciproquement ; c'est la première condition pour que le respect leur soit dû. Or, ce résultat est presque impossible, autrement que par leur unification.

Mais cette unification est-elle possible ? Elle est difficile certainement, parce que l'esprit de toute religion est conservateur et exclusif ; elle s'isole dans le temps et dans l'espace, et la routine, qui a tant d'empire sur nos sociétés et nos lois civiles, en a encore davantage sur les sociétés religieuses, mais nous ne croyons pas ce résultat impossible, surtout si les autres institutions sociales tendent en même temps vers la même unification.

On observe qu'il serait plus aisé de les supprimer toutes et de les remplacer par une philosophie qui serait la *quintessence* de toutes les vérités religieuses préalablement contrôlées et qui s'appuierait sur la raison ; ce serait quelque chose d'analogue au culte de l'Être suprême. Mais on oublie que *jamais la philosophie ne pourra remplacer la religion*, elles n'emploient pas la même méthode, l'une a la raison, l'autre la foi ; elles ne s'adressent pas à la même faculté de l'esprit (l'intelligence, la sensibilité), elles ne sont pas accessibles aux mêmes classes, elles n'ont pas la même force sociale.

Mais par quels moyens peut-on espérer d'obtenir l'unification souhaitée ?

Pour le rechercher, il est bon d'exposer d'abord en quelques mots comment on a proposé d'atteindre à l'unité de langage et à l'unité de législation.

Toutes les unifications sont désirables, on est parvenu à en réaliser complètement dans l'ordre matériel, par exemple, celle des poids et mesures, celle monétaire; elles n'existent pas partout, mais dans un certain nombre de pays. Quant aux unifications de langage ou de législation, elles n'existent nulle part enncore.

Pour unifier les langues, plusieurs moyens ont été proposés ou sont possibles; les uns consistent à faire aboutir la lutte pour la vie qui existe entre elles comme entre tous les êtres; cette lutte en a déjà fait disparaître un grand nombre, soit les divers patois, relégués dans les couches inférieures ou effacés, soit les langues sauvages privées de culture littéraire et parlées par des peuples assujettis politiquement; les autres langues sauvages périront d'autant plus que ceux qui les parlent disparaissent eux-mêmes. Celles de civilisation, de littérature, resteront seules, mais elles sont encore nombreuses, ne pourrait-on pas les réduire? Lesquelles seraient dans ce cas destinées à subsister? Il faut en parcourir quelques unes. Celle qui sans conteste devrait être conservée est la langue française. Elle produit, en effet, à cela beaucoup de titres, non cependant qu'elle soit exempte de défauts essentiels. Il faut mettre surtout à son actif les qualités suivantes. Elle possède une littérature que celle d'aucune autre langue n'égale et a ainsi amassé un trésor de premier ordre, d'autant plus important ici que c'est à raison de ses productions intellectuelles surtout qu'une langue ne peut être supprimée qu'avec son peuple; puis elle brille d'une incomparable clarté, la composition de ses mots pour lesquels elle puise à une double source lui donne beaucoup de variété et d'élégance. D'ailleurs, elle est déjà très répandue et presque universelle, c'est partout le langage diplomatique, celui des lettrés, c'est un second latin; enfin, elle se relie avec cette dernière langue dont elle est le plus illustre successeur, et avec elle a reçu l'héritage de la civilisation ancienne. Ses défauts, il est vrai, sont assez graves ; elle possède une position tout à fait illogique de l'accent ; presque toujours celui-ci est placé sur des suffixes, c'est-à-dire sur une syllabe qui est identique dans une foule de mots et ne se porte jamais, comme il le devrait, sur l'idée principale ; par exemple, dans les mots *nature, peinture, sculpture*, on met en vedette la dernière syllabe *ture* qui est presque insignifiante, en tous cas secondaire, et la racine qui se trouve dans la première est plus effacée, elle l'est même tout à fait quand elle consiste en un *e* muet, comme dans *remords, reviens*. Un autre inconvénient plus grave est celui résultant de l'introduction des doublets ; ce sont des mots empruntés au latin, et qui ne sont compris que des personnes lettrées ; ce ne sont pas les mots techniques, lesquels on ne saurait accuser de ce défaut, puisqu'il est vrai ils ne sont compris que de quelques-uns, mais n'ont besoin de l'être que des spécialistes. Les doublets, au contraire, devraient être compris de tout le monde et ils ne le sont pas, ils composent cependant souvent le tiers du discours ; en allemand, il n'y a pas de doublets savants et, sauf les mots techniques, point de mots hors de la portée de personne. Enfin les mots ont un ordre obligatoire dans le discours, le sujet, puis le verbe, puis le complément, parce qu'ils ont perdu leurs désinences à voyelles claires qu'ils ont remplacées par des prépositions. L'anglais, à son tour, aurait un certain droit à la prééminence, surtout par ce fait que c'est lui qu'on parle le plus sur la surface du globe, il n'y a pas de lieu où il n'ait pénétré avec ses marins, ses colonisateurs et ses missionnaires. Un autre de ses avantages consiste en ce qu'il réunit le vocabulaire roman et le vocabulaire germanique, ce qui l'enrichit beaucoup. Enfin il a de nombreux monosyllabes, ce qui le rend varié. Mais il présente, par ailleurs, de graves défauts ; c'est une langue à prononciation extrêmement difficile et demandant un long apprentissage, une langue hybride devenue une sorte de jargon. Après l'anglais, la langue la plus universelle est l'espagnol, répandu partout en Amérique et dans les colonies. Ce sont les trois langues qui jouissent en Europe d'une véritable universalité. En Orient, il y en a deux qui jouent le même rôle et tendent à supplanter les autres, c'est l'arabe et le chinois. Au-dessous, il existe des langues de second ordre en raison de l'universalité; les plus importantes sont l'allemand, le russe, l'italien, à divers titres. Les autres pourraient disparaître. Lorsque ces langues principales resteraient en présence, on pourrait les apprendre toutes ou au moins en choisir une ou deux que tout le monde saurait et au moyen desquelles on pourrait se comprendre.

Le second moyen employé consiste dans l'établissement du bilinguisme. Le système précédent choque la vanité nationale ; on ne voudrait peut-être pas reconnaître la supériorité de la langue d'un autre peuple, et d'ailleurs il serait dur d'abandonner sa langue maternelle, en raison de ce titre d'abord, puis de la culture qu'elle a reçue. Chacun conserverait la sienne, mais tous apprendraient, en outre, et parleraient une langue étrangère commune, l'anglais, par exemple, ou le français. Autrefois, le latin a joué ce rôle de langue universelle ; c'était un bienfait, mais cette langue avait les inconvénients des langues mortes, de celles qui ne sont connues que dans leur état littéraire, on peut les écrire, mais il devient presque impossible de les parler. On choisirait une langue vivante dont la connaissance pourrait être parfaite. Ce procédé aurait l'avantage de ne pas nécessiter la création d'un langue artificielle, dont le choix et la constitution exigent de longs débats préalables.

Le troisième moyen est celui du *syncrétisme*. On prendrait dans chaque langue un certain nombre de mots, de sorte que chaque orgueil national se trouverait satisfait ; quant à la grammaire, elle serait aussi simple que possible, mais on l'extrairait par abstraction de celle des divers idiomes. Il y aurait là un éclectisme complet, une *fusion*. Ce procédé a l'inconvénient de nécessiter un triage minutieux, pas toujours heureux et de créer un monstre linguistique par sa formation trop composite.

Le dernier moyen consiste à créer de toutes pièces une langue aussi parfaite que possible qui remplacerait tous les idiomes après s'être inspiré de chacun d'eux. Ce serait le procédé le meilleur en thèse, mais il se heurterait à beaucoup de difficultés, d'abord à celle de l'abandon de la langue maternelle, puis il a le défaut d'être entièrement artificiel.

Nous avons décrit ces procédés avec quelque détail, parce que là l'observation est plus facile. On retrouve les mêmes moyens s'il s'agit de l'unification des législations. D'abord on peut opérer par éliminations successives, par suite de la lutte entre les lois des différents peuples. Cette lutte, qui est d'ailleurs une heureuse rivalité, produit déjà ce résultat. La législation française, plus parfaite, pénétra au commencement du siècle une grande partie des Codes européens ; elle fut tantôt imposée, tantôt imitée ; aujourd'hui elle est en retard et l'Allemagne a pris l'avance ; son Code de commerce a été déjà copié par un grand nombre de nations ; le droit commercial, surtout le droit cambial, marchent vers l'unité, les lois dissidentes disparaissent. Il est possible que chaque nation réforme sa législation à l'instar de la meilleure et cherche à la dépasser, un jour tout un code deviendra uniforme chez toutes. Le second moyen, c'est de conserver chacun ses lois, mais de régler les conflits par des principes uniformes. Le troisième, fondé sur un syncrétisme, consisterait à fonder une législation unique, par fusion, de celles existantes ; c'est le système qui a été admis à l'intérieur par les rédacteurs du Code civil français et par ceux du Code civil allemand. Il a l'inconvénient de fausser les principes, mais il rallie les suffrages. Enfin, on peut délibérer ensemble et adopter une législation uniforme, ce qui vaudrait beaucoup mieux, mais ce qu'il est plus difficile de faire accepter,

Appliquons ces différents systèmes à l'unification des religions. Le premier et celui que tout le monde accepterait, pourvu qu'on donnât cette qualité à la sienne propre, serait de choisir la meilleure qui remplacerait toutes les autres. Il y aurait, avant de parvenir à ce résultat, une lutte formidable. Cependant une élimination partielle serait facile ; toutes les religions des peuples non civilisés disparaîtraient d'abord souvent avec les populations elles-mêmes, puis par des missions et des conquêtes. Il en serait bientôt de même des religions civilisées secondaires, du reste, déjà réduites. C'est ainsi que le confucéisme et le taoïsme disparaîtront devant le bouddhisme chinois, le sinthoïsme japonais, devant le bouddhisme japonais. Quelques îlots pourraient être conservés, comme le Judaïsme à cause de la vitalité de son peuple. Mais il ne resterait, sauf quelques exceptions peu importantes, que le christianisme, l'islamisme et le bouddhisme. Ces religions pourraient d'ailleurs s'unifier a l'intérieur ; le christianisme réunirait de nouveau le catholicisme, le protestantisme et le schisme grec en un seul faisceau. Il serait peut-être difficile de pousser plus loin l'unité par l'élimination et d'arriver à une religion unique. Mais celles-là, restées seules, s'observeraient, se comprendraient et un jour peut-être pourraient adopter des principes de morale communs, un culte analogue, et il ne resterait que des dissidences de doctrine, c'est-à-dire de pure théorie. Un examen de quelques instants prouve les nombreux points de ressemblance qui existent entre le bouddhisme et le christianisme ; leur morale est presque identique, leur culte se ressemble tellement qu'en assistant aux cérémonies bouddhiques on croit assister, dit-on, au sacrifice de la messe. Dans les deux, il n'existe plus que des sacrifices non sanglants, symboliques. Tous les deux sont des religions de morale surtout et de rédemption, cherchant le salut des hommes sans distinction de classes. Seules, la cosmogonie et l'eschatologie diffèrent essentiellement, ainsi que le principe même de la divinité, mais on pourrait en faire abstraction, chacun se réservant ses croyances, mais pratiquant la même morale et le même culte. L'islamisme, avec sa polygamie, semble plus éloigné, et il y a antipathie entre lui et le christianisme, mais un rapprochement s'accomplit par la force des choses ; la polygamie devient rarement pratiquée dans l'Islam. Quant à la doctrine, elle est sensiblement la même que dans le christianisme ; la divinité est monothéiste et personnelle. On voit à quel résultat complet, quoique lent, le procédé par élimination de la plupart des cultes pourrait arriver, avec la fusion de ceux restants qui en serait le couronnement définitif.

Le second moyen consiste (il paraît singulier, mais il a été et est encore appliqué) à conserver chacun sa religion maternelle, de même que l'on garde sa langue maternelle, mais en même temps d'en pratiquer une autre commune à tous les hommes. Ce fait, qui correspond au phénomène linguistique du bilinguisme n'est pas nouveau. Il y avait autrefois les mystères communs à diverses provinces, tandis qu'une religion était spéciale à chacune ; ils formaient une seconde religion secrète. Il en est de même de la franc-maçonnerie qui réunit des personnes de religions différentes. Nous avons déjà observé qu'autrefois non seulement aucun lien religieux n'était admis entre Chrétiens et Mahométans, mais même pas les liens civils ; il y en avait pourtant un possible entre eux dans les combats, celui de la chevalerie et de l'honneur. Il dominait tout le reste, et la justice, la générosité, la loyauté devenaient pratiques, autrement le mécréant n'eût mérité ni pitié, ni reconnaissance. Le chevalier chrétien n'en conservait pas moins sa religion ordinaire, intolérante et exclusive, et le musulman devait exterminer l'infidèle, mais ils le faisaient sans traîtrise, grâce à cette seconde religion commune qui répondait, en matière religieuse, à ce qu'est le droit des gens en matière de paix et de guerre.

Le troisième moyen est l'hybridité spéciale connue sous le nom de syncrétisme ; l'essai en a souvent été fait, avec une médiocre réussite; il n'a eu d'effet sérieux que quand il s'est agi de fusionner plusieurs religions du même pays; et n'est possible qu'entre deux ou trois seulement. Cependant il s'agissait, comme dans l'école alexandrine et le néo-platonisme, de dégager les principes essentiels de toutes, pour en composer une abstraite. On pouvait y parvenir, mais après avoir éliminé la plupart des religions, ce qui rentra dans le premier moyen.

Le dernier procédé consisterait dans la découverte d'une religion nouvelle. Au déclin de l'Empire romain et des religions païennes, lorsque le syncrétisme échoua, ce fut ce moyen qui réussit. La religion nouvelle fut le christianisme. Le doute, l'indifférence religieuse avaient gagné tous les esprits, il semblait que le sentiment religieux était épuisé, ne saurait revivre. Tout au moins, un culte ne pouvait plus se baser sur les croyances, mais seulement sur la raison. Eh bien! ce fut, au contraire, une religion de foi, de sentiment, de véritable enthousiasme, qui surgit; ses arguments étaient des miracles, ses croyants bravaient la mort; le mysticisme, l'ascétisme et l'héroïsme étaient à leur comble; les prévisions se trouvaient démenties. Aujourd'hui, où l'état des esprits semble le même, un événement historique du même genre ne peut-il pas se produire? Il est vrai qu'alors la science ne régnait pas encore, et ce facteur, jadis inconnu, peut fausser notre comparaison. Cependant l'histoire réserve de ces surprises.

De même que le christianisme se greffait sur le judaïsme, la religion nouvelle pourrait se greffer sur le christianisme ou une autre religion existant déjà, mais il n'y a là qu'un emprunt et un appui, car la religion nouvelle a toujours son caractère propre. Des essais ont été faits dans ce sens, par exemple, avec le néo-bouddhisme, le nouveau mazdéisme, mais ils n'ont pas réussi et ne pouvaient réussir; ils n'aboutissaient qu'à des contrefaçons, s'efforçant de galvaniser des religions de pays éloignés et qui sont en décadence.

On a essayé aussi d'unir la religion et la philosophie dans un alliage résistant et beaucoup de philosophies ont pris les aspects d'une religion ; l'apparence a été plus grande quand il s'est agi de sectes sociales, mais ce n'était qu'une apparence ; aucune philosophie, même appuyée sur une religion, ne peut satisfaire au besoin religieux inné dans l'homme et indestructible.

On a tenté ensuite de chercher la religion nouvelle dans les sciences, et d'abord dans celles occultes, dans le spiritisme qui ressuscite l'animisme, mais il faudrait pour cela qu'on eût prouvé l'existence des esprits, on n'y a pas réussi encore et on n'a produit que des phénomènes de transport de la pensée humaine. Cependant, si cette science parvenait à se constituer et à prouver l'existence d'esprits réels et la mise en communication avec eux, elle pourrait être le fondement de cette religion nouvelle.

On a cherché enfin cette base dans la science proprement dite, ce qui a donné lieu au négatif, au système de Comte, et au positif à celui de Darwin, enfin au monisme. Mais au fond, quel que soit leur mérite, ce ne sont encore que des philosophies.

Tels sont les divers moyens par lesquels il serait possible d'obtenir ce résultat si désirable de l'unification des religions ; on pourrait d'ailleurs les cumuler ; il est à craindre que, si cette unification n'a pas lieu, toutes les religions ne finissent par disparaître et par laisser l'humanité isolée, désolée, car elle a un impérieux besoin de société d'homme à homme, mais encore et surtout de société de l'homme avec le monde, de *Société cosmique;* c'est cette société qu'une religion seule peut lui donner. Sans elle, d'ailleurs, la société inférieure, celle humaine, reste suspendue dans le vide, sans point solide ni centre de gravitation ; se fondant seulement sur l'intérêt de la défense sociale, elle dépérit, ne reprend plus des forces nouvelles dans un air vital et se réduit bientôt à la seule fonction de se survivre sans avenir et sans espoir.

Si les religions dans leurs excès sanglants et leurs erreurs funestes ont fait beaucoup de mal à l'humanité, si elles ont arrêté la science dans ses progrès, les libertés dans leur essor, et pesé de leurs terreurs sur le cœur de l'homme éprouvé déjà par les tristesses de la vie, elles l'ont aussi souvent relevé, consolé, et ce qui est plus essentiel, ont bien ou mal répondu, mais répondu toujours et partout, au besoin d'idéal qui est le plus élevé et le plus puissant de tous ceux de l'esprit. Elles méritent l'étude attentive qui a déjà été faite de chacune d'elles par de savants auteurs, leur connaissance nous a semblé assez mûre pour en essayer la comparaison, en construire la synthèse et en déduire les lois générales; mais c'est surtout comme société que nous les avons envisagées, non pas seulement comme *sociétés externes* enchevêtrées dans les sociétés civiles, mais aussi et surtout comme *sociétés internes* englobant tous les *êtres cosmiques*, ce qui justifie le nom nouveau de *cosmosociologie* que nous avons donné à cette science.

FIN

TABLE DES MATIÈRES

Pages.

PRÉFACE 1

CHAPITRE I

DES SCIENCES COSMOSOCIOLOGIQUES

La connaissance des religions est-elle une science, ou une simple connaissance ? — Distinction entre les divers degrés de la science : comparaison avec la linguistique, le droit et l'histoire. — 1er degré : constatation des faits ; 2e degré : comparaison ; 3e degré : synthèse et induction des lois générales. — Cette science est-elle une branche de la psychologie ? — Est-elle une branche de la sociologie ? — Distinction entre l'étude subjective des religions et leur étude objective. — Forment-elles deux sciences distinctes ? — De la science interne et de la science externe. — Classification générale des objets des sciences en concrets, abstraits-concrets et abstraits. — Énumération des trois séries, leur pénétration mutuelle. — Série abstraite-concrète, modifications du mouvement. — Du simple au complexe et au plus compréhensif. — Du classement de la religion comme science externe et comme science interne. — De l'étendue de cette dernière. — De son croisement avec les sciences à objet concret. — Définition de la religion. — De la cosmosociologie. — Des différences entre cette science et la sociologie................ 9

CHAPITRE II

DE LA PLACE DE LA RELIGION PARMI LES SCIENCES COSMOSOCIOLOGIQUES

Des diverses sciences cosmosociologiques : la religion, la philosophie, la science synthétique. — Différences essentielles entre la religion et la philosophie : quant à leur date, leur genèse, la faculté psychique à laquelle chacune correspond, les moyens d'investigation et de preuve. — De la raison et de la foi. — La science de la religion est-elle une science proprement dite, ou une subscience ? ; distinction entre celle subjective et celle objective. — Des religions révélées et de celles non révélées. — Des miracles. — De la philosophie, deuxième science cosmosociologique ; dans quel sens cette dénomination lui convient. — Diverses définitions de la philosophie : généralisation des sciences, cosmogonie et eschatologie. — Son antagonisme avec la religion ; sa genèse de la religion. — Multiplicité des systèmes philosophiques ; insuffisance et nature abstraite des preuves. — De la science synthétique ; ce qu'il faut entendre par ce nom. — De la science cosmosociologique directe ; résurrection de l'animisme dans le spiritisme. — De la science cosmosociologique indirecte au positif et au négatif ; du darwinisme, du comtisme, du monisme. — Des sciences mixtes entre la philosophie et la religion. — Des religions-philosophies de l'Inde. — Des philosophies-religions du monde ancien ; du platonisme; de celles contemporaines. — De la philosophie abstraite de la religion : des doctrines occultes, des doubles religions, du gnosticisme, des sociétés secrètes. — De la place et du rôle définitifs de la science religieuse dans ce groupe ; son caractère est plus sociologique, sa fonction plus complète............   31

CHAPITRE III

DU LIEN SOCIAL COSMIQUE

Des différents êtres reliés par la société cosmique. — Des effets de ce lien : coordination, subordination, accommoda-

Pages.

tion. — Comparaison avec ceux du lien social et du lien biologique. — De la subordination volontaire et de celle nécessaire ; la première surtout réalise le lien. — De la subordination inverse ou du lien du supérieur à l'inférieur. — De l'homme religieux et de l'homme impie ; en quoi cette impiété consiste. — Y a-t-il des peuples sans religion ? — De la loi cosmosociologique d'ascension. — De la confusion avec la divinité. — Du lien de l'homme avec Dieu, les esprits supérieurs, les êtres inférieurs et ceux égaux. — Des esprits gardiens. — Du lien des vivants avec les morts. — De la divinisation de ceux-ci. — Des devoirs de l'homme envers les animaux. — Les animaux ont-ils l'instinct de la religion ? — De l'adoration des animaux, des végétaux, des minéraux. — Des devoirs de la divinité envers l'homme ; de l'idée de secours et de rédemption. — Du principe de la société interdivine et de celle intradivine. — Des religions cosmosociologiques individuelles, leur réalisation dans le fétichisme proprement dit et le patronage. — De la rébellion contre le lien cosmique... 60

CHAPITRE IV

DES OBJETS DU LIEN RELIGIEUX

De l'état primitif de l'esprit de l'homme établissant ce lien. — — De son ignorance de la hiérarchisation du monde, aboutissant à une classification renversée. — Égalité subjective entre l'homme et les animaux. — Origine du naturisme. — Son excuse. — Sa conversion rapide en animisme. — L'animisme a son origine dans cette assimilation. — De la succession des divers concepts : subjectif, objectif et subjectivisant de nouveau. — Antériorité du concept subjectif. — Exemples tirés de la linguistique. — Antériorité du concept concret sur le concept abstrait. — De la double abstraction. — Des divers degrés d'abstraction. — Le second degré conduit à l'animisme. — C'est l'abstraction qui crée les dieux proprement dits. — De la généralisation, de la surdétermination.
Des objets du lien cosmosociologique. — Division en objets subjectifs et en objets objectifs. — Des objets rapprochés.

388　TABLE DES MATIÈRES

Pages.

Du culte humain ou subjectif. — Du culte mortuaire des ancêtres. — Genèse mécanique de la croyance à la survivance de l'âme. — Du culte mortuaire des morts nationaux illustres. — Systèmes de Spencer et de Fustel de Coulanges. — La religion objective a-t-elle son origine dans celle subjective et mortuaire ? — Transition possible entre les deux. — Des demi-dieux, des héros et des saints. — De l'apothéose. — De l'adoration de l'homme vivant. — Confluent de l'idée religieuse et de l'idée politique. — Du culte du monarque absolu. — De l'incarnation lamaïque. — De l'idée du sacre. — De l'apothéose posthume. — De l'acquisition par l'homme de la nature divine. — De l'incarnation. — Du culte domestique. — Développement du culte ancestral. — Des mânes, des lares et des pénates. — Des divinités de Rome protectrices de chaque acte de la vie familiale. — Des dieux pathologiques. — Des pays où se spécialise la religion mortuaire : Rome, l'Égypte, la Chine ; description sommaire de la religion mortuaire dans ces trois pays. — Résurrection religieuse contemporaine par l'effet de la survivance de ce culte. — De la résolution proposée de la religion objective en religion subjective par l'evhémérisme ; inexactitude de cette doctrine.

De la religion objective. — Du naturisme. — Des divers objets du culte dans le naturisme ou des latries : culte des animaux ou zoolatrie, son explication, sa transition du subjectif à l'objectif ; de la phytolâtrie, de la litholâtrie, de la pyrolâtrie, de l'hydrolâtrie, formant le petit naturisme. — Du grand naturisme ou astrolatrie ; religions solaires, religions lunaires. — Étude du grand naturisme dans les cultes védique, grec, latin, égyptien, mazdéen, assyrien, chinois, mexicain, péruvien, finnois, polynésien, américain, africain. — Affaiblissement du petit naturisme, son caractère concret, sa survivance. — De la persistance de cette subreligion dans certaines races.

De la conversion du naturisme en animisme. — Premier confluent de la religion subjective et de la religion objective, comment il a lieu. — Confusion des divers esprits, quelle que soit leur origine. — Étude de l'animisme chez les nègres d'Afrique, les sauvages de l'Amérique, les Esquimaux et les Tartares. — Des ressemblances entre l'animisme et le spiritisme. — De la correspondance avec la sorcellerie.

De la subjectivisation de la religion objective ; ses modes divers. — Du fétichisme et du totétisme ; le second est un fétichisme intellectuel. — Siège principal du fétichisme en Afrique. — Son étude dans divers pays. — Mobilisation ou immobilisation de l'objet. — Du caractère du totémisme. — Sa relation avec la métensomatose et les doctrines darwiniennes. — Les noms patronymiques, le blason et le drapeau. — L'Amérique, terre classique du totémisme, son apparition dans d'autres pays. — Son rapport avec le fétichisme. — De l'idolâtrie et de l'anthropomorphisme ; ce dernier est une idolâtrie intellectuelle. — Genèse de l'idolâtrie dans le fétichisme. — De l'idolâtrie subjective. — Du zoomorphisme. — Comment l'idolâtrie constitue à la fois un progrès et un regrès. — Son étude dans différentes religions. — Ses amorces chez les peuples non civilisés, sa naissance tardive. — Comment elle détruit le naturisme. — De l'idolâtrie intellectuelle ou anthropomorphisme. — De la conversion des fonctions naturistes en fonctions anthropomorphiques. — Cumul d'attributions des divinités indiennes, grecques et latines. — La sexualité est un degré plus avancé d'anthropomorphisme, les dieux primitifs sont asexués. — Etudes de la formation de la sexualité dans les diverses mythologies ; des couples divins. — Perte de certaines qualités par l'anthropomorphisme : dieux devenus quelquefois mortels. — Leur constitution en famille, leur généalogie hystérogène. — De la subjectivisation supérieure à l'anthropomorphisme, des incarnations divines ; leur étude dans la religion indienne. — De l'incarnation dans la doctrine du christianisme ; summum de la subjectivisation.

Le lien établi par l'esprit de l'homme entre les objets divers du culte. — De la confusion faite par l'animisme entre les âmes de tous les êtres. — Conséquences de cette confusion : métamorphoses, incarnations, réincarnations, surincarnations. — Réincarnation individuelle ; idée de la résurrection, les momies égyptiennes, le jugement dernier, objections contre la crémation. — Réincarnation familiale, coïncidence avec la théorie de l'atavisme. — Réincarnation humaine. — Réincarnation dans les animaux, les plantes, les minéraux ; idée de la parenté qui s'éloigne. — Production d'abord toute mécanique des transmigrations. — Objection contre ces idées : contradiction avec le principe physiologique de l'hé-

rédité. — De la possession ou surincarnation, ses rapports avec l'hypnotisme. — De l'obsession. — Des désincarnations et des exorcismes.
De l'équivalence des esprits. — De leur émanation. — Du panthéisme descendant. — Du panthéisme ascendant. — Du panthéisme intégral ou monisme. — De l'unification anthropomorphique. — Hiérarchisation. — Élimination. — Du polythéisme au monothéisme. — De l'unification entre la religion subjective et celle objective. — Schéma de l'évolution des religions.. 83

CHAPITRE V

THÉORIE ORGANIQUE DE LA SOCIÉTÉ RELIGIEUSE INTERNE. — SA CONSTITUTION ET SON ÉVOLUTION

De la théorie organique en général. — De son application à la société religieuse externe. — De son application à la société religieuse interne.
De la naissance des sociétés religieuses ; distinction entre celles primaires et celles secondaires, renvoi pour les secondes. — Religions coutumières, religions révélées, religions découvertes. — De la conservation des religions, de ses divers moyens, notamment du miracle hystérogène et de la tradition. — Des fonctions de relation. — Des fonctions de reproduction ; de la scisciparité, du bourgeonnement, de la génération syncrétique analogue à celle sexuelle. — Des sectes, des schismes et des hérésies. — De l'évolution et des transformations des religions. — De l'influence du milieu. — De la vieillesse et de la mort des religions et de leurs survivances partielles. — De leurs résurrections.
De la pathologie, de la thérapeutique, de l'hygiène et de la tératologie des religions. — Énumération des maladies principales : la superstition, le dogmatisme étroit et théologique, l'exagération du formalisme, l'excès d'autorité, le relâchement des mœurs, la contradiction avec la raison humaine, l'intolérance, l'indifférence, la centralisation excessive, l'exclusivisme, la confusion avec la société civile, le mysticisme. — Des divers remèdes, notamment des procédés analogues à la vaccination intellectuelle et des réactifs. — Des moyens hygiéniques.. 175

Pages.

CHAPITRE VI

DES SOCIÉTÉS INTERDIVINES ET INTRADIVINES

Des fractions de la société cosmique. — De la fraction contenant les dieux et de la société entre eux ou société interdivine. — De celle contenant le dieu unique ou supérieur et de la société intérieure entre ses parties composantes ou société intràdivine. — De celle entre les diverses parties psychiques de l'homme ou société intràhumaine.
De la société interdivine. — C'est le résultat du polythéisme anthropomorphique. — Généalogie des dieux dans la mythologie grecque et latine. — Leur hiérarchisation. — Leur gouvernement. — Des changements de dynasties célestes. — Mêmes observations en Égypte. — Triades familiales, neuvaines. — Des dieux assyriens. — Des triades de la mythologie scandinave. — De la succession des dieux dans le brahmanisme, et de leur déchéance successive. — Du védisme au brahmanisme et à l'hindouisme à travers le djaïnisme. — Des Asouras et des démons. — De la généalogie des démons. — Des usurpations, des dieux réduits à l'état de démons. — De l'effet du syncrétisme. — Des dieux nouveaux. — Des la triade hindouiste ou Trimourti. — Remplacement des dieux par les Tirthamkaras ou hommes divinisés dans le djaïnisme et par les Bouddhas dans le bouddhisme. — De la triade bouddhique. — De la succession des dieux en Chine. — Des triades chinoises. — Des triades taoïstes.
De la société intràhumaine. — Dédoublement psychologique de l'esprit. — Dédoublement dans la religion taoïste. — Dans la religion égyptienne. — Dans la doctrine chrétienne. — Dans le système spiritiste.
De la société intràdivine. — Différence entre la trinité et la triade. — Trinité pythagoricienne, platonicienne et plotinienne. — Du logos. — Des elohim. — Du dieu Triglaw. — De la formation de la trinité chrétienne. — Comparaison avec les triades. — Facteur syncrétique.................. 204

CHAPITRE VII

DE LA LUTTE ENTRE LES SOCIÉTÉS INTERDIVINES

De la société des dieux bons et de celle des dieux mauvais. — Leur antagonisme. — Analyse en dieux favorables et dieux défavorables à l'humanité. — A l'origine tous les dieux sont défavorables et partant mauvais; pourquoi ? — Des religions démoniaques. — De la naissance du dualisme. — Des dieux vaincus. — Des hommes divinisés. — Des trois stades de l'évolution. — De la religion lunaire et de la religion solaire. — Peuples à religion lunaire. — Comment cette distinction se relie au dualisme. — De l'aide apporté par l'homme aux dieux dans leur lutte. — Des amorces du dualisme chez les peuples non civilisés. — Des religions dualistes en Égypte, en Scandinavie, chez les Grecs, dans l'Inde, dans le Mazdéisme, dans le Manichéisme, dans le Christianisme. — La mort d'Osiris. — Le crépuscule des dieux. — La lutte d'Ormuzd. — La mort sur la Croix. — Religions où le mal a toujours été en état d'infériorité : bouddhisme, islamisme, judaïsme, christianisme. — Naissance et évolution de l'idée du bien et du mal. — De l'homme divinisé, sa lutte contre les dieux du bien ou sa prééminence; religion chinoise, bouddhisme, incarnation chrétienne ; stoïcisme, chevalerie............. 236

CHAPITRE VIII

DE LA SOCIÉTÉ RELIGIEUSE EXTERNE

Comment elle diffère de la société interne. — Distinction entre les fidèles et les membres dirigeants. — Des intermédiaires. — De la succession : 1º des sorciers ; 2º des prêtres ; 3º des prophètes. — Stade de la sorcellerie chez les non civilisés, en quoi elle consiste essentiellement. — Du dualisme dans la sorcellerie. — Exemples chez les différents peuples. — Disparition de la magie bienfaisante. — Renaissance dans le spiritisme. — Amorces du sacerdoce chez les Polynésiens et les

nègres. — Sacerdoce au Mexique, au Pérou, en Chine, dans l'Inde, au Thibet, à Rome, chez les Mazdéens, en Chaldée, en Égypte, dans le judaïsme, l'islamisme, le christianisme, le protestantisme. — Genèse du sacerdoce. — Recrutement des clergés. — Troisième stade : naissance du prophétisme ; définition du prophète. — Du prophétisme chez les Juifs et les autres Sémites. — Du pouvoir magique des prophètes. — De la clôture de la liste des prophètes. — Des prophètes de la fin du paganisme. — De la transformation du prophétisme. — Des hérésiarques. — Des mystiques.
Différents régimes des sociétés religieuses. — Des constitutions aristocratique, démocratique, monarchique. — Leur ordre chronologique. — Des conciles. — De l'infaillibilité. — Du lamaïsme.
De l'extension des sociétés religieuses : individuelles, patriarchales, nationales, internationales. — De l'élohisme et du jahvéisme. — Du paulinisme. — Du prosélytisme. — Du retour au nationalisme.................................... 257

CHAPITRE IX

DE LA SOCIÉTÉ RELIGIEUSE EXTERNE A LA DEUXIÈME PUISSANCE

Des sociétés religieuses plus étroites, et de l'absence de société externe. — De l'érémitisme, du monachisme, des missions. De leur ordre chronologique d'apparition. — Comment le monachisme naît de l'érémitisme. — De leur but. — Des amorces du monachisme chez les Nègres, en Polynésie. — Du monachisme au Mexique, au Pérou, en Chine, dans l'Inde brahmanique et bouddhique, au Thibet, à Rome, chez les Musulmans et les Chrétiens. — Comparaison avec le collectivisme et l'individualisme. — Les deux pôles religieux. — Des missions. — Du martyre......................... 292

CHAPITRE X

DES RAPPORTS ENTRE LES SOCIÉTÉS RELIGIEUSES

Propagande exercée par une religion sur les fidèles de l'autre, conversions, apostasies. — Persécutions religieuses contre les infidèles ou les dissidents. — Appel au pouvoir civil dans la lutte. — Guerres de religions. — Traités entre les religions, juridictions communes. — Attributions aux dieux étrangers d'un caractère démoniaque. — Superposition et juxtaposition de religions différentes. — Cumul de religions. — Equivalence des dieux de différents cultes. — Hybridité religieuse ou syncrétisme. — Synthèse par évhémérisme. — Action et réaction réciproques. — Rapports entre fidèles de diverses Eglises. — Distinction entre les religions défensives et les religions offensives. — Effet des persécutions. — Des religions occultes.. 311

CHAPITRE XI

DES RAPPORTS ENTRE LA SOCIÉTÉ RELIGIEUSE ET LA SOCIÉTÉ CIVILE

De l'indivision primitive entre les deux sociétés. — Du culte familial devenant national. — Confusion du dieu, du pontife et du roi. — Exemples à Rome, en Egypte, au Mexique, au Pérou. — Séparation du pouvoir civil. — Tutelle ecclésiastique. — Lutte entre les deux pouvoirs dans l'Inde, chez les Juifs. — Du pontife laïque. — Du sacerdoce et de l'Empire. — De la papauté contre les rois. — Du gallicanisme. — De l'absorption du spirituel par le temporel. — De celle du temporel par le spirituel. — De la théocratie redevenue intégrale. — De l'équilibre et des concordats.

Empiètement des Eglises. — Des contrats sacramentaires. — Du péché devenu délit. — Des juridictions. — Des excommunications. — Concession par les Eglises : du sacre, de la contrainte politique sanctionnée au for intérieur. — Empiètements du pouvoir civil. — Immixtion dans les dogmes et dans la discipline. — Expulsion et persécution. — Confiscation. — Concessions par le pouvoir civil. — Vœux rendus obligatoires. — Bras séculier.

Influence réciproque. — Force politique du gouvernement civil. Droit romain devenant droit canonique. — Emprunt par la société laïque de la procédure. — Le serment. — Discussion de la légitimité de l'obligation au serment. — Analyse du serment. — Des ordalies............................... 333

CHAPITRE XII

DE LA CLASSIFICATION DES RELIGIONS

Pages.

Religions : 1º humanistes ou subjectives, divinistes ou objectives ; — 2º révélées. non révélées ; — 3º individuelles, familiales, nationales, internationales ; — 4º séparées de la morale, à morale cultuelle, à morale naturelle, dualistes, et religions où la morale prime le dogme ; — 5º concrètes, abstraites ; — 6º anthropomorphiques, non anthropomorphiques ; — 7º Idolâtriques, non idolâtriques ; la non idolâtrie peut se doubler de l'absence du temple lui-même ; — 8º panthéistiques, non panthéistiques ; — 9º polythéistes, monothéistes ; — 10º égoïstiques, altruistes ; — 11º mythiques, non mythiques ; — 12º socialistiques, non socialistiques ; — 13º naturistes, animistes ; — 14º apparentes, occultes ; — 15º lettrées, populaires ; — 16º civilisées, non civilisées ; — 17º politiques, non politiques ; — 18º religion des hommes, religion des femmes ; — 19º primaires, dérivées ; — 20º pures, syncrétisées ; — 21º indigènes, importées ; — 22º à littérature sacrée, sans livres saints ; — 23º sacerdotales, non sacerdotales 352

CHAPITRE XIII

CONCLUSION. — DE L'AVENIR DES RELIGIONS

La cosmosociété est une véritable société, mais supérieure. — Les diverses religions doivent pratiquer la tolérance et même s'allier pour le triomphe de principes communs. — L'unification des religions est désirable.

Des divers moyens d'unification des religions. — Du Congrès des religions. — Exemples tirés des moyens proposés pour l'unification des langues et pour celle du droit. — Elimination successive de la plupart des langues par l'adoption de l'une ou de quelques-unes d'entre elles. — Bilinguisme. — Syncrétisme. — Création. — Procédés analogues pour la

Pages.

législation. — Application aux religions. — Elimination des religions non civilisées. — Cumul de la religion maternelle et d'une religion commune. — Fusion par concrétisme. — Création d'une religion nouvelle. — Est-elle possible ? — Devrait-elle se greffer sur une religion ancienne ? — La philosophie ne peut remplacer la religion. — Force sociale des religions. — Nécessité de la cosmosociété. — Importance théorique et pratique de la cosmosociologie religieuse...... 371

www.ingramcontent.com/pod-product-compliance
Lightning Source LLC
Chambersburg PA
CBHW071912230426
43671CB00010B/1574